# HISTORIA DEL MUNDO CONTEMPORÁNEO

CURSO DE ACCESO DIRECTO (UNED)

**GENOVEVA GARCÍA QUEIPO DE LLANO (Coordinadora)**
MARINA CASANOVA GÓMEZ, JOSÉ MARÍA MARÍN ARCE,
LUCÍA RIVAS LARA, SUSANA SUEIRO SEOANE, y
CONCEPCIÓN YBARRA ENRÍQUEZ DE LA ORDEN

# HISTORIA DEL MUNDO CONTEMPORÁNEO

## CURSO DE ACCESO DIRECTO (UNED)

**EDITORIAL UNIVERSITAS, S. A.**

**HISTORIA DEL MUNDO CONTEMPORÁNEO**

No está permitida la reproducción total o parcial de este libro, ni su tratamiento informático, ni la transmisión por cualquier medio, ya sea electrónico, mecánico, por fotocopia u otros métodos, sin el permiso previo y por escrito de los titulares del copyright.

Diríjase a CEDRO (Centro Español de Derechos Reprográficos) si precisan fotocopiar o escanear algún fragmento de esta obra. Puede contactar con CEDRO a través de la web {HYPERLYNK «http://www.conlicencia.com/»} o por teléfono en el 91 702 19 70 / 93 272 04 47

© Genoveva García Queipo de Llano
© Marina Casanova Gómez
© José María Marín Arce
© Lucía Rivas Lara
© Susana Sueiro Seoane
© Concepción Ybarra Enríquez de la Orden

© EDITORIAL UNIVERSITAS, S.A.
  Núñez de Balboa, 118- 28006 Madrid
  HTTP://www.universitas.es
  E-mail: universitas@universitas.es

ISBN: 978-84-7991-339-7
Depósito Legal: M-29536 - 2011
1.ª Reimpresión: noviembre 2008
2.ª Reimpresión: julio 2009

Diseño gráfico y maquetación:
© Solana e hijos, A.G., S. A. U.

Imprime:
  Solana e hijos, A.G., S. A. U. San Alfonso, 26 - La Fortuna (Leganés) - Madrid
  Impreso en España / *Printed in Spain*

El papel utilizado para la impresión de este libro es cien por cien libre de cloro y está calificado como papel ecológico.

# SUMARIO

*Pág.*

## 1ª UNIDAD DIDÁCTICA

TEMA 1: LA CRISIS DEL ANTIGUO RÉGIMEN. LA REVOLUCIÓN AMERICANA. LA PRIMERA REVOLUCIÓN INDUSTRIAL
*(Lucía Rivas Lara)* .................................................. 21

LA CRISIS DEL ANTIGUO RÉGIMEN ............................................. 21
    Causas de la crisis del Antiguo Régimen ...................... 21

LA REVOLUCIÓN AMERICANA Y EL NACIMIENTO DE LOS ESTADOS UNIDOS ................................................................. 25
    Causas de la Revolución ................................................ 26
    La guerra de Independencia y la Constitución de los Estados Unidos ................................................................. 27
    Consecuencias de la Revolución atlántica ....................... 28

LA PRIMERA REVOLUCIÓN INDUSTRIAL ................................. 28
    Crecimiento demográfico ................................................ 29
    Desarrollo de la agricultura, la industria y los transportes .. 30
    La nueva sociedad ........................................................... 32

TEMA 2: LA REVOLUCIÓN FRANCESA Y EL IMPERIO NAPOLEÓNICO
*(Concepción Ybarra y Enríquez de la Orden)* ............... 39

LA REVOLUCIÓN FRANCESA ................................................... 39
    Causas ............................................................................ 39
    La Monarquía Constitucional (1789-1791) ..................... 40
    Convención y República (1792-1795) ............................ 42
    El Directorio (1795-1799) .............................................. 43

|  |  | Pág. |
|---|---|---|
| | EL IMPERIO NAPOLEÓNICO (1799-1815) ........................ | 44 |
| | El Consulado (1799-1804) ................................................ | 45 |
| | El Primer Imperio francés (1804-1815) ........................... | 46 |
| TEMA 3: | LA GUERRA DE LA INDEPENDENCIA Y EL REINADO DE FERNANDO VII *(Susana Sueiro Seoane)* ................................................... | 53 |
| | LA GUERRA DE LA INDEPENDENCIA (1808-1814) ..................... | 53 |
| | Antecedentes: las abdicaciones de Bayona y la designación de José I ............................................................ | 53 |
| | La España josefina................................................................ | 54 |
| | El estallido y las primeras fases de la guerra .................... | 55 |
| | La revolución liberal. Las Cortes de Cádiz...................... | 56 |
| | El final de la guerra ........................................................... | 58 |
| | La vuelta de Fernando VII y del absolutismo ................... | 59 |
| | EL REINADO DE FERNANDO VII ................................................. | 59 |
| | El sexenio absolutista ......................................................... | 59 |
| | El Trienio Liberal ............................................................... | 60 |
| | La década absolutista ......................................................... | 61 |
| | La independencia de las colonias americanas................... | 62 |
| TEMA 4: | LA RESTAURACIÓN, EL CONGRESO DE VIENA Y LAS REVOLUCIONES LIBERALES (1815-1848) *(Mª Concepción Ybarra Enríquez de la Orden)*..................... | 67 |
| | RESTAURACIÓN MONÁRQUICA ................................................... | 67 |
| | EL CONGRESO DE VIENA, LA NUEVA EUROPA Y LA SANTA ALIANZA | 69 |
| | Reorganización de Europa................................................ | 70 |
| | La Santa Alianza................................................................ | 73 |
| | EL CICLO REVOLUCIONARIO DE 1820 ......................................... | 74 |
| | LAS REVOLUCIONES DE 1830 Y SUS CONSECUENCIAS ................. | 75 |
| | Influencia de la revolución de 1830 en Europa ................ | 76 |
| | LAS REVOLUCIONES DE 1848 Y SUS CONSECUENCIAS ................. | 77 |
| | Inicio de esta última revolución del siglo XIX................. | 78 |
| | Consecuencias de las revoluciones liberales del siglo XIX. | 79 |

|  |  | Pág. |
|---|---|---|

**TEMA 5: EL REINADO DE ISABEL II (1833-1868)**
*(Genoveva García Queipo de Llano)* .................... 83

La Regencia de M.ª Cristina (1833-1840) ............ 83
    La guerra carlista (1833-1840) ........................ 84
    Hacia un liberalismo pleno .............................. 86

La Regencia de Espartero (1840-1843) ............... 87

El Reinado de Isabel II (1843-1868) ..................... 88
    Los moderadores en el poder (1844-1854) ....... 89
    La alternativa progresista: el bienio (1854-1856) ... 90
    La Unión Liberal o el liberalismo pragmático ... 91
    Los últimos años del reinado .......................... 93

**TEMA 6: NAPOLEÓN III. LOS NACIONALISMOS**
*(Concepción Ybarra y Enríquez de la Orden)* ....... 97

Napoleón III .................................................... 97
    Segunda república francesa (1848-1851) ......... 98

Napoleón III y el segundo imperio francés (1852-1870) .... 99
    Los nacionalismos (1815-1870) ...................... 101

La unificación italiana (1815-1870) ................... 102
La unificación alemana (1815-1870) .................. 106

## 2ª UNIDAD DIDÁCTICA

**TEMA 7: LA SEGUNDA INDUSTRIALIZACIÓN Y EL MOVIMIENTO OBRERO**
*(Lucía Rivas Lara)* ............................................. 115

La segunda Revolución Industrial ....................... 116
    Desarrollo industrial. Concentración financiera y empresarial. Gran capitalismo ........ 116

El movimiento obrero ........................................ 120
    Socialismo, anarquismo, sindicalismo ............. 120
    Las Internacionales obreras ............................. 122

**TEMA 8: LA ÉPOCA DEL IMPERIALISMO. LAS POTENCIAS COLONIALES**
*(Lucía Rivas Lara)* ............................................. 129

Las potencias coloniales .................................... 129
    Las potencias económicas de la era industrial ... 130

| | Pág. |
|---|---|
| Causas de la expansión colonial | 133 |
| Fases de la colonización | 134 |
| Modalidades de colonialismo | 135 |
| Principales imperios coloniales | 136 |
| El reparto colonial entre las potencias | 139 |
| Consecuencias del Imperialismo | 140 |

### TEMA 9: EL SEXENIO DEMOCRÁTICO Y LA RESTAURACIÓN (1868-1902) *(José María Marín Arce)* ............ 145

| | |
|---|---|
| El sexenio democrático | 145 |
| La revolución 1868 | 146 |
| La Constitución de 1869 | 146 |
| El reinado de Amadeo I | 147 |
| La Primera República | 148 |
| La restauración | 150 |
| La Constitución de 1876 | 151 |
| Alfonso XII y el sistema político de la Restauración | 151 |
| La regencia de María Cristina | 152 |
| La guerra de Cuba y la crisis de 1898 | 154 |

### TEMA 10: LA PRIMERA GUERRA MUNDIAL. LOS TRATADOS DE PAZ Y EL NUEVO MAPA DE EUROPA *(Concepción Ybarra Enríquez de la Orden)* ............ 159

| | |
|---|---|
| La Europa de los bloques (1890-1914). Triple Alianza y Triple Entente | 159 |
| Causas de la Primera Guerra Mundial | 160 |
| Comienzo de la Gran Guerra | 161 |
| Evolución del conflicto mundial | 161 |
| Consecuencias de la Gran Guerra | 166 |
| Los tratados de paz y el nuevo mapa de Europa | 166 |
| Las Conferencias de paz de París | 168 |
| La Sociedad de Naciones: evolución de su actuación | 169 |

|  |  | Pág. |
|---|---|---|

TEMA 11: LA REVOLUCIÓN RUSA Y LA DICTADURA DE STALIN
*(Marina Casanova Gómez)* ...... 175

    Rusia a principios del siglo XX ...... 175
    La revolución burguesa de 1905 ...... 176
    Rusia y la Primera Guerra Mundial ...... 176
    Revolución socialista de febrero 1917 ...... 177
    La revolución soviética de octubre y el triunfo de los bolcheviques ...... 179
    El tratado de Brest-Litovsk ...... 179
    La guerra civil ...... 180
    La Nueva Política Económica ...... 181
    La dictadura de Stalin. Colectivizaciones y terror ...... 182
    La Constitución de 1936 ...... 183

TEMA 12: EL REINADO DE ALFONSO XIII
*(Susana Sueiro Seoane)* ...... 189

    Causas de la crisis del sistema de la Restauración ...... 189
    Cataluña, paradigma de la crisis política ...... 190
    El gobierno largo de Maura y la Semana Trágica ...... 191
    Los liberales: el gobierno de Canalejas ...... 192
    Nuevas fuerzas complican el panorama político ...... 193
    El impacto de la Primera Guerra Mundial ...... 194
    La crisis de 1917 ...... 194
    Nuevos factores de crisis. El problema de Marruecos y el desastre de Annual ...... 195

## 3ª UNIDAD DIDÁCTICA

TEMA 13: LA DICTADURA DE PRIMO DE RIVERA
*(Susana Sueiro Seoane)* ...... 203

    El golpe de Estado ...... 203
    El directorio militar ...... 204
    La resolución del conflicto marroquí ...... 206
    El intento de institucionalización del régimen dictatorial ...... 207
    La política económica y social de la Dictadura ...... 208
    Conspiraciones contra la Dictadura y pérdida de apoyos .. 208
    La caída del dictador ...... 210
    El hundimiento de la monarquía: 1930-1931 ...... 211

|  |  | Pág. |
|---|---|---|

TEMA 14: **LA GRAN DEPRESIÓN DE LOS AÑOS TREINTA**
*(José María Marín Arce)* .......................................................... 215

    ESTADOS UNIDOS ........................................................................ 215
        La caída de la Bolsa de Nueva York ................................. 216
        El New Deal ........................................................................ 217

    ALEMANIA.................................................................................... 219
    FRANCIA...................................................................................... 221
    REINO UNIDO ............................................................................. 223

TEMA 15: **LOS MOVIMIENTOS FASCISTAS**
*(Genoveva García Queipo de Llano)* ..................................... 229

    EL FASCISMO ITALIANO .............................................................. 230
        Sus comienzos ..................................................................... 230
        1922: La marcha sobre Roma............................................. 232
        1924: El fascismo en el poder ............................................ 232
        La obra del fascismo ........................................................... 233

    EL NAZISMO ALEMÁN................................................................. 234
        Sus orígenes......................................................................... 234
        El acceso al poder............................................................... 235
        La política económica ........................................................ 236

    EL EXPANSIONISMO ALEMÁN E ITALIANO. LOS VIRAJES HACIA
        LA GUERRA ............................................................................ 237
    EL EXPANSIONISMO JAPONÉS..................................................... 238

TEMA 16: **LA SEGUNDA REPÚBLICA ESPAÑOLA (1931-1936)**
*(Genoveva García Queipo de Llano)* ..................................... 243

        El Gobierno provisional .................................................... 244
        La Constitución de 1931 .................................................... 244
        El bienio reformista (1931-1933)....................................... 245
        El segundo bienio ............................................................... 248
        La revolución de octubre de 1934..................................... 249
        Las elecciones del Frente Popular..................................... 250
        La pendiente hacia la guerra civil ..................................... 252

TEMA 17: **LA GUERRA CIVIL ESPAÑOLA (1936-1939)**
*(Genoveva García Queipo de Llano* ....................................... 257

        Fases de la guerra ............................................................... 260
        La guerra como acontecimiento internacional ................. 263
        Evolución de los dos bandos.............................................. 264

|  |  | Pág. |
|---|---|---|
|  | El balance de la guerra civil | 267 |

TEMA 18: LA SEGUNDA GUERRA MUNDIAL
*(Marina Casanova Gómez)* .................................................. 271

    Orígenes de la guerra................................................. 271
    El ascenso de los totalitarismos................................. 272
    La Conferencia de Munich y la crisis de los Sudestes....... 273
    La crisis polaca. El inicio de la guerra....................... 273
    Europa ocupada ........................................................ 274
    La resistencia........................................................... 276
    La batalla de Inglaterra............................................ 276
    Cambio de alianzas................................................... 277
    Desembarcos de los aliados....................................... 277
    La Conferencias aliadas............................................ 278
    El desembarco de Normandía..................................... 279
    La conquista del Pacífico ......................................... 280
    Balance y consecuencias de la guerra ...................... 281
    La Shoah.................................................................. 282
    España en la Segunda Guerra Mundial ..................... 283

## 4ª UNIDAD DIDÁCTICA

TEMA 19: LAS RELACIONES INTERNACIONALES DESPUÉS DE LA SEGUNDA GUERRA MUNDIAL. LA GUERRA FRÍA
*(Marina Casanova Gómez)* .................................................. 289

    Creación de la Organización de las Naciones Unidas........ 289
    El mundo en 1945. Inicio de la guerra fría ................ 292
    El telón de acero ..................................................... 292
    El Plan Marshall ...................................................... 293
    La Doctrina Truman. La Guerra civil griega............. 294
    La Doctrina Jdanov ................................................. 294
    El bloqueo de Berlín................................................. 294
    La Guerra civil china................................................ 295
    La Guerra de Corea ................................................. 296
    Distensión y coexistencia pacífica ............................ 296
    El Muro de Berlín..................................................... 297
    La crisis de los misiles en Cuba ............................... 298
    Tratados de no proliferación nuclear....................... 298
    La Guerra de Vietnam ............................................. 299
    El fin de la confrontación bipolar............................. 300

*Pág.*

TEMA 20:  LA DESCOLONIZACIÓN Y EL TERCER MUNDO
*(Lucía Rivas Lara)* .................................................................... 305

LA DESCOLONIZACIÓN ........................................................ 307
    Causas de la descolonización ........................................... 307
    Modelos de descolonización ............................................ 308

EL TERCER MUNDO ............................................................. 309
    Marco internacional: de la Conferencia de Bandung al Movimiento de Países No Alineados ................................... 310

SUBDESARROLLO ................................................................. 312
    Problemas del subdesarrollo ............................................ 313

TEMA 21:  LA ESPAÑA DE FRANCO
*(Susana Sueiro Seoane)* ............................................................. 319

    La etapa «azul» ................................................................ 320
    Cambio de imagen: el giro católico ................................. 321
    Del ostracismo al reconocimiento internacional .............. 323
    La economía y la sociedad en los años de la Autarquía .... 324
    La consolidación del régimen .......................................... 325
    El desarrollismo de los sesenta ........................................ 326
    El «tardofranquismo» ...................................................... 327

TEMA 22:  LA TRANSICIÓN ESPAÑOLA A LA DEMOCRACIA
*(José María Marín Arce)* ........................................................... 333

    Primer gobierno de la monarquía .................................... 334
    Primer gobierno Suárez. La reforma política .................. 335
    Las elecciones de junio de 1977 ...................................... 337
    Los Pactos de la Moncloa ................................................ 338
    La Constitución de 1978 ................................................. 339
    Las elecciones de 1979 y la crisis de UCD ..................... 341
    Conclusiones .................................................................... 343

TEMA 23:  LA CAÍDA DEL COMUNISMO
*(Marina Casanova Gómez)* ....................................................... 347

    Yugoslavia ....................................................................... 348
    Polonia ............................................................................. 349
    Hungría ............................................................................ 350
    Checoslovaquia ............................................................... 352
    Unión Soviética ............................................................... 353

|  |  | Pág. |
|---|---|---|

| | | |
|---|---|---|
| | La caída del Muro de Berlín y el comunismo en Europa del este ................................................................... | 355 |
| | Fragmentación y desintegración de la URSS.................... | 356 |
| TEMA 24: | LA UNIDAD EUROPEA *(José María Marín Arce)* ......................................... | 361 |
| | La reconstrucción europea................................................ | 361 |
| | La CECA ........................................................................... | 363 |
| | La Comunidad Económica Europea................................. | 364 |
| | Estancamiento Comunitario (1968-1979) ........................ | 366 |
| | Reactivación del proyecto de Unión Europea (1979-1984).. | 367 |
| | El Acta Única Europea ..................................................... | 368 |
| | La Unión Europea ............................................................. | 370 |
| | Consolidación de la Unión Europea................................. | 371 |

# 1ª UNIDAD DIDÁCTICA

# TEMA 1

# LA CRISIS DEL ANTIGUO RÉGIMEN.
# LA REVOLUCIÓN AMERICANA.
# LA PRIMERA REVOLUCIÓN INDUSTRIAL

## ESQUEMA

### LA CRISIS DEL ANTIGUO RÉGIMEN  *1400 al 1700*

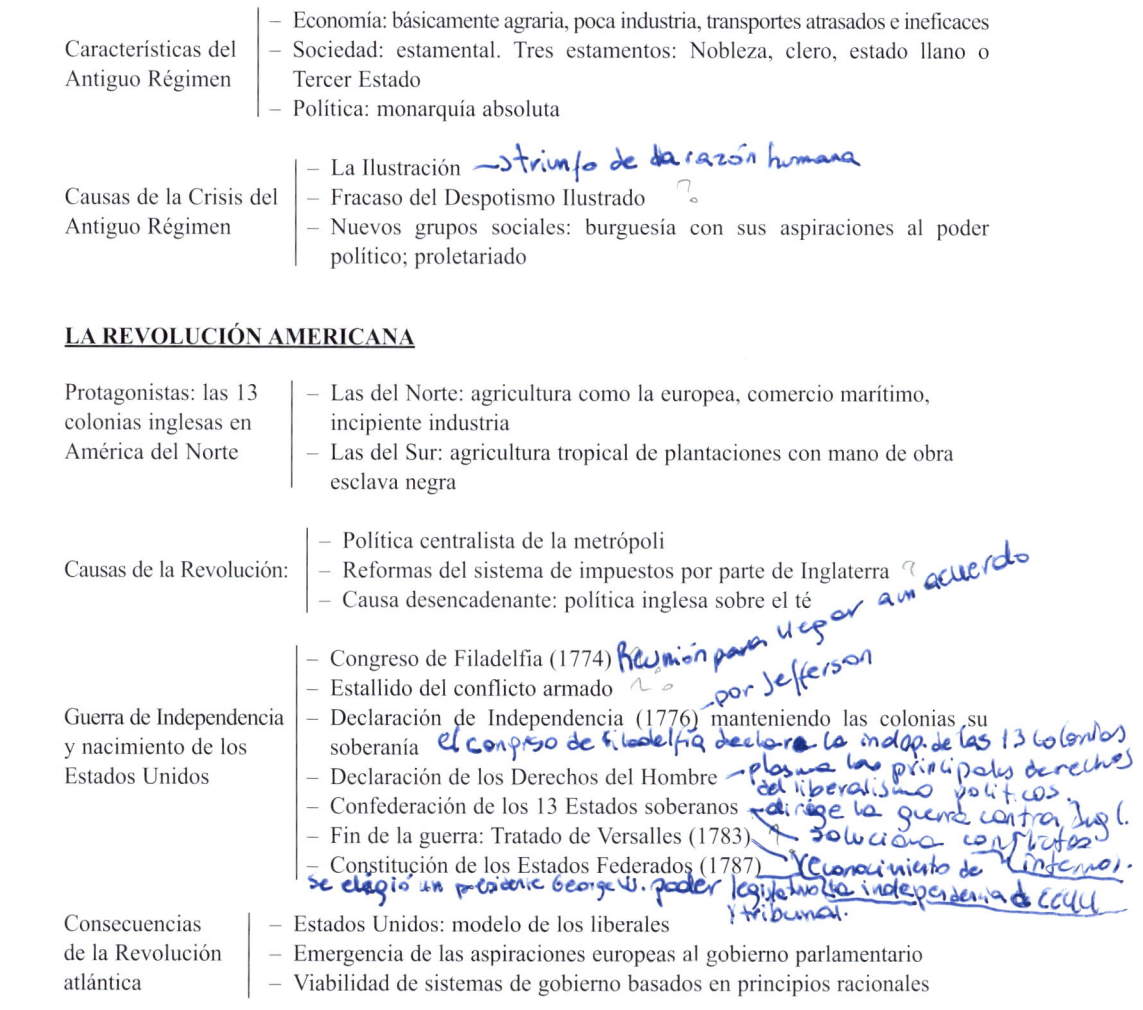

| Características del Antiguo Régimen | – Economía: básicamente agraria, poca industria, transportes atrasados e ineficaces<br>– Sociedad: estamental. Tres estamentos: Nobleza, clero, estado llano o Tercer Estado<br>– Política: monarquía absoluta |
|---|---|
| Causas de la Crisis del Antiguo Régimen | – La Ilustración  *→ triunfo de la razón humana*<br>– Fracaso del Despotismo Ilustrado  *?*<br>– Nuevos grupos sociales: burguesía con sus aspiraciones al poder político; proletariado |

### LA REVOLUCIÓN AMERICANA

| Protagonistas: las 13 colonias inglesas en América del Norte | – Las del Norte: agricultura como la europea, comercio marítimo, incipiente industria<br>– Las del Sur: agricultura tropical de plantaciones con mano de obra esclava negra |
|---|---|
| Causas de la Revolución: | – Política centralista de la metrópoli<br>– Reformas del sistema de impuestos por parte de Inglaterra *? acuerdo*<br>– Causa desencadenante: política inglesa sobre el té |
| Guerra de Independencia y nacimiento de los Estados Unidos | – Congreso de Filadelfia (1774) *Reunión para llegar a un acuerdo*<br>– Estallido del conflicto armado<br>– Declaración de Independencia (1776) *por Jefferson* manteniendo las colonias su soberanía *el congreso de Filadelfia declara la indep. de las 13 colonias*<br>– Declaración de los Derechos del Hombre *→ plasma los principales derechos del liberalismo político*<br>– Confederación de los 13 Estados soberanos *→ dirige la guerra contra Ingl.*<br>– Fin de la guerra: Tratado de Versalles (1783) *→ soluciona conflictos*<br>– Constitución de los Estados Federados (1787) *→ Reconocimiento de internac.* *se eligió un presidente George W. poder legislativo la independencia de EEUU y tribunal.* |
| Consecuencias de la Revolución atlántica | – Estados Unidos: modelo de los liberales<br>– Emergencia de las aspiraciones europeas al gobierno parlamentario<br>– Viabilidad de sistemas de gobierno basados en principios racionales |

## **PRIMERA REVOLUCIÓN INDUSTRIAL**

– Se inició en Inglaterra a mitad del siglo XVIII, hasta mitad del XIX

Crecimiento demográfico
- Progresos en la medicina: vacunas, anestesia
- Mayor conocimiento de la naturaleza
- Más medidas de higiene en hospitales, alimentos, cuidado personal...
- Tratamiento clorado de las aguas...

Lacras: hambrunas y epidemias
Movimientos migratorios: del campo a la ciudad y a otros continentes

Revolución en la agricultura
- Aplicación de los avances técnicos a la producción
- Introducción de nuevos cultivos
- Aplicación de la química: uso de abonos, etc.

Desarrollo de la industria
- Nuevas fuentes de energía básicas: carbón, hierro, hulla
- Innovaciones técnicas
- Nuevos modos de producción

– Revolución en los transportes: máquina de vapor aplicada al ferrocarril y a la navegación

La nueva sociedad
- Sociedad de clases frente a la sociedad estamental
- Consolidación de la burguesía
- Aparición del proletariado y su organización: las Internacionales obreras
- Pilares de la nueva sociedad: el trabajo y el dinero
- Aparición y consolidación del sistema capitalista

# TEMA 1

# LA CRISIS DEL ANTIGUO RÉGIMEN.
# LA REVOLUCIÓN AMERICANA.
# LA PRIMERA REVOLUCIÓN INDUSTRIAL

La expresión **Antiguo Régimen** designa las formas de organización económica, política y social existentes desde la formación de los Estados modernos hasta la Edad Contemporánea. Fue ideada por los revolucionarios liberales para referirse al sistema que ellos estaban destruyendo, conscientes de que nacía una nueva época. En efecto, en las últimas décadas del siglo XVIII y comienzos del XIX se inició, primero en Europa y luego en el resto el mundo, un cambio en todos los terrenos del que ha derivado la situación actual. Europa jugó un papel decisivo en ese cambio, por el protagonismo que tuvo en las revoluciones que entonces se produjeron a ambos lados del Atlántico, la americana, la industrial y la francesa, que dieron paso a la etapa histórica actual.

## CRISIS DEL ANTIGUO RÉGIMEN

El Antiguo Régimen tenía unas **características** que no resistieron a las ideas, la economía y la sociedad que aparecieron con las revoluciones. En efecto, la **población** era escasa, pues sufría una alta tasa de mortalidad por el atraso de la medicina, mala alimentación, falta de higiene e insalubridad de las viviendas. Pero fue creciendo a un ritmo acelerado por distintos factores. Así, a principios del siglo XVII Europa tenía unos 100 millones de habitantes, y en poco más de dos siglos alcanzó los 200 millones que duplicó en el XX.

**La economía** era básicamente agraria. La agricultura era la principal fuente de riqueza (daba empleo en torno al 85% de la población de Europa) para una sociedad estática en sus procesos productivos: la vida agrícola se modificaba muy poco de generación en generación, lo que la condenaba a periódicas hambrunas (escasez generalizada de alimentos). Pese a ello a largo plazo aumentó la producción, pudiendo alimentar a una población creciente. Este aumento se logró por la roturación de nuevas tierras y la lenta mejora de los métodos de cultivo.

La industria quedaba muy por debajo de la agricultura, tanto en el número de trabajadores que empleaba como en la riqueza que generaba, e incluso en el prestigio social que implicaba. Había tres modelos de producción industrial: 1) los *pequeños talleres urbanos,* en los que un maestro trabajaba con unos pocos aprendices bajo unas normas de producción y unos precios fijados por los **gremios,** corporaciones urbanas que agrupaban a los trabajadores de cada oficio; 2) el *trabajo a domicilio por cuenta de un mercader,* que adquirió gran importancia en algunos sectores como el textil, en el que los mercaderes capitalistas proporcionaban la materia prima a hiladores y tejedores rurales y después comercializaban sus productos; y 3) las *grandes fábricas,* que acogían a bastantes obreros pero que seguían utilizando los procesos de producción artesanales de los pequeños talleres.

El total aislamiento en que vivían y se desenvolvían las comunidades rurales se explicaba sobre todo por la lentitud e ineficacia de los transportes terrestres (en España se utilizaban animales). Muy distintos eran los transportes navales, pues un barco de tamaño medio podía llevar la misma carga que por tierra precisaba 200 hombres y 400 caballos. De ahí la importancia de los puertos y ríos navegables, muy escasos en los países mediterráneos aunque numerosos en el resto de Europa.

Estas dificultades en los transportes condicionaban totalmente el comercio. La mayoría de las poblaciones rurales vivían al margen de los circuitos comerciales. Las familias producían para su consumo, y solían recurrir al trueque para obtener lo que les faltaba. El comercio a largas distancias era una actividad muy lucrativa que respondía sólo al consumo de los privilegiados. Sobre todo era importante el comercio de ultramar, que a partir del siglo XVI creó un mercado mundial para ciertos productos.

**La sociedad** era estamental, estable-tradicionalista y pobre. Estamental al estar dividida en estamentos, grupos sociales cerrados con una situación legal bien diferenciada. Existían tres: la *nobleza,* el *clero* y el *estado llano* o *Tercer Estado*. La diferencia fundamental era la que oponía la nobleza, dotada de privilegios, al estado llano que carecía de ellos. Dicha diferencia era hereditaria, aunque el monarca podía ennoblecer a individuos destacados del estado llano. Era también estable-tradicionalista: los cambios en ella se daban muy lentamente y la afectaban poco, los hijos vivían y pensaban como sus padres y abuelos, y tanto la posición social como la profesión se heredaban. El individuo, estrechamente ligado al gremio, estaba regulado en todos los aspectos de su vida por las normas de éste, la iglesia, la aldea y la familia, cuya sólida estructura y solidaridad le protegían, siendo la propia fortuna menos individual que familiar. Finalmente era una sociedad pobre: la mayoría de la población estaba mal alimentada, mal vestida, mal alojada y sometida a largas jornadas de trabajo. Todo ello la hacía muy vulnerable a las enfermedades y al hambre.

La *nobleza* (en torno al 5% de la población) era el estamento más significativo. La base de su riqueza estaba en las rentas de la tierra, aunque lo que la distinguía eran sus privilegios legales, que variaban según los países pero a menudo incluían, entre otros, tener juzgados propios y no pagar impuestos. La mentalidad nobiliaria también predominaba en la *Iglesia* y el *alto clero*, en gran medida reclutado entre los segundones de las familias nobles. La religiosidad de la época daba un alto rango social al clero, que tenía importantes privilegios y considerables riquezas, además de una gran influencia cultural por su papel en la enseñanza.

El *estado llano* o *Tercer Estado* era el resto de la sociedad. Agrupaba a diferentes sectores sociales (burguesía, campesinado y asalariados urbanos), que carecían de privilegios y debían pagar los impuestos reales y los eclesiásticos.

La *burguesía* poco a poco fue logrando una buena posición económica, con sus actividades en la naciente industria artesana, profesiones liberales como medicina o abogacía, y especialmente el gran comercio y las finanzas que le aportaban considerable riqueza. Pero carecía de poder político. La gran burguesía, aunque no podía competir en fortuna con la alta nobleza, superaba a la mayor parte del estamento nobiliario. Tenía un nivel de vida similar al aristocrático, aunque más sobrio, y a veces era ennoblecida por el rey. En cuanto a la pequeña burguesía, no había una frontera definida entre ésta y las clases bajas urbanas, compuestas sobre todo por los artesanos gremiales, numerosos en las ciudades más industriosas. En ellas los maestros, oficiales y aprendices vivían y trabajaban juntos, hacinados en alojamientos sucios e insanos. En las ciudades aristocráticas abundaban los criados, y en todas los trabajadores no cualificados.

La situación de los *campesinos* variaba mucho según las regiones y según su *status* (propietarios, arrendatarios o jornaleros). En general la miseria marcaba sus vidas y las de las clases bajas urbanas, cuyos impuestos proporcionaban la mayor parte de las rentas a los poderosos: **la Iglesia, la nobleza y el propio Estado.** La mayoría de las familias producían lo que necesitaban para su propia subsistencia, y las posibilidades de acceder a la propiedad de una parcela de tierra eran muy escasas.

**La organización política** estuvo dominada por la monarquía absoluta durante todo el periodo. En virtud del origen divino de su autoridad el rey tenía todo el poder: dictaba y suprimía leyes, nombraba a sus ministros, reclutaba soldados y administraba justicia. La representación del reino estaba limitada a unas instituciones (las Cortes en España, los Estados Generales en Francia o las Dietas en algunos países de Europa) que el monarca convocaba para solicitar impuestos a sus súbditos. Su autoridad sólo estaba limitada por el respeto que debía a los privilegios que sus antepasados habían concedido al clero y a la nobleza. Además, las necesidades financieras de los Estados habían llevado a la venta de altos cargos, cuyos titulares gozaban de una amplia libertad en el ejercicio de sus actividades. La confusión y la ineficacia –en la administración de justicia sobre todo– eran habituales en los Estados absolutistas. Por ello los pensadores franceses acogieron enseguida las ideas del inglés **John Locke**, que defendió la necesidad de un **contrato entre gobernantes y gobernados.** Negando el origen divino del poder real, reclamaron un nuevo sistema político, basado en la división de poderes y en la representación popular mediante el sufragio. El sistema estamental empezó a tambalearse, mostrando claros síntomas de que llegaba su fin. El factor más decisivo de cambio fue la actitud crítica, desde el punto de vista de la razón, hacia una organización política y social que se caracterizaba por su irracionalidad. Esta actitud crítica surgió con la **Ilustración,** y enseguida fue asumida por la burguesía.

### Causas de la crisis del Antiguo Régimen

La causa principal fue **la Ilustración,** corriente francesa de pensamiento reformador que se dio durante el siglo XVIII. El término refleja la confianza en que, tras siglos de oscurantismo, comenzaba una era que terminaría con la ignorancia y el fanatismo. Su origen estuvo en pensadores del siglo XVII como Isaac Newton y John Locke, que influyeron mucho en la nueva forma de pensar. El progreso científico que se experimentó durante ese siglo fue interpretado por los filósofos ilustrados como el **triunfo de la razón humana**. Enseguida se difundieron sus ideas en los ambientes cultos de Europa, donde se cuestionó la tradición y se fortaleció la razón. Las nuevas ideas de los ilustrados se pueden agrupar en torno a cuatro conceptos fundamentales: **la razón, la crítica, la libertad y la felici-**

dad. La razón se convirtió en la facultad humana más valorada, desplazando a la fe. La crítica fue el corolario lógico de esa actitud racionalista. Las instituciones, las creencias y las costumbres fueron sometidas al escrutinio de la razón, rechazando todo lo que no tuviera una base lógica. La libertad fue una exigencia generalizada de los ilustrados: eran necesarias la libertad religiosa y de pensamiento para ejercitar la razón y para criticar todo lo que debía ser criticado, como también era indispensable la libertad política. Sobre esto, aunque la mayoría de los monarcas europeos aceptaron realizar reformas ilustradas que mejorasen la vida de los súbditos, querían mantener el poder absoluto. Fueron **los déspotas ilustrados,** que se mostraron dispuestos a utilizar su poder para eliminar los tradicionales obstáculos que se oponían a la felicidad, que comenzó a ser considerada el principal objetivo de la vida frente al cristianismo, que situaba en ese lugar la salvación eterna.

Francia fue el centro desde el que irradió ese pensamiento, primero a Europa y después al resto del mundo, favorecido por el afrancesamiento de la cultura y la moda en los salones aristocráticos europeos. Franceses fueron los más destacados filósofos ilustrados, **Montesquieu, Voltaire y Rousseau,** y en Francia se publicó la obra cumbre de la Ilustración, la **Enciclopedia,** compendio de todo el saber humano que sería el punto de partida del progreso del conocimiento y su difusión en los ambientes cultos.

El pensamiento ilustrado, frente o junto a las crisis económicas y la estructura social arcaica, crearon un nuevo estado de ánimo que llevó a la sociedad francesa a cuestionar la situación, y a la larga provocaron una serie de convulsiones políticas, las revoluciones liberales, de las que Francia ofreció al mundo el mejor y más completo modelo. En efecto, con la Revolución liberal de 1789 prácticamente se abolieron el Estado absolutista y los privilegios de la nobleza, aunque la crisis del Antiguo Régimen no se produjo de forma simultánea ni de manera uniforme en todos los países de Europa. También fueron determinantes para el cambio la Revolución Industrial y la Revolución americana que trajo consigo la independencia de los Estados Unidos.

## LA REVOLUCIÓN AMERICANA Y EL NACIMIENTO DE LOS ESTADOS UNIDOS

Las **trece colonias** establecidas por Inglaterra en América del Norte en el siglo XVII estaban pobladas por unos dos millones de habitantes, y mostraban una gran variedad de clima, de recursos naturales y, por tanto, de economía. Unas fueron fundadas directamente por la Corona británica o explotadas por compañías que comerciaban con productos tropicales; otras nacieron al establecerse allí colonos exiliados de la metrópoli por motivos políticos o religiosos. Las del Norte, menos extensas pero más pobladas, tenían una agricultura semejante a la europea y un comercio marítimo importante en torno al puerto de Boston, así como una incipiente industria textil y metalúrgica. Su burguesía comercial e industrial enseguida aceptó las ideas que venían de Europa. Por el contrario las del Sur tenían como única fuente de riqueza una agricultura de tipo tropical, de grandes plantaciones, cuyos propietarios eran aristócratas que utilizaban una abundante mano de obra de esclavos negros.

Estas colonias, independientes entre sí, se organizaron políticamente **siguiendo el modelo británico** y manteniendo un amplio margen de **autogobierno**. Estaban regidas por gobernadores de la metrópoli, pero tenían unas asambleas elegidas para votar los impuestos necesarios para mantener la administración local. En general Gran Bretaña se limitaba a regular todo lo relativo al comercio exterior. Del conflicto que enfrentó a Inglaterra con sus colonias norteamericanas emergió un nuevo país independiente, Estados Unidos. El profundo sentido revolucionario que tuvo su lucha por la independencia residió en que los colonos discutieron la legitimidad misma de los actos del poder político británico, efectuados sin el consentimiento de los gobernadores.

### Causas de la Revolución

La insurrección comenzó tras la Guerra de los Siete Años provocada por las rivalidades coloniales en América. Los colonos, cada vez más asfixiados por la política centralista del gobierno inglés, fortalecieron su deseo de mayor autonomía económico-administrativa respecto de la metrópoli, lo que aumentó la tensión entre ésta y las colonias. La tensión alcanzó su punto culminante cuando Inglaterra propuso reformar el **sistema de impuestos,** para que los colonos sufragasen el mantenimiento del ejército real asentado en sus territorios y una parte de los gastos ocasionados por la guerra.

Para proteger los intereses de los comerciantes británicos, que sufrían el boicot americano, el gobierno inglés derogó algunas tasas, como el impuesto del timbre –sello que debían llevar los documentos jurídicos–, aunque mantuvo otras para así afirmar su derecho a percibir impuestos de las colonias; uno de ellos, sobre el **té**. Éste fue el definitivo detonante del conflicto. Cuando en 1773 el gobierno de Londres concedió a la Compañía de las Indias Orientales el monopolio de la venta del té en las colonias, creció la oposición y en un ambiente fuertemente hostil, unos colonos disfrazados de pieles rojas arrojaron al mar un cargamento de té en el puerto de

Boston. Esta revuelta impidió cualquier posibilidad de diálogo entre las partes, y el gobierno de Londres se apresuró a dictar leyes de castigo.

## La guerra de Independencia y la Constitución de los Estados Unidos

Las medidas represivas ordenadas por el gobierno inglés provocaron la reacción de los colonos, cuyos representantes se unieron en el **Congreso de Filadelfia (1774)** para organizar la resistencia común. La mayoría de ellos querían seguir con Inglaterra, en un marco de relaciones igualitarias basadas en normas que garantizasen los mismos derechos a los súbditos de las colonias y a los de la metrópoli. Pero la intransigencia del gobierno británico y el comienzo de incidentes armados impidieron una solución pactada. Los colonos moderados se unieron a los radicales, que querían la separación total. La tensión desembocó en el estallido de la **guerra.** Al principio George Washington, general en jefe del ejército americano, tuvo dificultades para canalizar la lucha de unos patriotas indisciplinados frente al ejército profesional inglés, poseedor de importantes recursos financieros y dueño del mar.

En **1776** el Congreso de Filadelfia aprobó la **Declaración de Independencia,** redactada por Jefferson, que afirmó la unión de los colonos y logró el imprescindible apoyo de los gobiernos europeos enemigos de Inglaterra. De forma paralela al enfrentamiento bélico se produjo el proceso político por el que las Trece Colonias formaron los Estados Unidos, manteniendo cada colonia su soberanía. También se aprobó la **Declaración de Derechos del Hombre,** en la que se plasmaban los principales postulados del liberalismo político: igualdad ante la ley, división de poderes, libertad de expresión y de reunión, soberanía popular, elección de todos los cargos mediante el sufragio restringido, etc. Finalmente los trece Estados soberanos crearon una **Confederación,** cuyo gobierno se limitó a dirigir la guerra contra Gran Bretaña y solucionar los conflictos entre los Estados. La ayuda militar francesa, española y holandesa posibilitó la victoria de los rebeldes.

Tanto los ingleses como los norteamericanos deseaban la paz. Los primeros por temor a que sus enemigos europeos obtuvieran demasiadas ventajas, y porque en el interior del país se estaba desarrollando una corriente favorable a los colonos rebeldes. Éstos, por su deseo de consolidar rápidamente la situación obtenida tras la guerra, dada su difícil situación económica. Las conversaciones de paz culminaron con la firma del **Tratado de Versalles (1783),** por el que se reconocía la independencia de los Estados Unidos de América, además de cederles el territorio al sur de los Grandes Lagos, entre el Mississipi y los Montes Apalaches. También Francia y España obtuvieron algunas concesiones territoriales, como la vuelta a la Corona española de la península de Florida y la isla de Menorca.

Conseguida la independencia, los Trece Estados hasta entonces confederados propusieron estrechar sus vínculos mediante la elaboración de una **Constitución federal (1787)** que establecía unas instituciones comunes: un presidente elegido directamente cada cuatro años; un poder legislativo dividido entre la Cámara de Representantes y el Senado, y el Tribunal Supremo. Fue elegido primer presidente de los Estados Unidos George Washington.

### Consecuencias de la Revolución atlántica

La Revolución americana tuvo una notable repercusión a nivel internacional. El hecho de que siguieran existiendo esclavos negros en la mayoría de los Estados de la Unión suponía un desmentido práctico del principio de igualdad de todos los hombres. Pero no impidió que Estados Unidos sustituyera a Inglaterra como modelo de libertades ante quienes deseaban reformas liberales en sus propios países. El ejemplo americano despertó un especial interés en Francia, principal foco intelectual en Europa.

Los Estados Unidos tuvieron desde el principio la ventaja de carecer de las jerarquías estamentales del Antiguo Régimen, al no existir en América una nobleza nativa o un clero privilegiado. Eso permitió que la Revolución se desarrollase sin el marcado carácter social que unos años más tarde tendría la francesa. En el terreno político el ejemplo americano influyó mucho para que **disminuyera el interés de los reformistas europeos por el Despotismo Ilustrado y lo depositaran en un gobierno parlamentario.** En Europa los Parlamentos estaban asociados al mantenimiento de los privilegios tradicionales que los desacreditaban; mientras que con el sistema de los Estados Unidos, sin rastro de aristocracia, se podía considerar el ejemplo de que era posible un sistema de gobierno basado en principios racionales. Sin duda la independencia norteamericana influyó mucho en los movimientos revolucionarios e independentistas que después se produjeron en Europa.

## LA PRIMERA REVOLUCIÓN INDUSTRIAL

Se inició en Inglaterra en la segunda mitad del siglo XVIII, de donde se extendió a Europa, Estados Unidos y Japón hasta mediados del XIX. Comenzó allí porque confluyeron una serie de factores que la permitieron despegar económicamente antes que al resto de Europa, situándola como la primera potencia mundial hasta 1914.

La Revolución engloba todos los descubrimientos científicos, los avances tecnológicos y la aparición de nuevas fuentes de energía inanimadas que, aplicados a la agricultura, la industria y los transportes, provocaron grandes cambios en el proceso de producción de bienes y en la economía, alterando igualmente la estructura social. Con ella se pasó del viejo mundo rural al urbano, del taller a la fábrica, de una producción manual, artesanal, a otra mecanizada e industrial masiva, que originó el tránsito de la economía estática del Antiguo Régimen a la de crecimiento, la capitalista que aún vivimos. Todos estos cambios en economía coincidieron con el crecimiento de la población, el aumento de capitales y la transformación de las comunidades rurales en favor de las urbanas, al tiempo que desaparecía la sociedad estamental y emergía la sociedad de clases. Con la Revolución Industrial todo se transformó: trabajo, mentalidades, grupos sociales. Ésta y la Revolución francesa son la base del mundo contemporáneo, pues todo hecho importante ocurrido desde mediados del siglo XVIII guarda relación, más o menos directa, con esta transformación.

**Crecimiento demográfico**

El crecimiento demográfico y el despegue industrial fueron dos fenómenos muy relacionados y paralelos. A principios del siglo XIX Europa estaba poblada por 187 millones de personas y en 1900 eran ya 400 millones, pese a las grandes migraciones de europeos a otros continentes que entonces se dieron. Ese crecimiento se explica por la evolución de tres variables: la mortalidad, la natalidad y los movimientos migratorios.

En primer lugar se produjo una importante disminución de la mortalidad, gracias a los **progresos de la medicina** y otras ciencias, que con las ideas de la Ilustración introdujeron **la higiene** en las ciudades y un mayor conocimiento de la naturaleza. Destacaron avances en cirugía, en vacunas, el uso de la anestesia y los descubrimientos científicos, sobre todo en enfermedades infecciosas. Con la higiene se generalizaron las medidas sanitarias en hospitales y ciudades, el empleo de jabón, modernos sistemas de alcantarillado y el tratamiento clorado de los abastecimientos de agua a las ciudades, disminuyendo los riesgos de contagio y difusión de enfermedades.

No obstante permanecieron una serie de lacras que impidieron un crecimiento demográfico mayor: elevada mortalidad infantil, hambrunas y epidemias. Seguían muriendo muchos niños, sobre todo en sus primeros años y en las clases sociales más bajas, por una alimentación deficiente y falta de higiene. Las **hambrunas** provocaron muchas muertes y emigraciones hasta mediados del siglo XIX. Y las **epidemias,** sobre todo de cólera pero también de tos ferina y viruela, afectaron bastante al continente pese a las vacunas. Junto al descenso de la mortalidad se mantuvo constante la natalidad.

Pero en el comportamiento demográfico también influyen los **movimientos migratorios.** Con el desarrollo industrial se dio un doble flujo migratorio: del campo a la ciudad y a otros continentes. Numerosos campesinos sin trabajo acudían a la demanda de mano de obra de las fábricas; así crecieron las ciudades, originando un fenómeno típico de la contemporaneidad: **la urbanización.** Entonces nació un modelo de ciudad que rompió sus vínculos con el campo y creció en función de las necesidades de la industria. En ella apareció un nuevo modo de vida especialmente duro: viviendas pequeñas e insalubres donde se hacinaban las familias obreras, falta de higiene, deplorable alimentación. Todo esto convertía a sus habitantes en víctimas de enfermedades y lacras que provocaban degradación física y moral.

Paralelamente, entre 1800 y 1930 unos cuarenta millones de europeos (ingleses, alemanes, austro-húngaros, italianos y rusos) marcharon, sobre todo a Canadá y Estados Unidos, por razones económicas –buscando una vida mejor–, por cuestiones políticas, liberalización social, presión demográfica, afán de fortuna y deseo de aventuras. Ello fue posible por la revolución en los transportes, que facilitó el viaje por mar y la movilidad terrestre. Del análisis del crecimiento natural y esos flujos poblacionales se concluye que en el siglo XIX hubo un efectivo crecimiento demográfico global.

### Desarrollo de la agricultura, la industria y los transportes

Dado el dominio agrícola en Europa, en primer lugar debieron darse profundas transformaciones en ese sector para que se produjera la Revolución Industrial. En efecto la agricultura experimentó unos cambios lentos, pero tan tan importantes, que se puede hablar de una auténtica **revolución agrícola.** Fue fundamental la introducción de ***plantas escardadoras ricas en nitrógeno*** en el ciclo de producción, que permitió: suprimir el barbecho y alternar en el mismo año granos para alimentación humana con forrajes para alimentación animal; extender plantas que hasta entonces estaban muy localizadas, como la patata y la remolacha azucarera; y aplicar al campo avances técnicos, como nuevos arados y cosechadoras, drenaje de zonas pantanosas y aplicación de la química, sobre todo en abonos.

Esas innovaciones aumentaron los rendimientos, cada región se especializó en lo que era más apta –permitiendo la comercialización–, y liberaron a la ganadería (hasta entonces dedicada sólo al trabajo agrícola) para producir carne, leche y lana. Así la agricultura pudo alimentar a una población creciente por el aumento de la producción, y liberó mucha mano de obra agrícola, que fue a trabajar en las fábricas. Además la sociedad campesina aumentó el consumo de bienes industriales. Por tanto la agricultura aportó: alimentos, mercado, capital y hombres.

En cuanto a la **industria,** experimentó una transformación sin precedentes gracias a la sustitución de las antiguas fuentes de energía básicas (humana y animal) por otras nuevas (la hidráulica y el vapor liberado por la combustión del *carbón).* Junto a éste, el *hierro* fue el material clave de los nuevos tiempos. Con los inventos aparecieron las ***máquinas,*** que en muchos casos ***sustituyeron al hombre***. La combinación de los nuevos recursos energéticos con el empleo de las máquinas revolucionó los modos de producción, por la rapidez en la fabricación y el aumento de los productos. Por tanto la Revolución Industrial se basó en la mecanización del trabajo, que se produjo cuando se aplicaron a él las innovaciones técnicas.

Finalmente también se dio la **Revolución en los transportes,** en la segunda mitad del siglo XIX. Fue posible porque al desarrollo del ferrocarril y la navegación a vapor se unió la mejora en la construcción de carreteras y la posterior aparición del automóvil. El ferrocarril se desarrolló con la combinación del raíl y la locomotora movida a vapor. En este sector los protagonistas del crecimiento fueron la **hulla y el hierro.** El carbón se impuso al ser más barato, más abundante y poseer mayor potencia calorífica que la madera. Por otra parte los aperos de labranza, las máquinas y los raíles de las vías férreas se construyeron con hierro, naciendo así la *industria siderúrgica,* que como la *textil,* vivió constantes innovaciones técnicas. La aplicación del vapor a la locomotora y a la navegación propició un gran progreso en los transportes.

El ferrocarril revitalizó a la sociedad, cambió las mentalidades al agilizar los intercambios con otras zonas, otros usos y otras costumbres, y facilitó la movilidad personal. También revitalizó la economía –modificándola por donde pasaba al posibilitar la especialización de los cultivos, la salida de excedentes y la importación de los productos necesarios– y propició su desarrollo, pues la industria activó la producción, ya que demandaba la construcción de raíles, vagones, mano de obra, etc. Por todo esto se puede decir que el ferrocarril fue el eje económico fundamental del siglo XIX y el principal motor de la Revolución Industrial.

## La nueva sociedad

Frente a la cerrada sociedad estamental del Antiguo Régimen, **la Revolución Industrial originó la sociedad de clases**, más compleja pero más dinámica y abierta. Las relaciones se establecieron en función de los siguientes parámetros: la posesión de los medios de producción, la generalización del criterio igualitario como norma jurídica, la pertenencia a una clase social en función del papel desempeñado en el proceso productivo, y la institucionalización jurídica de la libertad e igualdad de todos los ciudadanos ante la ley.

El cambio se produjo lentamente, a un ritmo distinto según los países, y no fue total ni en los más avanzados, pues permanecieron restos del antiguo orden social en las ideas, las instituciones y las mentalidades. Pero poco a poco **el trabajo y su exaltación fueron el pilar básico de la nueva sociedad,** al reconocer su dignidad en el afán de liberación del hombre frente al prejuicio despreciativo de la aristocracia estamental. La exaltación de los derechos del individuo le liberó del sometimiento al grupo que anulaba las diferencias personales en beneficio del estamento. Pero el individualismo radical de la nueva sociedad de clases condujo a una competencia que barrió los lazos solidarios.

Aparecieron nuevos grupos sociales abiertos –la *burguesía,* elemento innovador poseedor de las nuevas industrias, y el *proletariado,* obreros industriales–, pero no desapareció la aristocracia. En efecto, dueña de latifundios en Francia, Alemania y España, continuó detentando el poder político –bajo la fachada del liberalismo o la democracia– y ocupando altos cargos en el Ejército y la diplomacia. Aunque de forma paralela, y gracias al liberalismo, la burguesía ascendió en la escala social y conquistó puestos con el trabajo, el ahorro y la educación. Las principales vías de ingreso en la burguesía eran la milicia, los estudios y los negocios. Pero no era un grupo uniforme: existía la alta burguesía (grandes industriales y financieros favorecidos por la nueva economía, y terratenientes que hicieron fortuna tras la desamortización), que tendía a unirse a las antiguas familias nobles y a veces era ennoblecida por el rey. Convivía con la aristocracia en los consejos de administración de las empresas, y acabó haciendo frente común con ella ante el proletariado. Por debajo se situaban la pequeña burguesía y las clases medias (integradas por profesionales liberales, intelectuales, funcionarios, pequeños comerciantes, militares de graduación intermedia). La burguesía defendía la propiedad individual y la libertad dentro del orden, pero quería una mejor distribución de la riqueza. La situación cambió con las revoluciones liberales de 1820, 1830 y 1848.

Finalmente estaban el *campesinado* y el *proletariado*. Las condiciones de vida de los jornaleros, trabajadores domésticos rurales y campesinos eran deficientes. Las malas cosechas provocaban hambre y muerte, que debían afrontar junto al problema de la posesión de la tierra –disociación entre propiedad y explotación–, ya que la tierra casi nunca era propiedad del campesino que la cultivaba, que se convirtió en jornalero-proletario. La evolución económica y social multiplicó el número de jornaleros frente al de patronos, por lo que la igualdad ante la ley, tan celosamente defendida por la burguesía, dejó indefensos a los trabajadores frente a los empresarios. Así, en la relación bilateral del contrato de trabajo el proletario debía aceptar la oferta aunque fuera injusta, en caso contrario, debido al empuje demográfico, siempre habría otro que lo haría.

Además el desarrollo del maquinismo no liberó al obrero de los aspectos rutinarios y mecánicos del trabajo, y la planificación de la producción no tuvo en cuenta la creatividad que el hombre debe encontrar en él. De modo que **el obrero se sintió alienado,** ajeno al trabajo que realizaba, como una pieza más de la cadena productiva, al no aportar nada propiamente humano a su labor. La situación se agravó por las nuevas relaciones de producción: mientras el antiguo artesano era dueño de las herramientas y de los productos elaborados, con el capitalismo industrial el dueño de ambos elementos era el empresario, que contrataba la fuerza de trabajo del obrero por un salario. Estas relaciones, junto a las duras condiciones laborales que se implantaron, provocaron graves conflictos sociales.

En efecto, a los factores estructurales del nuevo modelo productivo se añadieron las deplorables circunstancias en que el trabajo se realizaba: interminables jornadas en locales insanos, sin luz, ventilación ni agua corriente; indefensión ante enfermedades, accidentes y vejez; trabajo y explotación de mujeres y niños; salarios miserables. El resultado era analfabetismo, enfermedades, malnutrición, muerte precoz. Empobrecidos, explotados, privados de las tradicionales instituciones y guías de conducta, muchos se desmoralizaban y acababan en suicidio, infanticidio, prostitución, alcoholismo, locura, violencia y crimen. Pero otros, los que rechazaron sus tribulaciones como parte de su destino, trataron de superar la situación **uniéndose y formando organizaciones de resistencia**. Fue el origen del movimiento obrero, asociación de trabajadores, obreros y campesinos para conseguir mejorar su situación con la actividad social y política. En 1864 las diversas organizaciones de resistencia, con sus diferentes ideologías, se unieron formando la Primera Internacional obrera, la AIT.

# TEMA 2

# LA REVOLUCIÓN FRANCESA Y EL IMPERIO NAPOLEÓNICO

## ESQUEMA

### LA REVOLUCIÓN FRANCESA (1789-1799)

**Antecedentes:**

*Antiguo Régimen*
- Monarquía absoluta
- Tres Estamentos (nobleza, clero, estado llano)
- Nobleza y Clero, los estamentos privilegiados

**Causas:** (Debate historiográfico. Diversas ópticas y múltiples factores)
- Influencia de la Ilustración y de la Independencia norteamericana
- Crisis económica: aumento demográfico y sucesión malas cosechas
- Descontento del Tercer Estado
- Crisis de la Hacienda Pública
- Decisión de Luis XVI de elevar los impuestos

**Desencadenante final:**
- Protesta general contra el absolutismo real. *Toma de la Bastilla*

**Primera etapa** (1789-1791). Convocatoria en Versalles de los *Estados Generales*

#### Monarquía Constitucional

- Asamblea Nacional
- Asamblea Constituyente:
  - Declaración de Derechos del hombre y del ciudadano
  - Constitución Civil del Clero.
  - **Constitución de 1791**: división de poderes. Sufragio restringido
- Asamblea Legislativa:
  - Guerra contra Austria y Prusia
  - Asalto a las Tullerías: Luis XVI encarcelado. Victoria en Valmy

**Segunda etapa** (1792-1795). Caída de la Monarquía

#### Primera República francesa (1792)

Diputados divididos en *Girondinos*, *Jacobinos* y *Llanura*

- Convención girondina: Luis XVI guillotinado. 1ª Coalición antifrancesa
- Crisis interiores: levantamiento de La Vendée

- Convención jacobina: Dictadura del «Terror». Reformas democráticas
  **Constitución de 1793**: Robespierre radicaliza la Revolución
  Triunfos en el exterior. Mª Antonieta y familia real, guillotinados
- Convención termidoriana: Golpe de Estado de Termidor.
  **Constitución de 1795**: sufragio restringido. Disuelve la Convención

**Tercera etapa** (1795-1799). El «Terror blanco».

- Directorio: Refuerzo del poder ejecutivo y del ejército
  «Conjura de los Iguales». Guerras en el exterior. Crisis en el interior

Cambio de régimen: Napoleón Bonaparte da un golpe de Estado el 18 brumario

## EL IMPERIO NAPOLEÓNICO (1799-1815)

Nuevo régimen francés. Napoleón Bonaparte prepara al Estado francés para aceptar el Imperio. Las victorias francesas extienden el Imperio napoleónico

**Primera etapa del gobierno de Napoleón** (1799-1804)

- **El Consulado**. Poder ejecutivo ejercido por tres Cónsules (1799-1804):

  **Constitución del Año VIII** (1800).
  Napoleón como *Primer Cónsul* recorta la soberanía nacional
  Concordato con el Vaticano de 1801.
  Paz de Amiens de 1802. Fin de las guerras revolucionarias.
  Reorganización de las fronteras

  **Constitución del Año X** (1802)
  Fortalecimiento del Ejecutivo
  Estabilidad económica. Creación del Banco de Francia
  Código Civil. Código de Comercio. Código Penal
  Cónsules vitalicios. El Primer Cónsul elige sucesor

**Segunda etapa del gobierno de Napoleón** (1804-1815): **Primer Imperio francés.**

  **Constitución del Año XII**. Fortalecimiento del Ejecutivo
  Napoleón Bonaparte **Emperador de Francia en 1804**

- **Guerras napoleónicas**: Estrategia militar innovadora
  Nueva guerra contra Inglaterra: Fracaso franco-español en **Trafalgar**
  Victoria francesa contra Austria en **Austerlitz**
  Invasión de España y Portugal: **Guerra de Independencia** (1808-14)
  Victoria francesa contra la Segunda Coalición: **Paz de Tilsit** (1807)
  El Emperador francés y el Zar se reparten Europa
  El **Bloqueo continental**: cierra Europa al comercio inglés
  La **Campaña de Rusia** (1812-1813). Fracaso final de Francia
  Derrota en **Leipzig** (1813). Caída y destierro de Napoleón en Elba

**Restauración de la Monarquía borbónica**: Luis XVIII, rey de Francia

**Los últimos «Cien Días» del Imperio napoleónico**

- Napoleón huye de Elba y vuelve a París en marzo de 1815
- Napoleón es derrotado en **Waterloo** en junio de 1815

Destierro y muerte (1821) en la isla de Santa Elena del «Gran Napoleón»

**Balance del Imperio:** expansión de los ideales revolucionarios por Europa. La nueva organización administrativa del Estado francés influyó en la modernización de la sociedad europea. Las conquistas francesas provocaron el despertar de los nacionalismos.

# TEMA 2

# LA REVOLUCIÓN FRANCESA (1789-1799) y EL IMPERIO NAPOLEÓNICO

## LA REVOLUCIÓN FRANCESA

Las ideas de la Ilustración y la independencia de los Estados Unidos de Norteamérica incidieron en la burguesía francesa, que se sentía defraudada por el lento avance de su sociedad. La influencia de ambos movimientos fue preparando la formación de una nueva clase social que sería la propulsora de la revolución.

La Revolución Francesa de 1789 abre el período histórico conocido como Edad Contemporánea. La crisis política, social y económica ocurrida en Francia durante diez años (1789-1799) trastocó el sistema de gobierno y la forma de vida de los franceses. Este proceso histórico ha sido considerado como uno de los acontecimientos más determinantes de la historia de la humanidad.

### Causas

Las causas que ocasionaron el estallido revolucionario fueron muchas y muy variadas. Aún hoy día perdura un debate historiográfico para reconocer la importancia y el orden en que se produjeron los acontecimientos que llevaron al levantamiento del pueblo de París contra la Monarquía.

Todos los historiadores están de acuerdo en afirmar que en 1789 se inició una nueva etapa histórica con la supresión del sistema señorial, la proclamación de la libertad e igualdad de todos los hombres ante la ley y la afirmación de la soberanía nacional. Sin embargo, continúa la discusión para fijar las causas reales del origen de esta revolución liberal y burguesa que intentó cambiar los modos de vida y gobierno de la nación francesa.

Existieron factores ideológicos, políticos, sociales y económicos, aunque la mayoría de los historiadores manifiestan que estos últimos fueron los fundamentales. A finales del siglo XVIII Francia sufría una gran crisis económica, la hacienda pública se encontraba arruinada y la administración del Estado no lograba resolver los problemas financieros y de subsistencias. Además, la deuda pública iba en aumento y el gobierno hubo de recurrir a los empréstitos que agravaban aún más el déficit público. Se habían sucedido varios años de malas cosechas y escaseaban los alimentos para abastecer a una población que fue aumentando durante todo el siglo XVIII. Los campesinos, jornaleros, obreros, comerciantes, funcionarios y burgueses, pertenecientes todos al Estado Llano (Tercer Estado), manifestaban un gran descontento que iba a constituir el detonante final de la revolución.

## La Monarquía Constitucional (1789-1791)

Francia, como todos los países del Antiguo Régimen, se encontraba administrada por el sistema político de Monarquía absoluta. Sin embargo, desde que fue cuajando el movimiento de la Ilustración en las últimas décadas del siglo XVIII, el poder absoluto de los monarcas iría evolucionando hacia una nueva forma de gobernar: el Despotismo ilustrado. Este nuevo sistema de gobierno, admitido por algunos monarcas europeos, se orientaba a conseguir el bienestar general, como propugnaban los «enciclopedistas» franceses defensores de la «Razón». Los ministros de esos gobiernos monárquicos intentaban reformar el Estado y eran los que decidían cómo debía administrarse la nación, aunque siempre necesitaran el consentimiento del monarca. Esa nueva política deseaba fomentar la cultura y la prosperidad de los súbditos.

El rey Luis XVI, ante los sucesivos fracasos hacendísticos de su ministro Necker, intentó resolver el descontento general, provocado por el aumento de impuestos, convocando **los Estados Generales** (representantes provinciales de los tres estamentos, Nobleza, Clero y Estado Llano) que no se habían reunido en 175 años. En mayo de 1789 la mayoría de los diputados acudieron a la convocatoria real en el palacio de Versalles, próximo a París, donde comenzaron las discusiones.

El Tercer Estado el 9 de julio de 1789 se constituyó en **Asamblea Nacional** en el pabellón del «juego de pelota» cuando le fueron negados por el Rey y los otros dos estamentos el aumento de sus diputados y la primacía del voto individual. Estos diputados se reunieron para dar al pueblo una **Constitución** que terminara con la Monarquía absoluta. El pueblo de París les manifestó su apoyo asaltando el 14 de julio la cárcel de **La Bastilla**, símbolo de la Monarquía opresora.

Desde ese instante el clima revolucionario parisino se fue contagiando a todas las poblaciones francesas. Luis XVI se vio obligado a reconocer la Asamblea Nacional, a la que se habían unido gran parte de la nobleza y el clero, y admitió la redacción de una Constitución. El absolutismo real había sido sustituido por el concepto de Soberanía Nacional.

La Asamblea continuó reunida el resto del verano, tomando el nombre de **Asamblea Nacional Constituyente**. El Rey se refugió en el palacio de Las Tullerías de París, mientras un gran pánico se extendía por el país provocando que muchos nobles y clérigos huyeran al extranjero para librarse de la furia del pueblo. Los campesinos, influidos por los acontecimientos parisinos, asaltaron muchos de los castillos y residencias de los nobles, quienes al resistirse fueron ahorcados. En agosto de 1789 la Asamblea proclamó la **Declaración de los Derechos del Hombre y del Ciudadano** que reconocía los principios fundamentales de **Libertad, Igualdad y Fraternidad**. Estos conceptos se convirtieron en el lema de la Revolución Francesa. También se elaboró la **Constitución Civil del Clero** y por esa nueva ley fueron desamortizados y nacionalizados los bienes de la Iglesia, que desde ese momento pasaron a depender sólo del Estado. Asimismo, quedaron abolidos los privilegios de la nobleza y del clero.

En el verano de 1791 la Asamblea Nacional aprobó la **Primera Constitución Francesa** que inició un nuevo régimen en Francia, la **Monarquía Constitucional**. La Constitución de 1791 impuso la división de poderes, el Ejecutivo lo detentaría un Rey hereditario con poderes recortados; el Judicial estaría representado por jueces independientes y el Legislativo lo constituiría una Asamblea de diputados elegidos por sufragio restringido. La Constitución también garantizaba la libertad económica y el derecho al trabajo para todos los ciudadanos.

**La Asamblea Nacional Legislativa** quedó establecida una vez aprobada la Constitución y tuvo como finalidad su desarrollo y la redacción de nuevas leyes. Esta nueva Asamblea estuvo compuesta por 264 diputados de derecha, defensores de la burguesía propietaria y de la monarquía constitucional; 136 de izquierda («jacobinos» y «girondinos») y por una mayoría independiente de 345 diputados (la «llanura»), considerados de centro. Luis XVI, con el fin de reponer la Monarquía absoluta, solicitó ayuda de las monarquías extranjeras. Para evitar la derrota de los revolucionarios se constituyó la **Comuna de París,** formada por los ciudadanos de las clases urbanas más desfavorecidas, conocidos como los «sans culottes» (así denominados por su indumentaria). Este grupo urbano se rebeló contra el poder establecido, asaltó Las Tullerías y logró que la Asamblea Legislativa destituyera al monarca y convocara elecciones en agosto de 1792 para elegir una **Convención Nacional.**

### Convención y República (1792-1795)

Caído el rey y disuelta la Asamblea, la elección de la nueva **Convención Nacional** suponía un giro del proceso revolucionario que tomaba un carácter más democrático y popular. La Convención fue elegida por sufragio universal (primera vez que podían votar todos los ciudadanos franceses), lo que supuso un nuevo giro hacia la izquierda política. Los representantes del pueblo quedaron divididos en tres partidos: jacobinos (la montaña), girondinos y la llanura. Los primeros eran los revolucionarios más exaltados que acostumbraban a sentarse en la parte más alta de la sala de reuniones. El primer acto que realizó la Convención el 21 de septiembre de 1792 fue abolir la Monarquía y proclamar la **Primera República francesa.**

Los girondinos, en un golpe de fuerza, se hicieron con el Consejo Ejecutivo Provisional y ocuparon los cargos más importantes de la Convención. **La Convención girondina** creó el Comité de los Doce para reprimir a la Comuna, y con el fin de lograr la pacificación del país se vieron obligados a condenar al Rey, convicto de traidor a la revolución. Las monarquías europeas, tratando de restaurar en el Trono de Francia a Luis XVI, habían formado la **Primera Coalición** antifrancesa dirigida por Prusia y Austria, mientras en el interior de Francia algunas regiones como La Vendée se sublevaban contra la Convención. En esos momentos comenzó la guerra en Europa; el gobierno francés ordenó una leva de 300.000 soldados que lucharían con entusiasmo para defender su República. En enero de 1793 Luis XVI fue guillotinado.

Poco tiempo después el partido jacobino fundó el Comité de Salud Pública, que fue dirigido por Robespierre y acabó ganando al pueblo para su causa. Los jacobinos, en junio de 1793, se impusieron en la Convención y la Revolución pasaría por uno de sus períodos más sangrientos, denominado el «Terror». Pero también se tomaron una serie de medidas de carácter democrático y social encaminadas a favorecer los sectores más débiles de la sociedad. **La Convención jacobina** se dedicó a terminar con los últimos privilegios de la nobleza, clero y alta burguesía. Trataron de atraerse a la burguesía moderada, protegiendo la propiedad privada y a las clases populares, especialmente a los campesinos.

Su obra política quedó plasmada en **La Constitución de 1793**, más radical que la anterior. La nueva Constitución iba a desarrollar e imponer un régimen republicano más democrático, donde ya se establecía la definitiva igualdad para todos, el sufragio universal, el derecho al trabajo, a la asistencia social y a la enseñanza gratuita.

Los jacobinos continuaron imponiendo el «Terror» y guillotinando a todo sospechoso de anti-revolucionario (se calcula que más de 35.000 personas fueron ajusticiadas, así como la misma reina Mª Antonieta y su familia). La revolución se radicalizó en el aspecto religioso, se suprimió la religión católica y se dio culto a la «Razón». Se instauró un nuevo calendario con nombres basados en la climatología y en la agricultura. La reorganización llevada a cabo en el ejército y sus mandos salvó a Francia de la invasión exterior. Robespierre se fue haciendo con todo el poder al guillotinar a sus compañeros de gobierno y dueño ya del poder ejecutivo, anuló la Constitución de 1793 con el fin de redactar otra aún más radical que le concediera el poder total.

Esa terrible situación de caos y terror impulsó a los franceses más moderados a tomar una drástica decisión para acabar con la desatada violencia, por lo que la mayoría de la Asamblea, la Llanura, consiguió dar un golpe de Estado en julio de 1794 (en el mes de Termidor según el nuevo calendario) dominando así la Asamblea e instituyendo la **Convención Termidoriana**. Robespierre y sus seguidores fueron guillotinados. El pueblo francés ya estaba cansado del «Terror», de pasar hambre y de tanta persecución. Por ello, los diputados moderados de la Llanura, con la ayuda general, lograron sofocar los motines causados por el hambre, suprimieron con dureza la Comuna de París y el Comité de Salud Pública y elaboraron una nueva Constitución en 1795, que defendía los intereses burgueses y reestablecía el sufragio censitario. Mientras tanto, continuaban los éxitos del ejército francés contra la Primera Coalición antifrancesa.

### El Directorio (1795-1799)

Una vez aprobada la nueva Constitución de 1795 se deshizo la Convención y se organizó la separación de los poderes: ahora el Legislativo recaía en dos Cámaras (Consejo de Ancianos y Consejo de los 500) y el Ejecutivo, reforzado por el nuevo sistema de gobierno, se confió a un **Directorio** compuesto por cinco miembros renovables a razón de uno cada año.

Al «Terror jacobino» sucedió el «Terror blanco». El nuevo Directorio llevó a cabo grandes matanzas entre los jacobinos o los sospechosos de serlo y el 5 de octubre de 1795 los realistas prepararon una marcha sobre las Tullerías que fue sofocada por un joven general corso: **Napoleón Bo-**

**naparte**. Desde ese momento la suerte de la República estaría en manos del Ejército.

El **Directorio**, no obstante, tampoco pudo conseguir la paz exterior ni interior debido a los constantes enfrentamientos con las monarquías extranjeras y con los grupos realistas o los revolucionarios de la propia Francia. Uno de los levantamientos contra este gobierno fue la llamada «Conjura de los iguales», liderada por el filósofo utópico Babeuf, quien deseaba instaurar un régimen de tipo comunista. Esta rebelión fue aplastada, siendo guillotinados Babeuf y sus seguidores en mayo de 1797.

Francia, mientras tanto, continuaba con sus conquistas en el extranjero (Saboya, Niza, Milán, Lombardía, Venecia, Malta, Egipto ...) gracias a la estrategia de sus generales y sobre todo al genio militar y organizativo del general Bonaparte, formándose «repúblicas hermanas» en los territorios conquistados. Entre tanto, en París, varios golpes de estado y la pérdida a partir de 1798 de algunos de los territorios conquistados, debilitaron el poder e hicieron considerar a uno de los Directores, el ex abate Sieyés, que la única solución para acabar con la anarquía se encontraba en el ejército guiado por Napoleón. En 1799 iba a comenzar una nueva etapa en la historia de Francia y de Europa por el **golpe de Estado del 18 de Brumario**, protagonizado por el general Napoleón Bonaparte.

## EL IMPERIO NAPOLEÓNICO (1799-1815)

En 1799 el militar que más fama había adquirido en el ejército de la primera república francesa fue **Napoleón Bonaparte.** El joven general había nacido en 1769 en Ajaccio (Córcega) en el seno de una familia de la burguesía media. Desde muy joven estudió en la Escuela Militar de París, donde obtuvo el grado de subteniente de artillería. Cuatro años después de la Revolución Francesa ya era capitán, y su valiente actuación contra la Primera Coalición en el sitio de Toulon le valió el grado de general de brigada a los 24 años (el general más joven de la historia militar).

En 1796 el general Bonaparte recibió del Directorio el mando del ejército francés en Italia, donde obtuvo grandes victorias. Enviado posteriormente a Egipto para cortar las comunicaciones británicas con la India, tomó Alejandría y El Cairo, tras la famosa batalla de las Pirámides. En el verano de 1798 Bonaparte fue derrotado en el Mediterráneo por la escuadra inglesa del Almirante Nelson, aunque consiguió escapar de Egipto y desembarcar en el sur de Francia.

A pesar de haberse deshecho la Primera Coalición, la política expansionista del Directorio llevó a las Monarquías europeas a organizar una Segunda Coalición integrada por Austria, Inglaterra, Rusia, Turquía y Nápoles. La guerra se reanudó en todos los frentes. En un principio Prusia se mantuvo neutral y España continuó su alianza con Francia. Las continuas derrotas del ejército francés y las vacilaciones del gobierno propiciaron que Napoleón, con un grupo de partidarios, diera el golpe de Estado del 18 de Brumario del año VII (9 de noviembre de 1799) que acabaría con el gobierno del Directorio.

## El Consulado (1799-1804)

En 1799, tras el golpe de Estado del 18 de Brumario, se instauró en Francia un nuevo régimen más fuerte, el **Consulado,** que iba a terminar con la inestabilidad política. El poder ejecutivo lo comenzaron a ejercer los tres Cónsules de la República Francesa, el general Bonaparte y los anteriores miembros del Directorio, Sieyés y Ducos. Inmediatamente después se puso en marcha la redacción de una nueva Constitución, que había de regularizar la situación surgida tras el 18 Brumario.

La **Constitución** aprobada en enero de 1800 mediante un *referendum* reforzó el poder de Bonaparte, porque le puso al frente del gobierno por un período (renovable) de 10 años. Napoleón como Primer Cónsul tenía amplios poderes que desbordaban la esfera ejecutiva (iniciativa en la proposición de leyes, dirección de la política exterior, nombramiento de los ministros y de los miembros del Consejo de Estado, así como de los jueces y de altos funcionarios). Los otros dos nuevos Cónsules sólo poseían voz consultiva. La Constitución de 1800 no sólo fortalecía el poder ejecutivo del Primer Cónsul, sino que recortaba la soberanía nacional. Durante los primeros años del gobierno napoleónico se fueron realizando grandes avances administrativos, políticos y constitucionales. Incluso Napoleón consiguió la paz religiosa con el Papa Pío VII al firmar el **Concordato Vaticano de 1801.** La gran inteligencia y visión política del joven general le llevaron a realizar una formidable labor administrativa en el Estado francés.

En 1802 Napoleón promulgó una nueva **Constitución** que aún le daba mayor poder, convirtiendo el régimen republicano en un régimen casi monárquico, al declarar vitalicios a los Cónsules y conceder al Primer Cónsul el derecho a designar sucesor. Creó una eficaz policía y reorganizó el territorio en 130 departamentos de similar medida, poniendo a la cabeza de ellos a un prefecto, que sería el delegado del gobierno, y a los subprefectos al frente de los distritos. Consiguió estabilidad económica, constituyendo el Banco de Francia y creando el franco como unidad monetaria. Napoleón consolidó la obra reformadora del nuevo régimen mediante el **Código Civil,** el **Código de Comercio** y el **Código Penal** que confirmaban la abolición de los privilegios y respetaban los derechos adquiridos con la Revolución. Estas tres obras han sido, desde entonces, el modelo de la jurisprudencia internacional. La centralización del Poder, llevada a cabo por Napoleón, aún continúa vigente en Francia.

Mientras esto ocurría la situación en Europa era preocupante debido a la política exterior napoleónica. Francia se enfrentó en 1800 a la Segunda Coalición. El mismo Napoleón tomó el mando del ejército de Italia consiguiendo la victoria de Marengo contra los austriacos. En 1802 se firmó la Paz de Amiens, que deshacía la Segunda Coalición y detenía por el momento a **Inglaterra**, que era el gran enemigo de Francia.

El Concordato y la disolución de la Segunda Coalición fueron los éxitos de la política exterior de Napoleón, que le habían llevado a promulgar la Constitución de 1802 que tanto reforzaba su poder. En estos primeros años del siglo XIX la mayoría de los Estados europeos se encontraban sometidos al poder francés: **Austria** había firmado la paz con Napoleón, cediéndole el control del centro y del norte de Italia, excepto parte de Venecia, así como el afianzamiento francés en la totalidad del curso izquierdo del Rhin. **España** continuaba coaligada a Francia, mientras que **Portugal**, partidario de Gran Bretaña, quedó sometido en 1801 cediendo parte de la Guayana a Francia, la plaza de Olivenza a España y el cierre de los puertos portugueses a los ingleses. Sólo quedaba **Inglaterra** como principal contrincante del Estado francés.

### El Primer Imperio francés (1804-1815)

Era tal la fama y el poder del Primer cónsul que en 1804 Napoleón dictó otra **Constitución** para solucionar los problemas internos y externos que tenía Francia en esos momentos. El gobierno ya no lo detentaría un triunvirato de Cónsules sino que lo ejercería un Emperador, Napoleón I. Este nuevo régimen anulaba la República y establecía una Monarquía hereditaria. Sin embargo, iba a garantizar las conquistas de la Revolución Francesa: igualdad de derechos, libertad política y civil y ratificación de las ventas de bienes nacionales y de la integridad territorial. El 2 de diciembre de 1804 Napoleón se coronó a sí mismo **Emperador de los franceses** en presencia del Papa Pío VII, para dar mayor solemnidad al acto. En ese momento finalizó el período de la Primera República francesa y comenzó el **Primer Imperio francés**.

Con el propósito de obtener la aceptación de sus partidarios, Napoleón sustituyó la antigua nobleza hereditaria por una nueva, que conseguía sus títulos de nobleza por méritos de guerra o servicios al Estado. Así nombró príncipes, duques, marqueses y condes a sus generales y mariscales.

Convirtió a sus hermanos y a su cuñado en reyes: José, rey de Nápoles primero y después rey de España; Luis, de Holanda; Jerónimo, de Westfalia y a su cuñado Murat, le otorgó el ducado de Berg y más tarde le nombró rey de Nápoles. También instituyó la «Legión de Honor», la más alta condecoración francesa hasta la fecha.

El Emperador dominaba toda la política, pues aunque existían la Cámara Baja y la Alta como control del gobierno, en definitiva sus diputados y senadores se plegaban a los deseos de Napoleón. El poder Ejecutivo se encontraba totalmente en sus manos y el Judicial también, ya que los jueces eran nombrados por él y la policía napoleónica funcionaba con un control total de la nueva sociedad. En lo social se estaba produciendo una involución de lo conseguido por la Revolución. La antigua nobleza había perdido sus privilegios, bien es verdad, pero la nobleza imperial volvió a establecer una jerarquía social acaparando propiedades agrarias y bienes inmuebles que la separaban del pueblo llano.

Napoleón había formado un ejército fuerte y novedoso: «servicio militar obligatorio, táctica militar sencilla». Este sistema militar, unido al carisma y gran ingenio de su Emperador, consiguió que el ejército napoleónico fuera temido por todas las potencias enemigas. Por otra parte, aunque el estímulo bélico favorecía el poder adquisitivo de los salarios y nivelaba el paro, las campañas napoleónicas significaban, no obstante, una cruenta sangría de hombres sobre todo entre las clases populares. La cuestión económica, sin embargo, se vio mejorada con la conquista de nuevos territorios (Austria, Suiza, Italia, Portugal, España).

Francia organizó el **Bloqueo Continental** ante la imposibilidad de conquistar Inglaterra por mar. Decidió estrangular su comercio y aprovisionamiento bloqueando la isla y el mar que la circundaba para que no recibiera mercancías ni ayuda exterior. Sin embargo, la marina británica era muy fuerte y se había desplegado por todos los continentes impidiendo también que Francia recibiera por vía marítima mercancías de las colonias y de sus Estados aliados. En octubre de 1805, frente al cabo de **Trafalgar,** la escuadra inglesa dirigida por el almirante Nelson aniquiló a la flota franco-española. Inglaterra, dueña aún de los mares, se propuso organizar una Tercera Coalición con Austria, Rusia, Nápoles y Suecia para vencer definitivamente al Imperio francés.

No obstante, la política exterior francesa giraba en torno a la voluntad de Napoleón Bonaparte, que significaba la expansión de Francia sin límites para imponer la hegemonía francesa en todo el continente europeo. La victoria francesa contra el ejército austro-ruso en la batalla de **Austerlitz** en diciembre de 1805 y en 1807 contra Prusia y los ejércitos coaligados, logró que en junio de 1807 se firmara la Paz de Tilsit con el zar Alejando I, deshaciéndose así la Tercera Coalición. Rusia y Francia repartieron su influencia en Europa, la parte oriental para el zar y la occidental para Napoleón, que ya dominaba Italia, gran parte de Alemania y Polonia.

Mientras tanto continuaba el empeño del Emperador para conquistar Inglaterra, por lo que instó a Portugal y a España a hacer efectivo el bloqueo. La Monarquía portuguesa rechazó el *ultimatum* francés, sin embargo el rey de España, Carlos IV, a través de su «favorito» Manuel Godoy, firmó un acuerdo con Napoleón, el **Tratado de Fontainebleau** de octubre de 1807, en virtud del cual las tropas francesas obtenían el derecho de paso por territorio español para ocupar el reino lusitano. La conquista de Portugal fue el motivo de la invasión de España por Francia y el comienzo de los movimientos nacionales y guerrilleros españoles, que se enfrentarían a los ejércitos franceses en una guerra de independencia durante seis años, consiguiendo el pueblo español, con la ayuda inglesa, la victoria final.

Napoleón había llegado a la cumbre de su poder. El Imperio francés ya se extendía a los Países Bajos y al norte de Italia y la autoridad del Emperador llegaba a los países satélites de Francia (España, Holanda, Nápoles, etc.) regidos por sus familiares o mariscales. El resto de Europa era neutral y sólo quedaba Inglaterra como enemiga acérrima de Francia. Sin embargo, en 1811 se tuvo que enfrentar a una crisis económica a causa del **Bloqueo Continental** impuesto a Inglaterra, puesto que el comercio francés sufrió casi tanto como el inglés. La crisis económica junto con las malas cosechas comenzaron a afectar al pueblo francés, que ya estaba cansado de sacrificar a sus jóvenes para satisfacer el prestigio imperial.

En 1812 Rusia rompió la alianza con Francia, porque temía el gran poder militar y económico que el Imperio francés estaba desplegando en Europa y que amenazaba con asfixiar al Imperio de los zares. Napoleón, entonces, decidió la conquista de Rusia sin contar con la adversa climatología invernal de la estepa rusa. Tanto el ejército como los campesinos rusos siguieron la táctica de guerrillas que ya se había empleado en España, que sin enfrentarse al ejército francés en campo abierto iban minando su retaguardia. Cuando Napoleón llegó a Moscú en septiembre de 1812, tras la conquista francesa de Borodino cerca de la capital rusa, se encontró con una ciudad arrasada e incapaz de alimentar y cobijar a las tropas francesas. El Emperador ordenó la retirada pero ya el hielo y la nieve se habían apoderado del largo camino de vuelta. De los 600.000 hombres que partieron para conquistar Rusia, apenas regresaron 100.000.

El fracaso de la estrategia napoleónica, tanto en España como en Rusia, fue el principio del fin del Imperio francés, porque no sólo diezmó considerablemente los efectivos militares sino que dio ánimos a los países coaligados. En octubre de 1813 Austria, Prusia, Rusia e Inglaterra se volvieron a unir contra Francia juntando sus ejércitos y derrotando al ejército francés en la **batalla de Leipzig**. Así Francia pudo ser invadida por las tropas aliadas y París ocupado el 31 de marzo de 1814. Napoleón no tuvo más remedio que rendirse, siendo deportado a la isla mediterránea de Elba.

Las potencias europeas restauraron la Monarquía en Francia y nombraron a Luis XVIII, hermano de Luis XVI, nuevo rey de los franceses. No obstante, la fragilidad de su Gobierno y los errores de sus seguidores provocaron el descontento del pueblo francés, que ya suspiraba por Napoleón. Éste se escapó de su encierro de Elba, desembarcó en Francia el 1 de marzo de 1815 y se proclamó por segunda vez **Emperador de los franceses**.

**El «Nuevo Imperio» sólo duró cien días**, ya que las potencias europeas conducidas por el general inglés **Wellington**, héroe de la guerra de la independencia en España, derrotaron definitivamente a Napoleón en la llanura belga de **Waterloo**. El Emperador se vio obligado a abdicar, volviendo Luis XVIII al Trono de Francia. Los ingleses deportaron a Napoleón Bonaparte a la isla atlántica de Santa Elena, donde murió el 5 de mayo de 1821, con 52 años.

# TEMA 3

# LA GUERRA DE LA INDEPENDENCIA Y EL REINADO DE FERNANDO VII

## ESQUEMA

**GUERRA DE LA INDEPENDENCIA**

**Antecedentes:**

1807: Tratado de Fontainebleau: tropas francesas entran en España
1808: Motín de Aranjuez (marzo). Caída de Godoy; abdicación de Carlos IV

Napoleón interviene:
- abdicaciones de Bayona
- José I, rey de España
- Constitución de Bayona
- Gobierno «josefino»: medidas de modernización (supresión de la Inquisición, de los señoríos jurisdiccionales)
- Colaboración de los afrancesados

**Fases de la guerra**: 2 de mayo de 1808: levantamiento popular contra los franceses en Madrid.

Primera fase:
- extensión de la rebelión: sitios de Gerona y Zaragoza
- éxito de los «patriotas» españoles: victoria de Bailén (julio de 1808)

Segunda fase:
- gran ofensiva de Napoleón: victoria francesa de Ocaña (noviembre de de 1809) y rendición de Madrid
- conquista francesa de Andalucía. Sólo Cádiz resiste
- guerra de desgaste: las guerrillas hostigan sin cesar a los franceses

Tercera fase:
- 1812: Napoleón invade Rusia y retira tropas de España
- Triunfo de las tropas inglesas del duque de Wellington
- Ofensiva anglo-española en 1813: batallas de Arapiles y Vitoria
- retirada francesa y Tratado de Valencay: Regreso de Fernando VII

**Revolución Liberal:**

– Órganos de gobierno de la resistencia:
- Juntas Locales y Provinciales
- Junta Central Suprema
- Consejo de Regencia

– Reunión de las Cortes de Cádiz (X-1810): «liberales» y «serviles»
– Constitución de Cádiz de 1812:

51

Legislación política:
- Soberanía nacional
- Igualdad de los ciudadanos ante la ley
- División de poderes
- Libertad de expresión, reunión, imprenta…

Legislación social y económica:
- Abolición de la Inquisición
- Derecho de la propiedad privada
- Abolición de los gremios, mesta, aduanas
- Abolición del Señorío Jurisdiccional
- Libertad de precios, contratación, cultivos
- Desamortización de tierras
- Aparición de una Sociedad de clases

## REINADO DE FERNANDO VII (1814-1833)

### Sexenio absolutista (1814-1820):

- El «manifiesto de los persas» reclama la vuelta al absolutismo
- Decreto de Valencia: Fernando VII abole la Constitución de Cádiz y restituye las instituciones del Antiguo Régimen
- persecución y exilio de liberales y afrancesados
- crisis económica
- malestar en el ejército. Recurso a los *pronunciamientos* militares

### Trienio liberal (1820-1823):

- Triunfa el pronunciamiento de Riego en Cabezas de San Juan
- El rey jura la Constitución de 1812
- Facciones del liberalismo: «doceañistas» frente a «veinteañistas».
- Fernando VII conspira y logra el apoyo de la Santa Alianza (Congreso de Verona
- intervención de los *Cien Mil Hijos de San Luis* (abril de 1823)

### Década absolutista (1823-1833):

- dura represión de los liberales
- divisiones entre los realistas: moderados y ultrarrealistas
- Problema sucesorio. La Pragmática Sanción deroga la Ley Sálica. Carlos Mª Isidro, candidato al trono, no lo acepta

### Independencia de las colonias americanas:

Antecedentes:
- descontento de la burguesía criolla
- influencia de las ideas ilustradas, de la independencia norteamericana y de la revolución francesa

1808-1814:
- vacío de poder por los acontecimientos de la Península: creación de Juntas
- diputados americanos en las Cortes de Cádiz: defensa la autonomía de las «provincias» americanas

1814-1824:
- complejos procesos de independencia desde Argentina hasta Perú
- frustración de la idea unitaria de Bolívar:
  - fragmentación política de las repúblicas

# TEMA 3

## LA GUERRA DE LA INDEPENDENCIA Y EL REINADO DE FERNANDO VII

La guerra de la independencia proporciona la gran ocasión para que se desarrolle en España y América una auténtica revolución liberal. Guerra y revolución se inician al mismo tiempo en el decisivo año de 1808. Los siguientes seis años son un periodo histórico crucial. La obra de las Cortes de Cádiz implica un radical cambio político y social aunque la guerra no iba a permitir llevarlo a la práctica y Fernando VII, a su regreso a España en 1814, la suprimió de un plumazo. Sin embargo, aquellas ideas liberales quedaron grabadas en las mentes de muchos españoles de las siguientes generaciones que las verían triunfar de nuevo, o ser de nuevo derrotadas, a lo largo de la azarosa historia española del siglo XIX.

## LA GUERRA DE LA INDEPENDENCIA (1808-1814)

### Antecedentes: las abdicaciones de Bayona y la designación de José I

A finales de 1807, Napoleón estaba decidido a estrechar el bloqueo continental sobre Inglaterra para lo cual necesitaba impedir el tráfico comercial de Portugal con los británicos. De ahí que firmase con España el **tratado** secreto **de Fontainebleau** (octubre de 1807) que preveía la ocupación conjunta de Portugal por parte de Francia y España. Carlos IV autorizaba a Napoleón a entrar en España camino de Portugal con un ejército de 100.000 hombres al mando de prestigiosos generales como Murat, Dupont, o Moncey.

Pero Napoleón, aprovechando la profunda crisis de la monarquía española, decidió sacar partido a las desavenencias de la familia real para acceder al trono de España y lograr el destronamiento de los Borbones. En marzo de 1808, una conspiración instigada por Fernando, primogénito de Carlos IV, contra el favorito Godoy, que se había ganado gran impopularidad –**el motín de Aranjuez**– acabó originando, no sólo la caída de Manuel Godoy, sino la abdicación de Carlos IV en su hijo y heredero, Fernando VII. Napoleón se las ingenió para que Fernando aceptara entrevistarse con él en Bayona, localidad del sur de Francia, donde también hizo llegar a Carlos IV. Allí logró que Fernando devolviera la corona a su padre y que éste renunciara a sus derechos al trono español en Napoleón (**abdicaciones de Bayona**) quien, acto seguido, nombró como «rey de España y de las Indias» a su hermano José, hasta entonces rey de Nápoles. La Junta de Gobierno y el Consejo de Castilla, que ejercían el poder tras la marcha de la familia real a Bayona, acataron la decisión de los soberanos y se pusieron bajo la autoridad de José Bonaparte, que reinó como José I de España.

### La España josefina

Napoleón aspiraba a ser recibido como el «regenerador» de España, dotando al país de una nueva monarquía moderadamente representativa para lo cual hizo reunir en Bayona unas «Cortes» o Junta de notables, tanto españoles como procedentes de las colonias americanas, que aprobaron un texto hecho al dictado del emperador: la llamada **Constitución de Bayona**, en realidad un Estatuto o «Carta».

Los españoles colaboradores del rey José I fueron llamados «**afrancesados**». Muchos lo eran por puro pragmatismo, forzados por la necesidad, el conformismo o el miedo (por ejemplo, por temor a perder sus empleos o cargos si no juraban fidelidad al rey francés), pero otros –una minoría intelectual de mentalidad ilustrada– lo eran por convencimiento ideológico, porque creían que el reformismo de la nueva dinastía traería el progreso a España y acabaría con el despotismo, el atraso y el marasmo de la vieja monarquía absoluta. Entre ellos destacan Moratín, Meléndez Valdés, Cabarrús, O'Farrill o Ceballos.

José I trató de atraerse a las élites ilustradas del país ofreciendo una amplia gama de reformas y libertades. En la España josefina quedaron abolidos el feudalismo y la Inquisición, y hubo una drástica reducción del número de efectivos y bienes de las órdenes religiosas. Se aprobaron asimismo diversos planes científicos, culturales, educativos, urbanísticos…, de carácter modernizador, si bien muchos no llegaron a aplicarse. El nuevo rey, permanentemente subordinado a Napoleón y sin autoridad sobre los generales napoleónicos, que se comportaban como virreyes y obedecían sólo al emperador, tuvo grandes dificultades para gobernar en un país donde la gran mayoría de la población le consideró un rey intruso y se alzó en armas contra el ocupante extranjero.

### El estallido y las primeras fases de la guerra

En España el ejército francés se comportó desde el principio como un ejército de ocupación. La insurrección popular del **Dos de Mayo** en Madrid, cuyo detonante fue la salida forzosa hacia Francia de los últimos miembros de la familia real que aún quedaban en España, fue sofocada brutalmente por las tropas francesas. Enseguida se produjo un levantamiento en cadena por todo el país (el famoso bando del alcalde de Móstoles, una pequeña villa cercana a Madrid, llamando a la lucha contra el francés, se difundió rápidamente) y a continuación hubo un estallido armado general que dio lugar al comienzo de la guerra de la Independencia. El pueblo, por primera vez protagonista de la historia de España, se levantó llevado por un sentimiento de honor ultrajado y una reacción visceral frente al invasor extranjero.

Aquella guerra fue un fenómeno complejo. Por una parte fue **una guerra internacional** librada por las dos grandes potencias del momento, Francia e Inglaterra, sobre el suelo de una potencia de segundo orden, España. Por otra parte, fue **una guerra civil** que dividió a los españoles en dos bandos: los «afrancesados», que aceptaron a José Bonaparte, frente a los «patriotas», que se rebelaron contra él. Pero en el bando que optó por la resistencia, hubo profundas diferencias ideológicas: unos defendían el sistema tradicional en contra de toda reforma; otros aspiraban a una revolución liberal similar a la francesa. Pronto serían conocidos como «serviles» los primeros, y «liberales» los segundos.

La **primera fase de la guerra** fue exitosa para los «patriotas». Las unidades de voluntarios que se habían ido formando, con muy escasa preparación militar y armamento, así como los restos del ejército regular, se lanzaron contra el ocupante. Hubo una férrea resistencia de ciudades sitiadas como Zaragoza –donde destacó el comportamiento heroico de Agustina de Aragón– Gerona o Valencia. Pero fue resonante sobre todo la victoria de los españoles, al mando del general Castaños, en la batalla de **Bailén** (Jaén), en julio de 1808, que supuso para el hasta entonces invencible ejército napoleónico su primera derrota en Europa en campo abierto. Los franceses tuvieron que replegarse casi hasta la frontera, más allá del Ebro.

En Portugal, el ejército francés que dirigía Junot fue derrotado en Çintra (cerca de Lisboa) por las tropas británicas al mando del general Arthur Wellesley, que poco después recibió el título de duque de Wellington. Los británicos, enfrentados a Napoleón en Europa, decidieron apoyar con decisión a los españoles.

Tras estos graves reveses, a finales de 1808 Napoleón, sorprendido por la tenaz resistencia de los españoles, decidió intervenir personalmente poniéndose al frente de un gran ejército de 250.000 soldados: **la Grande Armée**. Comenzó entonces una **segunda fase de la guerra** caracterizada por una imparable sucesión de victorias francesas, entre las que destacó la de Ocaña (noviembre de 1809) que permitió una rápida ocupación de Andalucía y la desmembración del ejército español. José I, que tras Bailén había salido precipitadamente de Madrid para instalarse en Vitoria, fue repuesto en el trono. La gran ofensiva francesa logró también expulsar a los británicos que habían desembarcado en Galicia. En 1810 la casi totalidad del territorio estaba nuevamente ocupado por los franceses.

Se produce a continuación una **guerra de desgaste** en la que hay un dominio militar francés pero a costa de la pérdida de numerosos efectivos humanos. Los españoles, ante la superioridad militar francesa en campo abierto –en la guerra regular– van a recurrir a un tipo inédito de guerra (que en la edad contemporánea se convertiría en prototipo de guerra revolucionaria): la **guerra de guerrillas**. Eran partidas o cuadrillas de gente del pueblo, campesinos en su mayor parte, al mando de algún improvisado caudillo como El Empecinado, El cura Merino o Espoz y Mina, dotadas de gran movilidad, conocedoras del terreno, que contaban con el apoyo de la población, que hostigaron sin tregua a las tropas francesas con emboscadas, interceptando correos y suministros, asaltando convoyes, destruyendo armamento, cortando comunicaciones, dificultando sus desplazamientos y creándoles, en definitiva, una sensación de permanente inseguridad.

### La revolución liberal. Las Cortes de Cádiz

En 1808, ante el vacío de poder causado por la ausencia de los reyes españoles y la parálisis de las instituciones del Antiguo Régimen, surgieron diferentes **Juntas provinciales** que asumieron la soberanía. Para organizar y centralizar la resistencia popular contra el francés, éstas nombraron a su vez, a una **Junta Central Suprema** de 35 miembros –entre ellos, Jovellanos y Floridablanca– erigida en institución legítima de poder sobre la base del derecho del pueblo a ser soberano cuando la autoridad del monarca ha desaparecido temporalmente. En su seno se incorporaron, por primera vez en un órgano soberano de la monarquía española, no sólo representantes peninsulares sino también americanos procedentes de las colonias. Con independencia de la ideología de las personas que constituían las Juntas Provinciales y la Junta Central (la mayoría pertenecían al estamento nobiliario), se trataba de organismos revolucionarios por su legitimación popular.

El vertiginoso avance del ejército francés obligó a la Junta Central a abandonar Sevilla y refugiarse en Cádiz, donde convocó Cortes antes de disolverse, inmersa en una grave crisis, y ser sustituida por una Regencia de 5 miembros (enero de 1810). La reunión de Cortes no se hizo por estamentos, a la antigua usanza, sino en una sola cámara (parlamento unicameral) lo que supone una novedad absoluta. Los diputados son los representantes elegidos de las distintas provincias, en función del número de habitantes de cada una de ellas. Entre los diputados los había también americanos por considerarse que «la nación española es la reunión de los españoles de ambos hemisferios» (como pronto reconocería la Constitución de Cádiz en su artículo 1º). Por primera vez en toda la historia colonial española, la metrópoli permitía a sus colonias tener representación en las Cortes del reino.

Las Cortes, declaradas Generales y Extraordinarias, iniciaron sus sesiones el 24 de septiembre de 1810 en el teatro de la Isla de León (San Fernando) para trasladarse, en febrero de 1811, a la iglesia de San Felipe Neri de Cádiz, ciudad sitiada y bombardeada por los franceses pero protegida y abastecida por mar por la escuadra inglesa. Muchos españoles, huyendo de los franceses, se habían refugiado en Cádiz, que llegó entonces a duplicar su población. El avance francés precipitó la convocatoria de las Cortes. De ese apresuramiento da cuenta el hecho de que se inauguran con un número considerablemente inferior al de diputados elegidos, muchos de los cuales tuvieron dificultades para salir de las provincias ocupadas por los franceses, y se irían incorporando luego, a medida que consiguieron ir llegando. Cuando las Cortes inician sus sesiones la mitad de los diputados son residentes en Cádiz que actúan como suplentes. El número total de diputados es impreciso, pero rondaron los 300, de los cuales alrededor de 60 eran americanos. Socialmente, la mayoría procedía de las capas medias urbanas: funcionarios, abogados, catedráticos, profesionales. También había casi un centenar de eclesiásticos y un número algo inferior de representantes de la nobleza, en su inmensa mayoría hidalgos (no de la alta aristocracia).

Enseguida se distinguieron dos actitudes contrapuestas, **los «liberales»** partidarios de las reformas, y **los «serviles»** contrarios a las mismas. En general, prevalecieron las ideas de los primeros, entre los que sobresalen Agustín Argüelles, uno de los diputados más activos y brillantes, que demostró excepcionales dotes de orador, y el eclesiástico liberal Diego

Muñoz Torrero. Contrasta la mayor juventud e ímpetu de los diputados liberales frente a los diputados serviles, que en general eran hombres de mayor edad. Se permitió la presencia de público en las sesiones –aunque sólo varones– que desde las galerías mostraba más o menos ruidosamente su aprobación o desaprobación.

Desde sus primeros momentos, las Cortes aprueban decretos trascendentales: reconocimiento del principio de la soberanía nacional, división de poderes (ejecutivo, legislativo y judicial), libertad de imprenta, inviolabilidad de los diputados... Elaboraron, además, la **Constitución de 1812** (proclamada solemnemente el 19 de marzo), netamente liberal, que establecía la soberanía nacional, los derechos del ciudadano (igualdad ante la ley, derecho de propiedad, inviolabilidad del domicilio...), el sufragio universal masculino indirecto y la preeminencia de las Cortes sobre el rey. La obra de las Cortes suponía acabar con el régimen monárquico absolutista e instaurar un nuevo régimen representativo constitucional.

La Constitución de Cádiz es fundamental en la historia de España. Es la primera, si consideramos que la de Bayona de 1808 fue en realidad una Carta o Estatuto. Su influencia fue decisiva en otras constituciones de América del Sur y de Europa, como las de Italia y Portugal.

Tras abordar las materias políticas, las Cortes prosiguieron la ruptura total con el Antiguo Régimen legislando sobre materias sociales (abolición de los privilegios estamentales, disolución del régimen señorial, supresión de la Mesta, desaparición de los Gremios...) y económicas (desaparición de aduanas interiores, libertad mercantil, centralización de la Hacienda pública...)

Las libertades políticas quedaban reconocidas, pero no así la religiosa. El artículo 12 de la Constitución establecía que «la religión de la nación española es y será perpetuamente la católica, apostólica, romana, única y verdadera» y prohibía el ejercicio de cualquier otra. La discusión sobre la abolición de la Inquisición, que finalmente se aprobó, fue la más enconada de aquellas Cortes. En general, la polémica entre liberales y absolutistas (o «serviles», como peyorativamente les llamaban los liberales) no se libró sólo en las Cortes sino en la calle, en los cientos de periódicos, folletos e impresos que florecen por entonces, en los que se produjo un intenso debate político.

### El final de la guerra

Hasta mediados de 1812 las tropas napoleónicas dominaron la Península. El giro se produjo cuando Francia entró en guerra contra Rusia. Napoleón se vio obligado a retirar tropas de España para destinarlas a la campaña rusa. Comenzó así la **tercera y última fase de la guerra**. Los ejércitos británico, portugués y español renovaron su esfuerzo bélico, que tuvo su recompensa en la batalla de **Arapiles** (Salamanca), en julio de 1812, la cual marcó un punto de inflexión ya que hizo posible a continuación la toma de Madrid. Después, las derrotas francesas se sucedieron (Vitoria, San Marcial...). El duque de Wellington asumió el mando militar como comandante en jefe de todas las tropas, incluidas las españolas. La coalición anglo-española consiguió finalmente el objetivo de expulsar a los franceses de la Península. Wellington llegó a cruzar la frontera invadiendo suelo francés. Napoleón, con la guerra prácticamente perdida, liberó a Fernando VII mediante la firma del **Tratado de Valençay,** localidad francesa donde éste residía (diciembre de 1813). Poco después terminaba la ocupación francesa de España y llegaba también a su fin la época imperial napoleónica. Napoleón sería muy pronto desterrado a la isla de Elba (1814).

### La vuelta de Fernando VII y del absolutismo

Tras seis años de «cautiverio», Fernando VII, conocido con el sobrenombre de **«El Deseado»**, volvió a España en medio del júbilo popular. Lejos de jurar la Constitución, como le pedían los diputados liberales de las Cortes, decidió seguir el consejo de 69 diputados serviles que mediante el *Manifiesto de los Persas* (abril de 1814) reclamaron al rey la vuelta del absolutismo. En Valencia, Fernando VII decretó la disolución de las Cortes, la derogación de la Constitución y la detención de los diputados liberales. Se restituyeron las antiguas instituciones de la monarquía absoluta y toda la obra de Cádiz quedó anulada de un plumazo, «como si no hubiese jamás pasado y se quitase de en medio del tiempo» (decreto de 4 de mayo de 1814). La Iglesia recuperó las tierras incautadas, se restablecieron los gremios, la Mesta, el sistema de señoríos y, por supuesto, la Inquisición. Tanto los españoles «afrancesados» (militares, funcionarios, intelectuales y artistas que habían colaborado con el gobernó josefino) como los liberales fueron perseguidos y tuvieron que emprender el camino del exilio para evitar represalias (en total, unos 15.000). La mayor parte huyó a Francia, aunque otros lo hicieron a Inglaterra o América. Los que no pudieron escapar a tiempo sufrieron penas de presidio en España.

## EL REINADO DE FERNANDO VII

### El Sexenio absolutista

El contexto internacional era muy favorable al régimen absolutista restaurado por Fernando VII ya que, tras la derrota de Napoleón, se configuró en Europa un nuevo sistema surgido del Congreso de Viena (1815), orientado a defender a las monarquías absolutistas frente a cualquier intento revolucionario liberal.

Pero en el interior, la monarquía española tuvo que hacer frente a una **grave crisis económica** motivada por diversas causas: la devastación originada durante los seis años de guerra (ruina de la agricultura y la ganadería, paralización del comercio y de la incipiente industria); la secular crisis de la hacienda real, agravada durante la guerra por el fuerte aumento de la deuda; la coyuntura europea de depresión económica; y el proceso bélico independentista de los territorios americanos.

La crisis estructural del Antiguo Régimen se hizo sentir. El malestar fue en aumento, también en el seno del ejército en el que los militares jóvenes aspiraban a acabar con un régimen estamental que les impedía acceder a los altos cargos copados por los nobles. El **«pronunciamiento»** –fenómeno y término nuevo– será el medio empleado por el liberalismo para tratar de acceder al poder. Se trata de un golpe con medios militares y fines políticos (su objetivo es provocar un cambio de gobierno) que suele contar con apoyo civil. Tras una serie de pronunciamientos que se sucedieron desde el mismo año 1814 (Francisco Espoz y Mina, Juan Díez Porlier, Luis de Lacy, Joaquín Vidal), en 1820 finalmente triunfa en **Cabezas de San Juan** (Sevilla) el del teniente coronel **Rafael de Riego,** al frente de un contingente reclutado para embarcar hacia América a combatir la insurgencia.

## El Trienio Liberal

El 1 de enero de 1820 Riego proclamó la Constitución de 1812. El 9 de marzo, ante la extensión del movimiento revolucionario, el monarca se vio finalmente obligado a jurar la Constitución (recuérdese su proclama que terminaba diciendo «marchemos todos, y yo el primero, por la senda constitucional»). La revolución liberal española de 1820 es la primera que triunfa en una Europa en plena reacción absolutista. Inmediatamente se decretó la amnistía para los liberales encarcelados y se restableció la legislación liberal vigente entre 1810 y 1814. De forma espontánea surgieron en todo el país las **Sociedades Patrióticas**, reuniones de liberales en los cafés, como la llamada *Amantes de la Libertad* en el café de Lorencini de la Puerta del Sol de Madrid, o la que se reunía en el café de *La Fontana de Oro*, en la carrera de San Jerónimo.

Pronto surgieron diferencias entre los liberales, que se escindieron en dos tendencias o facciones: los **«doceañistas»,** que pretendían aplicar la Constitución de 1812 en sentido moderado (concesión de más poder al monarca, creación de una segunda cámara reservada a las clases altas) y los «veinteañistas» o exaltados, que aspiraban a una aplicación estricta de las reformas políticas, sociales y económicas establecidas en la Constitución de Cádiz, incluida la supremacía de las Cortes frente al rey.

Si en la anterior etapa liberal el rey no había sido obstáculo al estar ausente, en cambio, durante el Trienio, Fernando VII hizo desde el principio todo lo posible por obstaculizar el régimen liberal. El clima de confrontación entre la **Milicia Nacional,** de orientación liberal, formada por capas medias populares (especialmente artesanos) y las **partidas realistas** favorables al absolutismo, formadas por campesinos empobrecidos alentados por los nobles y el clero, fue en aumento.

Fernando VII, que conspiraba en secreto para conseguir la intervención militar de las potencias absolutistas de la Santa Alianza (Prusia, Austria, Rusia y la Francia de Luis XVIII), logró finalmente su propósito. Tras el **Congreso de Verona** (noviembre de 1822), un ejército francés de 100.000 soldados al mando de Luis Antonio de Borbón, duque de Angulema (**«Los Cien Mil Hijos de San Luis»**) invadió España en abril de 1823. Las Cortes se trasladaron a Sevilla y luego a Cádiz, tratando de organizar la resistencia en esta emblemática plaza del liberalismo doceañista. Pero la fuerza de las armas hizo inevitable la restauración absolutista. El 1 de octubre de 1823 se daba por concluido aquel segundo periodo constitucional de tres años de duración. Fernando VII se convertía de nuevo en monarca absoluto.

## La década absolutista (1823-1833)

Por segunda vez se restauró el Antiguo Régimen. Fernando VII, ayudado por los contingentes de tropas francesas que se quedaron en España en misión de vigilancia (unos 22.000 soldados franceses permanecieron hasta 1828), emprendió una represión contra los liberales mucho más dura que la de 1814 (en noviembre, Riego, convertido luego en héroe mítico liberal, fue ahorcado en la Plaza de la Cebada de Madrid). Muchos se vieron obligados a exiliarse en Francia y Gran Bretaña. Especialmente dura fue la depuración en el ejército y la universidad. Desde el exilio, los liberales alentaron varios fallidos pronunciamientos, como el de José María Torrijos en Málaga (1831) que acabó con su fusilamiento. En el terreno económico, la crisis hacendística se agudizó debido a la pérdida de las colonias americanas, exceptuando las Antillas y Filipinas.

Durante esta década, calificada por los liberales como «ominosa», los realistas se escinden en **moderados** –que, sin cuestionar el poder absoluto del monarca, son partidarios de ciertas reformas– y **ultrarrealistas** que paradójicamente van a conspirar contra el rey, cuya actitud juzgan demasiado blanda, y se agrupan en torno a su hermano don Carlos, llegando incluso a provocar una insurrección armada en Cataluña, la guerra de los *malcontents* o agraviados, que prefigura el futuro conflicto carlista.

En los últimos años del reinado surge el **problema sucesorio**. En 1829 Fernando VII se casó en cuartas nupcias con su sobrina María Cristina de Borbón. Su hermano, el infante Carlos María Isidro (conocido como don Carlos), se veía ya como sucesor puesto que, en sus tres matrimonios anteriores, el rey no había tenido descendencia. En 1830, al saber que la reina estaba embarazada, Fernando VII promulgó la **Pragmática Sanción** que derogaba la hasta entonces vigente Ley Sálica de tiempos de Felipe V que prohibía a las mujeres acceder al trono. Poco después, fue padre de una niña, la futura Isabel II. En 1832, ante la grave enfermedad del rey, María Cristina fue nombrada reina gobernadora y tuvo que apoyarse en los liberales para defender los derechos de su hija Isabel frente a los ultrarrealistas o absolutistas extremos, partidarios de don Carlos, que se llamarán «carlinos» o «carlistas». Cuando en 1833 Fernando VII muere, su hija y heredera al trono sólo tiene tres años por lo que será su madre la que se haga cargo de la Regencia hasta su mayoría de edad.

### La independencia de las colonias americanas

Cuando las noticias de lo sucedido en España en 1808 llegaron a las colonias de América, el vacío de poder propició allí el desarrollo de los **movimientos emancipadores**. Entre los caudillos independentistas sobresalen las figuras del cura Hidalgo y Morelos (México), José San Martín (Argentina, Chile, Perú) y Simón Bolívar (Venezuela, Colombia, Ecuador).

Los antecedentes del proceso emancipador se remontan a finales del siglo XVIII cuando la poderosa burguesía criolla, influida por las ideas ilustradas y por el ejemplo de la independencia norteamericana (1776) y de la revolución francesa (1789), mostró su descontento y su deseo de un cambio del sistema colonial en sentido liberal, tanto en el terreno político (los criollos –descendientes de españoles nacidos en América– no podían acceder a los altos cargos públicos, reservados a los peninsulares), como en el terreno económico (las cortapisas al libre comercio perjudicaban sus negocios).

Entre 1808-1814, los territorios americanos se rebelaron contra el rey extranjero José I y formaron **Juntas** a imitación de las peninsulares, en algunas de las cuales hubo quienes adoptaron ya posturas independentistas (en los nuevos Virreinatos surgidos en el siglo XVIII: Nueva Granada y Río de la Plata). Sin embargo, los diputados americanos de las Cortes de Cádiz, respaldados por la burguesía criolla parecieron conformarse con la concesión de la libertad económica y la descentralización política dentro de la Monarquía española.

A la vuelta de Fernando VII al trono, todas las colonias, excepto Argentina (que proclamó su independencia en el Congreso de Tucumán de 1816), siguieron perteneciendo a la Corona española. Pero los criollos iban a abandonar definitivamente la opción autonomista a favor de la independencia, un proceso que se aceleró durante el Trienio Liberal y que fue alentado por Inglaterra, que rápidamente se hizo con la influencia económica en la zona, y por los Estados Unidos. Las guerras de independencia siguieron una trayectoria compleja y culminaron con la derrota española en **Ayacucho** en 1824, batalla que puso fin a la dominación española en América continental, con la independencia de Perú y Bolivia. Sólo las islas antillanas de Cuba y Puerto Rico siguieron ligadas a la metrópoli.

Tras el fin del imperio hispánico, las nuevas repúblicas se desgarraron en luchas internas y disputas fronterizas frustrándose el sueño de Simón Bolívar de crear unos Estados Unidos de América del Sur. Lejos de la unidad americana, el peso del ejército y de los «caudillos militares» en la vida política, los localismos, el atraso económico, las dificultades de comunicación, y las maniobras de las dos naciones anglosajonas –sobre todo y cada vez más, la política intervencionista norteamericana– llevaron a la fragmentación política de la América hispánica.

# TEMA 4

# LA RESTAURACIÓN, EL CONGRESO DE VIENA Y LAS REVOLUCIONES LIBERALES (1815-1848)

## ESQUEMA

**RESTAURACIÓN MONÁRQUICA**

Ideología fundamental de la Restauración: *Alianza entre el Trono y el Altar*

Principios Teóricos
- Legitimidad
- Absolutismo
- Equilibrio
- Intervencionismo

Objetivos
- Restauración en Europa del Antiguo Régimen
- Restablecimiento de las dinastías legítimas
- Reconstrucción de Europa

Mantenimiento de las alianzas europeas por medio de Congresos internacionales

**EL CONGRESO DE VIENA (1815), LA NUEVA EUROPA Y LA SANTA ALIANZA**

Potencias dirigentes del *Congreso de Viena*: Austria, Gran Bretaña, Rusia, Prusia y Francia

Conformación de dos grandes Imperios plurinacionales: el **Austriaco** y el **Otomano**

La *Confederación Germánica* creada en 1815 sustituye a la *Confederación del Rhin*

Temas relevantes: Establecimiento del *Sistema Metternich* y reorganización de Europa

Resultado final
- La Europa de la *Santa Alianza*
- La Europa de los *Congresos*
- **Nuevo mapa de Europa**

**LAS REVOLUCIONES LIBERALES DE 1820, 1830, 1848**

- Planteamientos liberales
- Burguesía descontenta

Características comunes de los nuevos conflictos revolucionarios:

- Apoyo del pueblo
- Las constituciones
- Los Nacionalismos

## EL CICLO REVOLUCIONARIO DE 1820

Protagonismo de las Sociedades Secretas: los *carbonarios*
La Constitución española de 1812, nuevo modelo para los revolucionarios liberales

Estallidos revolucionarios:
- **España** – Triunfo del régimen liberal (1820-1823)
- **Italia** – Imposición de Constituciones en varios Estados
- **Portugal** – Proclamación del régimen liberal (1820-1823)
- **Grecia** – Consigue la independencia. Triunfo del liberalismo
- **Rusia** – Revuelta *decembrista* sofocada en 1825

Fracaso generalizado por la intervención de **La Santa Alianza**
La *cuestión de Oriente* surge por el nacionalismo independentista contra el Imperio Otomano

## LAS REVOLUCIONES DE 1830 Y SUS CONSECUENCIAS

Descontento de la burguesía y del pueblo francés por el creciente absolutismo borbónico
*La Revolución de Julio* en París enciende la mecha en Bélgica y en otros Estados europeos

- **Francia:** Luis Felipe de Orleáns, nuevo rey constitucional (1830-1848)
- **Bélgica:** Se separa de Holanda y su independencia es reconocida en 1831
- **Inglaterra:** Avances liberales por la *Ley de reforma de 1832*
- **Suiza**

Fracaso de los estallidos revolucionarios en Italia, Alemania, Polonia y Rusia
Ruptura de la *Santa Alianza*: Austria, Prusia y Rusia, los Estados absolutistas
Formación de la *Cuádruple Alianza* por los Estados liberales de Gran Bretaña y Francia

## LA REVOLUCIÓN DE 1848 Y SUS CONSECUENCIAS

Última oleada revolucionaria por crisis económicas y descontento político
Comienza en Francia y se extiende a Suiza, Austria, Alemania e Italia

- **Francia:** Cae la Monarquía orleanista y se establece la II República (1848-1852)
- **Suiza:** Formación de la *Confederación Helvética* de carácter liberal
- **Imperio austriaco:** Dimisión de Metternich. Implantación de medidas liberales
- **Los Estados italianos y los alemanes** inician la *Unificación*

**Balance final:**
- Establecimiento definitivo del *sufragio universal masculino* en Francia
- Abolición de los últimos vestigios del sistema señorial, salvo en Rusia
- El logro de la *Soberanía Nacional* estimuló a los nacionalismos europeos

# TEMA 4

## LA RESTAURACIÓN, EL CONGRESO DE VIENA Y LAS REVOLUCIONES LIBERALES (1815-1848)

En octubre de 1813 el triunfo de los ejércitos coaligados contra las tropas napoleónicas en la Batalla de las Naciones ocurrida en Leipzig (Alemania), ocasionó la invasión de Francia, la ocupación de París en marzo de 1814 y la derrota de Napoleón que fue deportado a la isla mediterránea de Elba. La Europa unida bajo el dictamen de Metternich, canciller de Austria, restauró en Francia la monarquía borbónica en la figura de Luis XVIII. También convocó un Congreso General en Viena en octubre de 1814, con el propósito de volver a implantar el Antiguo Régimen en los reinos europeos que durante 25 años habían sido objetivos de la Revolución Francesa y del Imperio napoleónico.

La **Restauración** se basaría en la vieja ideología de la *Alianza entre el Trono y el Altar*. Sin embargo, el **Congreso de Viena** iba a dividir Europa de forma arbitraria, imponiendo soberanos sobre diferentes pueblos y causando de esta forma el resurgimiento de los nacionalismos y el auge del liberalismo que pronto llevarían a Europa a una nueva época protagonizada por las **Revoluciones liberales de 1820, 1830** y **1848**.

## RESTAURACIÓN MONÁRQUICA

Las potencias vencedoras que consiguieron la rendición de Napoleón, pretendieron terminar con la situación creada por la Revolución francesa y el Imperio napoleónico mediante la **Restauración** de los principios monárquicos del Antiguo Régimen, es decir, del absolutismo. El 30 de mayo de 1814 se firmó la *Primera Paz de París*, comenzando desde entonces la reconstrucción de Europa. Todas las potencias acordaron celebrar un Congreso en Viena para llevarla a cabo.

El sistema militar creado por Napoleón se había derrumbado. La **Confederación del Rhin**, fundada en 1806 por el emperador francés, había quedado disuelta y los Estados alemanes, Holanda y el norte de Italia fueron liberados de la ocupación francesa.

Francia fue el primer país en el que se restauró la monarquía implantada en el siglo XVI, la dinastía borbónica. Las potencias europeas lograron que Luis XVIII subiera al Trono francés, como continuación de su hermano Luis XVI, ejecutado en 1792. Sin embargo, la fragilidad política del gobierno de Luis XVIII y los errores de los realistas, provocaron el descontento del pueblo francés, que ya suspiraba por su emperador. En España se produjo en mayo de 1814 la vuelta al trono de Fernando VII, el monarca borbónico derrocado por Napoleón. Asimismo, Italia y Alemania quedaron divididas en reinos, principados o ducados bajo soberanos legitimados por los Imperios europeos.

Mientras se estaba celebrando el Congreso de Viena, Napoleón logró escaparse de Elba a finales de febrero de 1815, desembarcó en Cannes con la ayuda de sus partidarios, regresó a París y restauró su Imperio durante *Cien Días*. Para lograr derrotarlo se formó una última coalición entre las potencias de Rusia, Austria, Prusia y Gran Bretaña al mando del Duque de Wellington, héroe de la Guerra de Independencia de España, que causó la definitiva derrota de Napoleón Bonaparte en la llanura belga de Waterloo en junio de 1815. El emperador francés fue deportado a la isla atlántica de Santa Elena, donde murió en mayo de 1821. Con la derrota definitiva de Napoleón quedó abolida la aventura de la unificación de Europa bajo el Primer Imperio francés.

Los monarcas absolutos del continente europeo buscaron regresar a la etapa anterior a la Revolución francesa. Esto iba a significar la supresión de las medidas sociales, políticas y económicas dictadas por los ideales revolucionarios del siglo XVIII, principalmente las referentes a las constituciones y al postulado de la soberanía nacional. De esta manera los monarcas recuperarían su anterior poder, se les devolverían a la nobleza y al clero sus privilegios, se reconstruiría el mapa de Europa, que había sido desfigurado por las conquistas y anexiones ocasionadas por la guerra y se replantearía la vida internacional bajo un sistema de seguridad conjunta y equilibrada que no permitiera más revoluciones ni intentos de cualquier país para lograr la hegemonía continental.

La derrota de Napoleón fue entendida por los mandatarios europeos como el fracaso de la Revolución Francesa. Era preciso reconstruir Europa resolviendo las cuestiones territoriales producidas por el Imperio napoleónico y liquidar las consecuencias de la Revolución de 1789. La ideología principal de la Restauración, *la Alianza entre el Trono y el Altar*, sostenía cuatro principios políticos: El primero sería el de **Legitimidad**, que significaba que tendrían acceso al poder aquéllos a los que Dios, por medio de la herencia, había elegido. No importaba que el gobernante no tuviera la misma nacionalidad que sus súbditos, lo que interesaba es que fuera «legítimo». El segundo se refiere al **Absolutismo**: el monarca al obtener su poder de Dios, no debía someterse al control de los hombres y por tanto, quedaba rechazada la idea de una Constitución. En todo caso, el Rey podía conceder a sus súbditos una «Carta otorgada», un documento por el que se comprometía a gobernar de una forma determinada. Pero no se reconocía el principio de Soberanía Nacional, propagado por la Revolución Francesa. El tercer punto era el de **Equilibrio**, principio de inspiración británica, que sostenía que ningún país europeo debería destacar por encima de los demás. Así se evitarían conflictos en Europa, e Inglaterra quedaría como árbitro de la situación al poder inclinar la balanza a favor de una u otra potencia. El cuarto y último principio representa el **Intervencionismo**, por el que todas las potencias se comprometían a intervenir en aquellos territorios que perteneciendo a otra potencia, sufrieran movimientos populares que pusieran en peligro los otros principios señalados. Esto condujo a un sistema de alianzas y foros de discusión: los *Congresos*.

## EL CONGRESO DE VIENA, LA NUEVA EUROPA Y LA SANTA ALIANZA

Después de todos los trastornos causados por las guerras napoleónicas, casi ciento cincuenta personajes políticos, entre los que se encontraban soberanos reinantes y plenipotenciarios de los príncipes o de los Estados desposeídos, que reclamaban la restitución de sus dominios, se congregaron en el palacio Schöbrunn de Viena bajo la dirección de las potencias vencedoras: Austria, Gran Bretaña, Prusia y Rusia. El Congreso se inauguró el 1 de octubre de 1814, y entre reuniones, fiestas y recepciones se mantuvo hasta el 8 de junio de 1815, momento de la firma del acta final.

Todos los Estados implicados en las guerras contra Napoleón estuvieron representados en el **Congreso de Viena**. La habilidad política de los ministros negociadores de **Inglaterra**, **Rusia**, **Austria y Prusia**, e incluso de **Francia**, la gran derrotada, anuló la participación de los demás Estados como España, Portugal o Nápoles. **Gran Bretaña** envió como delegado a

*Castlereagh*, que no estaba preocupado por la restauración del sistema absolutista. Sus intereses eran el mantenimiento del equilibrio continental y el libre acceso al Mediterráneo con el fin de aumentar los mercados exteriores en beneficio de Inglaterra. Para lograr estos objetivos debería contar con bases en el Mediterráneo que aseguraran la comunicación con las colonias británicas. **El Imperio ruso** estuvo representado por *Noselrode*, aunque también intervino el propio *Zar Alejandro I*. Rusia era temida por su enorme potencial militar y porque deseaba apropiarse de Siberia, Polonia, los Balcanes, y el libre acceso al Mediterráneo. Así se aseguraba las fronteras del Este, Oeste y Sur. Moscú se sentía como la *Roma eslava*, heredera de Bizancio y cabeza de los pueblos ortodoxos de los Balcanes, en especial de los Servios. **Austria**, bajo el emperador *Francisco I*, tuvo como principal protagonista al canciller *Metternich*, cuya capacidad de negociación y convicción era tan grande que al sistema de la «Europa Restaurada», se le dio también el nombre de *Sistema Metternich*. **Prusia**, gobernada por Federico Guillermo III, confió su delegación en el ministro *Hardenberg*. Esta potencia sin especial protagonismo, sin embargo iba, en adelante, a cobrar gran relevancia. Por último **Francia**, que tenía como portavoz a un hábil negociador, *Talleyrand*, supo acrecentar el prestigio de su nación y plantear soluciones de compromiso que iban a beneficiar al país galo.

Durante las reuniones del Congreso, hubo largas discusiones sobre diferentes temas, entre ellos dos aspectos fueron los más relevantes:

- Establecer los principios teóricos que rigieron el periodo de la Restauración.
- Reorganizar el mapa de Europa.

### Reorganización de Europa

En el aspecto geográfico, las potencias centraron su atención en conformar Estados nacionales más fuertes, con un territorio más extenso y de mayor volumen demográfico, para prevenir cualquier intento expansionista, como el que habían experimentado con Francia, que tratara de dominar otra vez Europa.

El principal resultado del Congreso de Viena fue la creación de un **nuevo mapa de Europa:**

– **Inglaterra** obtuvo lo que más le interesaba, posiciones marítimas en Malta, las Islas Jónicas y la conservación de Gibraltar, con lo que aseguraba su hegemonía sobre el Mediterráneo. También bases fuera de

Europa como El Cabo y Ceylán en la ruta de la India y el reforzamiento en sus posesiones en las Antillas, para el comercio americano.
- **Austria,** recibió el Norte de la península Itálica (el reino Lombardo-Véneto e influencia sobre los territorios de Toscana, Parma y Módena). También obtuvo una salida al mediterráneo al incorporarse las Provincias Ilíricas. Las posesiones en Alemania garantizaban la intervención del Emperador Austriaco en los asuntos de la recién creada **Confederación Germánica**, asociación de 39 Estados alemanes que sustituyó en 1815 a la Confederación del Rhin.
- **Prusia,** también influyente en la nueva Confederación, obtuvo la Renania, haciendo frontera con Francia, aunque quedó dividida.
- **Rusia** consiguió Finlandia (antigua posesión sueca), Besarabia (hasta entonces turca). El Zar sería también rey de Polonia.
- **Suecia** fue recompensada con Noruega, con el fin de evitar que Dinamarca controlara los accesos al Báltico.
- **Italia** fue dividida entre el Imperio austriaco al norte, los Estados Pontificios en el centro y al sur el reino de Nápoles-Dos Sicilias, que se encontraba bajo la dinastía borbónica.
- **Francia** quedó con los mismos territorios que poseía en 1792, rodeada además por *Estados tapón* para impedir una posible expansión: al norte el reino de los Países Bajos Unidos (Bélgica, Holanda y Luxemburgo); la Confederación Suiza al este y al sur el reino de Piamonte-Cerdeña.

En **España** y **Portugal** no se hicieron modificaciones sustanciales. **Austria** y **Rusia** se configuraron como las grandes potencias continentales, al lado de **Gran Bretaña** que consolidaba su expansión oceánica. **Prusia**, aún con su territorio dividido, aumentó su poder en la zona del mar Báltico y dentro de la Confederación Germánica recién formada.

Otros aspectos relevantes del mapa geopolítico de 1815 fueron la formación de una barrera para mantener el control de Francia y la creación de naciones artificiales mediante la unión de pueblos diferentes, con el fin de anular los deseos nacionalistas.

Esta reorganización geopolítica provocó una serie de problemas que mantuvieron un clima de fuerte tensión en la vida de los europeos durante la mayor parte del siglo XIX, como fueron las rivalidades acentuadas entre las potencias y el sometimiento de algunos pueblos. Irlanda se encontraba sometida a Inglaterra; Bélgica a Holanda; Noruega a Suecia, y Polonia quedó dominada por Austria, Prusia y Rusia, en su mayor parte. En ninguna de estas naciones se tomaron en cuenta sus intereses y características étnicas y culturales. Esta situación de desarraigo étnico, histórico y cultural impulsó el desarrollo del sentimiento nacionalista.

## EUROPA EN 1815

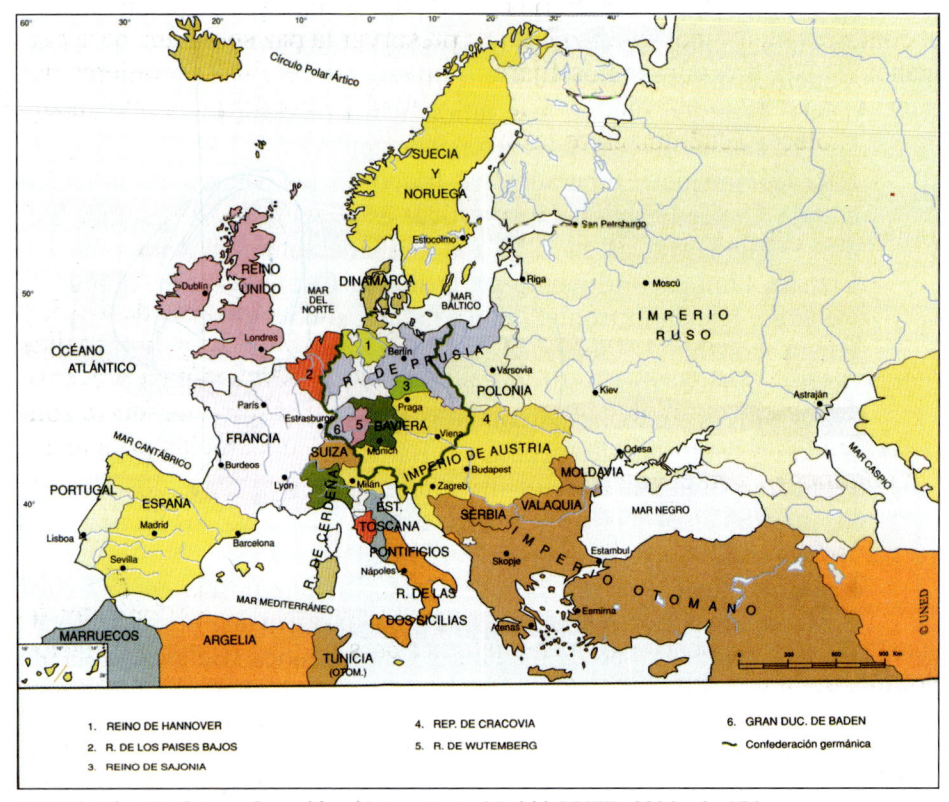

1. REINO DE HANNOVER
2. R. DE LOS PAISES BAJOS
3. REINO DE SAJONIA
4. REP. DE CRACOVIA
5. R. DE WUTEMBERG
6. GRAN DUC. DE BADEN
— Confederación germánica

AA VV, *Atlas Histórico y Geográfico Universitario,* Madrid, UNED, 2006, pág 176.

También quedaron conformados dos grandes imperios plurinacionales: el **Imperio Austriaco,** donde convivían alemanes, italianos, checos, croatas, eslovenos, húngaros, etc., y el **Imperio Otomano**, integrado por turcos, griegos, búlgaros, servios, albaneses, kurdos, etc. Otro de los resultados de la nueva configuración de Europa fue la división política y artificial de los territorios de los pueblos italiano y alemán, semilla de los futuros movimientos nacionalistas de carácter unificador.

El acta definitiva del Congreso fue acompañada de otros decretos como los que garantizaban la neutralidad de Suiza, la libre navegación por los grandes ríos europeos y la condena al comercio de esclavos. Los aliados, satisfechos de su labor en los aspectos político y geográfico, establecieron el compromiso de reunirse periódicamente en *Congresos* para decidir las medidas necesarias a fin de mantener la paz europea, en caso de que las corrientes revolucionarias volvieran a alterar a Francia y amenazaran la paz de los demás Estados.

En conclusión, el **Congreso de Viena** fue la primera conferencia de paz moderna; no sólo un intento por resolver las cuestiones pendientes en el continente europeo, sino también de preservar la paz sobre una base permanente. Sus procedimientos fijaron la pauta de las futuras conferencias internacionales, que todavía en la actualidad se conservan como medio para establecer acuerdos entre las naciones.

## La Santa Alianza

En el contexto de la *Segunda Paz de París*, en noviembre de 1815, y antes de que se disolviese el Congreso de Viena, el zar Alejandro I realizó una propuesta particular, la creación de una **Santa Alianza** para prevenirse de otra amenaza revolucionaria. Ésta fue pensada como una fuerza solidaria de intervención, integrada por tropas de las monarquías principales del continente, con el compromiso de:

- Mantener el orden absolutista en Europa.
- Defender los principios cristianos.
- Reprimir por medio de la intervención armada, los movimientos liberales y revolucionarios que en cualquier país podían alterar la situación política de la Restauración.

La Santa Alianza fue un acuerdo que principalmente llevó a la práctica el canciller austriaco Metternich. Con esta alianza europea, se concretó un sistema de relaciones internacionales que resultó eficaz, al basarse en la llamada *Práctica de los Congresos*, que se llevaron a cabo periódicamente para vigilar que se respetaran los intereses comunes de la Europa de la Restauración. Durante los Congresos que se desarrollaron entre 1818 y 1822, las discusiones giraron en torno a las medidas a emprender ante las inquietudes y desórdenes de tipo liberal o nacionalista que iban surgiendo y extendiéndose rápidamente. Los principales Congresos fueron: el de **Aquisgrán,** el de **Troppau,** el de **Laibach** y el de **Verona.** Este último supuso la intervención del ejército francés enviado por Luis XVIII (los *Cien Mil Hijos de San Luis*) a **España** para restaurar en el absolutismo a **Fernando VII.**

De esta forma se ensayó por primera vez un sistema de ordenación internacional, con base en el acuerdo de las potencias, el cual, modificado, ha llegado hasta nuestros días. Un sistema basado en el principio de que los problemas que afectaren al mundo en general serían analizados y las soluciones decididas en forma colectiva por los países más poderosos.

Como conclusión podríamos decir que **la Europa de la Restauración** que surgió del *Congreso de Viena*, **la Europa de la Santa Alianza** y, en definitiva, **la Europa de los Congresos**, comenzaría a cuartearse a mediados de la década de los veinte en ese siglo XIX. La arbitraria división de Europa, que había brotado en Viena para liquidar la Revolución Francesa y el Imperio Napoleónico, y la imposición de soberanos legítimos sobre distintas nacionalidades y pueblos, traería consigo un resurgimiento del movimiento nacionalista que, unido al auge del liberalismo llevaría a Europa a una nueva época revolucionaria protagonizada por las **Revoluciones de 1820, 1830 y 1848**.

## EL CICLO REVOLUCIONARIO DE 1820

En torno a 1820 se iniciaron en varios países nuevos conflictos revolucionarios de carácter liberal y también nacionalista. La incitación revolucionaria fue generalmente promovida por varias sociedades secretas, en su mayor parte masónicas; la más conocida fue la de los *carbonarios* que protagonizaron los levantamientos en los territorios del sur de Europa, para también influir en el *movimiento decembrista* ruso.

– **España** fue el primer país donde se produjo el definitivo levantamiento militar que iba a imponer durante un corto tiempo un régimen liberal. La revolución la inició en enero de 1820 el comandante **Riego**, que estaba a punto de embarcar sus tropas para sofocar las sublevaciones que estaban teniendo lugar en las colonias españolas de América. Con el apoyo de muchos militares y políticos se consiguió que Fernando VII jurara la Constitución de 1812, derogada en 1814 a su llegada al Trono de España. Durante el llamado **Trienio liberal** se logró una serie de cambios en el régimen monárquico español, aunque en 1823 esta revolución fue sofocada por las tropas francesas (los Cien mil hijos de San Luis) enviadas por la Santa Alianza.

– **Italia** se contagió del movimiento revolucionario español y en junio de 1820, el general **Mota** levantó en Nápoles el ejército contra el rey Fernando I de las Dos Sicilias y le obligó a otorgar una constitución. También este movimiento revolucionario se extendió a Sicilia, a Cerdeña y al Piamonte, donde los rebeldes lograron la abdicación del rey Víctor Manuel I y el establecimiento del régimen constitucional.

– **Portugal,** influenciada por su vecina España, promovió una revolución liberal el 24 de agosto. Comenzó en Oporto y pronto se formó una junta provisional que acordó el regreso desde Brasil del rey Juan VI, quien proclamó y juró una constitución liberal. En 1823 un golpe militar provocó la disolución de las Cortes y la huida del Rey. El absolutismo fue de nuevo impuesto.

– **Grecia** fue el único país en donde triunfó la revolución liberal independentista gracias a las sociedades secretas que luchaban por liberarse del dominio otomano. Por el importante apoyo obtenido de la burguesía y del pueblo griego, se consiguió que desde 1821 los movimientos insurreccionales fueran ganando adeptos en Gran Bretaña, Francia y sobre todo en Rusia, para luchar contra Turquía y contra la influencia de la Santa Alianza. En la *Conferencia de Londres* de 1830 se proclamó la **independencia de Grecia**, aceptada por Turquía y Austria por imposición de los países que apoyaban la autonomía de griegos, serbios y rumanos. Durante la lucha por la emancipación griega y la de otros pueblos europeos de los Balcanes, sometidos al Imperio Otomano o austriaco, surgió la **Cuestión de Oriente** referida al debilitamiento político que se estaba produciendo en Turquía. El nacionalismo balcánico chocaba con el dominio otomano y poco a poco los pueblos de la Europa oriental fueron consiguiendo la independencia o la autonomía concedidas por el Imperio Otomano.

– En **Rusia**, tras la muerte del zar Alejandro I, se produjo una sublevación contra la Rusia imperial, la **Revuelta Decembrista**, iniciada el 26 de diciembre de 1825 por un grupo de oficiales del ejército al mando de tres mil soldados, contra el designado como nuevo zar, Nicolás I. El ejemplo español y portugués había incitado a los militares rusos a cambiar el régimen absoluto de los zares. No obstante, esta sublevación fue rápidamente sofocada por el monarca, quien impuso una dura represión contra los rebeldes.

Todos los movimientos revolucionarios tomaron como modelo político la Constitución española de Cádiz de 1812, aunque casi todos fracasaron, salvo en Grecia, por la falta de apoyo popular y por el intervencionismo legitimista de la Santa Alianza.

## LAS REVOLUCIONES DE 1830 Y SUS CONSECUENCIAS

Esta revolución fue iniciada por la burguesía y el pueblo francés, cada vez más descontentos con el régimen absolutista que había impuesto desde 1825 Carlos X, hermano y sucesor de Luis XVIII. La nueva oleada revolucionaria iniciada en París en 1830, rápidamente se extendió por el norte y centro de Europa.

El Antiguo Régimen impedía el progreso de los pueblos y los franceses liberales se enfrentaron con el Rey tras suspender éste la Cámara de Diputados y todas las libertades fundamentales: prensa, cultos, enseñanza, etc. La reacción absolutista de Carlos X, manifestada desde su subida al Trono y llevada a su cénit en julio de 1830, había provocado una grave crisis política, incrementada por una crisis agraria y económica que se arrastraba desde varios años atrás.

La llamada **Revolución de Julio** se inició el 27 y durante tres jornadas (*Las Tres Gloriosas*) la mayoría de la población de París: periodistas, banqueros, industriales, comerciantes, obreros, etc. se levantó contra Carlos X y le obligó a abdicar y a huir a Inglaterra. La plebe urbana reclamaba un régimen republicano, mientras que los burgueses deseaban una monarquía liberal. Esta opción triunfó y se ofreció el trono de Francia al popular príncipe Luis Felipe de Orleáns, que fue entronizado el 31 de julio de 1830, tras prometer la revitalización de las instituciones republicanas, la **Soberanía Nacional** y la adopción de la bandera tricolor republicana (azul, blanca y roja). En Francia acababa de triunfar el **Liberalismo** bajo Luis Felipe I, un nuevo *Rey burgués* y constitucional.

Durante los siguientes 17 años, Luis Felipe contó con el apoyo de las clases medias burguesas y el soporte de un ciclo económico expansivo durante el que Francia fue accediendo a la Revolución Industrial. En este período aumentaron las diferencias sociales, la burguesía se enriquecía mientras los proletarios se empobrecían. A partir de 1846 se inició una crisis económica que afectó a todo el pueblo francés, mientras que los obreros, comerciantes y varios intelectuales sentían que el régimen era cada vez menos liberal. Esto ocasionó que se organizasen reuniones y banquetes en los que se discutía la forma de acabar con un régimen demasiado monárquico y conservador, que había conculcado las promesas de libertad y prosperidad de su inicio. Otra Revolución estaba en marcha, la de 1848.

## Influencia de la Revolución de 1830 en Europa

En otros países europeos los triunfos franceses y belgas presionaron para ir cambiando los sistemas de gobierno, aunque en Italia, Confederación Germánica, Polonia y Rusia, las revueltas liberales fueron sofocadas. No así en **Gran Bretaña**, donde se publicó la *Ley de reforma de 1832* que dio fuerza al Parlamento para aprobar diversas leyes de carácter social: se abolió la esclavitud, se liberalizó la educación y el sistema laboral, con la reducción de jornada a 10 horas y se reformaron varias ordenanzas agrícolas, municipales, religiosas y familiares, como la nueva *ley matrimonial*. Asimismo, en **Suiza**, los liberales pertenecientes a la Sociedad Helvética consiguieron la abolición de las constituciones aristocráticas y estamentales en diez cantones y la introducción del sufragio universal indirecto.

También los revolucionarios franceses influyeron determinantemente en sus vecinos belgas. **Bélgica**, país católico, utilizó estos movimientos liberales y nacionalistas para conseguir separarse definitivamente de la Holanda protestante y absolutista. Se formó así el nuevo **Reino de Bélgica**, englobando a las dos provincias occidentales: Flandes, con el flamenco como lengua oficial y Bravante, donde se mantuvo el idioma francés. En junio de 1831, bajo un gobierno parlamentario, fue elegido Rey de Bélgica, Leopoldo I, de la dinastía alemana de los Sajonia-Coburgo. El anterior Reino de los Países Bajos quedó liquidado. La **Independencia de Bélgica** fue el mayor triunfo de la Revolución de 1830.

Otra consecuencia importante ocasionada por este ciclo revolucionario fue la ruptura en dos bloques de la **Santa Alianza** originada en 1815: un bloque oriental contrarrevolucionario y absolutista formado por Austria, Prusia y Rusia y otro constituido por las monarquías constitucionales de Gran Bretaña, Francia, España y Portugal. Estos cuatro Estados firmaron una **Cuádruple Alianza** en abril de 1834. Por este Tratado las dos potencias principales, Inglaterra y Francia, consiguieron el dominio en la Península Ibérica, imponiendo el régimen liberal en ambos países del occidente europeo. Los Estados conservadores como Austria, Rusia y Prusia, quedaban descartados de la nueva política internacional de modelo liberal.

La **Revolución de 1830** supuso para las potencias europeas el combate abierto frente al reparto de Europa que se había realizado en el Congreso de Viena de 1815. Finalizaba la política de injerencia de la Santa Alianza protagonizada por el canciller Metternich, liquidándose así el sistema de la Restauración.

## LAS REVOLUCIONES DE 1848 Y SUS CONSECUENCIAS

La **Revolución de febrero de 1848** que se originó en París, cambió los planteamientos políticos y sociales del siglo XIX. Aparecieron los **ideales de carácter democrático** y las luchas por establecer los principios del liberalismo. El movimiento revolucionario, aunque se inició por causas comunes en la mayoría de los países, como las crisis económicas, malas cosechas, enfermedad de la patata, paro obrero e inexistencia de libertades y de derechos, así como la difusión de enfermedades y epidemias que mermaban la población y las existencias, sin embargo, no tuvo las mismas repercusiones en los Estados en que estalló.

Esta fue la última oleada revolucionaria que hizo desaparecer definitivamente el Antiguo Régimen. **La Revolución de 1848**, cuyo antecedente ocurrió en Suiza en 1847, tuvo su mayor impacto en Francia aunque se produjeron algunas réplicas en otros Estados europeos, cuya burguesía y proletariado aspiraban a conseguir los ideales liberales y nacionales que propagaban las Revoluciones de 1789, 1820 y 1830. A partir de 1848, pese al fracaso final de la oleada revolucionaria, comenzaron a superarse las limitaciones liberales, se reivindicó la abolición del sufragio censitario y se exigió el establecimiento del universal, la igualdad jurídica y social y la libertad de prensa y de pensamiento.

La conjunción de una crisis económica planteada desde 1846 y el descontento político generalizado, hizo que los movimientos revolucionarios de 1848 fueran mucho más extensos –desde el punto de vista geográfico– y complejos que en las anteriores oleadas revolucionarias. Fuerzas liberales, nacionales y sociales impulsaron a la llamada **Primavera de los Pueblos**, aunque esto no quiere decir que la rebelión tuviera un carácter masivo. Comparada con las décadas de 1820 y 1830, contó con mayor apoyo popular, debido a la grave crisis económica, al crecimiento demográfico y al avance industrial y urbano, ya que todo esto suponía un enorme sufrimiento para el proletariado. Pero el elemento activo fundamental en este nuevo movimiento revolucionario de 1848 lo volvió a constituir la **burguesía** que, debido al progreso económico, reivindicaba un papel en el Estado a la medida de su peso en la economía. Fue precisamente en la Europa occidental, la más avanzada industrialmente, donde esta revolución tuvo mayor intensidad, demostrando que el sistema de 1815 había caducado y que el equilibrio político era precario.

### Inicio de esta última Revolución del siglo XIX

El 22 de febrero de 1848 comenzó la definitiva Revolución liberal en **Francia.** El movimiento liberador logró derrocar dos días después al rey Luis Felipe I, quedando así abolida en adelante la dinastía orleanista del Trono francés. Inmediatamente se formó un gobierno provisional que proclamó la **Segunda República francesa.** Por inmensa mayoría en las elecciones democráticas de diciembre de 1848 fue elegido Presidente de la nueva República **Luis Napoleón Bonaparte,** sobrino del derrocado *Primer Emperador francés.* Sin embargo, un golpe de estado en diciembre de 1851, dirigido por el mismo Presidente con el fin de ser reelegido, consiguió convertir a la República en un Imperio. El **Segundo Imperio bonapartista** duraría casi veinte años (1851-1870).

La **Revolución de 1848**, como la Revolución de 1830, se inició en Francia y pronto se extendió a varios países europeos. Los cantones suizos lograron aprobar una Constitución federal que convirtió a **Suiza** en una *Confederación*. En **Austria** los revolucionarios lograron la implantación de medidas liberales en el régimen monárquico y la dimisión y el exilio del canciller Metternich. En **Hungría,** perteneciente al Imperio austriaco, se produjeron manifestaciones independentistas que fueron sofocadas. **Alemania** e **Italia** aprovecharon las revueltas políticas y sociales para iniciar la unificación de sus territorios. Las estrategias de conformación y consolidación de los grandes Estados nacionales variaron sustancialmente de unos países a otros.

### Consecuencias de las Revoluciones liberales del siglo XIX

El balance final de estas últimas Revolución liberales y burguesas que se produjeron en el transcurso de treinta años, fue en un principio positivo para algunos países. En Francia se dio fin al absolutismo, abriéndose en 1830 un período de monarquía liberal que perduró 18 años. En 1848 fue abolido el régimen monárquico y proclamada la Segunda República que instauró definitivamente el sufragio universal. Sin embargo, las conquistas revolucionarias no perduraron mucho tiempo en casi ningún país, excepto en Grecia y Bélgica, que lograron su independencia, así como en Suiza que unió sus Cantones en una Confederación liberal. En el resto de Europa, excluyendo a Rusia, se abolieron los últimos vestigios del régimen señorial y la mayor parte de los Estados proclamaron constituciones liberales. La lograda Soberanía Nacional estimularía la formación de movimientos nacionales, que finalmente conseguirían la reunificación de los territorios de una misma identidad histórica, cultural y lingüística, como ocurrió en 1870 con los Estados de Italia y de Alemania.

# TEMA 5

# EL REINADO DE ISABEL II (1833-1868)

## ESQUEMA

**MINORÍA DE EDAD**

**Regencia de Mª Cristina (1833-1840)**
- 1ª Guerra carlista:
  - Pretendiente: Carlos Mª Isidro
  - Identificación trono-altar
  - Lucha campo contra ciudad
  - **1839**: **Abrazo de Vergara: Maroto y Espartero** (final de la guerra)
- Gº moderado:
  - **Estatuto Real: (1834)**
    - Carta Otorgada
    - Deliberación pública de los asuntos políticos
    - Cortes con 2 estamentos
- Gº progresista:
  - **Mendizábal:** Desamortización de los bienes de la Iglesia (1835-1836)
  - 1836 Sublevación sargentos en La Granja
  - **Constitución de 1837:**
    - Soberanía compartida
    - Dos Cámaras

**Regencia de Espartero**
- gobierno liberal-progresista
- Sublevación de Barcelona

## REINADO DE ISABEL II (1843-1868):

- **Década Moderada:** (1843-1853)
  - Gobierno de Narváez
  - **Constitución de 1845:**
    - Soberanía Rey-Cortes
    - Sistema bicameral
    - Importante papel al Senado
  - Ley Electoral
  - Ley Municipal
  - Legislación restrictiva sobre Imprenta
  - Creación de la Guardia Civil
  - Concordato con la Santa Sede (1851)
  - Reformas en la Hacienda

- **Bienio progresista:** (1854-1856)
  - Pronunciamiento de 1856: **La Vicalvarada**
  - Desamortización de Madoz
  - Ley de Ferrocarriles
  - Ley de Sociedades Anónimas de Crédito

| | |
|---|---|
| – **Unión Liberal:** (1858-1863) | · O´Donnell<br>. Sublevaciones agrarias de republicanos en Andalucía<br>. Intentona carlista en San Carlos de la Rápita<br>. Política exterior: — Guerra de África: Ceuta, Melilla, Tetuán<br>                     — Intervención en Méjico |
| – **Últimos años del reinado** | . Sucesión de gobiernos poco duraderos<br>. Difusión de ideología democrática contraria a la reina.<br>. Progresivo adelgazamiento de la base política del régimen<br>. Difusión de ideas republicanas entre los estudiantes y depuración del profesorado: **La noche de San Daniel.** |

# TEMA 5

## EL REINADO DE ISABEL II (1833-1868)

Tras la muerte de Fernando VII, a lo largo de dos regencias sucesivas, los factores políticos que parecían favorecer una transición pacífica del absolutismo al liberalismo impusieron el cambio de manera definitiva desde un absolutismo que admitía ya matices reformistas hasta un **liberalismo muy conservador.** Pero este proceso sólo se pudo llevar a cabo en plena guerra civil, aunque en un plazo relativamente corto de tiempo implicó, además, el comienzo de las **reformas** que conllevaban la desaparición del Antiguo Régimen.

### La Regencia de María Cristina (1833-1840)

La muerte de Fernando VII dejó el poder político en manos de su viuda **María Cristina de Nápoles,** quien en la práctica lo había desempeñado ya anteriormente. Es posible que en condiciones normales la regente hubiera mantenido a su régimen en un reformismo ilustrado, pero el estallido de la guerra civil hizo derivar la situación hacia un liberalismo moderado, en primer lugar, y luego hacia un liberalismo pleno.

La figura más destacada de la política española en este período de transición fue Francisco **Cea Bermúdez** que prometió cambios, pero «sin admitir innovaciones peligrosas», y reformas administrativas de las que dijo que eran las «únicas que producían inmediatamente la prosperidad y la dicha que son un bien positivo para el pueblo». El más importante de sus colaboradores fue **Javier de Burgos,** al que se debe la división de España en **provincias** y también la institución de los futuros **gobernadores civiles.**

El programa representado por estos dos políticos tuvo como inmediata ventaja que el grueso de las clases dirigentes de la época y el mismo aparato estatal estuvieron del lado de la regente en el momento en que se inició la guerra carlista. De este modo los voluntarios realistas pudieron ser desarmados y la mayor parte de los mandos militares permanecieron fieles a las autoridades políticas. Sin embargo, el programa fue superado por las circunstancias y en tan sólo unos meses los acontecimientos desplazaron del poder a Cea Bermúdez.

Una amnistía permitió el regreso de los exiliados liberales que, procedentes de un liberalismo radical, con el paso del tiempo se habían vuelto más moderados. Con toda probabilidad fue la guerra civil la que impulsó a la regente a optar por ellos, como una especie de «tercera vía» entre los partidarios del Antiguo Régimen y los liberales exaltados. Al frente del gobierno puso a **Martínez de la Rosa,** antiguo liberal radical, que amplió la amnistía e inició una obra que le conducía por la senda de la desamortización al suprimir los conventos cuyos miembros se hubieran pasado a la sublevación carlista.

La decisión más importante de Martínez de la Rosa y la de mayor trascendencia para el futuro fue la promulgación del **Estatuto Real** en abril de 1834. Equivalía a una carta otorgada y en la práctica el sistema del Estatuto sirvió para introducir en la vida política española **la deliberación pública de los asuntos políticos.** De acuerdo con el texto las **Cortes** quedaban divididas en dos estamentos con nombres de raigambre medieval, **estamento de los próceres y estamento de los procuradores.** Como puede apreciarse el grado de apertura era muy escaso. Las Cortes sólo tenían que elaborar los presupuestos, pero los procuradores podían ejercer el derecho de petición y a través de este procedimiento se pasó casi de inmediato a reclamar una amplia declaración de derechos. De esta manera se inició una transición más decidida hacia el liberalismo.

### La guerra carlista (1833-1840)

El primer despegue del liberalismo en la versión del Estatuto Real se produjo al mismo tiempo que España pasaba por la trágica experiencia de una guerra civil. Ésta no se explica sin los antecedentes previos durante el reinado de Fernando VII, no tanto por el planteamiento de la cuestión dinástica, sino, sobre todo, por la existencia de una **subversión**

**realista,** alimentada por los voluntarios y que había obligado al rey a una acción decidida aunque no siempre eficaz. No es extraño que la geografía del realismo y la del carlismo posterior fueran tan coincidentes.

El pretendiente al trono, **Don Carlos María Isidro,** era cuatro años más joven que su hermano Fernando. Su ideario, de una simplicidad extrema, se caracterizó por una identificación del trono y el altar. Para muchos de los carlistas la guerra tuvo un **componente religioso** indudable, pero la mayoría de la jerarquía católica, siguiendo las instrucciones del Vaticano, apoyó a la regente, excepto una docena de obispos de las zonas muy carlistas. Por otro lado, es evidente que las regiones controladas por los sublevados fueron en su mayoría **regiones forales,** con instituciones y privilegios propios. La lucha del carlismo contra los liberales fue, sin duda, la del **campo contra la ciudad,** y es posible que campesinos perjudicados por la venta de bienes comunales nutrieran las filas de la sublevación.

Inmediatamente después de la muerte de Fernando VII se iniciaron en toda la geografía peninsular sublevaciones de pequeñas partidas, sobre todo en el País Vasco, Navarra y Cataluña. En 1834 se incorporaron a su dirección algunos elementos militares como **Tomás Zumalacárregui**, al mando de las tropas carlistas, inclinando muy favorablemente la situación para los sublevados. Pero, al año siguiente, en el sitio de Bilbao acabó muriendo Zumalacárregui y los liberales obtuvieron alguna victoria importante.

La reina regente logró el **apoyo exterior** que le sería muy útil para derrotar al adversario. Así los gobiernos liberales de España y Portugal suscribieron la **Cuádruple Alianza** con Gran Bretaña y Francia. A partir de 1836 las **operaciones militares** consistieron en expediciones mediante las cuales los carlistas querían extender la sublevación más allá de sus lugares de implantación, mientras sus adversarios los perseguían sin obtener sobre ellos una victoria resolutiva.

La **última fase** de la guerra tuvo como protagonistas militares al liberal **Baldomero Espartero** y al carlista **Rafael Maroto.** Las victorias del primero, que ya contaba con un ejército mucho más potente y organizado, y la división interna en el seno de las filas carlistas, facilitó la liquidación de una guerra larga y cruel, y en agosto de 1839, el **convenio de Vergara** selló con un abrazo entre los dos generales la liquidación de la guerra mediante una relativa transacción. En efecto, los carlistas consiguieron el mantenimiento de los fueros, que serían su arma política más importante en el futuro. Tan sólo hasta 1840 perduró la resistencia en la zona del Maestrazgo al mando del general **Cabrera,** la nueva estrella del carlismo, que hubo de huir a Francia en ese mismo año.

## Hacia un liberalismo pleno

Desde septiembre de 1835 -después de la creación de un amplio movimiento de Juntas en toda la Península pidiendo la reunión de Cortes, una nueva ley electoral y libertad de imprenta- se puso un nuevo gobierno con **Juan Mendizábal** al frente. En los siete meses que estuvo en el poder la revolución liberal dio un paso irreversible, bien por volver a poner en práctica la legislación de la etapa de 1812 o por poner en marcha importantes novedades. Creó la **Diputaciones Provinciales** para controlar el movimiento de las Juntas. En gran medida, su gestión de gobierno se explica por la existencia de un **grave peligro carlista** al que dedicó gran parte de su acción de gobierno. Convirtió en «**Guardia Nacional**» la antigua milicia y multiplicó sus efectivos de manera considerable, movilizó unos 100.000 hombres al ejército para hacer frente al enemigo. En realidad, menos de la mitad tomaron las armas porque se permitió por vez primera la **redención del servicio militar** –no obligatorio, sino por sorteo– a cambio de una cantidad de dinero.

En cuanto al problema hacendístico, uno de los aspectos más difíciles de la situación, trató de resolverlo mediante los **empréstitos,** repartiendo por provincias unas ciertas cuotas de ingresos obligatorios, y sobre todo, con la **desamortización de los bienes de la Iglesia.** La propiedad de la tierra en el Antiguo Régimen estaba en manos de la Iglesia (en especial de las órdenes religiosas), de la nobleza rentista, del Estado o de los municipios.

La desamortización eclesiástica propiamente dicha se plasmó en dos disposiciones, la primera consistente en la **supresión de las órdenes religiosas** (1835) y la segunda (1836) destinada a determinar el **sistema de venta de los bienes nacionalizados.** La venta de los bienes desamortizados se haría en **pública subasta,** previa tasación oficial. Gran parte de las compras fueron realizadas por la **burguesía de negocios** madrileña. Otro sector social que tuvo un importante papel fue la **burguesía agraria,** formada por antiguos arrendatarios. También participaron en estas compras los funcionarios civiles o militares de escasa fortuna. Los dirigentes liberales del momento pensaron que la desamortización tendría como consecuencia la **consolidación del régimen liberal.** Sin duda, este proceso constituye un elemento esencial para comprender el tránsito de la sociedad del Antiguo Régimen al liberalismo, en el que la propiedad se concibe como individual y absoluta en su capacidad de gestión.

Tras el gobierno de Mendizábal, la regente apoyó de manera clara la tendencia más derechista del liberalismo –los **moderados**–, como también lo haría posteriormente su hija Isabel. Por otro lado, en estos meses se inició una práctica que sería habitual en todo el siglo XIX español, consistente en que cualquiera de las opciones políticas se atribuía en realidad el monopolio del poder político, de tal modo que en las elecciones imponía un resultado por completo favorable a ella misma. Los miembros del sector más radical del liberalismo (que con el tiempo serían denominados **progresistas**) tenían otra forma de actuar al margen de las elecciones, que con-sublevarse y crear Juntas provinciales y locales.

 a la persistencia del peligro carlista y a los

 María Cristina aceptó la vuelta a la Constitución de 1812, mientras no fuera aprobada una reforma de la misma.

La tarea más importante de las Cortes, tras unas elecciones celebradas después del verano, fue la elaboración de una **nueva Constitución**, la **de 1837**, que era un intento de superar el texto constitucional de 1812 y el Estatuto Real, que habían resultado de incierta aplicación. La Constitución de 1837 contemplaba la existencia de una **soberanía compartida entre el rey y las Cortes,** ya que en ella se dice que el poder legislativo corresponde a las Cortes con el rey. Así, la Monarquía queda configurada como un auténtico poder moderador. Otro rasgo de esta fórmula constitucional de 1837 es la definición de **dos cámaras** con las denominaciones con que han llegado a la actualidad: **Congreso de los Diputados y Senado.** La Constitución hace alusión a la **Milicia Nacional** y contiene una **declaración de derechos**, entre los que explícitamente se cita la libertad de imprenta y hace una declaración mucho menos taxativa de confesionalidad, pues no declara al catolicismo como única religión verdadera y no prohíbe la existencia de otras religiones.

A partir de este momento se ahonda la división entre moderados y progresistas. La Constitución de 1837, por sus características, podía haberse convertido en un **campo común** para las dos tendencias liberales que empezaban a dibujarse ya de forma clara en el panorama de la política española. Sin embargo, la lucha partidista se trasladó muy pronto al terreno constitucional, de tal modo que cada cambio de gobierno tendió a convertirse en una modificación de la Constitución.

### La Regencia de Espartero (1840-1843)

La primera fórmula política que existió después de la emigración de María Cristina a París fue un **ministerio regencia** a cuyo frente estaba el general Espartero. Su prestigio procedía de haber personificado la victoria liberal frente a los carlistas, lo que le proporcionó en ese momento una legitimidad superior a la dinástica que residía en la regente. Su identificación con el progresismo fue muy tardía y su carácter tendió más bien a ser autoritario, lo que había hecho que no todos lo aceptaran como dirigente único e indisputado.

A finales de 1841 arreció la **divergencia en el seno del progresismo,** con la aparición por vez primera de sectores políticos que hacían expresa declaración de republicanismo. Sin embargo, este incipiente sector político no supuso un auténtico peligro para Espartero hasta que su oposición se vio multiplicada por el intento de introducir un arancel modestamente **librecambista.** En ello desempeñó un papel importante la anglofilia de Espartero y el hecho de que gran parte del contrabando hacia España se llevara a cabo a través de Gibraltar.

A partir de un determinado momento, los procedimientos autoritarios del regente le enfrentaron con la prensa liberal, en su mayor parte progresista. Dichos procedimientos autoritarios de Espartero fueron especialmente perceptibles en lo que respecta a la **sublevación de Barcelona.** Animado por los temores a la política librecambista del gobierno, en la capital catalana se produjo un movimiento de carácter popular en el que tomaron parte republicanos y obreros de la industria textil. El movimiento fue espontáneo, nacido de una protesta en contra de los impuestos, y requirió el desplazamiento del regente hasta la ciudad. En diciembre de 1842, Barcelona fue bombardeada hasta su completo sometimiento y recibió como castigo la obligación de pagar una contribución extraordinaria.

Lejos de afianzar en el poder al general Espartero, los sucesos de Barcelona supusieron el comienzo de su final. Por primera vez el regente se vio obligado a ceder el gobierno a un dirigente progresista no dependiente de él. Lo decisivo fue el hecho de que a los progresistas sublevados se sumaron también los generales moderados, que venían conspirando a través de una sociedad secreta denominada Orden Militar española. En el mes de junio de 1843, Narváez desembarcó en Valencia y poco después Espartero abandonó el país.

## EL REINADO DE ISABEL II (1843-1868)

El largo reinado de Isabel II supuso la definitiva estabilización del sistema liberal y la formación de un Estado que en muchos de sus rasgos estaba destinado a durar mucho tiempo. De esta manera puede decirse que la rotación de gobiernos en el poder no supuso cambios tan profundos, teniendo en cuenta que durante la mayor parte de su reinado quien gobernó fue un liberalismo moderado o templado.

Isabel II fue proclamada reina en noviembre de 1843, con tan sólo trece años, como única solución al vacío de poder creado por el desplazamiento de Espartero. Espontánea, directa y vital, la reina no careció de talento pero sí de formación, y su carácter muy influenciable por la camarilla cortesana y carente de sensibilidad, la convirtió en uno de los mayores peligros para la perduración del régimen liberal. Ella no fue un árbitro entre las diferentes tendencias liberales, sino que dio apoyo, dentro del moderantismo, a su sector más reaccionario.

### Los moderados en el poder (1844-1854)

La conquista del poder por los moderados sólo quedó ratificada en las elecciones de 1844 con la subida al poder del general Narváez. Representaba la emergencia de un grupo de militares más jóvenes que Espartero (Serrano, Concha, O´Donnell), formados en las guerras civiles y que protagonizaron la vida política durante todo el reinado.

Un papel decisivo en la configuración de un régimen de predominio moderado lo tuvo la elaboración de la **Constitución de 1845.** La mayoría de sus artículos son una transcripción de la Constitución de 1837; sin embargo, los cambios revisten una gran importancia y configuran su texto como una alternativa política un tanto distinta En ella no se hace explícita mención a la voluntad o soberanía nacionales, sino que se plantea el **carácter compartido del poder entre el pueblo y el rey.** La nueva Constitución otorgaba un papel crucial al **Senado**, cuya composición era de nombramiento real, el número de senadores sería ilimitado y el cargo vitalicio. El sistema era bicameral: **Congreso, Senado.**

También se dictaron otras disposiciones que configuraban el nuevo sistema político. La **Ley Electoral** tenía tales exigencias de nivel económico para votar que reducía muchísimo el censo electoral. La creación de distritos electorales pequeños favorecía el control de los notables frente a las demarcaciones provinciales, defendidas por los progresistas. La **Ley municipal** era tan centralista que permitía al gobierno nombrar directamente a los alcaldes. Asimismo la **legislación sobre imprenta** era muy restrictiva.

El debate sobre el matrimonio de Isabel II fue la razón que condujo a la dimisión de Narváez, al querer su madre María Cristina imponer un candidato situado demasiado a la derecha.

Sin duda la obra más importante de los moderados en el poder consistió en la creación de las instituciones fundamentales de un Estado que tendría una perduración muy notable y duradera. Sus rasgos son muy parecidos al modelo francés: el **centralismo**, el **carácter censitario** y **oligárquico** y la consideración de la **Administración como la médula del Estado.**

Un instrumento esencial al servicio del Estado fue la creación de la **Guardia Civil**, siguiendo el modelo francés. Su principal característica es que tiene unos fines civiles pero, al mismo tiempo, una estructura militar. El modo de vida en casa cuartel, con agrupación de las familias de los guardias, ha sido puesto en relación con la burguesía de la época. La Guardia Civil tenía como propósito fundamental «proteger el orden y las personas y bienes de los vecinos honrados y pacíficos».

Respecto a la organización judicial, estos años presenciaron la configuración del **Tribunal Supremo** como cúspide de la administración de la Justicia, pero todavía resulta más importante el hecho de que gran parte de la estructura legal de la España contemporánea vio la luz en estas tres décadas centrales del siglo. En ocasiones –como sucedió con el Código Civil– los proyectos esbozados en estos tiempos fueron el germen de las fórmulas definitivas, aunque se desarrollaron posteriormente.

En el campo de la enseñanza se redactó un **Plan de Estudios** que unificó y centralizó todos los sistemas docentes de Bachillerato, y se abolió la tradicional independencia de la Universidad que, a partir de entonces, se convirtió en una dependencia administrativa del Estado.

Asimismo se **reformó la Hacienda**, sustituyendo el sistema fiscal heredado del Antiguo Régimen por unas fórmulas nuevas basadas en dos impuestos esenciales. El primero era la **contribución territorial**, aplicada a cada persona de acuerdo con su propiedad, fundamentalmente agraria. A este impuesto directo se sumó otro indirecto, denominado **de consumos**, que encarecía los productos de consumo diario y, por ello, motivó importantes protestas. Gracias a esta reforma se realizaron numerosas obras públicas, sentándose las bases de los futuros planes generales de carreteras, puertos y ferrocarriles. La instauración de la peseta como moneda patrón (subdividida en cuatro reales) también data de este momento. Se implantó el **sistema decimal** en las monedas y en los pesos y medidas, aunque su uso se generalizó años más tarde.

Finalmente, otra reforma importante de la etapa moderada consistió en el restablecimiento de buenas relaciones entre Iglesia y Estado a través de un **Concordato** (1851). La ruptura que se dio por la desamortización religiosa produjo una larga etapa de malas relaciones entre ambos poderes. El concordato favoreció un restablecimiento del importante papel de la Iglesia en el seno de la sociedad española.

### La alternativa progresista: el bienio (1854-1856)

A la altura del verano de 1854 la actuación de la Corona había tenido como consecuencia una situación en la que no era ya tan decisiva la cantidad de las oposiciones como la calidad de las mismas. A la tradicional de los **progresistas** se sumó la de los **demócratas,** pero también un amplio sector de los **moderados de significación «puritana».** Estas tres fuerzas colaboraron en el **pronunciamiento de 1854.** Su origen fue debido a una causa social, el alza de los precios del grano, pero a este factor se sumó una radicalización de la tensión política cuando el gobierno se lanzó a una persecución contra la prensa que había elegido la vida íntima de la reina como motivo de protesta. La revolución se inició con un pronunciamiento militar en Vicálvaro –**la Vicalvarada**– que dio fama al general **O´Donnell,** que dirigía a los sublevados, e hizo reaparecer a **Espartero.**

El **bienio progresista** nació con una colaboración entre sectores políticos distintos y apenas si llegó verdaderamente a fraguar. La composición del gobierno fue progresista y O´Donnell ocupó el Ministerio de la Guerra. En ningún momento se puso en duda la Monarquía, pero la ex-regente María Cristiana debió volver de nuevo al exilio.

El gobierno progresista tomó trascendentales medidas económicas, entre las que destaca la reanudación del proceso desamortizador. Así las disposiciones de Pascual **Madoz** se refirieron a la nacionalización y puesta en venta de los **bienes de propiedad municipal y de propios y comunes,** pero también de todos los **bienes nacionalizados previamente que eran de propiedad eclesiástica.** Estas medidas supusieron una ruptura con Roma y graves problemas de conciencia para la reina Isabel II. La desamortización de Madoz duplicó el volumen de la de Mendizábal, por lo que cabe atribuirle un papel mucho más decisivo.

También se aprobó una **Ley de ferrocarriles,** que permitiría el establecimiento, en tan sólo trece años, de una red de 5.000 kilómetros. Al año siguiente, en 1856, se aprobó una **Ley de Sociedades Anónimas de Crédito** que permitió el funcionamiento de una banca moderna.

En el período del bienio se produjo la primera manifestación del movimiento obrero, con una primera huelga general en Barcelona. Sin directa relación con esta huelga general, pero sí con los disturbios sociales, tuvo lugar la transición desde la situación política progresista hasta otra caracterizada por la vuelta a las soluciones moderadas.

### La Unión Liberal o el liberalismo pragmático

A partir de junio de 1858, la recuperación del poder por el general O´Donnell no sólo supuso un período de estabilidad, sino también la aparición de una tercera opción liberal frente a las dos existentes hasta el momento. Los límites entre los diferentes grupos políticos eran muy imprecisos. Se imponía una recomposición del escenario político, que O´Donnell venía intentado mediante un grupo político que recibió el nombre de **Unión Liberal.** En él figuraron personas que habían jugado un importante papel en la transición del absolutismo al liberalismo.

La Unión Liberal no impidió que perduraran los dos grupos clásicos del liberalismo: el moderado, dirigido por Narváez y el progresista, por Espartero. Desde esos partidos se acusó de ser «resellados» a quienes habían abandonado sus filas, pero la realidad es que la Unión Liberal mantuvo una considerable estabilidad política.

El gobierno largo de O'Donnell (logró mantenerse en el poder casi cinco años) se preocupó por cuestiones de carácter práctico y mostró una línea flexible y tolerante. Su política fue menos represiva que en los gobiernos moderados y las instituciones parlamentarias funcionaron, mientras que la legislación aprobada estuvo centrada principalmente en los aspectos administrativos y económicos.

Sin duda la prosperidad contribuyó de una forma poderosa a hacer posible la experiencia de gobierno de la Unión Liberal. Esto no quiere decir que desapareciera de manera completa la subversión, pero su resultado fue limitado. Se llevaron a cabo **sublevaciones agrarias,** relacionadas con grupos republicanos en Andalucía, y también una **intentona carlista** en San Carlos de la Rápita, pero su peligro efectivo resultó escaso.

Se aprobaron importantes leyes, como la del **notariado** y la **hipotecaria.** También se adoptó una **política desamortizadora** que pretendía continuar la obra de Madoz, pero intentando llegar a un acuerdo con el Vaticano siguiendo las pautas del Concordato de 1851.

Durante esta etapa se desarrolló una **política exterior** de prestigio, aunque estuvo limitada por las circunstancias exteriores y la incapacidad material propia. Las intervenciones de la Unión Liberal siempre se realizaron en zonas sin interés estratégico fundamental, y su mayor impacto residió en el efecto que provocaron en el interior del país, donde estimularon la economía y contribuyeron de manera importante a la estabilidad política. La intervención exterior se centró en la guerra de África y en México.

La guerra de **África** fue la más importante de las intervenciones en el exterior; existió completa unanimidad en la Península excitando el patriotismo, pero los resultados fueron muy modestos. Su origen fueron los ataques marroquíes a **Ceuta** y **Melilla**, que se habían prolongado desde 1844 en adelante. El conflicto se inició con una declaración de guerra en 1859 y el desembarco de un ejército considerable en Ceuta. El tratado de paz supuso ventajas muy pequeñas para España, que tan sólo logró ampliar las posiciones defensivas en ambas plazas, la pequeña pesquería en Ifni así como una indemnización económica. El ejército español ocupó **Tetuán**, lo que le valió a O'Donnell el título de duque de esta ciudad.

La expedición de **México** en 1861-1862 se hizo en colaboración con Francia y Gran Bretaña, con el fin de salvaguardar los intereses económicos amenazados por la revolución liderada por Juárez. Las tropas españolas, al mando del general Prim, acabaron retirándose de esta empresa de la que no podían obtener ventaja alguna y el monarca dejado por los franceses fue muy efímero.

### Los últimos años del reinado

Tras casi un lustro de estabilidad política, la época de la Unión Liberal, durante la que tanto este partido como el gobierno mismo habían mantenido la unidad, se volvió a una **sucesión de gobiernos poco duraderos**. La causa de su desplazamiento no fue la oposición de moderados o de progresistas, sino la descomposición interna de una coalición de una procedencia tan plural. Se produjo una rápida rotación de gobiernos con una creciente tendencia hacia el inmovilismo y hacia las actitudes más reaccionarias.

Se estaba produciendo el **final de una época** política durante estos últimos años del reinado de Isabel II. Hubo una amplia difusión de una ideología democrática y contraria a la reina, que no indica tan sólo la dureza de la crítica en contra de su persona sino también la quiebra de esa mentalidad ideológica característica de la transición entre el Antiguo Régimen y el liberalismo que es el moderantismo o el liberalismo doctrinario. Un rasgo muy importante de estos momentos es el **progresivo adelgazamiento de la base política del régimen**, al lanzarse sucesivamente todos los grupos políticos hacia el retraimiento, es decir, no aceptar la legalidad existente e iniciar la conspiración para sustituir dicha legalidad por procedimientos violentos.

Cuando O'Donnell abandonó el poder en marzo de 1863 se produjo un retorno al moderantismo más cerrado. Vinieron una serie de gobiernos moderados (Miraflores, Mon) que diagnosticaron el exceso de apertura como la causante de todos los males del régimen. Esta actitud provocó la primera marginación importante de un grupo político respecto de la Monarquía de Isabel II. Los progresistas pasaron al insurreccionalismo, y al culpar de su actitud a los «obstáculos tradicionales», hicieron clara referencia a la propia reina. Apareció un nuevo tipo de conflicto político del que no fueron protagonistas las clases populares ni los militares, sino los estudiantes. La existencia de un profesorado demócrata en la Universidad Central, que tenía como tribuna el Ateneo, fue en adelante un motivo de seria preocupación para las autoridades. Uno de estos profesores, **Emilio Castelar**, futuro presidente de la I República, publicó un artículo irónico sobre la venta de bienes de la Corona por parte de la reina, considerándolos como propios y no como patrimonio nacional. Los incidentes de **La noche de San Daniel**, de los que fueron principales protagonistas los estudiantes, demostraron la difusión del ideario republicano y los gobiernos moderados depuraron a los profesores universitarios.

# TEMA 6

## NAPOLEÓN III. LOS NACIONALISMOS
### Napoleón III (1848-1870)

## ESQUEMA

### LA II REPÚBLICA FRANCESA (1848-1851)

Se inicia por la revolución de febrero de 1848 en París contra
el gobierno de Luis-Felipe de Orleáns

2ª República
- Gobierno Provisional con diversas tendencias políticas
- Proclamación de la II República
- Sufragio universal y garantías individuales
- Talleres Nacionales para ocupar a los desempleados
- Constitución de 1848 liberal y democrática.
- Presidente de la II República: Luis-Napoleón Bonaparte

Golpe de Estado de Luis-Napoleón (1851): dictadura presidencialista

### EL II IMPERIO FRANCÉS (1852-1870)

Instaurado por Napoleón III

Objetivos
- Preservar el orden
- Solucionar el problema obrero
- Mantener el sufragio universal

**Constitución de 1852:** mayor poder al Ejecutivo, menor al Legislativo

Imperio autoritario (1852-1860)
- Represión política, censura de prensa
- Auge económico y urbanístico
- Política intervencionista y colonial

Imperio liberal (1860-1870)
- Liberalización del régimen en
  - Educación
  - Derecho asociación
  - Derecho a huelga
- Reforma de la Constitución de 1852

| Política colonial | – Colonias en África (Argelia, Senegal, Somalia) y en Asia (Indochina) |

| Política exterior intervencionista | – Francia participa en: la guerra de Crimea, en Italia, Austria, México y Prusia<br>– Napoleón III propicia los nacionalismos europeos |

Final del II Imperio por la derrota de Francia ante Prusia en 1870

## LOS NACIONALISMOS (1815-1870)

| Nacionalismo | – Doctrina política que mantiene el principio de Soberanía Nacional y el principio de Nacionalidad<br>– Surge en Europa por influencia de la revolución francesa<br>– Se manifiesta en las revoluciones de 1820, 1830 y 1848 |

## UNIFICACIÓN DE ITALIA (1815-1870)

Se inicia con el «Risorgimento», movimiento ideológico favorable a la unificación de los 7 Estados italianos. Fue dirigida por el reino de Cerdeña-Piamonte

| Etapas | – Unificación del Norte (1859): anexión de la Lombardía austriaca y de otros territorios por la ayuda francesa<br>– Conquista del Reino de las Dos Sicilias (1860-61): por la habilidad de Cavour y las «mil camisas rojas» de Garibaldi<br>– Anexión de Venecia (1866) y de los Estados Pontificios (1870) |

Rey de Italia unificada: Víctor Manuel II

## LA UNIDAD ALEMANA (1815-1870)

Confederación Germánica de 39 Estados (1815). Obra del canciller austriaco Metternich. Austria y Prusia dirigen la unificación alemana

– Prusia crea el «Zollverein» (1834), unión aduanera de 30 Estados
  Unidad económica sin Austria
– Agitaciones revolucionarias (1848) reprimidas por el canciller Bismarck
  y Guillermo I de Prusia, protagonistas de la Unificación alemana

Conflictos bélicos (1864-1870) desencadenados por Prusia:
– Guerra contra Dinamarca(1864) por los Ducados alemanes (Schleswig
  Holstein y Lavenbourg)
– Guerra contra Austria (1866). Prusia controla el norte de Alemania
– Guerra contra Francia (1870): Prusia vence y extiende su dominio a
  toda la Confederación, excluyendo a Austria y proclamando el Imperio
  Alemán o II Reich, con Guillermo II como emperador

# TEMA 6

## NAPOLEÓN III. LOS NACIONALISMOS

La última oleada revolucionaria del siglo XIX, la de 1848, aunque fracasó en la mayoría de los territorios europeos en que se desarrolló, sin embargo consiguió cambiar los proyectos políticos y sociales en muchos Estados y logró que los principios de carácter democrático y liberal, así como los movimientos nacionalistas hicieran desaparecer definitivamente el Antiguo Régimen en Europa. Francia se transformó primero en una república para constituir hasta 1870 el II Imperio bajo Napoleón III. Italia y Alemania consiguieron, por la fuerza de los movimientos nacionalistas, la unificación de sus Estados en 1870.

### NAPOLEÓN III

Las reformas políticas llevadas a cabo en Francia por los gobiernos de la monarquía de Luis-Felipe de Orleáns habían propiciado que el régimen quedara en manos de una oligarquía que fue ganando paulatinamente el apoyo de la nación. Francia se encontraba en plena revolución industrial, la burguesía se había ido enriqueciendo con las medidas agrarias de la revolución de 1789 y con los negocios y prebendas del primer imperio napoleónico y de la monarquía orleanista, mientras las clases trabajadoras se hundían en la miseria. Una serie de circunstancias adversas llevaron al pueblo de París a levantarse contra el gobierno de

Luis-Felipe de Orleáns en febrero de 1848. Fue la primera vez que las clases proletarias desempeñaron el protagonismo en una revolución burguesa.

**Segunda república francesa (1848-1851)**

La sublevación del pueblo, inducido por los líderes socialistas, logró acabar con la «Monarquía de julio» bajo la dinastía orleanista y consiguió que el nuevo gobierno provisional proclamara la **segunda república francesa**.

**El gobierno provisional**, compuesto por personajes de diferentes tendencias políticas, restableció el sufragio universal, garantizó las libertades individuales, suprimió la pena de muerte y abolió la esclavitud en los territorios de Francia, mientras intentaba ofrecer a Europa la imagen de una república moderada deseosa de paz interior y exterior. Sin embargo, el gobierno republicano se resistió a reconocer el derecho al trabajo a todos los ciudadanos, aunque permitió la creación de los Talleres Nacionales para ocupar a todos los desempleados, reduciendo también la jornada laboral. Se vivieron meses de frenética actividad política y de violentas tensiones sociales al no cumplirse las expectativas del pueblo, hasta que en junio de 1848 la anhelada «revolución proletaria» dio paso a una «república represiva».

**La constitución de 1848**, promulgada el 4 de noviembre, era a la vez liberal y democrática y copiaba el régimen presidencial de Norteamérica por influencia del diputado Tocqueville, que había vivido en el país norteamericano. En diciembre se celebraron elecciones para elegir un Presidente por cuatro años que pudiera restablecer el orden político. Contra toda previsión salió elegido por muy amplia mayoría el líder del partido «bonapartista», el príncipe Luis-Napoleón Bonaparte, sobrino del «Gran Napoleón», quien apartó al régimen republicano de la influencia proletaria o conservadora. Durante tres años impuso un férreo sistema represivo y dictatorial que logró infundir en las masas un «terror blanco», evitando así cualquier levantamiento del pueblo.

En diciembre de 1851 Luis-Napoleón dio un **golpe de estado** para conseguir su nuevo nombramiento como Presidente de la república, que la constitución impedía. En enero de 1852 promulgó una nueva constitución, que le nombraba Jefe del Estado francés y Presidente del gobierno para diez años, con posibilidad de ser reelegido por otro periodo decenal. **La constitución de 1852** otorgaba gran poder al Ejecutivo y reducía el poder del Legislativo. Se creó un Tribunal Supremo de Justicia y tres Asambleas: el *Senado* como guardián de la Constitución, el *Cuerpo Legislativo* elegido por sufragio universal pero sin poder interpelar al gobierno ni al emperador y el *Consejo de Estado*, compuesto por 50 miembros que eran los encargados de redactar las leyes. Así quedó instaurada una dictadura presidencialista.

En el plebiscito organizado por Luis-Napoleón Bonaparte, la gran mayoría de la población votó a favor de la dictadura instaurada por el Presidente, acató sin protesta la **constitución de enero de 1852** e incluso se alegró cuando el príncipe Bonaparte instauró el **segundo imperio francés** en diciembre de 1852. La burguesía y el proletariado francés añoraban al Gran Napoleón, esperando que su sobrino condujera a Francia a la grandeza y esplendor del primer imperio.

## NAPOLEÓN III Y EL SEGUNDO IMPERIO FRANCÉS (1852-1870)

El nuevo imperio napoleónico constituiría el fracaso tanto de la revolución de 1848 como de la segunda república francesa. Cuando en diciembre de 1852 Luis-Napoleón proclamó el **Segundo Imperio** por *referendum* nacional, ninguna potencia europea pensó que se iba a abrir en Francia un largo periodo de bonanza económica y social. Fue la época de la gran transformación de París por el «Plan Haussmann», cuyas obras fueron financiadas por las subvenciones del Estado. También fue la de la expansión de los ferrocarriles, de los canales y puertos, de los negocios burgueses y de las Exposiciones Universales. En 1859, con la ayuda financiera de Gran Bretaña, dio comienzo en tierras de Egipto la construcción del Canal de Suez, la gran obra hidráulica que tanto prestigio concedió a Francia. Se inauguraría en 1869 con gran satisfacción del comercio transoceánico, ya que Europa, África y Asia acortaban sus comunicaciones marítimas.

Durante el **Segundo Imperio** existió una gran preocupación por mantener el orden, solucionar el problema obrero y continuar con la vigencia del sufragio universal masculino. La dictadura imperial de Napoleón III duraría casi dieciocho años divididos en dos periodos de gobierno: el **Imperio autoritario** hasta 1860 y el **Imperio liberal**, que finalizó en 1870. El Emperador siempre contó con el apoyo del ejército, la burguesía y la iglesia católica, aunque la alianza entre el trono y el altar quedó rota en 1860 al luchar Francia contra los Estados Pontificios.

**El Imperio autoritario,** inaugurado tras la aprobación de la constitución de 1852, se caracterizó por el **control de la vida política:** se reprimió a la oposición, compuesta por orleanistas, legitimistas y republicanos, se censuró la prensa, se controlaron las elecciones y se creó un cuerpo de policía muy efectivo.

Sin embargo, también se produjo un gran crecimiento económico, gracias a la coyuntura europea y a la ausencia de desórdenes sociales. El auge del urbanismo en las principales ciudades francesas potenciaba la creación de muchos puestos de trabajo y la exportación de capitales (a Rusia, España y Argelia) convertía a Francia en un país de acreedores y rentistas.

La política intervencionista del emperador, en el interior y en el exterior, con la participación de Francia en numerosos conflictos internacionales, provocó que la sociedad francesa (los industriales por las medidas librecambistas y los católicos por el apoyo imperial al Reino de Italia que luchaba contra la Santa Sede) comenzase a demostrar su descontento y provocara un cambio en el régimen.

**El Imperio liberal** se inició a partir de 1861, propiciado por la débil salud del emperador y sus vacilaciones políticas. El aumento de las críticas al régimen, por la contradicción existente entre la política liberal emprendida por Napoleón III en el exterior y la dictadura represiva en el interior, logró que la oposición fuera cobrando protagonismo hasta conseguir que el Emperador en 1864 incluyera un programa de «libertades necesarias» (derecho de asociación, de prensa, libertad de la Cámara, etc.) y concediera mayor responsabilidad a sus ministros. Este nuevo periodo del gobierno imperial se caracteriza por la liberalización del régimen en **educación**, que se hace obligatoria y gratuita en primaria y secundaria, lo que perjudica a las escuelas religiosas (se recrudece la lucha entre el gobierno y la Iglesia); en **medidas sociales,** ya que en 1864 los obreros consiguen el derecho a la huelga; es abolido del Código penal el delito de asociación, conquista que provoca la participación del proletariado francés en la *Asociación Internacional de Trabajadores* (AIT) y la prensa se liberaliza. Todas estas mejoras liberalizadoras enfrentan al régimen con la burguesía y la Iglesia. **En 1869** se reforma la **Constitución de 1852** que obtiene nuevos derechos para el Cuerpo Legislativo.

**La política económica** de Napoleón III fue el mayor éxito de su régimen. Apoyó al librecambismo, los transportes avanzaron sin cesar (ferrocarriles, canales fluviales), se crearon grandes compañías de navegación y se desarrollaron las obras públicas por todo el Estado (embellecimiento de París y de otras muchas ciudades). La industria, el comercio y la agricultura también progresaron en esta época imperial.

**La política colonial** del Segundo Imperio fue muy activa. El Emperador logró en África la ocupación final de **Argelia** (emprendida en 1830 por el rey Luis-Felipe de Orleáns), propiciando la emigración de colonos franceses que convirtieron ese territorio magrebí en el principal granero de Francia. También colonizó el **Senegal**, donde fundó su capital, Dakar, y conquistó **Somalia**. En Asia ocupó los territorios indochinos de **Cochinchina** y **Camboya.**

La política exterior intervencionista emprendida por Napoleón III en todos los continentes estaba influida por su deseo de convertir a Francia en la mayor potencia mundial, como lo había sido en tiempos de Napoleón I. Esa política intervencionista se orientó también a sostener los movimientos nacionalistas en los **Balcanes**, **Italia** y **Alemania,** y en América intervino en **México** para imponer como Emperador al príncipe Maximiliano de Austria.

Napoleón III fue el primer jefe de estado que creyó en el principio de las nacionalidades, que iba contra lo acordado en 1815. Francia estuvo presente en varias guerras internacionales, como la de Crimea contra Rusia que terminó con la Paz de París en 1856; en 1859 luchó contra Austria y se involucró en la unificación de Italia, logrando la anexión a Francia de Niza y Saboya. Sin embargo, los errores y fracasos diplomáticos en que fue incurriendo el Emperador en la década de los sesenta, culminaron con la declaración de guerra a Prusia en 1870. Napoleón III temía que el creciente poderío de Prusia consiguiera la unificación y el expansionismo alemán. Aprovechando que un Hohenzollern se había presentado como candidato al trono de España, lo que agravaría aún más la situación de Francia con la posible alianza de sus dos Estados vecinos (Alemania y España), el 19 de julio de 1870 declaró la guerra a Prusia. Sin embargo, el ejército alemán aniquiló al francés en la **Batalla de Sedán** el 1 de septiembre de 1870, donde el emperador francés fue hecho prisionero. Tres días después se dio fin al II Imperio al ser proclamada en París la **Tercera República Francesa**.

### Los nacionalismos (1815-1870)

El **nacionalismo** es una ideología que entiende la Nación como la unidad fundamental para la vida social del hombre, por encima de cualquier otro principio social y político. Surge como consecuencia de la Revolución Francesa y de la expansión napoleónica en Europa y se convierte en una de las fuerzas políticas más poderosas del siglo XIX. El nacionalismo mantiene que la Nación es la única base legítima para el Estado y sus principios son:

1) La **soberanía nacional** (concepto acuñado por la Revolución Francesa) como derecho de la Nación para ejercer el Poder.
2) La **autonomía** como expresión de la libertad.

3) El principio de **nacionalidad**, que mantiene que cada Nación debe formar su propio Estado y que las fronteras del Estado deben coincidir con las de la Nación. Así se potencian todo tipo de tradiciones y los factores geográficos, etnográficos, históricos, lingüísticos y religiosos.

A mediados del siglo XIX las fronteras europeas no tenían nada que ver con los límites de los diferentes pueblos: ya Grecia y Bélgica en 1831 se habían independizado, en tanto que algunos pueblos seguían divididos en numerosos Estados, como era el caso de los alemanes y los italianos.

## LA UNIFICACIÓN ITALIANA (1815-1870)

A comienzos del siglo XIX Italia era sólo una unidad geográfica y cultural formada por un mosaico de Estados y ocupada por potencias extranjeras. Durante la pertenencia de Italia al Imperio francés se introdujeron numerosas reformas liberales como la abolición de los privilegios feudales y eclesiásticos. Con la derrota de Napoleón, se reestructuró de nuevo el espacio italiano en el Congreso de Viena de 1815, atendiendo a los intereses de las familias dinásticas y de las grandes potencias europeas, olvidando los intereses del pueblo.

**La península de Italia**, tras el Congreso de Viena de 1815, se encontraba dividida en **siete Estados**: El Reino de Cerdeña-Piamonte, cuya capital era Turín, que estaba regido por la dinastía Saboya y comprendía los territorios de Saboya, Piamonte, Génova, Niza y Cerdeña. El Milanesado y Venecia que pertenecían a Austria. El Reino de Las dos Sicilias, con Nápoles como capital, bajo la soberanía de los Borbones. Los Ducados de Parma, Módena y Toscana; la Romaña y las Marcas, y el Reino de la ciudad de Roma que pertenecía a los Estados Pontificios. En todos esos Estados se produjeron desde 1815 hasta 1870 movimientos revolucionarios influenciados por las revoluciones americanas, de las que tomaron la idea de independencia y de unidad nacional y por la Revolución Francesa que les impulsaba a romper con el Antiguo Régimen.

Mientras tanto, los ideales nacionalistas continuaban propagándose por los Estados italianos incentivados por el progreso económico. La expansión del ferrocarril favorecía las comunicaciones y la unidad de los diversos Estados. Otros elementos para su posible unificación eran la lengua italiana, la religión católica, la cultura italiana y el romanticismo.

## El «Risorgimiento»

Esta época italiana se conoció como el **Risorgimiento**, movimiento ideológico que tomó el nombre de un periódico liberal fundado por el conde de Cavour, ministro del Reino de Cerdeña-Piamonte y principal protagonista de la unificación, quien deseaba hacer «resurgir» la grandeza de la antigua Italia. Desde ese periódico se defendía la independencia de Italia, una confederación de Estados italianos y la adopción de reformas económicas encaminadas a la mejora de la agricultura y la infraestructura de transportes.

A la unidad italiana se oponían Austria y los Estados Pontificios. El fracaso de la revolución de 1848 demostró a los italianos que era imposible expulsar a los austriacos por sus propios medios. Los dirigentes del Piamonte sabían que necesitaban una gran potencia, por lo que su política se orientó a buscar esa alianza.

El liderazgo de la lucha por la unificación de Italia lo protagonizaron los reyes Carlos Alberto y su hijo Víctor Manuel de Saboya, con la ayuda de su ministro el conde de Cavour, quien organizó el gobierno liberal del Piamonte, consiguió que los movimientos revolucionarios aceptasen la propuesta de **unidad**, se atrajo a un gran número de líderes patriotas como Mazzini y Garibaldi y dirigió la lucha contra Austria. Asimismo, la burguesía patriota, organizada en sociedades secretas (los Carbonarios) fue la que impulsó el movimiento revolucionario en todos los Estados para conseguir la Independencia, la Unidad y el triunfo del Liberalismo. En 1820 y en 1830 las sociedades secretas habían sufrido una dura represión ordenada por los gobiernos absolutistas y por Austria, según las directrices de la Santa Alianza.

Entre 1830 y 1848 la burguesía revolucionaria se encontraba dividida en tres corrientes protagonizadas por destacados personajes: la «Joven Italia», dirigida por Mazzini, que pretendía una **república italiana** con capital en Roma; Gioberti proponía una **Confederación de Estados** presidida por el Papa; D'Azzeglio, Balbo y Cavour apostaban por la **unidad de Italia** bajo el Reino de Piamonte-Cerdeña. Esta última corriente fue la que finalmente se impuso, aunque necesitó del apoyo francés para luchar contra Austria y recuperar los territorios italianos que se había anexionado. Napoleón III apoyó a los nacionalistas como antiguo «Carbonario» que había sido y así se consiguió vencer al Imperio Austro-Húngaro. Francia, como pago de su intervención en Italia, se anexionó los territorios de Niza y de Saboya.

# LA UNIFICACIÓN ITALIANA, 1859-1870

*O. C.*, pág. 181.

**Proceso de unificación en tres etapas**

 La primera etapa comienza tras el fracaso de la revolución de 1848 que, sin embargo, infunde en los italianos el convencimiento de que el bien esencial es la unidad de Italia y de que había que luchar contra su mayor enemigo: Austria. Estas ideas fueron impulsadas por **Cavour**, quien recurrió a medios políticos internos (al crear la «Sociedad Nacional Italiana» en 1857) y externos (al conseguir la ayuda de Francia y de Prusia) para llevarlas a su apogeo. El ministro consiguió que la «unidad italiana» constituyera un problema internacional; el Reino del Piamonte participó en la guerra de Crimea (1854) contra Rusia, como aliado de Francia e Inglaterra; luchó contra Austria desde 1859 y obtuvo de ésta la **Lombardía** en junio de 1859, tras derrotar al Emperador Francisco José con la ayuda de Napoleón III en la terrible batalla de Solferino, en el norte de Italia, dando por terminada la primera etapa de la unificación de Italia.

**La segunda etapa** la continúan los italianos de todos los Estados entre 1859 y 1861. Se incorporan al Piamonte los **ducados de Parma, Toscana y Módena**. El **Reino de Nápoles** o de las **Dos Sicilias** fue incorporado por Garibaldi, héroe de la unificación y fundador en Génova de un cuerpo expedicionario llamado «camisas rojas» por su atuendo, que se presentó en Sicilia y conquistó Palermo, Messina y Nápoles en 1860. Desde el norte, las tropas de Víctor Manuel de Saboya atravesaron los Estados Pontificios y derrotaron al rey de Nápoles. En Febrero de 1861, en una Asamblea de diputados de todas las regiones italianas, se proclamó la existencia de **Italia como nación independiente** y se declaró rey de la misma a Víctor Manuel II de Saboya.

**En la tercera etapa** fueron anexionados a Italia **Venecia** y los **Estados Pontificios**. Venecia fue unida en 1866 gracias a la alianza de Italia con Prusia en la guerra austro-prusiana. Al vencer Prusia, Italia consiguió la anexión de Venecia. Sin embargo, aún quedaba por resolver la «cuestión romana». Desde 1849 Napoleón III, en su apoyo al Papa, había mantenido una parte del ejército francés en Roma. Italia deseaba la incorporación de Roma como capital del Estado italiano, pero ni el Emperador francés y su esposa, la emperatriz Eugenia de Montijo, ni el Pontífice católico deseaban entregar Roma. Víctor Manuel, finalmente, convenció al Emperador para que retirara las tropas francesas y éste así lo hizo bajo promesa de que se respetaría el Estado Pontificio. Sin embargo, Garibaldi rompió la promesa y entró y saqueó Roma en 1867, obligando a Francia a intervenir de nuevo hasta su derrota ante Prusia en 1870, momento que aprovecharon las tropas italianas para invadir **Roma** y declararla **capital del reino de Italia**, a pesar de las protestas del Papa Pío IX, quedando los Estados Pontificios bajo la jurisdicción de Italia.

La **unificación italiana** quedó consolidada en 1870. Víctor Manuel II de Saboya fue admitido por todos los italianos como su rey constitucional, aunque el Pontífice no aceptó la situación y se consideró «prisionero de la unificación». El Vaticano, barrio romano donde se halla situada la basílica de San Pedro, se constituyó en único ámbito de la soberanía papal. La «cuestión romana», como fue llamada, quedó finalmente solucionada cuando Mussolini firmó en 1929 con el Papa Pío XI el Tratado de Letrán.

Uno de los aspectos positivos de los enfrentamientos ocurridos en Europa con motivo de las luchas por la unificación italiana fue la **fundación de la Cruz Roja**. En 1859, al terminar la batalla de Solferino entre los ejércitos francés, austriaco e italiano, quedaron en el campo de batalla casi 40.000 hombres muertos o heridos abandonados a su suerte. Este escenario dejó muy impresionado al humanista suizo Henri Dunant, que estaba viajando por Europa. Al ver Dunant cómo los soldados heridos morían sin asistencia, se dedicó a socorrerles con ayuda de algunos aldeanos de la zona, y reflexionando sobre esa tragedia llegó a la conclusión de que era necesaria una sociedad que se encargara de atender a los heridos de uno u otro bando sin distinción y por medio de voluntarios. En 1863 se fundó el Comité Internacional de la Cruz Roja y al año siguiente doce Estados europeos firmaron la Primera Convención de Ginebra, ciudad suiza que desde entonces sería la sede de la Cruz Roja.

## LA UNIFICACIÓN ALEMANA (1815-1870)

El Congreso de Viena en 1815 estableció la **Confederación Germánica** compuesta por 39 Estados diferentes, con sus fronteras, monedas y gobiernos propios, aunque los habitantes de estos Estados tenían en común la lengua, la cultura y la historia. Las ideas liberales, al defender que la soberanía pertenece al pueblo, favorecían el deseo de unión de los pueblos por encima de las fronteras del pasado y de los Principados existentes. Así surgió el movimiento unificador alemán; todos los alemanes debían formar una sola nación. Por otro lado, la modernización de la economía exigía mercados cada vez mayores.

De los Estados alemanes, **Austria y Prusia** eran los más importantes, aunque el sistema de Viena de 1815 había otorgado a la católica Austria el predominio en la Confederación y este hecho impedía la unificación, por oponerse a ella el canciller austriaco Metternich. Pero ya a mediados del siglo XIX la política del canciller comenzó a deteriorarse por su cerrado absolutismo, por su enfrentamiento con las nacionalidades centroeuropeas y por la tardía entrada de Austria en la revolución industrial. Esta decadencia la aprovechó Prusia para establecer su predominio en los territorios alemanes. La burguesía prusiana, protestante e intelectual, promovía la unidad y la industrialización, creó una zona de libre comercio, el **Zollverein**, suprimiendo las barreras aduaneras, protegiendo los productos alemanes frente a los extranjeros e integrando a todos los Estados alemanes, excepto Austria, en una **unidad económica**. La unidad política fue propiciada desde las universidades por la publicación de «Los Discursos a la nación alemana» del filósofo Fichte. Los factores que determinaron la unificación fueron el Reino de Prusia y la dinastía Hohenzollern, las clases sociales (los Junkers prusianos y la burguesía industrial) y el canciller Bismarck, como principal dirigente.

Varias fueron las propuestas políticas al cambio de régimen: **Confederación de Estados; Estado Federal** en una **Gran Alemania** que incluyera Austria, o una **Pequeña Alemania** sin Austria y bajo el predominio de Prusia. El Parlamento que iba a decidir el régimen idóneo se disolvió debido a las revoluciones de 1848, que fueron reprimidas tanto por Austria como por Prusia. La ascensión al trono prusiano de Guillermo I y el poder decisorio del canciller Bismarck, que organizó un ejército poderoso, hicieron posible la dirección y consecución de la unificación.

## LA CONFEDERACIÓN GERMÁNICA

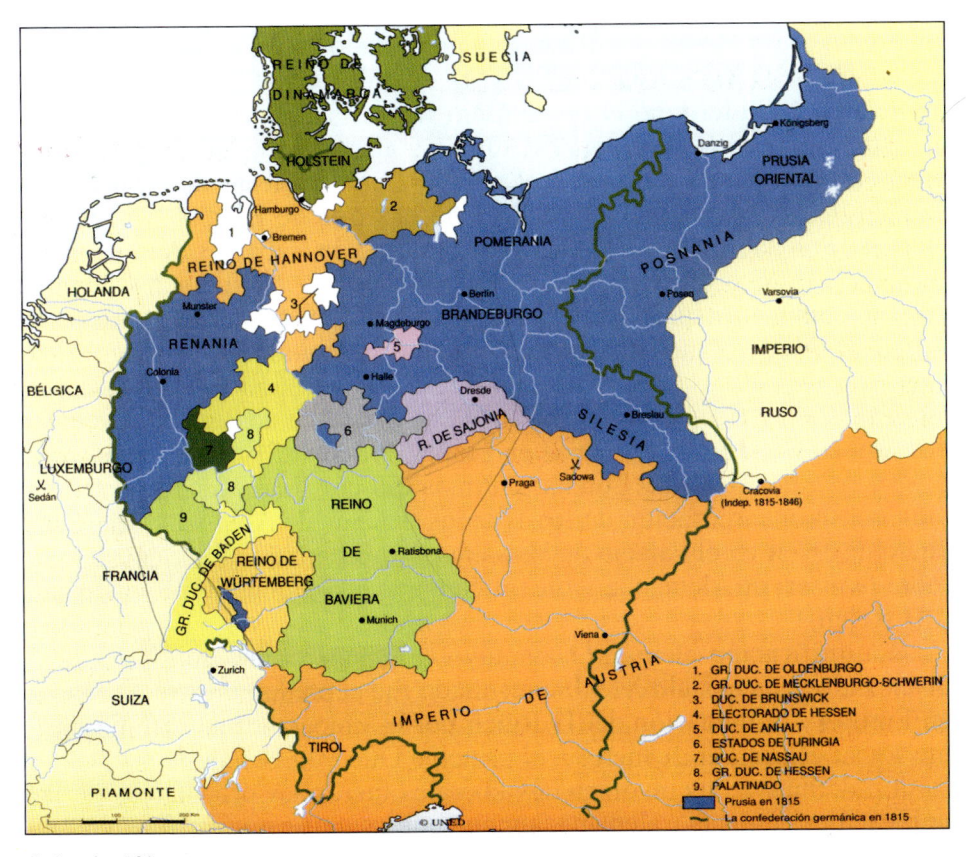

*O.C.*, pág. 180.

## Proceso de la Unificación alemana

Prusia inició tres guerras entre 1864 y 1870 para conseguir la unificación, siempre intentando aislar a Austria:

– *Guerra de los Ducados (1864)*. El rey de Dinamarca deseaba incorporar a su reino los ducados de Schleswing, Holstein y Lavenbourg que administraba desde 1815. Prusia y Austria le declararon la guerra para evitarlo, y al salir victoriosos decidieron ambos Estados ser los administradores de los ducados. Esta imposición fue la causa de los conflictos que propiciaron la guerra entre las dos potencias alemanas.

– *Guerra austro-prusiana (1866)*. Prusia salió victoriosa en la batalla de Sadowa gracias a su predominio militar sobre Austria, a la alianza con Francia e Italia y a contar con el consentimiento de Rusia e Inglaterra. Por el Tratado de Praga, Prusia anuló al Imperio austriaco como protagonista de la reunificación alemana; estableció la **Confederación de Alemania del Norte** con 22 Estados bajo el rey Guillermo I como Presidente y Bismarck como Canciller de todos ellos, con dos organismos legislativos (Parlamentos) el Bundesrat y el Reighstag controlados por Prusia.

– *Guerra franco-prusiana (1870)*. Con la victoria de Prusia sobre Francia en 1870 terminó el predominio francés en Europa y comenzó el alemán. La causa de la guerra fue el temor francés a la unificación y expansionismo alemán y también el posible nombramiento de un príncipe alemán de la dinastía Hohenzollern para el trono de España, (la revolución de 1868 había provocado el derrocamiento de Isabel II). Napoleón III rechazó la propuesta alemana porque temía que Francia fuera aprisionada entre Alemania y España. Con la declaración francesa de guerra a Prusia en julio de 1870 comenzó el enfrentamiento franco-alemán. Este conflicto militar duró escasamente dos meses, puesto que Francia tuvo que rendirse el 1 de septiembre al ser derrotada en la batalla de **Sedán** y capturado Napoleón III. Se firmó la paz en Franckfort en 1871. En ese momento Francia perdió Alsacia y Lorena, y Prusia dio por finalizada la reunificación con la incorporación de los Estados del Sur de Alemania. El 18 de enero de 1871, en el Palacio de Versalles, se nombró a Guillermo I emperador (Kaiser) de Alemania, y fue proclamado el Segundo Imperio alemán o **II Reich**.

**La unificación alemana** constituyó el mayor cambio político ocurrido en Europa en el siglo XIX. Su resultado fue el predominio de Alemania en Europa y la fundación del **II Reich** por el Emperador alemán Guillermo I y su «Canciller de hierro», el príncipe Otto von Bismarck.

En definitiva, las revoluciones liberales fueron las propulsoras de las unificaciones italiana y alemana, aunque hubo significativas diferencias en los procesos de unidad de ambos Estados:

1ª) **Italia**, tras el Congreso de Viena, estaba dividida en siete Estados, mientras en **Alemania** eran 39 los Estados que se debían reunificar.

2ª) La intervención extranjera en el conflicto alemán no tuvo tanta importancia como en el de Italia.

3ª) **La unificación italiana** giró en torno a un solo Estado, el **Piamonte**.

4ª) **La unificación alemana** en torno a dos Estados, **Austria** y **Prusia**, que decidirían por la guerra cuál de los dos conseguiría la unidad definitiva. Fue Prusia el que al fin realizó la unificación de Alemania, aunque sin conseguir que el Imperio austro-húngaro se uniera al II Reich.

# 2ª UNIDAD DIDÁCTICA

# TEMA 7

# LA SEGUNDA REVOLUCIÓN INDUSTRIAL. EL MOVIMIENTO OBRERO

## ESQUEMA

**LA SEGUNDA REVOLUCIÓN INDUSTRIAL**

Cronología: 1870-1914

Coyuntura económica
- 1870-73: periodo alcista, política económica librecambista
- 1873-1896
  - Depresión
  - Recesión de precios
  - Política proteccionista
- 1896-felices años veinte
  - Nueva expansión
  - Prosperidad económica mundial

Características económicas
- Nuevas fuentes de energía
  - Petróleo
  - Electricidad
- Gran desarrollo tecnológico
- Fuerte industrialización
- Concentración de capitales

Características sociales
- Notable crecimiento demográfico
- Predominio burguesía
- Aumento clases medias
- Fuerte incremento proletariado

Características Políticas
- Consolidación de la democracia
- Consolidación de los principios liberales

Gran desarrollo Industrial y concentración empresarial
- Bases del crecimiento industrial
- Nuevas fórmulas asociativas: la Sociedad Anónima
  - Cártel
  - Holding
  - Trust
- Industrias tradicionales: esenciales (siderúrgica, textil, papelera…)
- Nuevas industrias
  - Petrolífera,
  - Eléctrica
  - Metalúrgica
  - Química
  - Alimentaria,
  - Automovilística

Gran desarrollo Industrial y concentración empresarial
- Otros sectores económicos: la agricultura
- Potencias económicas
  - Reino Unido
  - Alemania
  - EE.UU.
  - Francia

## EL MOVIMIENTO OBRERO

- Causas del surgimiento: condiciones sociolaborales del proletariado
- Origen: concienciación de clase, asociación y solidaridad internacional
- Ideologías asociativas: socialismo, anarquismo, sindicalismo
- Organizaciones obreras: las Internacionales

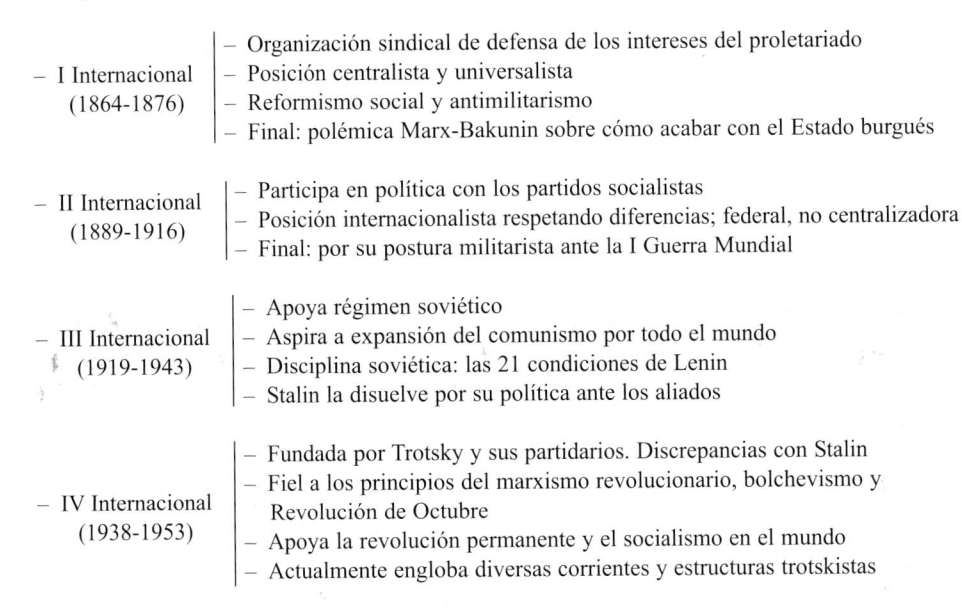

- I Internacional (1864-1876)
  - Organización sindical de defensa de los intereses del proletariado
  - Posición centralista y universalista
  - Reformismo social y antimilitarismo
  - Final: polémica Marx-Bakunin sobre cómo acabar con el Estado burgués

- II Internacional (1889-1916)
  - Participa en política con los partidos socialistas
  - Posición internacionalista respetando diferencias; federal, no centralizadora
  - Final: por su postura militarista ante la I Guerra Mundial

- III Internacional (1919-1943)
  - Apoya régimen soviético
  - Aspira a expansión del comunismo por todo el mundo
  - Disciplina soviética: las 21 condiciones de Lenin
  - Stalin la disuelve por su política ante los aliados

- IV Internacional (1938-1953)
  - Fundada por Trotsky y sus partidarios. Discrepancias con Stalin
  - Fiel a los principios del marxismo revolucionario, bolchevismo y Revolución de Octubre
  - Apoya la revolución permanente y el socialismo en el mundo
  - Actualmente engloba diversas corrientes y estructuras trotskistas

# TEMA 7

## LA SEGUNDA REVOLUCIÓN INDUSTRIAL. EL MOVIMIENTO OBRERO

A mediados del siglo XIX termina la 1ª Revolución Industrial. Los cambios vividos por la industria en la segunda mitad del siglo son tan importantes, que permiten hablar ya de la 2ª Revolución. Ésta abarca de 1870 a la 1ª Guerra Mundial, y es resultado de la unión de ciencia, técnica y capitalismo financiero. Pues los descubrimientos científicos que entonces se dan, aplicados a la técnica y unidos a **nuevas fuentes de energía –petróleo y electricidad–**, originan nuevas industrias. Sus características principales son: gran desarrollo tecnológico, fuerte industrialización y concentración de capitales. Pronto se extiende por Europa –sobre todo en Inglaterra, Alemania y Francia–, y gracias a los nuevos descubrimientos llega a áreas económicas diferentes de las que vivieron la 1ª Revolución –EE.UU., Rusia y Japón–. El crecimiento económico favorece asimismo el fortalecimiento de las instituciones liberal-democráticas, notable incremento demográfico que activa la emigración fuera de Europa, cambios sociales (predominio de la burguesía, aumento de las clases medias y un fuerte incremento del proletariado), y en el orden internacional expansión del colonialismo. Pero si bien el liberalismo económico facilita la industrialización, la acumulación de capitales, el surgimiento de empresas gigantescas y la creación de mercados mundiales, también separa la ética de la economía, despreocupándose totalmente de los problemas sociales que la industrialización genera.

## LA SEGUNDA REVOLUCIÓN INDUSTRIAL

Entre 1870 y 1914 la economía europea vive etapas diferentes en el comportamiento de los precios: alcista hasta la Depresión de 1873; de recesión desde 1873 hasta 1896 y nueva expansión hasta los años veinte. Tras la Depresión los precios descienden por dos motivos: a) *escasez monetaria*, pues disminuye la producción mundial de oro, cuando la mayor parte de los países adoptan el patrón oro; b) *elevada actividad económica*, que produce más de lo que los mercados pueden absorber, originando crisis de superproducción. En el campo ocurre lo mismo, por la competencia de países nuevos como Estados Unidos, Argentina y Australia. El descenso general de los precios contrae la actividad económica. Para reactivarla, garantizando mercados y precios, los gobiernos imponen **proteccionismo económico** -que impulse el desarrollo nacional- y estimulan el **colonialismo**, al tiempo que se tiende a la concentración empresarial. Desde 1896 hasta los años veinte la economía mundial se recupera y los precios suben, por una mayor producción de oro (se descubren nuevos yacimientos en Australia, Alaska y África del Sur), el incremento de la demanda (por aumento demográfico y la lucha por el poder adquisitivo), eficacia de la política proteccionista de los Estados y el estímulo que aporta la rivalidad económica. Además los mercados de los países nuevos y la cada vez más importante industria armamentística contribuyen a la reactivación industrial. Todo ello se traduce en prosperidad económica y expansión, con aumento de producción, precios y salarios. El auge económico estimula las inversiones y facilita las financiaciones de la Banca, cada vez más ligada a la suerte de las industrias.

**Desarrollo industrial. Concentración financiera y empresarial. Gran capitalismo**

La 2ª Revolución Industrial aumenta la importancia del sector en los países más desarrollados, tanto económicamente (papel de la renta industrial dentro de la renta nacional) como socialmente (número de trabajadores industriales en el conjunto de la población activa); y transforma la sociedad: crecen las ciudades, se elevan el nivel y la calidad de vida, cambian las mentalidades, y la industria y las finanzas influyen en las decisiones políticas e incluso en las relaciones entre Estados.

Los grandes avances técnicos perfeccionan la maquinaria y multiplican la producción, lo que permite abaratar los precios y controlar los mercados. Las industrias que nacen entonces suelen exceder al poder financiero de un solo individuo; por ello aparecen nuevas formas asociativas

–las Sociedades Anónimas–, que limitan los riesgos del inversor al reunir los capitales de varios socios y hacen sus productos más competitivos, provocando con frecuencia la ruina de las pequeñas industrias. Para afrontar la situación, las empresas deben modernizar su maquinaria a costa de grandes desembolsos, posibles en muchos casos gracias a los créditos bancarios, que a veces cobran en acciones de la sociedad. Así la Banca se hace empresaria. Por tanto, **concentración financiera** e integración capitalista son efecto y a la vez causa del gran crecimiento industrial del momento.

Por entonces aparece en las grandes empresas el trabajo en cadena o *taylorismo*, en el que el trabajador tiene siempre la misma función y cambia de herramienta o esquema de trabajo lo menos posible; ello revierte en mayor efectividad. Por tanto con el taylorismo se racionaliza el trabajo y comienza la producción en masa. Con ella aumenta la producción y en consecuencia la plusvalía del empresario, que puede bajar más los precios de los productos asegurando su venta. Este ritmo obliga a las empresas a modernizarse, crecer y fusionarse; en caso contrario desaparecen, arruinadas por la competencia. La **concentración empresarial** es otra característica de la 2ª Revolución Industrial.

Las grandes industrias –o asociaciones de empresas– así formadas tienden a controlar todo el proceso productivo, desde la extracción de la materia prima hasta la elaboración del producto terminado, y acuerdan producción y precios, buscando la máxima eficacia y el monopolio del sector. Estas asociaciones reciben distintos nombres, según se organicen: el **cártel** es la agrupación de empresas que, conservando su independencia financiera, persigue eliminar la competencia entre ellas y regular la producción, venta y fijación de precios en un determinado campo industrial. El **holding** es la compañía que controla a varias empresas mediante la adquisición de todas o la mayoría de sus acciones. Y el **trust** es un número restringido de empresas bajo una dirección central, que domina un sector de la economía controlando las ventas y la comercialización de los productos; cuando todas las empresas que lo integran se dedican a la misma actividad, de modo que monopolizan el sector y copan el mercado evitando la competencia, se da *concentración horizontal*; y cuando las filiales fusionadas controlan todas las fases de la actividad -desde extracción de materia prima al producto elaborado- existe *concentración vertical*. El poder de los trusts llegó a ser tan grande, que los gobiernos de algunos países industriales –como Estados Unidos– intentaron prohibirlos.

**Industrias tradicionales.–** Las industrias que protagonizaron la 1ª Revolución siguen siendo esenciales y conocen un importante progreso, gracias a la aplicación sobre ellas de las innovaciones tecnológicas. Es el caso del hierro (cuya fundición con el convertidor de Bessemer –1856–

produce grandes cantidades de acero), el carbón y otros metales conocidos desde antiguo –estaño, plomo, cobre–, al descubrírseles nuevas aplicaciones. ***La industria siderúrgica*** continúa siendo la más importante y marca el potencial industrial de un país, pues crece muchísimo al abastecer a la construcción naval y civil y a la industria armamentística. La naval para fabricar el casco de hierro que precisan los barcos que transitan por el canal de Suez; la armamentística proporcionando aceros especiales para armas y acorazados de la marina de guerra, en una época de conquista de nuevos territorios; y la civil abasteciendo de hierro y acero para ferrocarriles, puentes metálicos, edificios, nueva maquinaria agrícola y para las nuevas industrias.

También progresa ***la industria papelera***, que procesa grandes cantidades de celulosa gracias a la técnica y la química, que se complementan con la máquina. En cuanto a ***la industria textil***, pilar de la 1ª Revolución Industrial, continúa siendo importante en Europa y de rápido desarrollo en Estados Unidos y Japón. Otras industrias tradicionales también crecen y se transforman, como la ***alimenticia***, especialmente afectada por la aplicación de procedimientos industriales tanto para conservación (sistema frigorífico, esterilización, enlatado), como para fabricación de productos elaborados (bebidas gaseosas, margarinas…) que aumentan y se diversifican.

**Industrias nuevas.–** Los grandes avances tecnológicos de la 2ª Revolución Industrial permiten procesos antes impensables y propician la aparición de nuevas industrias. Los descubrimientos de Bessemer y otros posibilitan un vertiginoso aumento de la producción de acero en Estados Unidos, Inglaterra, Alemania y Francia. Su elasticidad, dureza, resistencia y –aleado al níquel– su carácter anticorrosivo, disparan su uso en fabricación de bienes de equipo y contribuyen a mejorar la calidad del material ferroviario, naval y de construcción.

También es esencial la sustitución del vapor por las nuevas fuentes de energía que entonces aparecen –**el petróleo y la electricidad**–, que originan innumerables nuevas industrias a medida que se las descubren nuevas aplicaciones. ***El petróleo*** ya era conocido y se extraía en Ohio (EE.UU.) desde 1859, usándose algunos derivados para engrase de máquinas e iluminación en el consumo doméstico. Pero con la Revolución se convierte en una de las principales fuentes de energía para automóviles y alumbrado, e importante materia prima para la industria química. En torno al petróleo y su tratamiento aparecen nuevas industrias, pues se inventan los motores de explosión interna de gasolina, el motor diesel, etc., y nuevos procesos de refinado que lo transforman en gasolina, gas, queroseno, etc. Rockefeller instala la primera refinería y monopoliza el sector hasta el siglo XX.

En cuanto a la ***electricidad***, aunque se conocía desde el siglo XVIII no se utiliza para fines industriales hasta 1872, en que el belga Gramme inventa la dinamo, que transforma la energía motriz en eléctrica. Su primera aplicación rentable fue el alumbrado, que cambió la forma de entender la vida y el trabajo, al liberar al hombre de la dependencia de los ciclos día/noche. Suplanta a la máquina de vapor y durante los años ochenta comienza a aplicarse a los trasportes urbanos (el metro), la industria metalúrgica y después a la química. Supuso una verdadera revolución en los medios de comunicación a larga distancia (teléfono, telégrafo eléctrico, radio), el proceso de electrolisis y el uso doméstico, que poco a poco abrió nuevos campos (lavadora, termo…).

***La industria química*** fue, junto con la electricidad y el petróleo, uno de los pilares de la 2ª Revolución Industrial. Apareció estrechamente vinculada al desarrollo del capitalismo moderno, pues su elevado coste obligaba a realizar fuertes concentraciones empresariales. Sus productos van desde colorantes textiles, explosivos (minería), abonos (agricultura) o sosa cáustica (industria del papel), a alquitrán, industria farmacéutica, perfumería o industria del caucho, en estrecha relación con el desarrollo del automóvil.

Porque a finales del siglo XIX aparece ***el automóvil*** movido por gasolina. La nueva industria se desarrolla rápidamente en las primeras décadas del XX, siendo pioneras firmas americanas con procedimientos de fabricación y *marketing* modernos. Henry Ford introduce la fabricación en cadena, que permite la producción a precios asequibles. Pese a que el automóvil tarda unos años en convertirse en un artículo de consumo, la rápida ampliación de su mercado y el estímulo que supone para las industrias auxiliares, proporciona al sector un puesto relevante en el conjunto de la producción industrial de los países más desarrollados.

**Papel de la agricultura.–** Pese al gran desarrollo industrial del momento, la agricultura sigue teniendo un papel esencial en el conjunto de las actividades económicas, siendo capaz de abastecer a la población en constante aumento de los países desarrollados, con menos mano de obra dedicada al sector, pues la nueva tecnología y la maquinaria agrícola sustituyen al hombre. En términos absolutos la producción aumenta constantemente, gracias a la mecanización, el empleo de abonos –sobre todo químicos–, el progreso de las técnicas y el desarrollo de los transportes, que posibilitan un notable aumento de los rendimientos. Todos estos factores también influyen en su rápido crecimiento en los países nuevos de clima templado –Estados Unidos, Canadá y Australia–, cuyos competitivos productos inundan los mercados europeos.

## EL MOVIMIENTO OBRERO

La industrialización provoca migraciones masivas del campo a la ciudad, crecen las ciudades y aparecen las fábricas. Pero también aparecen los **efectos sociales negativos del capitalismo:** la clase social dueña de los medios de producción –la burguesía– se enriquece explotando laboralmente a la que sólo tiene su fuerza de trabajo, el proletariado. Las condiciones sociolaborales que éste debe soportar –jornadas largas y extenuantes, salarios míseros, ínfimas condiciones higiénicas y de protección frente a los innumerables riesgos laborales, trabajo y explotación de mujeres y niños, alojamientos insalubres– ante la **pasividad de los gobiernos burgueses,** incapaces de promulgar una legislación social justa que lo remedie, generan en los trabajadores inmediatas posiciones de rechazo. Sin embargo, para que su lucha contra la situación sea eficaz, será preciso que adquieran conciencia solidaria de que sus problemas son los mismos en todo el mundo, y la experiencia de que una acción efectiva debe estar organizada a nivel internacional: **conciencia de clase y asociación**. El impulsor de ambos elementos fue el proletariado industrial. Con él nació el movimiento obrero.

Y lo mismo que la Revolución Industrial nació en Inglaterra, también allí surgieron las primeras respuestas a los problemas sociales que generó. Quienes idearon esas respuestas fueron pensadores no proletarios, pero conscientes de la necesidad de crear un orden social más justo: los socialistas utópicos daban soluciones idealistas, los radicales reclamaban soluciones políticas y los sindicalistas primero se organizaron en sindicatos de oficios y después en una gran central sindical única. Por tanto en el movimiento obrero convivieron ideologías y planteamientos diferentes para cambiar la sociedad: **el socialismo, el anarquismo y el sindicalismo.** Todos contribuyeron a crear las **Internacionales obreras,** organizaciones supranacionales de lucha para conseguir una sociedad justa.

### Socialismo, anarquismo, sindicalismo

**El socialismo.–** En 1848 Carlos Marx y Federico Engels escribían el *Manifiesto Comunista,* que reclamaba una sociedad supranacional sin clases. Según Marx la economía es el fundamento de la historia, pues la sociedad se organiza en relaciones de producción: las clases sociales son grupos que ocupan un lugar determinado en el proceso productivo, tienen idéntica relación con los medios de producción: unos son propietarios, otros no. La lucha entre clases existe desde que apareció la propiedad privada, y terminará cuando el proletariado conquiste el Estado, que se autodestruirá tras desmontar el capitalismo y colectivizar los medios de producción. Entonces desaparecerán las clases sociales, al tener todos los individuos la misma relación con los medios de producción colectivizados.

¿Cuándo y cómo conquistará el proletariado el Estado burgués?, cuando éste se autodestruya (lo que Marx considera seguro, pues la burguesía como clase se devora a sí misma, al concentrar la riqueza cada vez en menos manos mientras el proletariado se generaliza) y el proceso llegue al límite. Y lo hará sin revolución ni participación en las instituciones y el juego político del Estado burgués.

Pronto aparecieron dos ramas en el socialismo marxista, una moderada y otra radical. La *moderada,* **el socialismo reformista o revisionista,** al comprobar lo erróneo de las predicciones marxistas respecto al final del Estado burgués, proponía participar en el Estado democrático para conquistar mejoras sociales. En ella se incluyeron la socialdemocracia alemana y los socialismos francés y español. La *rama radical* se organizó en Rusia (1898) como **Partido Obrero Socialdemócrata,** que en 1903 se escindió en mencheviques y bolcheviques. Los primeros, fieles al marxismo, esperaban que al zarismo le sucedería el Estado burgués, que establecería las condiciones capitalistas para el posterior asalto proletario. Los bolcheviques con Lenin sostenían la posibilidad de establecer directamente el socialismo, pues el poder se podía conquistar por la acción decidida de un grupo minoritario de élite proletaria, creando después las estructuras socio-económicas que el socialismo reclama.

En Inglaterra al principio la lucha obrera se canalizó a través del sindicalismo, y en el plano político confió en la acción parlamentaria del Partido Liberal. A mediados de los ochenta surgieron diversos grupos socialistas, que con los sindicalistas acabaron convergiendo en el *Partido Laborista* (1906), socialista moderado y reformista que sustituyó al liberal como fuerza hegemónica, turnante en el poder con los conservadores.

**El anarquismo.**– Exalta la libertad total del individuo. En consecuencia, en política rechaza todo poder, toda autoridad, y apoya la revolución proletaria para destruir el Estado, al que Bakunin –uno de sus principales líderes– considera un instrumento represivo. La sociedad, sin clases sociales ni propiedad privada, sin Estado ni autoridad y sin poderes institucionales, se organizará en una federación libre de comunas autónomas, pequeñas células en régimen de autogestión que elegirán por sufragio universal de hombres y mujeres a sus autoridades, y que podrán federarse o separarse libremente de otras comunas similares –hasta constituir regiones y naciones–, manteniendo siempre libertad para abandonar la federación en que se integren. Rechaza asimismo el ejército, innecesario al desaparecer el Estado, y cree en la revolución campesina, hecha por las masas espontáneamente. Para lograr sus objetivos niega toda participación política y propugna contra el capitalismo la **«acción directa»** y las **huelgas.**

En los años setenta del XIX tuvo gran influencia en Rusia y los países latinos –Francia, Suiza, Italia, Portugal y España–. En éstos se organizó en centrales sindicales, originando el anarco-sindicalismo. La deformación de su ideario condujo en cierta medida a la llamada «propaganda por la acción», consistente en la práctica de un terrorismo frecuente en el tránsito entre los dos siglos.

**El sindicalismo.–** Apareció en Gran Bretaña en los años veinte del XIX, al principio con objetivos exclusivamente profesionales y reformistas y basado en la solidaridad de sus miembros. Creció mucho a partir de la década de los setenta, debido en parte al fracaso de la Comuna de París (1871), pero sobre todo al desarrollo de la industrialización, que forzó la apertura de los sindicatos a todos los trabajadores, no sólo a los especializados. En su seno se dieron dos tendencias: la reformista y la revolucionaria.

Dentro de la **línea reformista,** las *Trade Unions* –legalizadas en 1871– fueron un movimiento reivindicativo y pragmático sin ideología socialista, que mantuvo su carácter apolítico hasta la creación del Partido Laborista. En cuanto a los sindicatos alemanes, aunque vinculados al Partido Socialdemócrata se mantuvieron en la línea reformista, satisfechos con ayudar a mejorar las condiciones de los trabajadores. Este modelo se generalizó a la mayor parte de Europa, encarnándose en España en la UGT. En Estados Unidos surgió (1886) la Federación Americana del Trabajo, poderoso sindicato con un gran número de afiliados.

En cuanto al **sindicalismo revolucionario,** alcanzó gran fuerza en Francia con la CGT; y en su **rama anarquista** en Italia, España (CNT) y países iberoamericanos. En esta dimensión pretendía realizar la revolución social a través de la «acción directa» frente al capitalismo: sabotaje, violencia, huelgas generales. Triunfante la revolución, el sindicato sería la célula de producción y reparto, base de la nueva organización social anarquista.

## Las Internacionales obreras

Hacia los años sesenta el socialismo comenzaba a ser reconocido por los gobiernos europeos. En 1864 nacía en Londres la primera organización obrera trasnacional, la Asociación Internacional de los Trabajadores (AIT), **I Internacional,** impulsada por socialistas, anarquistas, sindicalistas y republicanos de varios países. Tenía un Consejo General –supremo, ejecutivo, residente en Londres y renovado cada año en su congreso anual– y federaciones territoriales, regionales y locales. Quería unir a todos los trabajadores del mundo para luchar con fuerza, eficacia y solidaridad por su emancipación económica, por una sociedad más justa y sin clases sociales. En 1867 completaba su organización, ayudada por Engels y Marx que la trasmitió su pensamiento, reflejado en tres puntos de sus Estatutos: 1) la Internacional debe respetar y apoyar en sus actividades a las asociaciones nacionales, incluso a las de diferente ideología; 2) la emancipación de los trabajadores debe ser obra de ellos mismos; 3) no habrá emancipación sin poder político.

Esos años multiplicó sus afiliados y perfiló sus reivindicaciones más importantes: fortalecimiento del movimiento sindical, importancia de la huelga como instrumento de lucha, necesidad de abolir la propiedad privada de los medios de producción y desaparición de los ejércitos. Por tanto, **reformismo social y antimilitarismo.**

La década siguiente fue poco propicia al movimiento obrero, pues la experiencia de la Comuna de París y el apoyo expresado por la AIT a la huelga general desataron fuerte represión de los gobiernos contra sus organizaciones. Pero sobre todo influyeron en su postración las disensiones internas sobre cómo acabar con el Estado burgués, que provocaron la polémica Marx-Bakunin en corrientes enfrentadas: autoritaria o marxista (quería conquistar el Estado capitalista para transformarlo mediante la participación política), y la antiautoritaria que rechazaba toda participación. Estas divergencias producirían la separación de marxistas y anarquistas. El movimiento perdía combatividad y la Internacional se apartaba gradualmente de la realidad proletaria, por la mejor coyuntura económica y las discrepancias ideológicas internas. Finalmente en el congreso de La Haya (1872) los partidarios de Bakunin fueron expulsados, y ese mismo año crearon una Internacional disidente antiautoritaria, que permaneció hasta 1877. La AIT trasladó su sede a Nueva York y celebró su último congreso en Filadelfia (1876). Ese año se disolvió.

**La II Internacional.–** Muerta la I Internacional, amplios sectores de trabajadores mantenían el sentimiento de que los problemas del proletariado mundial eran idénticos, y reclamaban una organización que uniera a los partidos y sindicatos obreros de Europa. La favorable situación económica propició el nacimiento de partidos socialistas que, luchando con las mismas armas que los partidos tradicionales –las urnas– intentarían conseguir el poder político. En 1889 se reunieron en París numerosos líderes socialistas –entre ellos Pablo Iglesias– para conmemorar el centenario de la Revolución francesa, ocasión que los partidos socialistas y laboristas aprovecharon para fundar la Segunda.

Frente a las posiciones centralistas y universalistas que defendió la AIT, ésta, manteniendo su carácter internacionalista, trabajó para extender la ideología y las organizaciones socialistas salidas del tronco común marxista, respetando las diferencias de las variantes nacionales e incluso las existentes dentro de cada partido. Se organizó con partidos nacionales autónomos, que seguían las directrices emanadas de sus congresos y que actuaban a través del Parlamento en unos Estados progresivamente democratizados. Por tanto fue una federación flexible, de espíritu coordinador, no centralizador.

A partir de 1900 se consolidó, como los partidos socialistas europeos, que se beneficiaron de la transformación estructural del capitalismo. Pues la industrialización y el capitalismo occidentales fortalecieron al proletariado, lo que propició el despegue y la activación de los partidos que los agrupaban en la Internacional. El movimiento obrero vivió un nuevo y formidable relanzamiento, con intensas acciones reivindicativas.

Pero la Internacional hubo de tomar posición en dos cuestiones fundamentales: 1ª *de índole táctica:* **participación en Gobiernos de coalición** con partidos de izquierda burguesa (su aceptación impidió cualquier entendimiento con los anarquistas); y **postura ante la huelga general,** que fue rechazada. 2ª *Actitud ante los grandes problemas del momento*: a) **en la cuestión colonial** los radicales rechazaron el colonialismo, mientras los moderados matizaban el rechazo; b) **guerra general,** cuestión que afectaba a la esencia misma del internacionalismo obrero antimilitarista. Al principio se opuso a la guerra y optó unánimemente por la paz, pero cuando estalló la I Guerra Mundial el nacionalismo se impuso, y aunque los socialistas revolucionarios se opusieron, los partidos socialistas francés, alemán y austriaco apoyaron a sus gobiernos. Esta postura supuso el final de la Internacional.

**La III Internacional.–** Fue fundada por delegados de los partidos socialistas y comunistas europeos en Moscú (1919), por iniciativa del Partido Comunista de la URSS (bolchevique). También llamada Internacional Comunista, Internacional Roja o *Komintern,* aspiraba a destruir el capitalismo, abolir las clases sociales y realizar el socialismo mundial, previo a la sociedad comunista. Por tanto nacía para apoyar al régimen soviético, como primer paso hacia la república internacional de los sóviets y la victoria mundial del comunismo.

Frente al federalismo de la II Internacional, la Tercera exigió a los grupos socialistas nacionales una disciplina rígida, que todos los partidos comunistas se constituyeran según el modero ruso y defendieran a la URSS; y subordinación a las directrices de la Internacional y al partido bolchevique, primer intérprete del internacionalismo proletario.

Sus órganos directivos eran: 1) *el Congreso Mundial,* máxima autoridad que se reunía una vez al año y único que podía modificar el Programa y los estatutos; 2) *el Comité Ejecutivo,* con sede en Moscú, elegido por el Congreso Mundial y máxima autoridad en los periodos entre congresos. Más tarde se creó el *Presidium,* máxima autoridad entre los plenos del Comité Ejecutivo.

En sus congresos anuales decidía la sede de la Internacional y analizaba la necesidad de propagar el sistema soviético, cumpliendo los principios del internacionalismo revolucionario que la guiaba. El segundo congreso aprobó sus estatutos y –ante las numerosas solicitudes de ingreso de organizaciones socialdemócratas– los 21 puntos de Lenin, condiciones ideológicas y organizativas que debía aceptar todo partido que quisiera adherirse a ella. Entre otras figuraban el rechazo y expulsión de los reformistas; denuncia del «social-patriotismo»; y apoyo incondicional a las Repúblicas soviéticas y a los movimientos de liberación de las colonias.

Paulatinamente Stalin abandonó la internacionalización de la revolución obrera, apoyando el socialismo en un solo país. Y aprobó la política de los Frentes Populares (alianza comunista-socialdemócrata) para luchar contra los fascismos en auge, que fracasó ante la expansión de la Alemania nacionalsocialista, las depuraciones en la Unión Soviética y la derrota de los republicanos en la guerra civil española. Tras la Conferencia de Teherán (1943) disolvió la Internacional Comunista, dada la madurez de los partidos comunistas nacionales y como contrapartida de sus alianzas con los países capitalistas aliados.

**La IV Internacional.–** Fue fundada en París (1938) por Trotsky y sus partidarios, para mantener vivos los principios del marxismo revolucionario, del bolchevismo y de la Revolución de Octubre. Integrada por los Partidos Comunistas fieles a la ideología trotskista, apoyaba la «revolución permanente» y el socialismo universal, en contra de los nuevos planteamientos de «socialismo en un solo país» mantenidos por Stalin, que a sus ojos había traicionado al marxismo. En 1940 Trotsky fue asesinado por un comunista español. En 1953 la Internacional sufrió una grave crisis, al negarse diversos grupos a aceptar las tesis de los mayoritarios trotskistas. Tras la crisis se escindió, formándose el *Comité Internacional de la Cuarta Internacional.* Actualmente sus herederos están organizados en diversas corrientes y estructuras, que se vieron fortalecidas cuando se produjo la caída de la Unión Soviética.

# TEMA 8

# LA ÉPOCA DEL IMPERIALISMO. LAS POTENCIAS COLONIALES

## ESQUEMA

– Era del imperialismo colonialista (1870-1914)

### LAS POTENCIAS COLONIALES

Potencias económicas de la era industrial
- Europeas: Reino Unido, Alemania, Francia
- Dos potencias industriales tardías: Rusia y Japón
- Potencia industrial nueva emergente: EE.UU.

### CAUSAS DE LA EXPANSIÓN COLONIAL. FASES Y MODALIDADES

CAUSAS

- Crecimiento demográfico de Europa y sus consecuencias
  - Paro
  - Problemas sociales
  - Emigraciones transoceánicas

- Factores económicos
  - Crisis económica de 1873
  - Proteccionismo estatal
  - Búsqueda de nuevos mercados: impulso imperialista

- Factores políticos, estratégicos y militares
  - Espíritu nacionalista
  - Exaltación del patriotismo
  - Asegurar el poder estatal y rutas marítimas comerciales

- Avances técnicos
  - Barco de vapor
  - Mejora de las comunicaciones

- Razones ideológicas o religiosas
  - Superioridad de la civilización occidental
  - Evangelización de los pueblos colonizados
  - Afán investigador
  - Espíritu aventurero

Fases de la colonización
- Conquista militar
- Organización administrativa
- Explotación económica

Modalidades de colonialismo
  Según el modelo de administración política:
- Colonias: gobernadas y administradas por la metrópoli dominante
- Protectorados: gobierno autóctono en política interior; metrópoli en política exterior

- Territorios metropolitanos-ultramarinos: integrados plenamente en la metrópoli
- Mandatos: tutelados por la metrópoli hasta su madurez política

En función del papel económico jugado por las colonias:
- Colonias de asentamiento o poblamiento: *Dominios* (autogobierno local bajo soberanía metropolitana)
- Colonias de explotación o comerciales (población indígena mayoritaria explotada por una población metropolitana minoritaria)

## PRINCIPALES IMPERIOS COLONIALES

- Imperio colonial británico: el mayor en extensión
- Imperio colonial francés: segundo en importancia
- Otros Imperios
  - Ocupan 2º lugar por llegar tarde
    - Alemania
    - Italia
    - Bélgica
  - Por su decadencia
    - España
    - Portugal
    - Holanda
  - Nuevos en el escenario
    - Rusia
    - Japón
    - Estados Unidos

- El reparto colonial entre las potencias
  - El reparto de África
    - África del Norte
      - Inglaterra
      - Francia
    - África Negra: Conferencia de Berlín
      - Bélgica
      - Francia
      - Inglaterra
      - Portugal
      - Alemania
  - El reparto de Asia: Extremo Oriente
    - Inglaterra
    - Francia

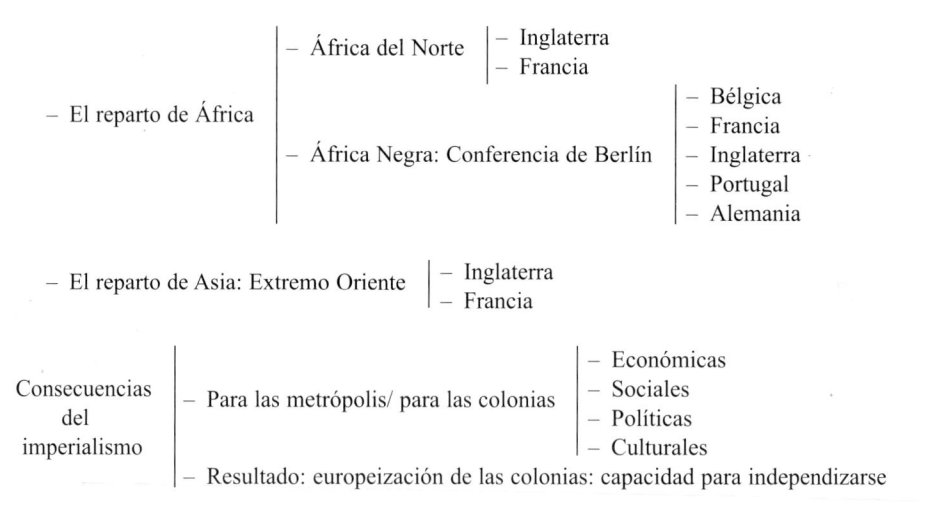

Consecuencias del imperialismo
- Para las metrópolis/ para las colonias
  - Económicas
  - Sociales
  - Políticas
  - Culturales
- Resultado: europeización de las colonias: capacidad para independizarse

# TEMA 8

## LA ÉPOCA DEL IMPERIALISMO. LAS POTENCIAS COLONIALES

La expansión mundial de Europa comenzó a finales del siglo XV, cuando portugueses y españoles, y después holandeses, ingleses y franceses realizaron una notable acción colonial. En la segunda mitad del XIX la Revolución Industrial propició un espectacular crecimiento económico en muchos países que, buscando materias primas para sus industrias y mercados para sus productos, en 1870 se lanzaron a colonizar nuevos territorios, sobre todo hasta 1914, momento cumbre de la expansión europea. La rivalidad entre las potencias aceleró el proceso, de forma que en menos de treinta años los territorios de ultramar aún no sometidos fueron repartidos entre los poderosos de Europa, a los que desde finales de siglo se sumaron Estados Unidos y Japón. También cambió la naturaleza de la expansión: los Estados, impulsados por un exacerbado nacionalismo y buscando ventajas económicas, asumieron la acción colonizadora y ocuparon el interior de los continentes, explotando intensivamente sus recursos naturales. El viejo colonialismo se convertía en imperialismo colonialista, característico de la época y testimonio de la capacidad expansiva en el terreno económico y demográfico de Occidente.

## LAS POTENCIAS COLONIALES

Las potencias occidentales conquistaron territorios y construyeron en ellos redes de comunicación para explotarlos y asegurarse mercados sin trabas aduaneras, formando grandes imperios coloniales. Unos cuarenta millones de europeos se fueron a tierras que prometían ganancias rápidas, aunque los verdaderos beneficiarios fueron los grandes capitalistas, organizados en Cámaras de Comercio e Industrias.

### Las potencias económicas de la era industrial

Coincidiendo con la 2ª Revolución Industrial destacaron tres potencias europeas: Francia, que tras los fastos del II Imperio vivió una era política agitada a lo largo de la III República. Inglaterra, gobernada por la reina Victoria, era el «taller del mundo», la potencia industrial por excelencia. Y Alemania unificada, convertida en un imperio de grandes riquezas e infinitas posibilidades, a la que Bismarck dio cohesión y convirtió en el árbitro internacional. Durante esos años las tres potencias dominaron el mundo, asombrando por sus progresos técnicos y su riqueza. Unos años después les surgieron tres competidores: en el extremo oriental europeo emergía el inmenso imperio ruso, en América una nueva potencia: Estados Unidos, y en Asia Japón se sumaba a la industrialización.

Europa tenía además dos grupos de naciones: a) una serie de pequeños (por su extensión o por su población) países occidentales –países nórdicos, Bélgica, Holanda, Dinamarca y Suiza–, que alcanzaron un nivel considerable de desarrollo; y b) países del Este y Sur de Europa –entre ellos España– con dificultades para modernizarse.

**Reino Unido**– La reina Victoria ocupó el trono desde 1837 a 1901. Fue una época de **expansión y prosperidad económica** para la primera potencia económica mundial, que estableció redes coloniales por todo el mundo, pues disponía de la primera flota mercante, un gran imperio colonial del que extraer materias primas y productos alimenticios, y exportaba casi sin competencia productos elaborados. La expansión económica, la categoría de primera potencia y la importancia de la monarquía como elemento de cohesión, contribuyeron a forjar un modelo de sociedad puritana con los problemas típicos de la industrialización. Londres fue el primer mercado de capitales cuyas inversiones exteriores superaban a las del resto del mundo. A finales del XIX fue reemplazada por Alemania y Estados Unidos.

**Francia.**– Fue la cuarta potencia económica durante todo el periodo. Su desarrollo industrial arranca del II Imperio, apoyado por el Banco de negocios Crèdit Mobilier, que financió la construcción de ferrocarriles, navegación, seguros, etc. A partir de 1867 el Estado apoyó el desarrollo urbanístico de París y obras públicas, e impulsó el sector siderúrgico firmando un tratado librecambista con Gran Bretaña. La derrota en la guerra contra Prusia (1870), en la que perdió Alsacia-Lorena, provocó la caída del II Imperio y frenó el crecimiento industrial. La III República fue una etapa confusa de problemas, escándalos y paradojas políticas. Hasta 1914 vivió un periodo de constantes cambios de gobiernos de distintas tendencias, y el crecimiento industrial siguió lento pero constante, destacando el sector siderúrgico y los focos industriales de París, Marsella y Lyón.

**Alemania.**– Unificada a principios de los setenta, con el emperador Guillermo I y el canciller Bismarck, responsable y piloto del gobierno de la nación hasta 1890, vivió una **rápida industrialización** impulsada por el Estado, que actuó como empresario y dictó una legislación adecuada. En comercio formó la Unión Aduanera *(Zollverein)*, convirtiéndola en una gran potencia industrial y su sector agrícola el más moderno de Europa. A partir de 1890 aceleró su crecimiento, siendo la primera potencia en industrias química y eléctrica, segunda en acero y tercera en carbón. Su organización científica, su estructura bancaria –concesión de créditos sin garantía–, desarrollo de ferrocarriles, puertos y canales, expansión de finanzas y comercio exterior fueron colosales. Esta expansión despertó sueños imperialistas, y aunque llegó tarde al reparto formó su imperio colonial. Pero los hombres de negocios consideraron que no ocupaba el lugar que le correspondía. Esto desató en el siglo XX tensiones y conflictos que afectaron al mundo entero.

**Rusia,** gobernada por la autocracia zarista, seguía en el Antiguo Régimen, ajena a los cambios económicos y sociales de la Revolución Industrial. El **régimen político inmovilista** era una traba para la industrialización, que fue tardía –a partir de 1880– y limitada. Comenzó a industrializarse cuando otros países ya estaban en la Segunda fase. Hasta la Primera Guerra Mundial la industria creció mucho, por la intervención estatal, el apoyo del capital extranjero –francés, alemán y belga– y las grandes inversiones gubernamentales. Se apoyó en el ferrocarril y la industria pesada, destacando textiles, petróleo –segundo productor en 1914– y metalurgia, siendo el cuarto productor de hierro. Pero se industrializó a expensas del campesinado, que pagaba altos impuestos reduciendo el consumo y vendiendo un excedente mayor de sus cosechas. Así el país disponía de más bienes agrícolas para exportar y equilibraba la balanza de pagos, compensando la compra de productos industriales necesarios para el despegue. Pero mientras cambiaban la sociedad –desaparecían los siervos y nacía el proletariado industrial– y la economía –fábricas y desarrollo–, el sistema político permanecía inmóvil. Ello provocó las revoluciones del s. XX.

**Japón** comenzó a industrializarse tras la revolución Meiji (1868-1912), que destruyó el régimen feudal cerrado imperante hasta entonces. En 1889 promulgó la constitución, y el Estado –con el Emperador– impulsó la modernización del país, invirtiendo en industrias todo el capital obtenido de los impuestos. El despegue industrial se apoyó en un crecimiento demográfico estable, y tres factores posibilitaron su **rápida industrialización**: bajos salarios –lo que permitió acumular capital–, apoyo estatal sin reservas a todas las iniciativas y fuerte tendencia a la innovación de los empresarios. Los esfuerzos oficiales se orientaron a las industrias estratégicas, textiles, industrias pesadas (construcción, minas, yeso) y transportes, con prioridad de los marítimos, dada su orografía (islas montañosas).

**Supo fusionar en una las dos Revoluciones Industriales**, apareciendo pronto el capitalismo financiero de grandes empresas y firmas gigantescas: los oligopolios Mitsubishi, Mitsu y otros, distintos a los norteamericanos, pues aunque eran semicompetitivos nunca controlaron totalmente la producción de un sector; además tuvieron ayuda estatal, de la que carecieron aquéllos.

Ayudó mucho a la industrialización un desarrollado proceso de imitación a Occidente: enviaban a sabios seleccionados para aprender lo mejor de cada potencia industrial; y el gobierno pagó muy bien a profesores, técnicos y científicos occidentales que les enseñaron. Pronto fueron científicos japoneses los que realizaron descubrimientos e innovaciones, convirtiéndose en protagonistas de su propio desarrollo.

**Estados Unidos** inició su industrialización después de 1870, en un territorio inmenso de recursos casi ilimitados. El vertiginoso crecimiento demográfico –debido a la alta natalidad de una población joven y a las oleadas continuas de inmigrantes de Europa– permitió su expansión y colonización del Oeste, esencial en la formación del país y posible gracias al ferrocarril –que lo atravesó con tres líneas transcontinentales–. Ambos elementos facilitaron su **desarrollo industrial**, que se benefició de las técnicas inglesas, de su rica geografía de bosques y del descubrimiento de riquezas (el oro de California).

A mediados del s. XIX las industrias textil, metalúrgica y de construcción crecieron espectacularmente, siendo como en Europa el motor de la industrialización. Tras la recesión provocada por la guerra de secesión (1861-65) se recuperó pronto, y en los últimos veinte años del siglo se convirtió en el primer productor agrícola del mundo y una gran potencia industrial, que se aproximó a Inglaterra y la rebasó en los primeros años del XX. Fue la era de los gigantes de la industria, Rockefeller, Morgan, Ford, etc. Su expansión industrial se apoyó en enormes yacimientos de carbón y petróleo, que la convirtieron en una potencia mundial energética. Sus recursos mineros de hierro, cobre y plata compensaron el descenso del oro de California, y la concentración industrial fue a un tiempo geográfica (NE), técnica (fábricas cada vez mayores) y financiera *(trusts)*.

Estados Unidos fue pionero en la concentración empresarial, para evitar la competencia y sobre todo para reducir costes. Dada la escasez de mano de obra, el modelo americano racionalizó el trabajo con la **fabricación en serie,** origen de la cadena de montaje o **taylorismo.** La contrapartida de la producción masiva fue el consumo en masa, del que fue precursor; pues al bajar el precio del producto y subir el salario de los trabajadores aumentó su poder adquisitivo, lo que se tradujo en más compras.

## CAUSAS DE LA EXPANSIÓN COLONIAL

La expansión colonial se dio por varias causas, todas interrelacionadas. El crecimiento demográfico fue esencial, así como factores económicos, políticos, transformaciones técnicas en la navegación, razones estratégicas y motivaciones ideológicas y religiosas.

a) **El crecimiento demográfico de Europa** fue una de las razones principales. En la segunda mitad del XIX la población europea se duplicó, creando paro, tensiones y problemas sociales, que se aliviaron con un intenso flujo migratorio transoceánico. Sobre todo España e Italia suministraron los mayores contingentes migratorios a partir de los años ochenta, estimulados por los países receptores, cuyas rutas estaban determinadas en gran parte por su identidad lingüística con las naciones de emigración. Unos cuarenta millones de europeos llegaron esos años a las colonias.

b) **Los factores económicos** fueron decisivos. El impulso imperialista coincidió con la gran crisis económica de 1873, en gran medida de superproducción y caída de precios, que determinó en casi todos los Estados una actitud proteccionista y de ampliación de mercados. Las potencias buscaron territorios que suministraran abundante y barata materia prima y absorbieran sus excedentes sin barreras aduaneras. Cuando los encontraron, invirtieron sus capitales: construyeron infraestructuras, modernizaron las instalaciones portuarias, realizaron préstamos a los gobiernos carentes de fondos para iniciar el desarrollo, etc.

c) **Los factores políticos y estratégicos** también fueron importantes en una Europa impregnada de nacionalismo. El imperialismo exaltaba el patriotismo, reforzaba el prestigio del país a escala internacional y fue paliativo de frustraciones –España en Marruecos tras la pérdida de las últimas colonias en 1898 o Francia en Argelia tras su derrota con Prusia (1871)–. A veces la expansión colonial se fundamentó en razones estratégicas –asegurar el poder de un Estado– o de seguridad de las rutas marítimas, caso de los enclaves económicos ingleses en las rutas comerciales hacia la India.

**d) Los avances técnicos en la navegación** fueron igualmente decisivos en la expansión. En los años ochenta el barco a vapor se impuso definitivamente a los grandes y rápidos veleros, acortando notablemente las distancias y compensando con un flete regular, abundante y más barato el coste superior de construcción y mantenimiento.

**e) Razones ideológicas o religiosas** fueron a menudo bastante eficaces para estimular las empresas imperialistas. La idea –bastante extendida en la época– de la superioridad de la civilización occidental, fue un poderoso acicate en el deseo de llevar el progreso material y social a los pueblos más atrasados, que también fueron evangelizados por los misioneros católicos y protestantes. Igualmente influyeron el espíritu aventurero, el ansia de saber, de investigar, de descubrir, todo lo cual estuvo facilitado por la mejora de las comunicaciones.

### Fases de la colonización

El imperialismo supuso ante todo la dominación económica de las potencias occidentales sobre las naciones más pobres. Por ello, cuando llegaban al lugar en el que querían asentarse, sus actuaciones iban encaminadas a ese fin, procediendo a la conquista militar, la organización administrativa y la explotación económica.

• **Conquista militar**: era fácil para países dotados de grandes adelantos militares dominar a pueblos sin armamento moderno ni organización. Los progresos en la navegación facilitaron la ocupación de territorios, pues el barco de vapor permitía trasladar tropas con rapidez a cualquier punto y remontar los ríos hasta el interior de los continentes. Junto a las tropas europeas y tropas especiales (Legión Extranjera) solían utilizar cuerpos armados indígenas.

• **Organización administrativa:** planteaba algunos problemas, pues la imposibilidad de tomar todas las decisiones desde la metrópoli obligaba a delegar poderes en los gobernadores, verdaderos procónsules. En algunos casos eran compañías privadas las encargadas de organizar la colonia y explotar sus recursos. Pero lo más frecuente era implantar la administración estatal, con distintas modalidades según el tipo de colonia.

• **Explotación económica**: era prioritaria para las metrópolis. Se imponía una asimilación aduanera, de forma que los productos circulaban entre colonia y metrópoli libres de aranceles –aunque sin relación entre iguales, en un ámbito de preferencias mutuas–, mientras tarifas proteccionistas mantenían alejados los productos de otras naciones. En la relación comercial la colonia estaba siempre en situación de inferioridad, pues proporcionaba materias primas y compraba productos elaborados de la metrópoli; ello la impedía industrializarse y progresar, impidiendo su futura autonomía económica.

## Modalidades de colonialismo

**Según el modelo de administración política** que las metrópolis impusieron en los territorios colonizados, éstos podían ser: colonias propiamente dichas, protectorados, territorios metropolitanos-ultramarinos y mandatos.

• *Colonias*: son resultado del derecho de conquista y ocupación, no tienen gobierno indígena propio y están administradas por funcionarios e instituciones de la metrópoli.
• *Protectorados:* subsiste y actúa en política interior un gobierno autóctono, respetado por la metrópoli que impone una administración paralela –resultado de un pacto «desigual» y dominante en la práctica– para la política exterior y proteger al país.
• *Territorios metropolitanos-ultramarinos:* están totalmente integrados en la metrópoli jurídica y administrativamente, formando parte de ella a todos los efectos como departamentos o provincias ultramarinos.
• *Mandatos:* creados por la Sociedad de Naciones tras la I Guerra Mundial, para administrar territorios hasta entonces dependientes de los países vencidos en el conflicto, suponen la tutela de un país colonizador –representante de la Sociedad de Naciones– sobre otro colonizado, de cuya administración debe dar regularmente cuenta al organismo internacional.

**En función del papel económico** desempeñado por las colonias, según las actividades y la explotación que se realizaron en esa época, se clasifican en:

• *Colonias de asentamiento o de poblamiento:* formadas por población abundante y mayoritariamente europea que abandonó la patria por motivos políticos o de superpoblación, buscando asegurarse la vida y que tendía a establecerse de forma permanente, creando núcleos sociales de tipo occidental que se imponían sobre la escasa o minoritaria población indígena. Un ejemplo fue la colonización británica, que dio origen a los llamados *dominios*. Éstos eran territorios que, bajo la soberanía de la corona, disfrutaban de total autogobierno, organizado según el patrón de la metrópoli.

- *Colonias de explotación o comerciales:* sus recursos naturales eran explotados por empresas occidentales, compañías privadas que contaban con la ayuda de su Gobierno para defender sus intereses y realizaban inversiones de beneficios inmediatos bajo estructuras administrativas y económicas metropolitanas. La mayoría de la población indígena, mano de obra abundante y barata, era sometida por una minoritaria población europea de funcionarios civiles y militares, que sólo permanecía allí temporalmente.

## PRINCIPALES IMPERIOS COLONIALES

En el último tercio del XIX Europa se extendió por todo el continente africano y gran parte del asiático, mientras grandes migraciones –sobre todo desde los años ochenta– contribuyeron activamente a la expansión de esa presencia en zonas de colonización y en el continente americano. En vísperas de la I Guerra Mundial Europa alcanzaba el máximo poder. También entonces comenzaba el imperialismo de la nueva potencia económica norteamericana; y al otro extremo del mundo Japón resurgía, se modernizaba y desarrollaba una política exterior de claro signo imperialista. Surgía así un mundo mucho más relacionado en sus diversas áreas de civilización.

**El imperio colonial británico.–** En 1870 se extendía por todo el mundo: las más importantes colonias de poblamiento (Canadá, India, Australia y Nueva Zelanda), a las que se sumaban algunas islas antillanas y la Guayana en América; Sierra Leona y algún otro territorio en la costa occidental africana; y una cadena de enclaves comerciales estratégicos que garantizaban su hegemonía sobre las principales rutas marítimas (Gibraltar, Malta, Ciudad de El Cabo, Singapur, etc.). A partir de los ochenta ocupó en el Este de África un extenso territorio desde Egipto a Sudáfrica, y a la India sumó el protectorado sobre Birmania en Asia. En 1914 era el mayor imperio.

**El imperio colonial francés.–** Era el segundo en importancia, menor en extensión y más disperso que el británico y con menor población. Estuvo apoyado por el Gobierno, la alta oficialidad del Ejército y las grandes finanzas; y se desarrolló sobre todo en África, donde dominó la parte occidental del Mediterráneo africano (Túnez, Argelia y casi todo Marruecos), vastos territorios en África noroccidental, y en la fachada oriental Madagascar y Somalia. En Asia controlaba la mayor parte del sudeste (Annam,

Tonkin, Camboya y Laos) y algunas colonias en América (islas antillanas y la Guayana).

En Europa hubo otras potencias coloniales de segundo orden, bien por la decadencia de su antiguo esplendor –Portugal, España, Holanda– o por su reciente nacimiento –Alemania, Bélgica, Italia–. Portugal había dominado un gran imperio colonial que se fue liberando; gracias al apoyo inglés logró Angola, Mozambique y algunas islas en África, y en Asia mantuvo algunos enclaves, restos de su pasada grandeza. España, tras perder su gloria en 1898, quiso superar el fracaso y adquirió pequeños territorios en el Norte de África. También Bélgica, Holanda, Italia y Alemania participaron en el ansia expansionista. En cuanto a Rusia, dirigió sus principales objetivos hacia el este de Siberia, norte de China y sudeste asiático.

**Estados Unidos.–** Le impulsaron motivos económicos de gran peso –sus enormes posibilidades de mercado y de abastecimiento en materias primas–; pero también los ideológicos –la superioridad de su propia civilización– y estratégicos –necesitaba una red de bases en el Pacífico y las Antillas para imponer su hegemonía marítima, clave de su poder–. La primera manifestación de su política imperialista fue la guerra contra España (1898), que le sirvió para anexionarse Filipinas y Puerto Rico y controlar Cuba –independiente en teoría– con derecho de intervención militar e instalación de bases navales. Después intervino en diversos países sudamericanos y creó imperios económicos, comprando territorios –Alaska– o firmando tratados como el de Panamá, que le cedió la soberanía sobre la franja territorial en que se construiría el canal que uniría el Atlántico y el Pacífico.

**Japón** dirigió su expansionismo imperialista durante los años noventa al continente, para expulsar a los occidentales, buscando su engrandecimiento nacional y su propia hegemonía en la zona. Ello provocó guerras con China y Rusia. Con China al confluir sobre Corea las aspiraciones de ambos países, aunque al final Japón se impuso y Corea pasó a ser protectorado suyo (1897). También consiguió las islas Formosa y Pescadores, la península de Liao-Tung, con el puerto de Port-Arthur y salida al mar de Manchuria. La ocupación de Port-Arthur molestó a Rusia, que proyectaba el ferrocarril Transiberiano hasta aquel puerto. Por último estalló la guerra (1904), quedando la flota rusa totalmente destruida por Japón, que consiguió sus objetivos expansionistas: obtuvo parte de la isla Sajalín, la base naval de Port Arthur, el control del tramo del ferrocarril manchuriano y el reconocimiento de su protectorado en Corea.

## LOS IMPERIOS COLONIALES EN 1914

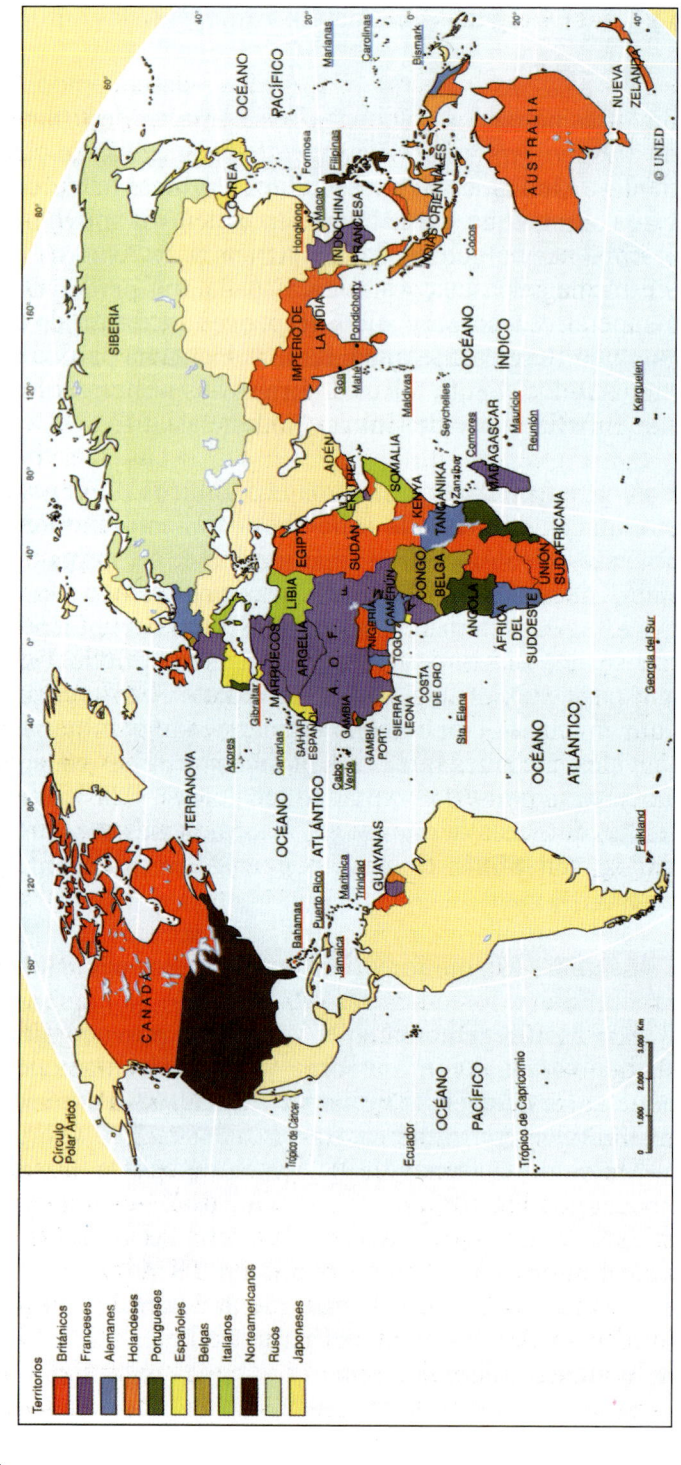

*O. C.*, pág. 202.

## El reparto colonial entre las potencias

Afectó a África y Extremo Oriente. En **África** –desconocido hasta 1880, donde Europa sólo ocupaba algunos enclaves costeros– confluyeron todas las potencias colonizadoras europeas, que en 1914 se habían repartido totalmente el continente. En el Norte franceses e ingleses rivalizaron. Por tanto el **Mediterráneo** fue la primera zona de expansión: mientras los franceses querían conectar el Mediterráneo con el occidente africano, creando una plataforma magrebí que comprendiera Argelia, Túnez y Marruecos, los ingleses pretendían controlar todo el oriente continental, desde Egipto al extremo sudafricano, construyendo el eje El Cairo-Ciudad de El Cabo. Francia ocupó Argelia (1830), cuyo dominio aseguró con la Legión Extranjera (fundada en 1831 y constituida por emigrantes políticos, desertores y aventureros), e Inglaterra –queriendo asegurar la ruta marítima de la India– en 1875 adquirió las acciones egipcias del canal de Suez, cuando este país tuvo que confiar la gestión de las fianzas del canal a ambas potencias. En el Congreso de Berlín (1878) consiguió Chipre y permitió a Francia intervenir en Túnez, sobre el que estableció protectorado en 1881. Ello provocó la inmediata acción británica en Egipto, que ocupó en 1882. La apertura del canal (1869) facilitó las acciones en Asia y África negra.

La rivalidad entre las dos potencias se mantuvo hasta 1904, en que firmaron acuerdos que liquidaron definitivamente sus disputas coloniales: Francia reconoció la presencia británica en Egipto, y a cambio pudo intervenir en Marruecos, con la participación de España como socio de segundo orden. En 1912 los protectorados francés y español sobre Marruecos quedaron establecidos, y al mismo tiempo las potencias occidentales permitieron la ocupación italiana de Libia. Todo el Norte de África quedó en manos de Europa.

En cuanto al **África negra,** aunque desde la segunda mitad del s. XIX se realizaban exploraciones –casi siempre remontando la cuenca de los grandes ríos–, la colonización del continente sólo cobró verdadero impulso desde la década de los ochenta. En las costas occidentales tres ríos señalan la penetración de tres países: Bélgica por el Congo, Francia por el Senegal, Inglaterra por el Níger. En las cuencas del Senegal y Níger no hubo problemas. Pero el Congo tenía en su margen derecha a los franceses, en la desembocadura a los portugueses, y el rey de Bélgica quería establecer (1875) un Estado centroafricano sobre la arteria fluvial del río. Las rivalidades en la zona internacionalizaron el reparto del África negra. El problema fue aprovechado por Bismarck, que quería desarrollar su propia política imperialista. Para desviar la atención de Europa –sobre todo la francesa– hacia actividades coloniales reunió la **Conferencia del Congo en Berlín (1884-85),** interviniendo como mediador para decidir sobre la ocupación de territorios africanos aún no sometidos. En la Conferencia se reconoció el Estado neutral del Congo bajo soberanía belga; se prohibió la trata de negros; declaró la libertad de navegación por los grandes ríos y estableció como único criterio de soberanía colonial la ocupación efectiva de los territorios, descartando derechos históricos (que países como Portugal podían exhibir por su tradicional presencia en las costas de Angola o Mozambique).

Los acuerdos de la Conferencia de Berlín intensificaron las acciones de exploración y sometimiento militar de los territorios africanos, que las diversas potencias se repartieron mediante tratados y cuyas fronteras iban delimitando según realizaban la ocupación efectiva. El reparto generó conflictos, pues el eje Norte-Sur proyectado por Inglaterra chocó con la transversal Este-Oeste de los portugueses (para unir Angola y Mozambique) y los franceses (buscando unir Senegal y la Somalia francesa). Finalmente se impuso la prepotencia inglesa.

Aprovechando la situación política favorable, Alemania declaró los protectorados de África del Sudoeste, Camerún y Togo (1884) y África Oriental (1885), y varias islas en el Pacífico. Entre 1890-1914 Guillermo II luchó por la hegemonía mundial con su lema: «política mundial como misión, potencia mundial como meta, poder naval como instrumento».

Respecto a **Extremo Oriente,** la apertura del canal de Suez, la penetración económica en China y la defensa de territorios adquiridos con anterioridad –caso de India para Inglaterra–, impulsaron la expansión europea en esa zona mientras se repartían África. Inglaterra y Francia fueron allí las dos potencias dominantes. Francia se extendió hacia el Norte –Annam, Tonkin y Laos– desde Camboya (protectorado desde 1863) y la Cochinchina (colonia desde 1867). E Inglaterra ocupó Birmania (1885) y controló Afganistán (1907) para proteger la India. También dominó Malasia. El imperio chino, con sus inmensas posibilidades de mercado, fue codiciado por todas las potencias, tanto europeas como norteamericana y nipona. Allí más que expansión territorial se buscaba la económica, que desde 1900 se aceleró.

### Consecuencias del Imperialismo

El imperialismo supuso el dominio económico occidental sobre el resto del mundo. Consecuentemente **para las metrópolis fue muy positivo,** pues aunque la explotación acarreó gastos en infraestructuras que hubo que afrontar, aportó una gran rentabilidad, ya que de las colonias extrajeron las materias primas para sus industrias y fueron mercados idóneos para sus excedentes. Y aliviaron la explosión demográfica de las metrópolis.

**Para las colonias en cambio fue globalmente negativo,** pues aunque la población aumentó (buena política sanitaria y medidas higiénicas redujeron la mortalidad) y se desarrolló la vida urbana, destruyó las estructuras sociales tradicionales indígenas, ejerció segregación racial, mantuvo sistemas de tiranías, dominio político y administrativo. *Culturalmente* se impuso la cultura occidental, lo que provocó cambios en las costumbres, creencias y tradiciones de los pueblos sometidos. Y *económicamente* se realizaron importantes obras de infraestructuras –redes de comunicación, fluviales y terrestres, e instalaciones de explotación agrícola y mercantil–, y un gran esfuerzo en la creación de una economía colonial. Pero ésta se utilizó para explotar las riquezas naturales y humanas de las colonias, buscando el beneficio de la metrópoli y obstaculizando la industrialización local. Ello ocasionaría dependencia económica, pobreza y subdesarrollo de los nuevos países independizados. Aunque también les proporcionó medios para acceder a formas superiores de actividad económica, y una europeización que a la larga les capacitó para independizarse de sus dominadores.

# TEMA 9

# EL SEXENIO DEMOCRÁTICO Y LA RESTAURACIÓN (1868-1902)

## ESQUEMA

### EL SEXENIO DEMOCRÁTICO

- Inestabilidad política y económica desde 1866
- Unionistas, progresistas y demócratas contra Isabel II. Pacto de Ostende (1866)
- Muerte de Narváez y gobierno de González Bravo.

Revolución de 1868
- Alzamiento militar en Cádiz (septiembre de 1868)
- Manifiesto del general Prim
- Batalla de Alcolea y exilio de Isabel II
- Gobierno provisional presidido por Serrano

La Constitución de 1869
- Ley electoral de 1868 y promulgación del sufragio universal masculino
- Constitución democrática
- Soberanía popular
- Monarquía constitucional
- Libertad de cultos, de expresión, de ideas y de imprenta
- Derecho de reunión y asociación

Reinado de Amadeo I (1871-1873)
- Regencia de Serrano. Búsqueda de un nuevo rey
- Asesinato de Prim. Gobiernos de Serrano, Ruiz Zorrilla y Sagasta
- Insurrección cubana, luchas obreras y Segunda Guerra Carlista
- Abdicación del rey (febrero 1873)

Primera República (1873-1874)
- Proclamación de la I República (febrero de 1873)
- Divergencias entre república federal y unitaria
- Presidentes: Estanislao Figueras, Francisco Pi y Margall, Nicolás Salmerón y Emilio Castelar
- Reformas sociales y laborales
- Movimiento cantonalista, conflictos sociales, guerra carlista y recrudecimiento de la guerra en Cuba
- Golpe del general Pavía (enero 1874) y gobierno del general Serrano (suspensión de garantías constitucionales y represión a internacionalistas y republicanos cantonalistas)
- Insurrección militar dirigida por Martínez Campos en Sagunto

## LA RESTAURACIÓN

- Proclamación de Alfonso XII como rey de España
- Gobierno Cánovas. Pacificación militar. Fin de la guerra carlista
- Constitución de 1876
  - De inspiración canovista
  - Carácter moderado
  - Soberanía compartida entre el rey y las Cortes
  - Estructura bicameral de las Cortes
  - Confesionalidad del Estado
  - Ley electoral de 1878 (reimplantación del sufragio censitario)

- Alfonso XII y el sistema político
  - Importante papel del rey (prerrogativa regia)
  - Bipartidismo: Partido conservador y partido liberal
  - Turno pacífico de partidos
  - Organización de las elecciones. Encasillado, caciquismo y el fraude electoral
  - Muerte de Alfonso XII en noviembre de 1885

- Regencia de María Cristina
  - Acuerdo entre Cánovas y Sagasta (Pacto del Pardo)
  - Gobierno Sagasta (1885-1890). Reformas democráticas. Ley electoral de 1890 (sufragio universal masculino)
  - Sublevaciones republicanas
  - El anarquismo. Violencia política y represión. El proceso de Montjuich y el asesinato de Cánovas en 1897

- La guerra de Cuba y la crisis de 1898
  - La Paz de Zanjón (1878)
  - Intervención de EEUU en la guerra de Cuba
  - Destitución del general Weyler
  - Hundimiento del acorazado Maine
  - Derrota española en Cuba (julio de 1898)
  - Movimiento independentista en Filipinas. José Rizal. Batalla naval de Cavite
  - La Paz de París (octubre de 1898)
  - La generación del 98. El regeneracionismo.

# TEMA 9

# EL SEXENIO DEMOCRÁTICO Y LA RESTAURACIÓN (1868-1902)

En septiembre de 1868 se va a iniciar un breve período en la historia de España caracterizado por el fin del liberalismo moderado, que había dominado el reinado de Isabel II, y por la explosión de un proceso revolucionario dirigido por un conjunto muy diverso de fuerzas políticas y sociales de signo progresista que va a intentar democratizar el sistema político. Vano intento, pues en medio de una fuerte inestabilidad política y social, el ejército en 1874 va a encabezar la reacción contra esta experiencia democrática y va a restaurar la monarquía borbónica en la persona de **Alfonso XII**, hijo de la destronada Isabel II. Durante este reinado se pondrá en marcha un complicado sistema político basado en el acuerdo entre los dos grandes partidos, el liberal y el conservador, que accedían al poder mediante un turno pacífico y que se sustentaba en el desarrollo de prácticas electorales fraudulentas que fomentarán el caciquismo y la oligarquía.

## EL SEXENIO DEMOCRÁTICO

Los últimos años del reinado de **Isabel II** se caracterizaron por una gran inestabilidad política y económica. Desde 1866 se agravaron los ya tradicionales problemas financieros, derivados de la falta de rentabilidad de los ferrocarriles y de la mala gestión de las cuentas públicas. En 1867 y

1868 volvieron las malas cosechas y se produjeron motines populares por la crisis de subsistencias.

Desde el punto de vista político la situación era insostenible. La reina cada vez estaba más sola y más alejada de la vida política, pues la **Unión Liberal**, que había sido el más importante sostén de la monarquía, había sido expulsada del gobierno en junio de 1866, tras la sublevación del cuartel de San Gil en Madrid. **O'Donnell** abandonó España, muriendo en 1867, y el general **Serrano**, junto con los unionistas, se sumaron al **Pacto de Ostende**, firmado en **1866** por progresistas y demócratas, comprometiéndose a la sustitución de la Monarquía de Isabel II y a la convocatoria de Cortes Constituyentes para decidir la nueva forma de gobierno.

En apoyo de la reina solo quedaba el general **Narváez**, pero su muerte en abril de 1868 la dejaría en manos de **González Bravo**, cuya política al frente del gobierno le granjearía la enemistad de los pocos liberales que todavía apoyaban a la monarquía.

### La revolución de 1868

Estando la Familia Real de vacaciones en Lequeitio (Vizcaya) se produjo el **18 de septiembre de 1868** un alzamiento militar en Cádiz encabezado por el almirante **Topete**, que fue acompañado por un manifiesto elaborado por Sagasta y Ruiz Zorrilla en el que se anunciaba el destronamiento de la reina y se prometía la convocatoria de una Cortes Constituyentes y un gobierno que impusiera la moralidad y la buena administración de la Hacienda. Al día siguiente, el general **Prim** llamaba a todos los españoles a defender con las armas la iniciada revolución, y con un importante apoyo ciudadano, organizado en Juntas, comenzaron a producirse una serie de pronunciamientos militares en Cataluña, Valencia y Andalucía. El general **Serrano** consiguió derrotar a las fuerzas monárquicas, encabezadas por el general **Pavía**, en la batalla de **Alcolea** el 28 de septiembre. Dos días más tarde **Isabel II** y la Familia Real abandonaron España con dirección a Francia.

### La constitución de 1869

Tras los sucesos revolucionarios de septiembre de 1868, la reina Isabel II es destronada y el general **Serrano** es nombrado regente y preside un gobierno provisional formado por unionistas y progresistas, que inmediatamente promulgaría una ley electoral estableciendo el **sufragio universal** masculino secreto y directo, y firma un decreto convocando a Cortes Constituyentes. Las Cortes elegidas promulgaron en junio de **1869** una **nueva Constitución** de carácter democrático en cuyo texto se establecía el principio de soberanía popular, la declaración de la monarquía constitucional como forma de Estado, la libertad de cultos y un amplio conjunto de derechos y libertades políticas como la libertad de expresión, de ideas y de imprenta, así como los derechos de reunión y asociación pacífica, la inviolabilidad de la correspondencia, la libertad de enseñanza y la libertad de trabajo para los extranjeros.

Esta Constitución supuso un giro radical respecto a los anteriores textos constitucionales, ya que convirtió a las Cortes, elegidas por primera vez a través de sufragio universal, en el verdadero centro del poder y relegó al monarca a un papel secundario. Además, el establecimiento de nuevos derechos y libertades impulsó el desarrollo del sindicalismo, abrió el sistema político a nuevas corrientes ideológicas como el marxismo y el anarquismo, y abrió en España una época de extraordinario auge de la enseñanza, la ciencia y las nuevas corrientes de pensamiento.

### El reinado de Amadeo I

Con Isabel II en el exilio y proclamada la monarquía como forma de estado en la Constitución de 1869, el problema residía en encontrar un nuevo rey, que desde luego no podía suponer la restauración de la dinastía borbónica. Entre los candidatos que se barajaron figuraban el **Duque de Montpensier**, cuñado de Isabel II y apoyado por militares unionistas, **Fernando de Coburgo**, viudo de María Gloria de Portugal y apoyado por progresistas y demócratas que defendían una posible Unión Ibérica entre España y Portugal, y el príncipe **Leopoldo de Hohenzollern** a quien, a través de negociaciones secretas, se ofreció la Corona española. Este ofrecimiento disgustó profundamente a **Napoleón III** y enturbió hasta tal punto las relaciones entre Francia y Alemania que se convirtió en el pretexto utilizado por **Guillermo II** y, sobre todo por su canciller Bismarck, para desencadenar la guerra franco-prusiana. Fracasadas las negociaciones con el príncipe prusiano, el general **Prim**, Presidente del Gobierno, ofreció el trono a **Amadeo de Saboya**, Duque de Aosta e hijo del rey de Italia Víctor Manuel III, que aceptó el ofrecimiento y llegó a España el 30 de diciembre de 1870, el mismo día que Prim era asesinado en la calle del Turco en Madrid.

Amadeo I, una vez proclamado rey de España y sin el apoyo de su gran valedor el general Prim, se mantuvo fiel a la Constitución de 1869 y quiso apoyarse en los grupos más moderados. Una de las primeras medidas que tomó fue la formación de un gobierno de concentración que integrara a unionistas, progresistas y demócratas, tarea que le encomendó a Serrano como Presidente del Gobierno. Tras este primer gobierno se sucedieron nuevos gabinetes presididos por **Ruiz Zorrilla** y **Sagasta**, provocando una notable inestabilidad política. Además, Amadeo I tuvo que hacer frente enseguida a los graves problemas que acuciaban a la vida política española, centrados en el recrudecimiento de los movimientos independentistas en Cuba, el auge de las luchas obreras y el comienzo de la segunda guerra carlista en abril de 1872, que tuvo especial virulencia en el norte de España y en Cataluña. El rey, solo y sin el apoyo del parlamento y con la animadversión del pueblo, la aristocracia, la Iglesia y los sectores más reaccionarios, decidió abandonar el país en febrero de 1873.

## La Primera República

Ante el vacío de poder tras la abdicación de Amadeo I, el Parlamento proclamó la República el **11 de febrero de 1873** y eligió como primer Presidente a **Estanislao Figueras**, que formó un gabinete integrado por radicales y republicanos federales que conformaban una amplia mayoría en la Cámara. A pesar de ello, los problemas comenzaron a los pocos días cuando las Diputaciones catalanas acordaron constituirse en Estado Catalán y por todo el país comenzaron a crearse Juntas Revolucionarias que destituyeron a los Ayuntamientos, proclamando el **Estado Federal**. El gobierno ordenó de inmediato la disolución de las juntas enfrentándose así con los federalistas más intransigentes.

Era necesario, además, elaborar una nueva Constitución que refrendara la República como forma de gobierno, pues la constitución de 1869, todavía en vigor, establecía la monarquía parlamentaria. Para llevar esto a cabo, se convocaron elecciones generales en mayo de 1873 y el 1 de junio se abrieron las sesiones de la Asamblea Constituyente con el objeto de redactar un nuevo texto constitucional. Al mismo tiempo, como resultado de estas elecciones, **Francisco Pi y Margall** fue elegido segundo Presidente de la República apoyándose en el amplio grupo de diputados federales que obtuvieron 348 escaños lo que les concedía una amplia mayoría parlamentaria. El nuevo presidente intentó aplicar un programa de gobierno que no sólo aspiraba a consolidar la república federal sino también a desarrollar un conjunto de medidas sociales de signo muy avanzado para la época. Se estableció un ambicioso plan de reforma agraria, que regulaba un nuevo sistema de propiedad de la tierra, previéndose la expropiación de las fincas sin cultivar, y se propusieron un conjunto de medidas sociales, como la reducción de la jornada laboral a 9 horas, el establecimiento por primera vez en España de un salario mínimo, establecido en 6 reales, la prohibición del trabajo de los niños en edad escolar, la protección de la mujeres en los trabajos industriales y la formación de jurados mixtos para resolución de los conflictos laborales.

Como es lógico la política desarrollada por Pi y Margall encontró la fuerte oposición de los terratenientes y las clases acomodadas, así como de los sectores políticos más reaccionarios encabezados por los monárquicos alfonsinos y por los carlistas que lograban importantes avances militares en Cataluña y el Maestrazgo. Sin embargo, los mayores problemas del gobierno vinieron de los sectores federalistas más intransigentes, que junto a los internacionalistas –seguidores de la Primera Internacional– exigían un cambio social y político más rápido y más profundo. A mediados de junio comenzaron una serie de **levantamientos cantonales** en distintas ciudades y comarcas, como Loja, Sevilla, Málaga, Tarifa, Cádiz, y sobre todo Cartagena, que se constituyeron en gobiernos autónomos, poniendo en tela de juicio la legalidad de un gobierno ratificado por el Parlamento. Al mismo tiempo se produjeron conflictos sociales importantes que afectaron sobre todo a Barcelona, Andalucía y Valencia, siendo el acontecimiento más relevante el que tuvo lugar en **Alcoy**, donde los obreros huelguistas se adueñaron de la ciudad hasta que fue asaltada por el ejército.

El miedo al caos político y a la revolución social condujo a los grupos más moderados a oponerse frontalmente al federalismo y a defender una república de carácter unitario. El 18 de julio, la mayoría del parlamento destituye a Pi y nombra a **Nicolás Salmerón** tercer presidente de la República. Éste forma un gobierno de republicanos unitarios y recurre a conocidos generales monárquicos, con el objeto de restablecer la disciplina en el ejército y organizar distintas expediciones militares para someter al **movimiento cantonalista**, lo que consigue excepto en **Cartagena** donde los sublevados resistieron el cerco de las tropas comandadas por el general **López Domínguez** hasta enero de 1874.

Poco duró Salmerón al frente del gobierno, pues a principios de septiembre dimitía por negarse a firmar dos condenas de muerte, propuestas por la autoridad militar, y era sustituido por **Emilio Castelar** como cuarto presidente de la República, que implantó un gobierno de signo autoritario, suspendiendo las Cortes, gobernando por decreto, implantando la censura de prensa y asumiendo plenos poderes para tratar de acabar con la guerra carlista y con el recrudecimiento de la guerra en Cuba. Esta política provocó una división tan profunda entre los distintos grupos republicanos que fue casi imposible recomponer la unidad entre quienes había hecho posible la experiencia republicana.

En enero de 1874, **Manuel Pavía**, capitán general de Madrid, entró en el Congreso y disolvió por la fuerza las Cortes Constituyentes, entregando el poder al general **Serrano** con el beneplácito de los republicanos unitarios y los conservadores. Su primer acto de gobierno fue la suspensión de las garantías constitucionales, desencadenando una fuerte represión sobre los militantes internacionalistas y republicanos cantonalistas, y dirigiendo su acción de gobierno esencialmente a combatir la guerra carlista consiguiendo levantar el cerco a la ciudad de Bilbao que las tropas del pretendiente Carlos mantenían desde hacía más de dos meses. Lo que no pudo evitar Serrano fueron las conspiraciones de los militares monárquicos que se vieron refrendadas por el **Manifiesto de Sandhurst**, firmado por el príncipe Alfonso de Borbón y elaborado por el político conservador **Antonio Cánovas del Castillo**, jefe del partido alfonsino.

El 29 de diciembre, el general **Martínez Campos** se sublevó en **Sagunto** proclamando a **Alfonso XII** como rey de España. El triunfo de esta insurrección militar en realidad no tuvo éxito por la amplitud del movimiento conspirativo, sino más bien por la aceptación pasiva de la mayoría de los mandos militares. Sólo el general Serrano, que entonces se encontraba al frente del Ejercito del Norte tratando de someter a los carlistas, trató de resistir, mientras que el apoyo a los sublevados por parte del general Jovellar, jefe del Ejército del Centro, resultó decisivo.

## LA RESTAURACIÓN

Tras el pronunciamiento militar del general Martínez Campos a favor de Alfonso XII, **Canovas** preside el primer gabinete de la restauración y se convierte en el auténtico artífice del nuevo régimen, en el ideólogo de la Constitución de 1876 y el forjador de un partido conservador que logra aglutinar a los moderados históricos y a la **Unión Católica**, constituida esencialmente por antiguos carlistas que había abandonado al pretendiente D. Carlos.

La tarea más urgente del nuevo gobierno era sin duda la pacificación militar y esto suponía poner fin a la guerra carlista y terminar con el conflicto en Cuba. A comienzos de 1875, las fuerzas carlistas daban síntomas de extrema debilidad, fruto sin duda de un conflicto tan prolongado, pues desde 1872 las acciones militares no cesaron en ningún momento. Canovas emprendió un gran esfuerzo militar que comenzó a dar sus resultados con el éxito de la campaña en Cataluña, dirigida por el general **Martínez Campos**, que culminó con la toma de la Seo de Urgel en agosto de 1875. La pacificación definitiva llegó con la victoria del general **Primo de Rivera** en **Estella** en febrero de 1876, que supuso la liquidación del ejército carlista y la huida de Don Carlos a Francia.

## La Constitución de 1876

La ideología canovista, que impregnó la constitución de 1876, suponía la continuación del liberalismo moderado que había dominado la vida política española durante la mayor parte del siglo XIX. La soberanía compartida entre el Rey y las Cortes, que se encontraba tanto en el estatuto Real de 1834 como en la constitución de 1845, era también un elemento esencial de la nueva constitución de 1876. La estructura bicameral de las Cortes, compuesta por el Senado y el Congreso de los Diputados, respondía al interés de los conservadores por satisfacer los deseos de la aristocracia y por dar aún mayores privilegios al rey que era quien nombraba a un porcentaje importante de los senadores. Establecía también la Constitución de 1876 la confesionalidad del Estado, proclamando a la religión católica como oficial, al tiempo que reconocía la libertad de cultos, aunque manteniéndolos en el ámbito privado. Además, la nueva **ley electoral de 1878** que reimplantaba el sistema electoral de carácter censatario, derogando el sufragio universal conseguido en 1868, suponía el reforzamiento del carácter moderado y doctrinario de la Constitución de 1876.

## Alfonso XII y el sistema político de la Restauración

En el sistema diseñado por Canovas y de acuerdo con las atribuciones que le confería la Constitución de 1876, el rey desempeñaba un papel esencial en la vida política española. A través de la llamada **«prerrogativa regia»** el monarca ejercía como árbitro en el sistema de partidos, pues poseía la facultad de designar al Presidente del gobierno y posteriormente disolver las Cortes y entregar al nuevo gobierno el decreto de convocatoria de elecciones. De esta manera, el monarca decidía los cambios gubernamentales, evitaba el monopolio de poder por un solo partido y posibilitaba el **«turno pacífico»** entre las dos grandes formaciones políticas de la Restauración: el **partido conservador**, dirigido por **Canovas**, y el **partido liberal**, encabezado por **Sagasta**. En consecuencia, este procedimiento alejaba al ejército de la vida política y evitaba los continuos pronunciamientos militares que durante el siglo XIX habían sido el instrumento para quitar y poner gobiernos.

Sin embargo, el sistema político, que estaba concebido para buscar la estabilidad gubernamental y para consolidar la alternancia entre liberales y conservadores, necesitaba controlar el proceso electoral. No sólo el rey tenía un papel esencial en los cambios de gobierno, también el Ministro de la Gobernación y los distintos jefes nacionales y provinciales de los partidos dinásticos tenían una importante función en el control de las elecciones para que el nuevo presidente del Consejo de Ministros tuviera mayoría parlamentaria. La organización del proceso electoral se llevaba a cabo mediante un complejo sistema que se conocía con el nombre de **«encasillado»** y que estaba basado en el acuerdo y la negociación entre los distintos jefes liberales y conservadores para repartirse, antes de la celebración de los comicios, los distintos distritos y circunscripciones electorales y así garantizar para el partido gobernante la mayoría de diputados en el Congreso. Otra figura fundamental para lograr el control del sistema electoral era la del **cacique**, personaje ligado estrechamente a las oligarquías locales, que era quién garantizaba los votos necesarios para que los acuerdos entre liberales y conservadores se cumplieran. Además, cuando el resultado electoral era incierto se acudía directamente al **fraude**, a través del «pucherazo», la violencia, la falsificación de las actas, etc.

Tras seis años de gobierno en manos del partido conservador, dirigido por Canovas, Alfonso XII en febrero de **1881** impuso el turnismo por primera vez ofreciendo el **gobierno** a los liberales de **Sagasta**. Este primer gobierno del partido liberal comenzó aplicando una política de signo claramente progresista. Decretó una amplia amnistía que afectó sobre todo a los periodistas que habían sido procesados por delitos de prensa y derogó los decretos conservadores que obligaban a ajustar los programas de enseñanza a las rígidas normas impuestas por la jerarquía eclesiástica, siendo reintegrados en sus cátedras prestigiosos profesores vinculados a la **Institución Libre de Enseñanza**, como Emilio Castelar, Eugenio Montero Ríos, Segismundo Moret, Nicolás Salmerón, Gumersindo Azcárate y Fernando Giner de los Ríos, que no habían aceptado la censura católica.

Esta nueva política supuso un importante avance en el derecho de reunión y asociación, la libertad de prensa y en el desarrollo de la libertad de enseñanza, pero también desagradó profundamente a la Iglesia Católica, cuya influencia política y social era muy importante.

Canovas que volvió al gobierno en enero de 1884, supo adaptarse a los cambios que se habían producido de la mano de los liberales y demostró su pragmatismo político y su interés en afianzar el turnismo y consolidar la monarquía parlamentaria en un momento muy difícil para la Corona derivado de la prematura **muerte del rey en noviembre de 1885**.

## La regencia de María Cristina

El joven **Alfonso XII** había conseguido en pocos años despertar las simpatías de una gran parte de la población y el respeto de las fuerzas políticas más relevantes, pues en él residía buena parte de la estabilidad del nuevo régimen. Su fallecimiento podía poner en peligro el porvenir de la monarquía, pues su mujer la regente **María Cristina de Habsburgo** no tenía la experiencia política suficiente para hacerse cargo del poder. Era necesario, por lo tanto, reforzar el acuerdo entre liberales y conservadores para estabilizar el sistema y ayudar lo más posible a la regente. Ante esta situación, **Canovas** se entrevistó con **Sagasta** para establecer las normas sobre el futuro funcionamiento del sistema político (este acuerdo fue conocido como el **Pacto del Pardo**) y al mismo tiempo presentó su dimisión, proponiendo a la regente que encargara el gobierno a los liberales.

El nuevo **gobierno** presidido por **Sagasta**, que abarcó de **1885 a 1890**, impulsó un conjunto de reformas que iban a democratizar el sistema político y a cambiar el carácter moderado y doctrinario de la Constitución de 1876. Las reformas mas trascendentes fueron: la ley del jurado (mayo 1988), la ley de asociaciones (junio 1887), la ley electoral que restablecía el **sufragio universal** masculino para mayores de 25 años (1890) y la redacción de un nuevo Código Civil (1889). Durante este gobierno liberal, Sagasta consiguió también integrar a progresistas, monárquicos radicales y republicanos moderados en un partido liberal que a partir de entonces se convirtió en pieza básica del turnismo.

Estas reformas del gobierno Sagasta supusieron además el reconocimiento de los derechos sociales frente al individualismo jurídico, propio del liberalismo clásico. Sin embargo este avance democrático apenas modificó el rígido sistema político que corrompió la vida parlamentaria y el sistema electoral, dejando fuera a quienes no se sometieron al «turnismo» establecido entre liberales y conservadores. Por la derecha, carlistas, integristas y nacionalistas vascos y catalanes, y por la izquierda, republicanos, socialistas y anarquistas se vieron marginados del juego político, optando algunos por la vía insurreccional o por la violencia política. Los **grupos republicanos**, acaudillados por **Ruiz Zorrilla**, organizaron desde el exilio en París una conspiración militar a principios de agosto de 1883, que tras testimoniales sublevaciones en Badajoz, Santo Domingo de la Calzada y La Seo de Urgel, fue rápidamente sofocada.

Los grupos **anarquistas** habían tenido un importante desarrollo durante el primer gobierno de Sagasta, pues pudieron actuar en la legalidad y celebrar un **congreso en Barcelona en 1881** en el que adoptaron el nombre de *Federación de Trabajadores de la Región Española (FTRE)*, llegando a tener cerca de 60.000 afiliados ese mismo año. Pero, este desarrollo organizativo muy pronto se truncó, pues en 1883 tuvieron lugar una serie de asesinatos en Andalucía que las autoridades atribuyeron a una organización de orientación anarquista llamada *La Mano Negra*, sin vinculación con la recién creada *FTRE* y que sin embargo desencadenaron una brutal represión sobre el conjunto del movimiento anarquista. Desde 1884, la violencia anarquista, en forma de atentados, bombas, secuestros, etc., estuvo dirigida fundamentalmente hacia los patronos, a los que hacían responsables de las míseras condiciones de vida de los obreros, y hacia los políticos, militares y fuerzas del orden, a quienes culpaban de la represión ejercida en la mayoría de las ocasiones de forma indiscriminada. Los **sucesos de Jerez** en 1892, el **atentado** contra el general **Martínez Campos** en 1893, la bomba en el **Teatro del Liceo** en Barcelona en 1893, que causó 20 muertos y 27 heridos, y el atentado de **Cambios Nuevos**, también en Barcelona, en 1896, crearon una espiral de violencia y de represión gubernamental que culminó en el llamado **proceso de Montjuich**, Consejo de Guerra que procesó a 131 acusados, la mayoría anarquistas, sometiéndoles en muchos casos a graves torturas, y que terminó con la ejecución de 5 de ellos y 20 condenados a penas de prisión que oscilaban entre 10 y 20 años. La reacción anarquista no se hizo esperar y el 8 de agosto de **1897** era asesinado Cánovas del Castillo por el anarquista italiano Michelle Angiolillo.

### La Guerra de Cuba y la crisis de 1898

La rebelión independentista en Cuba comenzó en 1868 encabezada por **Carlos Manuel Céspedes** que al frente de un grupo de fuerzas criollas se enfrentó a las tropas españolas hasta que el general **Martínez Campos**, tras una larga campaña militar, logró vencer a la resistencia cubana, firmando con los rebeldes la **Paz de Zanjón** en febrero de **1878**, que significaba el perdón y el indulto para los rebeldes, así como el compromiso de establecer reformas que tendieran al autonomismo.

La situación de debilidad de las colonias españolas en ultramar fue utilizada por los **Estados Unidos** para intervenir en Cuba y hacerse con el control de bases navales en Filipinas. La política del **presidente McKinley** estaba dirigida no solo a ayudar a los rebeldes cubanos y filipinos sino a intervenir directamente en las colonias tratando de conseguir la cesión de las mismas por parte de España. El gobierno Sagasta, que había tomado posesión a principios de octubre de 1897 tras el asesinato de Canovas, se negó a aceptar las exigencias norteamericanas, pero sin renunciar a la negociación con EEUU, al mismo tiempo que impulsaba una política de apaciguamiento en las colonias. Ratificó la autonomía en Cuba, destituyó al general **Weyler** de la Capitanía General de Cuba, declaró una amplia amnistía para los presos políticos de las Antillas y publicó una nueva constitución cubana y puertorriqueña.

Pero cuando en febrero de 1898, el **acorazado Maine** se hundió en el puerto de Habana por una explosión, la prensa sensacionalista de EEUU desató una brutal campaña contra España, culpando a los militares españoles de haber atentado contra el navío y forzaron al presidente McKinley a declarar la guerra a España y a intervenir directamente en Cuba. El 3 de julio la flota española, comandada por el almirante Cervera, fue destruida por la armada norteamericana y el 13 de ese mismo mes caía Santiago de Cuba en manos de los nacionalistas cubanos.

El movimiento independentista en Filipinas estuvo dirigido por el médico y escritor **José Rizal,** que en 1892 funda la *Liga Filipina*, y por **Andrés Bonifacio,** que en 1896 lanza una proclama llamando a la insurrección general contra el dominio colonial español. Las tropas del general **Polavieja** logran sofocar las revueltas y las autoridades españolas cometen la torpeza de detener a José Rizal y condenarlo a muerte, siendo fusilado el 30 de diciembre de 1896. Este suceso dificultó la pacificación del país y tuvo que ser el general Primo de Rivera quién aplicando una política menos represiva que su antecesor, firmó en diciembre de 1897 un pacto con los guerrilleros tagalos prometiendo desarrollar un proceso de reformas que cumpliera las aspiraciones de los filipinos. Poco duró la paz, pues en mayo de 1898 la flota estadounidense venció a la escuadra española en la batalla naval de **Cavite**.

Tras la derrota española, se firmó el Protocolo de Washington que ponía fin a la guerra hispano-norteamericana y abría negociaciones sobre el futuro de Cuba, Puerto Rico y Filipinas, que culminaron en la **Paz de París** (octubre 1898) que supuso la pérdida de todos los territorios españoles en las Antillas y en el Pacífico.

El desastre colonial desató en la opinión pública española un profundo sentimiento de frustración y abatimiento. Tras esta primera reacción de desesperanza en el futuro de España un grupo de escritores conocidos como la ***generación del 98***, entre los que se encontraban Pío Baroja, Azorín, Ramiro de Maeztu, Miguel de Unamuno, Valle Inclán, Ángel Ganivet y Vicente Blasco Ibáñez, y a los que se sumaron algunos intelectuales y políticos como Joaquín Costa, Lucas Mallada, Joan Margall, Ramón y Cajal, Segismundo Moret, Santiago Alba, José Canalejas y Antonio Maura clamaron por la **«regeneración»** de España, por romper con el pasado y volver nuestra mirada hacia Europa, donde se encontraba el futuro y el modelo de modernización del país.

# TEMA 10

# LA PRIMERA GUERRA MUNDIAL
# LOS TRATADOS DE PAZ Y EL NUEVO MAPA DE EUROPA

## ESQUEMA

### LA PRIMERA GUERRA MUNDIAL (1914-1918)

**Antecedentes:** Dos bloques antagónicos: Triple Alianza y Triple Entente

**Causas de la guerra:**
- Crisis coloniales por el dominio de Marruecos
- Crisis nacionalistas en los Balcanes
- Rivalidades políticas y económicas entre potencias

**Causa final**: Regicidio en Sarajevo del heredero del Imperio Austro-Húngaro

**Los Imperios centrales contra el Bloque aliado (1914-1918)**
- Imperios centrales (Alemania, Austria-Hungría, Turquía) y Bulgaria.
- Entente y países aliados: (Rusia, Francia, Gran Bretaña) y Bélgica, Italia, Japón, Grecia, Rumania y Estados Unidos,
- Guerra de movimientos (Plan Schlieffen contra el Plan XVII francés).
- Guerra de posiciones en los dos Frentes (Occidental y Oriental).
- Crisis de 1917 (Entrada de EE.UU. en la guerra y salida de Rusia).
- Final de la Guerra. Ofensiva alemana. Triunfo aliado. Armisticio.

**Consecuencias de la Gran Guerra:** Muerte y ruina de millones de personas. Renacer nacionalista que ocasionaría los regímenes dictatoriales y fascistas.

### LOS TRATADOS DE PAZ Y EL NUEVO MAPA DE EUROPA

- Las Conferencias de Paz y los Tratados internacionales (1919/1923).
- Las consecuencias de la aplicación de la paz y la nueva Europa.
- La Sociedad de Naciones.

**Diferentes Tratados Internacionales surgieron de las «paces de París».**
- La paz de Versalles (países vencedores con Alemania).
- La paz de Saint-Germain (países vencedores con Austria).
- La paz de Neuilly (países vencedores con Bulgaria).
- La paz de Sèvres (países vencedores con Turquía).

**Consecuencias de los Tratados: nuevo mapa de Europa y sus colonias.**
- Desmembramiento de los Imperios europeos.
- Reparaciones de guerra. Conferencias Internacionales.
- Fracaso de las relaciones europeas. El camino hacia otro conflicto.

**La Sociedad de Naciones: evolución de su actuación.**
- Antecedentes: los 14 puntos del Presidente Wilson.
- Organización y desarrollo.
- Logros y fracasos de la SDN

## TEMA 10

## LA PRIMERA GUERRA MUNDIAL. LOS TRATADOS DE PAZ Y EL NUEVO MAPA DE EUROPA

La situación internacional a finales del siglo XIX estuvo caracterizada por agitaciones nacionalistas en los imperios austro-húngaro y turco, una gran rivalidad austro-rusa en los Balcanes, anglo-rusa en el Mediterráneo oriental y franco-alemana a causa de la ocupación germana de Alsacia y Lorena. El colonialismo emprendido por las potencias europeas también fue un factor de la rivalidad y tensión, que años después conduciría a una Gran Guerra.

**La Europa de los bloques (1890-1914). Triple Alianza y Triple Entente**

La política exterior alemana diseñada por el canciller alemán Otto von Bismarck, que consistía en aislar a Francia y evitar así la guerra en Europa, había fracasado. Francia salió de su aislamiento y frente al sistema de alianzas diseñado por Alemania en 1882, la **Triple Alianza** formada por Alemania, Austria-Hungría e Italia, surgió en 1907 un bloque antagónico, la **Triple Entente** integrado por Francia, Inglaterra y Rusia. Esta confrontación acentuó los tradicionales antagonismos, a los que se añadieron las reivindicaciones nacionalistas y las rivalidades económicas y coloniales.

El Imperio alemán extendió su dominio con la **Weltpolitik** (política colonial) gracias a su poderosa marina mercante y de guerra. El II

Reich se militarizó rápidamente para convertirse en una gran potencia y desarrolló su industria y comercio hasta alcanzar en 1913 el segundo puesto en el comercio internacional. Este crecimiento económico y militar le creó enemigos entre las otras potencias mundiales, sobre todo Gran Bretaña, que salió de su aislamiento y procuró buscar alianzas para hacer frente al poder económico y naval de Alemania. En 1904 Inglaterra llegó a un acuerdo amistoso con Francia, formando con ella la **Entente cordial.** En 1907 solucionó con Rusia los problemas en Asia (Tibet, Afganistán y Persia) y junto con Francia formaron la **Triple Entente**. En 1914 los dos bloques antagónicos ya estaban formados: **los Imperios centrales** (Alemania, Austria-Hungría y Turquía) contra **los Estados de la Entente** (Inglaterra, Francia y Rusia). Finalmente Italia, participante de la Triple Alianza hasta su ruptura con Alemania en 1902, decidió en 1915 entrar en guerra contra Austria y aliarse con la **Entente.**

### Causas de la Primera Guerra Mundial

Desde principios del siglo XX las potencias mundiales se enfrentaron en distintas crisis: las **coloniales** entre Alemania y Francia por el dominio de Marruecos, y las **balcánicas** de carácter nacionalista, entre Austria-Hungría y Rusia por el predominio en la zona.

**La primera crisis** (**colonialista**) entre Francia y Alemania comenzó en 1905, cuando el emperador Guillermo II pronunció en Tánger un discurso defendiendo la independencia de Marruecos y de su comercio contra la influencia francesa. En 1906 se reunió en Algeciras una Conferencia Internacional para resolver el problema marroquí y se decidió otorgar a Francia y a España el control de los puertos marroquíes. Esta solución significó un fracaso para Alemania.

**La segunda crisis** fue **balcánica**. El trono de Serbia lo ocupaba desde 1903 el rey pro-ruso Pedro I, que deseaba unir a todos los eslavos contra Austria-Hungría, potencia predominante en la zona balcánica. Rusia, que había perdido en 1905 la guerra contra Japón, estaba interesada también en los Balcanes. En 1908 el Imperio austriaco se anexionó Bosnia-Herzegovina para reprimir el nacionalismo eslavo y aunque Rusia y Serbia se opusieron, al fin tuvieron que aceptar el predominio austriaco.

**La tercera crisis** (**colonialista**) también ocurrió en Marruecos a causa de la ocupación de Fez y Meknés por las tropas francesas en 1911. Alemania consideró violado el Tratado de Algeciras y para manifestar su protesta envió a Agadir (puerto del sur marroquí) el acorazado «Panther» con un contingente militar. Tras largas negociaciones, Alemania firmó un Tratado con Francia por el que obtenía una parte del Congo francés a cambio de permitir la penetración francesa de Marruecos. Este Acuerdo significó, otra vez, un éxito para Francia y el robustecimiento de la Triple Entente.

**La cuarta crisis** ocurrió de nuevo en **los Balcanes**. En octubre de 1912 los Estados balcánicos de Serbia, Bulgaria, Grecia y Montenegro declararon la guerra a Turquía con el fin de expulsarla de sus posesiones europeas. Rusia se unió a los Estados balcánicos y pronto éstos triunfaron.

Todas esas crisis acrecentaron las rivalidades entre países. Austria se unió a Alemania para impedir nuevos brotes del nacionalismo eslavo, Gran Bretaña competía navalmente con Alemania, los rusos y eslavos se sentían amenazados por el pangermanismo austriaco, mientras Francia continuaba otorgando su apoyo a Rusia contra Alemania. El imperialismo había creado lo que se llamó la «paz armada».

## Comienzo de la Gran Guerra

El heredero del trono de Austria-Hungría, el archiduque Francisco Fernando, el 28 de junio de 1914 fue asesinado por un nacionalista bosnio en **Sarajevo**, capital de Bosnia-Herzegovina (perteneciente al Imperio austro-húngaro). Este regicidio constituyó la crisis definitiva, ya que fue el detonante del conflicto mundial.

En julio de 1914 Austria declaró la guerra a Serbia, a la que acusó de complicidad indirecta en el magnicidio y Rusia, en apoyo a Serbia, movilizó sus tropas contra Austria, que inmediatamente entró en guerra contra Rusia y su aliada Francia. Gran Bretaña entró en la contienda cuando Alemania el 4 de agosto invadió Bélgica para conquistar Francia por el norte.

A la **Triple Entente** se unieron Serbia, Bélgica, Portugal, Rumania, Grecia, Italia y Japón y al **Bloque Alemán-Austríaco** lo hicieron Turquía y Bulgaria. En 1917 entró en la guerra Estados Unidos para unirse a los aliados contra Alemania, lo que ocasionó la participación de las principales naciones en la contienda.

## Evolución del conflicto mundial

La Primera Guerra Mundial se desarrolló en dos frentes: **el occidental** entre Francia y Alemania y **el oriental** entre Rusia y Alemania, y en cuatro etapas diferentes:

1ª) *Guerra de movimientos* (1914)

Alemania, siguiendo el **Plan del general Schlieffen**, invadió Bélgica violando su neutralidad y atacó a Francia por el norte, lo que motivó que los ejércitos ingleses y franceses se retiraran de la región de Lorena y tomaran posiciones sobre el río Sena y el Marne con el fin de defender París. El **Plan XVII** de Francia, que había colocado a su ejército a lo largo de su frontera oriental, había fracasado por el sorpresivo y rápido ataque de las tropas alemanas. Esta etapa se caracterizó por los grandes desplazamientos de tropas de uno y otro bando (guerra de movimientos).

El primer éxito de los alemanes hizo que el general Moltke sustrajera del frente occidental cuatro divisiones que envió al **frente oriental**, puesto que Rusia había invadido Prusia oriental. Con el ejército alemán disminuido en Francia, las tropas aliadas contraatacaron e hicieron retroceder a las alemanas hasta Lorena. No sólo había fracasado el Plan XVII, sino también el Plan Schlieffen. A mediados de noviembre ambos ejércitos quedaron inmovilizados en sus posiciones frente a frente, desde la frontera suiza hasta el mar del Norte. Así se mantuvieron en este **frente occidental** hasta la primavera de 1918.

**En el frente oriental** Rusia, de acuerdo con Francia, invadió Polonia y Prusia para distraer al ejército alemán. Pero la falta de preparación del ejército ruso ocasionó su gran derrota en Tannenberg (Prusia) y en los lagos Masurianos (Polonia) entre agosto y septiembre de 1914. Sin embargo, las tropas rusas tuvieron éxito contra Austria en las batallas de Lubin-Lvov y de Ivangorod-Varsovia. Los rusos conquistaron Galitzia y junto con los serbios vencieron a los austriacos, que se tuvieron que retirar a los Cárpatos, quedando el frente oriental estabilizado en una línea que abarcaba desde el Báltico a los Cárpatos, en la cuenca del Vístula.

**1914** terminó con un resultado nulo para ambos bloques. La **Entente** mantuvo durante toda la guerra el **frente oriental**, menos decisivo que el **occidental**, para conseguir frenar la ofensiva alemana en Francia. Japón, con el fin de apoderarse de las concesiones alemanas en Extremo Oriente para ampliar su zona de influencia en China del Norte, había declarado la guerra a Alemania en agosto y se alió con la Entente, aunque el bloque compuesto por los Imperios Centrales también se fortaleció al unirse Turquía a los alemanes.

2ª) *Guerra de posiciones* (1915-1916)

A lo largo de 1915 y 1916, diferentes países fueron apoyando a uno u otro bloque. Así, Italia se inclinó hacia los aliados para defender sus intereses contra Austria. Sin embargo, Bulgaria se unió a Alemania para obtener ventajas territoriales en los Balcanes, mientras Rumania firmaba un tratado con los aliados.

Para desbloquear las posiciones de ambos bandos, que permanecían sin avances significativos en uno y otro frente, los dos contendientes fueron utilizando diferentes estrategias de un modo simultáneo o sucesivo, como la guerra de ruptura (cortando el paso de las tropas enemigas en una posición determinada), de desgaste (con la utilización de armas sofisticadas y mantenimiento de las tropas en la trincheras) y de diversión (ofensivas y contraofensivas rápidas y demoledoras).

**1915 fue un año indeciso** porque los dos bloques antagónicos aplicaron a la vez un nuevo modo de hacer la guerra: excavaron kilómetros de trincheras (grandes zanjas protegidas por sacos terreros, alambradas y campos de minas) para mantenerse en sus posiciones defensivas. Fue un cambio radical en la manera de realizar la guerra: se pasó de la estrategia de movimientos a la de posiciones. Para romper el sistema de trincheras se utilizaban ametralladoras, lanzallamas y gases asfixiantes, que aunque no lograron eliminar al bando contrario sí que permitieron mantenerse con pocas tropas en sus posiciones respectivas. Los alemanes pudieron así reforzar el **frente oriental** y derrotar a los rusos en el verano de 1915. Polonia y Galitzia fueron de nuevo ocupadas por Alemania, que avanzó 150 kms. hacia el este y de norte a sur.

En el **frente occidental** los franceses e ingleses trataron de romper la línea alemana que sólo estaba a 90 kms. de París. Pero las ofensivas del mariscal Joffre en Champagne y Artois fracasaron por el envío masivo de tropas alemanas. Italia declaró en mayo la guerra a Austria-Hungría, creándose así el **frente sureste**, donde fueron detenidos los alemanes. En octubre Bulgaria se unió a los Imperios Centrales. Éstos, a finales de 1915 dominaban en todos los frentes y ocupaban Bélgica, el NE de Francia, Polonia, Lituania y Serbia.

**En 1916**, para terminar definitivamente con ambas posiciones, los dos bloques aplicaron la **táctica del desgaste y de distracción** en tres sitios clave: Verdún y la Somme en Francia y Lutsk en Polonia.

Alemania concentró el grueso de su ejército en el **frente occidental** y el 21 de febrero atacó Verdún. Seis meses duró este ataque que no pudo ganar la plaza por el empeño tenaz del ejército francés dirigido por los generales Pétain y Nivelle. Las posiciones no cambiaron aunque esta resistencia supuso para Francia una victoria moral.

En el verano de 1916 el general francés Joffre lanzó una ofensiva en la Somme, donde se utilizaron carros de combate británicos. Así disminuyó la presión alemana sobre Verdún y los aliados pudieron avanzar hacia el este causando grandes pérdidas a las tropas alemanas.

En el **frente oriental** los rusos lanzaron una nueva ofensiva en la frontera rusa con Polonia para mermar las tropas alemanas. Rusia reconquistó Galitzia y Bucovina e hizo casi 400.000 prisioneros germanos, quedando estabilizado el frente oriental desde entonces.

1916 terminó sin grandes resultados por ambos bandos, lo que llevó a los políticos a buscar el fin de la guerra por medios negociadores.

3ª) *1917, fecha clave de la guerra*

En este año se produjeron tres hechos esenciales que desembocarían en el final de la guerra:
1ª Estados Unidos entró en el conflicto como aliado de la Entente.
2ª Se produjo la retirada de Rusia.
3ª Se manifestó un cansancio generalizado en ambos ejércitos y en las poblaciones de las potencias enfrentadas.

**Entrada en la guerra de los Estados Unidos de América.** Como la guerra de desgaste no solucionaba el conflicto, Alemania decidió una gran ofensiva submarina para destruir a la flota británica y lograr la rendición inglesa.

Aunque el presidente norteamericano Wilson mantenía la neutralidad de su país, sin embargo y de acuerdo con el Congreso, decidió entrar en la guerra cuando Alemania declaró que el tráfico de mercancías de los países neutrales hacia los aliados se consideraba un acto de guerra contra los Imperios Centrales. Los submarinos alemanes no respetaron la neutralidad americana hundiendo barcos mercantes de los Estados Unidos que transportaban mercancías a los aliados o personas de uno a otro continente. Además, fue interceptado el telegrama del general Zimmerman (ministro alemán de Exteriores) por el que el gobierno del Kaiser Guillermo II ofrecía a Méjico su ayuda para que recuperara los territorios mejicanos ocupados por Estados Unidos. La entrada en la guerra de Norteamérica fue el detonante para que la mayor parte de América Latina y China también apoyaran con tropas y mercancías a los aliados. De esta forma la **Entente** pudo recuperarse y dar un vuelco al conflicto.

**Retirada de Rusia.** Ante las graves pérdidas sufridas por la población y el ejército ruso, un grupo de políticos revolucionarios provocaron en febrero de 1917 una revolución socialista, que terminó finalmente con el régimen del Zar. El nuevo régimen liberal intentó proseguir la guerra contra los Imperios Centrales, pero en octubre se produjo la revolución soviética en Rusia, liderada por Lenin, que dio el poder a los bolcheviques. Éstos firmaron en marzo de 1918 **la paz de Brest-Litovsk** con Alemania. Al retirarse Rusia de la guerra perdió Polonia, Ucrania, Finlandia y las provincias bálticas y se comprometió a pagar grandes indemnizaciones de guerra a Alemania.

**El cansancio de los ejércitos y poblaciones** de ambos bandos también supuso en 1917 la búsqueda de la paz a todo trance. Los obreros presionaban con huelgas y los ejércitos se amotinaban debido a las penurias de la guerra y a la falta de abastecimiento. Se sucedieron diversas crisis internas en los países beligerantes que les llevó a realizar cambios políticos y negociaciones intensas para acabar con el conflicto mundial.

El Presidente Wilson sumándose a las corrientes pacifistas que estaban predominando en los foros internacionales, dirigió un discurso ante el Congreso de su país, en enero de 1918, los famosos «Catorce Puntos», que eran una serie de propuestas para garantizar una paz mundial duradera tras el final de la guerra. Podemos destacar por su creciente actualidad, la recomendación de dar publicidad a las negociaciones diplomáticas, la internacionalización de la economía, la autonomía e independencia para muchos pueblos europeos, la reducción de los armamentos y sobre todo, la formación de una Asociación general de naciones que garantizase su mutua independencia y total seguridad.

4ª) *Las grandes ofensivas de 1918 y el fin de la guerra*

Al suprimirse el frente oriental por la retirada de Rusia, Alemania lanzó sus últimas ofensivas sobre Francia en la primavera de 1918. París peligró, pero los aliados consiguieron, con la ayuda americana, frenar el avance alemán. Desde agosto de 1918 los aliados fueron obligando a los ejércitos imperiales a retroceder y a abandonar Francia. Los frentes de Italia y Turquía habían sido eliminados en septiembre con la victoria aliada y en octubre se creó el nuevo estado checoslovaco. Austria y Turquía pidieron la paz, y Alemania, aún sin ser vencida, tuvo que capitular, solicitando del presidente Wilson su mediación para firmar con los aliados el armisticio sobre la base de los «Catorce Puntos» propuestos por el presidente americano. Éste impuso la evacuación inmediata de todos los territorios ocupados, el fin de la guerra submarina y el establecimiento en Alemania de un gobierno democrático. El 9 de noviembre de 1918 el emperador Guillermo II se vio forzado a abdicar y se exilió en Holanda, haciéndose cargo del gobierno alemán el socialista Ebert, que firmó **el armisticio** el 11 de noviembre de 1918.

### Consecuencias de la Gran Guerra

Por primera vez se puede hablar de una civilización que se vio afectada por una guerra devastadora, origen de las crisis que se sucedieron en el siglo XX. La Gran Guerra había puesto fin a cinco siglos de expansión y hegemonía de Europa en el mundo y no resolvió las contradicciones imperialistas que provocaron la guerra misma. Costó la vida aproximadamente a ocho millones de personas y la invalidez a cerca de seis millones, así como la ruina física y económica de muchos países. Sin embargo, de ella surgió un mundo distinto como consecuencia de la caída de los centenarios imperios multinacionales, de la revolución soviética, de la recomposición de los imperios coloniales y del diseño de un nuevo orden internacional.

Éste fue el primer conflicto mundial (los cinco continentes estuvieron involucrados de alguna forma) que supuso una «guerra total» de larga duración (4 años). Se probaron y emplearon nuevas tácticas y técnicas militares. La sofisticación armamentística estuvo caracterizada por la construcción de trincheras, la utilización de gases venenosos, lanzallamas, carros de combate, submarinos, aviones preparados para el ataque y los bombardeos, fusiles como los Mauser de gran poder destructivo, etc.

## LOS TRATADOS DE PAZ Y EL NUEVO MAPA DE EUROPA

En enero de 1919 los representantes de todas las naciones aliadas, lideradas por Francia, Gran Bretaña, Estados Unidos e Italia se reunieron en París y redactaron los Tratados de Paz que debían firmar los países vencidos. Desde ese momento las relaciones internacionales surgidas tras la Gran Guerra se desarrollarían con diferentes presupuestos políticos, según fueran consolidándose los nuevos Estados europeos y recuperándose económicamente las potencias enfrentadas. Hasta 1923 predominó el «Espíritu de Versalles», reivindicativo y revanchista, surgido de los Tratados que se firmaron en París y sus alrededores.

# LAS NUEVAS FRONTERAS EN EUROPA, 1919-1923

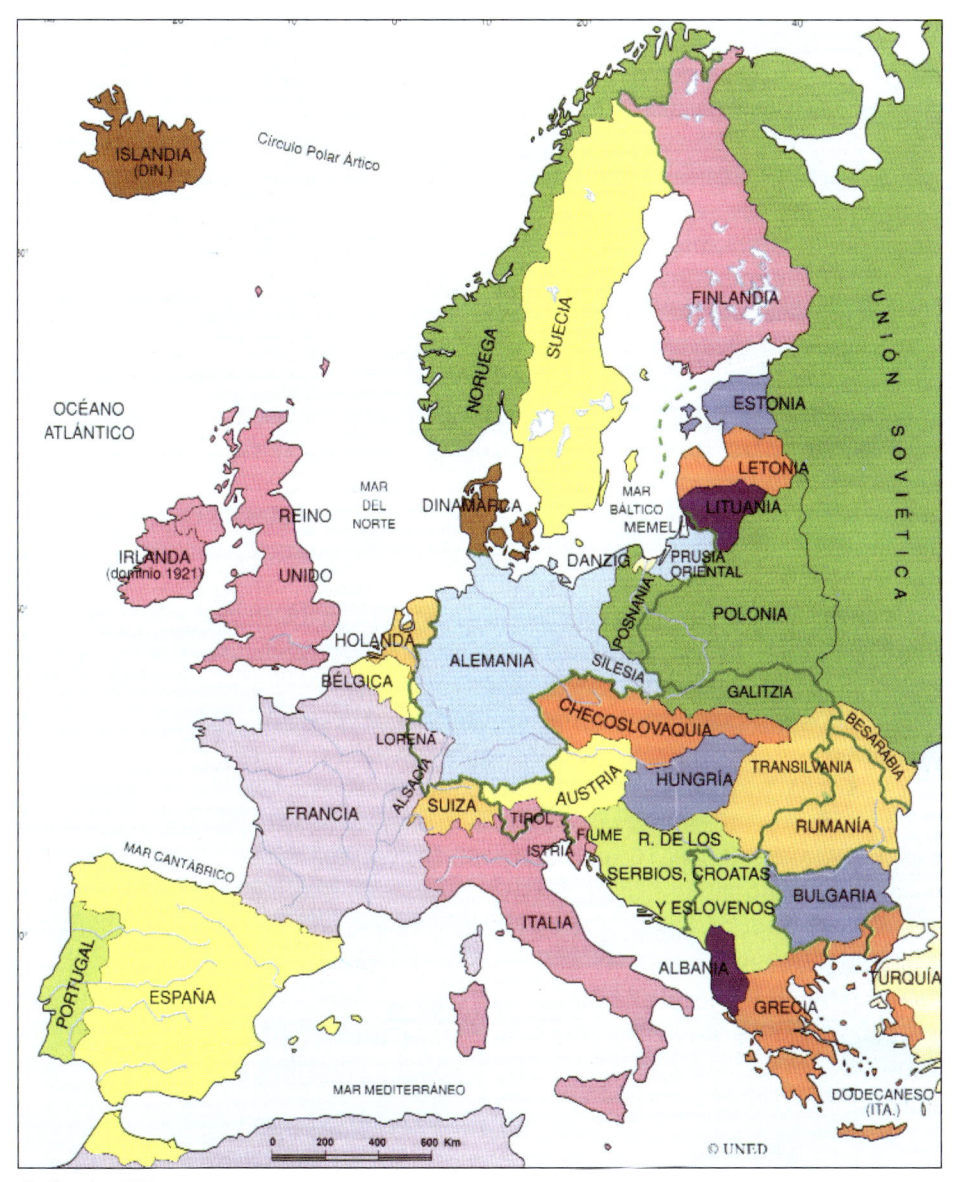

O. C., pág. 207.

## Las Conferencias de paz de París

- **El Tratado de Versalles** fue el más importante y se firmó con Alemania, el gran país derrotado, al que se impusieron unas condiciones durísimas. Perdió territorios tan fundamentales como Alsacia y Lorena, el Sarre, Renania, así como todas sus colonias en Asia y África; quedó desarmada y desmilitarizada y se le conminó al pago de fuertes reparaciones de guerra por ser responsable de la misma. Las humillantes condiciones impuestas a Alemania en París fueron una de las causas del renacer nacionalista que veinte años más tarde provocaría la II Guerra Mundial.

- **El Tratado de Saint-Germain-en-Laye** se firmó con Austria, a la que se prohibió unirse a Alemania y formar un ejército profesional mayor de 30.000 hombres. Surgieron nuevas naciones como Yugoslavia o Checoslovaquia y se reconoció la independencia de Hungría. Italia aprovechó este Tratado para apropiarse del Tirol, el Trentino, Istria y Trieste, pertenecientes anteriormente al Imperio austríaco.

- **El Tratado de Neuilly** se suscribió con Bulgaria, que tuvo que ceder a Grecia la Tracia mediterránea, aunque se le permitió un acceso al mar.

- **El Tratado de Trianon** se firmó en junio de 1920 con Hungría, que tuvo que ceder Eslovaquia a Checoslovaquia, Croacia y Eslovenia a Yugoslavia, parte del Banato a Rumanía y la otra parte a Yugoslavia, y Transilvania a Rumanía. También se limitó el ejército húngaro a sólo 35.000 hombres.

- **El Tratado de Sèvres**, ratificado en agosto de 1920, obligaba a Turquía a que sus estrechos fueran internacionalizados y a entregar a los aliados Armenia, que inmediatamente consiguió la independencia. El Kurdistán también logró su autonomía e Irak, Palestina, Transjordania, Chipre y Arabia pasaron a depender de Gran Bretaña; Siria y el Líbano de Francia; el sur de Anatolia, el Dodecaneso, Rodas y Adalía de Italia, y Esmirna, Tracia, Gallipoli y las islas egeas no italianas se concedieron a Grecia. A Turquía sólo le quedaba en Europa la ciudad de Constantinopla (Estambul).

Con la **creación de nuevos Estados soberanos** quedó reestructurado el mapa de Europa y el de sus colonias. **Desaparecieron los Imperios ruso, austro-húngaro, alemán y turco.** Del desmembramiento de Rusia, que no estuvo en la firma de los Tratados por el hundimiento del zarismo, se formaron los nuevos Estados de Polonia, Lituania, Estonia, Letonia y Finlandia. La entrega de los territorios que formaron parte del Imperio turco a los aliados supuso que se comprometieran a administrarlos en régimen de «mandatos» o «protectorados».

Sin embargo, los Tratados que se firmaron en París no dejaron convencidos a los vencedores y menos a los vencidos. Así, en 1923 se firmó en Lausanne (Suiza) un Tratado entre los aliados y Turquía para revisar el firmado en Sèvres en 1920. Los territorios perdidos en Asia Menor, como Armenia, Anatolia, Adalía, Líbano y Esmirna fueron recuperados por Turquía con el beneplácito de los vencedores, que deseaban el equilibrio en Oriente Próximo. La joven república turca liderada por Mustafá Kemal Ataturk también consiguió que se le devolviera el territorio europeo de la Tracia oriental, en perjuicio de Grecia.

Asimismo, las excesivas reparaciones de guerra que se habían impuesto a Alemania en Versalles habían originado la suspensión de pagos y la solicitud del gobierno alemán de una moratoria en los pagos. Inglaterra estuvo de acuerdo pero Francia se negó e incluso ocupó la cuenca del Ruhr, fundamental para la recuperación industrial de Alemania. Se abrió entonces una crisis franco-alemana por la resistencia de la población a trabajar para los franceses y la intransigencia del gobierno galo. Con el cambio del canciller Cuno por Stresmann, Alemania se avino a suspender el boicot en el Ruhr y el gobierno francés consintió en reunirse en Locarno (Suiza) con los representantes alemanes y lograr así la distensión y un mejor entendimiento, suprimiendo muchas de las imposiciones económicas hacia Alemania. En la Conferencia de Locarno de octubre de 1925, donde se reunieron los representantes de Francia, Gran Bretaña, Bélgica, Italia, Polonia, Checoslovaquia y Alemania, surgió el nuevo «**Espíritu de Locarno**» que significaría en adelante la distensión y la reconciliación franco-alemana. Incluso se permitió a Alemania su entrada como miembro de pleno derecho en la Sociedad de Naciones (septiembre de 1926).

## La Sociedad de Naciones: evolución de su actuación

En la Conferencia de París también se pusieron las bases para que una Sociedad Internacional velara por el cumplimiento de las condiciones de paz. Así nació la **Sociedad de Naciones**, organismo que intentaría resolver los contenciosos internacionales por la vía del diálogo y la reparación, aunque en toda su trayectoria no tuvo demasiado éxito.

La Sociedad de Naciones se inauguró en abril de 1919 en la sesión plenaria de la Conferencia de Paz celebrada en el Palacio de Versalles. Quedó integrada, en un principio, por los países vencedores, salvo Estados Unidos que no llegó a formar parte de ella. El presidente demócrata Wilson había sido su promotor, pero al no ser reelegido en noviembre de 1920, el Senado americano, de mayoría republicana, vetó la participación de EE.UU. en ella. Gran Bretaña, Francia, Italia y Japón, además de trece países neutrales y todos los que aceptaron las obligaciones del pacto y fueron siendo admitidos con el voto favorable de las dos terceras partes de los miembros, iniciaron la andadura de esta Asociación que debería actuar como árbitro de la paz. La sede se fijó en Ginebra, Suiza.

Los órganos de la Sociedad fueron: **La Asamblea**, constituida por todos los representantes de los Estados asociados, reunida ordinariamente en septiembre de cada año y con carácter extraordinario en casos extremos (cada delegado tenía derecho de voto). **El Consejo Permanente**, compuesto por cinco integrantes fijos: Francia, Italia, Gran Bretaña, Japón y China, más cuatro miembros temporales elegidos por la Asamblea (seis desde 1922 y nueve en 1926). Ambos órganos tenían las mismas atribuciones (negociación de conflictos y mediación), no obstante el Consejo ejercía una actividad política más intensa y se reunía varias veces al año. Además, se creó una **Secretaría General permanente** encargada de preparar los trabajos, con un **Secretario General** al frente de la organización, que debía permanecer en Ginebra.

Aunque las tareas encomendadas a la Sociedad de Naciones fueron básicamente dos –el arbitraje de la paz y la seguridad (hacer cumplir los Tratados, el control de las ciudades libres, el desarme, etc.)– también debía favorecer la cooperación internacional. Sin embargo, la SDN carecía de fuerza diplomática suficiente para lograr sus objetivos, debido a la ausencia de los Estados Unidos y de otras grandes potencias, como el Japón, que pronto abandonó este organismo internacional, y Rusia (constituida ya en la URSS), que hasta 1934 no entró en ella.

Asimismo se crearon una serie de organismos con competencias muy diversas, como el Tribunal de Justicia de La Haya para el arbitraje de conflictos; la Oficina Internacional del Trabajo para organizar la legislación laboral, el Centro Internacional de cooperación intelectual, etc. Algunos de estos organismos permanecen aún como parte integrante de las Naciones Unidas.

La eficacia en el cumplimiento de los mandatos de la Sociedad de Naciones fue puesta en tela de juicio debido a las acusaciones del manejo oportunista de las grandes potencias. Su dependencia de Francia, Gran Bretaña e Italia hizo que algunos países la fueran abandonando, o se sumaran a ella cuando las circunstancias les eran favorables. Su gran fracaso fue la imposibilidad de conseguir que se olvidaran las afrentas sufridas en el gran conflicto, sobre todo la humillación causada al Estado alemán al imputarle toda la responsabilidad de la contienda y la demanda de las indemnizaciones de guerra. Tampoco pudo evitar que los nacionalismos, fascismos y racismos se extendieran y crearan el clima propicio para el estallido de otra Gran Guerra Mundial en 1939.

A pesar de los fracasos de la Sociedad de Naciones, hay que reconocer algunos aspectos positivos en su actuación. Por ejemplo, mejoró la comunicación internacional, resolvió disputas fronterizas entre Finlandia y Suecia, Albania y Yugoslavia, Polonia y Alemania, y entre Hungría y Checoslovaquia. En 1925 logró que el «Espíritu de Versalles», inaugurado en 1919 y asociado al sistema de alianzas revanchistas y a la aniquilación del Imperio alemán, fuera sustituido por el «Espíritu de Locarno», el de la distensión y el perdón. La SDN estuvo representada en la Conferencia de Locarno de 1925, en la que también se acordó la mejora de las relaciones internacionales entre vencedores y vencidos, con la derogación de la carga económica que se había impuesto a Alemania.

**La Sociedad de Naciones** fue el ensayo internacional que serviría para fundar después de la Segunda Guerra Mundial la Organización de las Naciones Unidas (ONU).

# TEMA 11

# LA REVOLUCIÓN RUSA. LA DICTADURA DE STALIN

## ESQUEMA

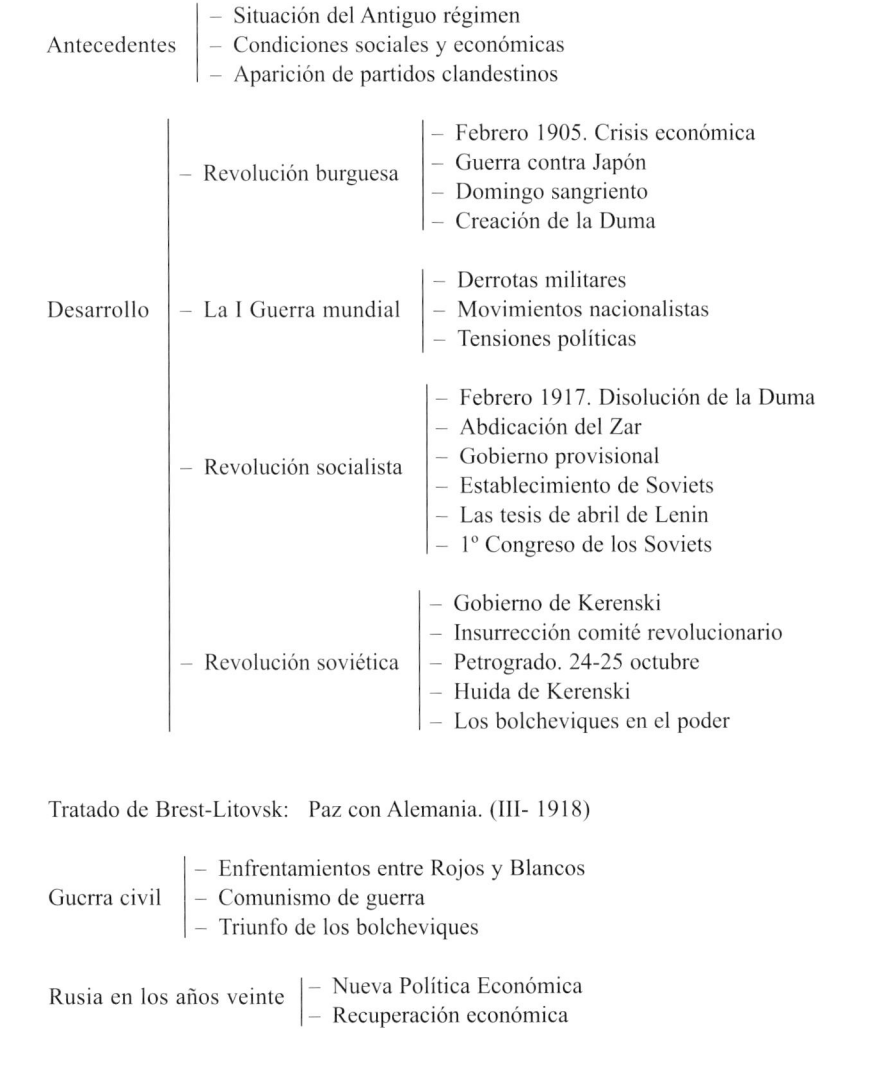

**Antecedentes**
- Situación del Antiguo régimen
- Condiciones sociales y económicas
- Aparición de partidos clandestinos

**Desarrollo**
- Revolución burguesa
  - Febrero 1905. Crisis económica
  - Guerra contra Japón
  - Domingo sangriento
  - Creación de la Duma
- La I Guerra mundial
  - Derrotas militares
  - Movimientos nacionalistas
  - Tensiones políticas
- Revolución socialista
  - Febrero 1917. Disolución de la Duma
  - Abdicación del Zar
  - Gobierno provisional
  - Establecimiento de Soviets
  - Las tesis de abril de Lenin
  - 1º Congreso de los Soviets
- Revolución soviética
  - Gobierno de Kerenski
  - Insurrección comité revolucionario
  - Petrogrado. 24-25 octubre
  - Huida de Kerenski
  - Los bolcheviques en el poder

Tratado de Brest-Litovsk: Paz con Alemania. (III- 1918)

**Guerra civil**
- Enfrentamientos entre Rojos y Blancos
- Comunismo de guerra
- Triunfo de los bolcheviques

**Rusia en los años veinte**
- Nueva Política Económica
- Recuperación económica

173

| | |
|---|---|
| La dictadura de Stalin | – Muerte de Lenin<br>– Radicalismo de Stalin<br>– Colectivizaciones forzosas: Kolhozes y Solhozes<br>– Campos de trabajo forzosos: Goulag<br>– Avance de la industrialización<br>– Represión y purgas |
| Constitución de 1936 | – Reconocimiento nacionalidades<br>– Repúblicas autónomas y federadas<br>– Regiones autónomas.<br>– Poder absoluto del Partido |

# TEMA 11

## LA REVOLUCIÓN RUSA. LA DICTADURA DE STALIN

En 1917 estalló en Rusia una revolución sin precedentes, inspirada en las teorías marxistas y dirigida por un pequeño grupo de bolcheviques. Fue un acontecimiento que trastornó la geopolítica europea. En nombre del ideal socialista se instauró un sistema de gobierno totalmente nuevo. La revolución rusa tuvo un significado mundial, pero con unas características específicamente rusas.

Hay que distinguir tres etapas en el proceso revolucionario: la revolución burguesa de febrero de 1917, la revolución socialista del mes de octubre, y la revolución nacional que afectó a la periferia del Imperio.

## Rusia a principios del siglo XX

Desde finales del siglo XIX el régimen zarista se debatía entre el arcaísmo y la modernidad. Las duras condiciones sociales de la población se vieron agravadas por el despegue de una industrialización tardía. La modernización originó que muchos obreros adoptasen el marxismo y otras ideologías revolucionarias. Pero todos estos cambios sociales y económicos no significaron un cambio de la política inmovilista del zar Nicolás II.

En el ámbito político aparecieron una serie de partidos clandestinos. Los **Kadetes, (Partido Demócrata Constitucional)**, estaba compuesto por liberales. Los **Socialistas populares** agrupaban a intelectuales y campesinos acomodados de carácter nacionalista. El **Partido Socialdemócrata ruso**, que estaba compuesto por socialistas de todos los matices, y preconizaba la toma del poder por los trabajadores, se dividió en 1903 en dos fracciones: la mayoría (bolshinstvo) y la minoría (menshinsvo), de donde vienen los nombres de **Bolcheviques** y **Mencheviques**.

Los **Bolcheviques** constituyeron el **Partido Comunista** para subrayar su ruptura con los socialistas moderados y se declararon partidarios de la insurrección popular y de la constitución de la «Dictadura del proletariado».

### La revolución burguesa de 1905

Los factores que motivaron la revolución de 1905 fueron muy diversos: la grave crisis económica, la guerra contra Japón que se convirtió en un desastre, los deseos de la burguesía para que fuese abolida la autocracia zarista y el levantamiento de las nacionalidades oprimidas por el Estado. Sin embargo, no puede hablarse propiamente de una revolución, sino de un conjunto de manifestaciones que desembocaron en enero de 1905 en el **domingo sangriento**, cuando los obreros fueron reprimidos violentamente en San Petersburgo.

El zar Nicolás II se vio obligado a realizar algunas concesiones: libertad de expresión, de asociación y derecho de voto a todos los ciudadanos, y sobre todo la creación de una **Duma** (Parlamento), con poderes para aprobar las leyes. Tales medidas representaron la entrada de Rusia en la era del constitucionalismo y contentaron a la burguesía y a los campesinos, salvo a los revolucionarios de las diferentes corrientes socialistas que quedaron aislados. Paralelamente se alcanzó un acuerdo con Japón para poner fin a la guerra. El **soviet** de Petersburgo (*soviet* significa Consejo y eran asambleas elegidas por las organizaciones de obreros, campesinos y soldados) surgido durante los acontecimientos de 1905, fue desmantelado en el mes de diciembre y sus líderes tuvieron que huir o fueron encarcelados.

### Rusia y la 1ª Guerra mundial

La 1ª Guerra mundial fue el catalizador del fenómeno revolucionario, que puso de manifiesto las grandes debilidades del régimen zarista. En agosto de 1914 Rusia entraba junto a los aliados en el conflicto europeo. La burguesía rusa recibió con entusiasmo esta decisión, pues la consideraba como un medio para obligar al Zar a una abdicación constitucional. Sin embargo las derrotas militares entre 1916 y 1917, los muertos y heridos en combate, a los que hay que añadir un millón de víctimas civiles, la desorganización de la guerra, las dificultades económicas, la reorientación de la industria a la construcción de armamentos y el alza de los precios en una economía que dependía del mercado europeo, degradaron las condiciones de vida del proletariado y de las clases medias. Las demandas económicas generaron graves tensiones en la vida política del país. El zar Nicolás II no hizo caso de las advertencias de los miembros liberales y progresistas de la Duma para que fuese instaurado un poder constitucional, y hacia finales de 1916 la situación se tornó insoportable. Los sectores moderados, que fueron contrarios a la revolución de 1905, se unieron a los obreros en febrero de 1917.

A medida que las derrotas se sucedieron los movimientos nacionales se radicalizaron. En los territorios conquistados por las potencias Centrales en Lituania, Polonia y Galitzia despertaron los nacionalismos, y sus ejércitos terminaron enfrentándose al Imperio ruso. En el año 1917 el poder zarista había perdido el control de la periferia del país.

### Revolución socialista de febrero 1917

Las revueltas del mes de febrero en Petrogrado sorprendieron a un régimen desacreditado y pronto se convirtieron en una revolución. En el transcurso de una semana el gobierno zarista se derrumbó y las tropas enviadas para reprimir a los obreros se unieron a los manifestantes. El Zar se vio obligado a disolver la Duma y a abdicar, en el mes de marzo, en favor de su hermano Miguel, quien al día siguiente renunció al trono.

El poder político quedó en manos de dos nuevas instituciones. Por un lado, el **soviet** de los obreros y soldados de Petrogrado, y por otro, un gobierno provisional dirigido por el príncipe Lvov, con diputados de la Duma y un representante del **soviet**, el dirigente socialista Kerenski. Sus principales objetivos fueron crear una Rusia moderna y constitucional, que fuese capaz de ganar la guerra. Inicialmente el gobierno provisional gozó de una gran popularidad. Disolvió la policía zarista y restauró la libertad de opinión, de asociación y de prensa. Pero la mayoría de la sociedad deseaba otra cosa: los campesinos el reparto de las tierras; los soldados la paz y los obreros el control de las empresas y su nacionalización. Todos ellos apelaron a una forma de democracia directa y establecieron miles de **soviets** y de comités, dirigidos por **mencheviques** y **socialistas revolucionarios**, convencidos de que sólo ellos eran capaces de resolver los problemas de Rusia.

El **soviet** de los obreros y de los soldados de Petrogrado que se hizo con el poder, defendía la república frente a monarquía constitucional y la búsqueda de la paz frente a la continuación de las hostilidades.

Mientras que las tensiones sociales iban en aumento, los **bolcheviques** consideraban que el asalto al poder era todavía prematuro y aceptaron por el momento el papel dirigente de la burguesía, aliándose con ella para poner fin a la guerra. Estaban divididos en dos tendencias: los militantes dirigidos por Lenin que se encontraban en el extranjero cuando empezó la revolución, y los que habían permanecido en el país.

Los **bolcheviques** fueron los únicos en radicalizar la actitud cada vez más violenta de las masas y en pedir todo el poder para los **soviets** y la paz sin anexiones. Esta actitud motivó la detención de sus líderes, que fueron acusados de ser agentes al servicio de Alemania. Durante este período se extendieron por toda Rusia **soviets** locales de obreros y campesinos que se apoderaron de las tierras; algunas ciudades se autoproclamaron repúblicas soviéticas; los ejércitos abandonaron los frentes y el poder nacido de la revolución de febrero perdió toda su fuerza ante la demanda general de poner fin a los horrores de la guerra.

Cuando en abril de 1917 Lenin regresó al país, no aceptó ningún compromiso ni con los socialistas ni con los mencheviques. Ante el vacío institucional, fue suficiente la determinación del grupo bolchevique bien organizado para ejercer una autoridad desproporcionada a su verdadera fuerza. Fue en ese momento cuando Lenin se puso a la cabeza de la revolución y consiguió en pocas semanas imponer sus tesis entre las diferentes ideologías del partido: poner fin a la guerra, confiscar y repartir las tierras y crear una república de **soviets**. León Trotski, revolucionario exilado en los Estados Unidos que pertenecía al ala izquierda de los **mencheviques**, volvió a Petrogrado en el mes de mayo y se unió a los **bolcheviques**.

El primer Congreso de los **soviets** reunido el día 3 de junio en Petrogrado, estuvo dominado por los **mencheviques** y los **socialistas revolucionarios**. El gobierno de coalición dirigido por Kerenski se encontraba en plena crisis económica, falta de alimentos, ocupación de las tierras y reivindicaciones nacionalistas. Pero los **bolcheviques**, que todavía eran minoritarios, no lograron impedir que el Congreso aprobase la gestión del gobierno.

## La revolución soviética de octubre y el triunfo de los bolcheviques

Durante los meses siguientes, el gobierno de Kerenski dio prioridad a continuar la guerra, y lanzó una vasta ofensiva que terminó en una aplastante derrota y la desarticulación total del ejército. Las manifestaciones de los obreros y soldados contra el gobierno fueron brutalmente reprimidas. Trotski fue detenido, y Lenin, acusado de alta traición, tuvo que huir a Finlandia.

Ante la pérdida progresiva de poder del gobierno provisional, Lenin volvió a Rusia para acelerar el proceso revolucionario. La insurrección organizada por el comité revolucionario de Petrogrado, bajo la dirección de Trotski, estalló en la noche del 24 al 25 de octubre. Destacamentos bolcheviques se apoderaron de los puntos estratégicos de Petrogrado. El gobierno provisional no opuso resistencia y el primer Ministro Kerenski huyó al extranjero. El II Congreso de los **soviets**, en el que los bolcheviques ya eran mayoría, aprobó la insurrección y decidió asumir el poder.

El proyecto político que tenían los bolcheviques era ante todo conservar el poder e imponer la autoridad del Estado. Los primeros decretos que aprobaron fueron: iniciar conversaciones en pro de una paz sin anexiones ni indemnizaciones, abolir la propiedad privada y crear un Consejo de Comisarios del Pueblo que gobernaría el país hasta la formación de una Asamblea Constituyente.

Los bolcheviques no tenían un programa definido ni tampoco una base social adecuada para poner en práctica los postulados teóricos marxistas. El proletariado ruso era poco numeroso e inculto. Los nuevos dirigentes se vieron obligados a renunciar momentáneamente a la colectivización de las tierras y aceptaron que las confiscadas a los latifundios fueran distribuidas entre los campesinos. Al mismo tiempo, suprimieron todas las organizaciones, **soviets**, comités de fábricas y comités de barrio que habían surgido de manera espontánea en el curso de la revolución.

## El tratado de Brest-Litovsk

Una vez resuelto el tema del control de la situación interna, el gran problema para los bolcheviques era el de la guerra. Las conversaciones de paz se iniciaron en el mes de febrero de 1918 y estuvieron supeditadas a las expectativas del estallido de una revolución en el resto de Europa. Las negociaciones con los Imperios centrales dirigidas por Trotski, comisario de Relaciones Exteriores, concluyeron el 3 de marzo con la firma del Tratado de paz de **Brest-Litovsk**. Rusia renunció a la mayor parte de sus territorios en Europa, los Países bálticos, Finlandia, Polonia, una parte de Bielorusia, y reconoció la independencia de Ucrania. En opinión de Lenin era necesario perder espacio para ganar tiempo. Este tratado significó la derogación de los principios internacionales de la revolución permanente y sentó las bases de la doctrina que luego se denominó «*socialismo en un solo país*».

### La guerra civil

Los sectores civiles y militares fieles al zarismo se alzaron contra el nuevo poder establecido. La guerra civil iba a enfrentar a los **Rojos** y a los **Blancos**. Los primeros disponían de una gran ventaja al tener controlado el centro del país, con una amplia red ferroviaria que les permitía el transporte de las tropas del **Ejército Rojo** creado por Trotski. Los Blancos sólo contaban con el apoyo de los Aliados. Los alemanes ocuparon Ucrania y tropas británicas, francesas y norteamericanas ocuparon el puerto de Murmansk.

Sin embargo, el colapso de Alemania y la firma del Armisticio el 11 de noviembre de 1918 dieron un nuevo giro a la situación. Los gobiernos occidentales, ante el peligro de un régimen revolucionario, aumentaron su ayuda a los Blancos. Pero éstos no fueron capaces de coordinar sus esfuerzos y tampoco supieron ganarse a la población de los territorios que ocupaban. Los dos bandos enfrentados desarrollaron una lucha tan feroz, que los términos terror rojo y terror blanco pasaron a formar parte del vocabulario político. Las últimas tropas Blancas fueron derrotadas y abandonaron el territorio, junto con las francesas y británicas, hacia finales del año 1920, y la guerra civil acabó en 1921.

La guerra civil tuvo graves consecuencias para la economía y para la población. Toda la producción se vio paralizada por las necesidades militares, y el hambre y el frío alcanzaron a la mayoría de las ciudades; los campesinos se apropiaron de las tierras de los **Kulaks**, (campesinos acomodados) y se crearon comités para supervisar y distribuir la producción. Ante esta situación, el gobierno tomó medidas drásticas en el verano de 1918 que serían conocidas como **comunismo de guerra**. Las industrias fueron nacionalizadas, pero al carecer de un control centralizado, de dirigentes experimentados y de mano de obra movilizada en el frente, los resultados fueron catastróficos. El balance de la guerra civil fue un verdadero seísmo demográfico para Rusia. Entre 1918 y 1922 hubo más de 10 millones de muertos, de los cuales la mayoría fueron civiles o víctimas de las represalias realizadas por los Rojos y los Blancos.

El ciclo que se inició en agosto de 1914 llevó a la destrucción total de todo lo que albergaba un carácter moderno de la sociedad y de la economía rusa y sacó a la superficie todos los arcaísmos. Las grandes propiedades e incluso las pequeñas explotaciones campesinas desaparecieron, los sectores industriales más desarrollados fueron aniquilados y de los tres millones de obreros que había en 1917 sólo quedaron un millón. A partir del año 1921 los campesinos que habían participado de los ideales revolucionarios ahora sólo querían defender sus intereses, convirtiéndose en oposición al régimen. Ante la gravedad de la situación los bolcheviques decidieron abandonar el **comunismo de guerra** en favor de la **NEP**.

### La Nueva Política Económica

La **Nueva Política Económica** fue instaurada en marzo de 1921, cuando tuvo lugar el levantamiento de Kronstad y al tiempo que se desarrollaba una oleada de violencia sin precedentes por parte de los campesinos. La **NEP** fue una vuelta progresiva y limitada a la economía de mercado: los campesinos pudieron vender libremente sus productos después de pagar un impuesto en especies, se restableció el comercio privado y las empresas que empleaban a más de diez asalariados fueron nacionalizadas. Pero el Estado mantuvo el control de la industria pesada, de los bancos y del comercio exterior. Durante los años de permanencia de la **NEP** coexistieron dos sociedades, dos culturas políticas: la de los bolcheviques dominante y urbana y la de los campesinos tradicional y virtualmente fuera del sistema.

La **NEP** fue implantada como una etapa para llegar al socialismo, después de una transición en la que se mantuvieron formas de propiedad privada. Fue una respuesta al régimen, que se había trasformado en un poder autoritario y había perdido una línea ideológica coherente. La **NEP** significó un período de paz social. La mayoría de los campesinos hizo realidad la utopía: *la tierra para el que la trabaja*; los obreros disfrutaron de protección social, y los sindicatos desempeñaron un papel en la defensa de los intereses del proletariado. Sin embargo la sociedad no avanzaba en el sentido que esperaban los bolcheviques, es decir, ni hacia el socialismo, ni hacia la modernidad. Era por lo tanto un sistema que no podía durar.

**La dictadura de Stalin. Colectivizaciones y terror**

A la muerte de Lenin en el año 1924, Stalin mucho más radical, impuso una industrialización acelerada, colectivizaciones forzosas, el reforzamiento del Estado y el terror. De este modo Stalin edificó su propio poder contra sus rivales, controlando todo el aparato del Partido desde su puesto de Secretario general.

Las colectivizaciones plantearon numerosos problemas de método y de medios. Se crearon granjas colectivas de grandes dimensiones –los **Kolhozes**– y granjas propiedad del Estado –los **Solhozes**– Era necesario construir nuevas máquinas para desarrollar la agricultura, pero faltaban combustible y personas cualificadas para ponerlas en funcionamiento. Las medidas adoptadas para modernizar el país originaron el descontento del campesinado. Las cosechas fueron requisadas con violencia por las brigadas enviadas por el gobierno. Más de dos millones de pequeños propietarios, los **Kulaks**, fueron deportados a campos de trabajo forzoso (**Goulag**). En 1932, el 61% del campesinado trabajaba en los **Kolhozes** y los **Solhozes**, y las explotaciones particulares eran prácticamente inexistentes. Conviene recordar que las colectivizaciones, los campos de trabajo y la industrialización acelerada fueron tres aspectos indisociables de una misma política, que originó una inmensa burocracia encargada de controlar el crecimiento económico.

La industrialización tuvo importantes consecuencias económicas en el cambio de la sociedad. En el año 1928 la clase obrera se estimaba en torno a 11 millones y en 1932 se elevaba a 33 millones. Se crearon grandes complejos industriales en los que se empleaba como mano de obra a los campesinos deportados y se construyeron nuevas vías de comunicación. La producción soviética aumentó un 250% entre 1929 y 1933. Las colectivizaciones y la industrialización cambiaron de manera radical las estructuras sociales, mediante la exclusión y desplazamiento de los campesinos y el crecimiento espectacular de la clase obrera.

La dictadura personal establecida por Stalin se caracterizó por la represión y las purgas que se iniciaron en 1933. El Comité Central del Partido eliminó a todos los elementos contrarios al régimen. Aproximadamente un 10% de los obreros y un 10% de los campesinos miembros del Partido fueron depurados, así como numerosos dirigentes. Stalin supo arbitrar las tensiones entre unos y otros e impuso sus decisiones mediante un constante intervencionismo.

A partir del año 1934 se puede apreciar un descenso momentáneo de la represión. Las causas hay que buscarlas en el cambio político europeo y la subida de Hitler al poder. Para Stalin era necesario reforzar la defensa del país y reconciliarse con sus adversarios. La mayoría de los dirigentes comunistas encarcelados fueron liberados. Pero esa relativa liberalización fue muy breve. A finales de 1934 empezó uno de los períodos más represivos y dramáticos de la historia soviética, durante el que desaparecería toda la vieja guardia bolchevique. El balance de las purgas realizadas fue enorme. El 70% de los miembros del Partido fueron ejecutados y Stalin no dudó en eliminar incluso a sus más cercanos colaboradores. Pero las purgas también alcanzaron a toda la sociedad. Más de 15 millones de ciudadanos fueron enviados al **Goulag** desperdigado por todo el territorio soviético. A la muerte de Stalin en 1953, había 8 millones de detenidos en el **Goulag** y muchos otros formaron parte de la mano de obra gratuita necesaria para la industrialización acelerada emprendida por Stalin. Entre 1937 y 1938 un millón de soviéticos fueron fusilados y dos millones murieron en prisión.

### La Constitución de 1936

La Constitución de 1936 es un reflejo de la evolución ideológica de la Unión Soviética. Representa un Estado terminado, circunscrito en el espacio y en el tiempo. Está basada en el reconocimiento de dos principios: el de las nacionalidades en el interior y el del internacionalismo en el exterior. El primero implica la creación de Estados nacionales teóricamente soberanos; el segundo justifica la intervención en la política de los Estados a través de los Partidos comunistas, sujetos a la obediencia de Moscú y a las directrices de la Internacional. A cada una de las naciones soviéticas corresponde una organización nacional del Partido, exceptuando la República rusa que carece de un Partido propio puesto que se identifica con la organización del Partido de toda la Unión Soviética.

La Constitución reconoce las naciones, las nacionalidades y los grupos étnicos. Para que una nación se convierta en **República federada** tiene que cumplir una serie de requisitos: tener una frontera exterior a la Unión Soviética; estar constituida por un grupo nacional mayoritario en su territorio y contar con una población de más de un millón de habitantes. Las Repúblicas federadas son en teoría Estados soberanos, pero en la práctica sólo Ucrania y Bielorusia tienen derecho a mantener relaciones diplomáticas con otros países. Las restantes Repúblicas están representadas por la URSS. No existen ejércitos nacionales, pues tanto Stalin como sus sucesores eran conscientes de que una República dotada de un ejército nacional terminaría por independizarse.

**Las Repúblicas autónomas** están consideradas como Estados administrativos y dependen de una República federada. Carecen de soberanía, pero los grupos nacionales tienen algunos derechos culturales. **Las Regiones autónomas** son simples unidades administrativas nacionales que permiten a un grupo étnico manifestarse a nivel cultural.

La Constitución de 1936 es un claro ejemplo de la dualidad existente en la URSS. Por un lado el pueblo soviético, por otro los diferentes grupos nacionales. Esta realidad quedaba reflejada en la división del **Soviet Supremo** en dos Cámaras: el Soviet de la Unión y el Soviet de las nacionalidades.

Por encima de las instituciones estaba el **Partido comunista**, considerado como la vanguardia de toda la nación y estructurado en forma piramidal. El órgano de dirección es el **Secretariado general**, dividido en diferentes áreas: industria, comercio, trasportes... A cada una de estas divisiones corresponde una serie de funciones vinculadas a cargos permanentes: la **Nomenclatura.** El **Comité Central** decidía los nombramientos del Partido a nivel regional. La **Oficina de organización regional** incluía a todos los secretarios del Partido. Esta pirámide del poder del Partido dio lugar a una enorme burocracia, en donde cualquier instancia de poder era controlada por otra superior. El **Departamento de Seguridad del Estado, NKVD**, más tarde **KGB**, un tipo de policía política encargada del control de los ciudadanos y del propio Partido, era el órgano superior de control de la administración del Estado.

El primer estalinismo de los años treinta estuvo marcado por los excesos, el desorden y el caos, y culminó en el Gran Terror de 1934. A este período sucedió hasta la muerte de Stalin en el año 1953, un segundo estalinismo nacionalista y conservador, caracterizado por las contradicciones entre un gobierno despótico y las necesidades de funcionamiento de la burocracia del Estado. La aplastante victoria soviética durante la II Guerra mundial, a pesar de los más de 26 millones de víctimas, consolidó y legitimó el régimen de Stalin, para quien la victoria justificó los sacrificios impuestos para industrializar el país y el período de terror. En 1945 la dictadura de Stalin gozaba de un amplio consenso en la sociedad.

Sin embargo, esa relativa liberalización se vio frenada en 1947 cuando se inició la guerra fría. Los dirigentes estalinistas emprendieron una política de enfrentamiento con las potencias occidentales y de afianzamiento de la ideología comunista en aquellos países de Europa bajo su esfera de influencia.

Entre 1945 y 1947 la represión interior en Rusia se trasformó en una represión legal, mediante la creación de tribunales ordinarios para juzgar los comportamientos desviacionistas. Durante los últimos años de la dictadura, en los que Stalin estuvo cada vez más aislado de la realidad, surgieron las rivalidades entre los dirigentes del Partido, entre los servicios de Seguridad y la policía y entre los candidatos a sucederle. A su muerte, el 5 de marzo de 1953, el sistema cambió radicalmente, lo que algunos historiadores han considerado como el paso de un régimen totalitario a un régimen autoritario. Sus sucesores tuvieron que llenar el vacío político que dejó el hombre que encarnó el poder absoluto y luchar contra las consecuencias de la personalización del poder.

# TEMA 12

# EL REINADO DE ALFONSO XIII

## ESQUEMA

Crisis de la Restauración
- Sentimiento regeneracionista tras el 98
- Fragmentación de los partidos dinásticos
- Creciente protagonismo político del rey
- Movilización del electorado y del voto libre en las ciudades
- Desarrollo socio-económico de España
- Nuevas fuerzas en Cataluña
  - La Lliga Regionalista
  - Republicanismo de Lerroux

Política española hasta la I Guerra Mundial
- Gobierno largo de Maura (1907-1909). La «revolución desde arriba»
- La Semana Trágica de Barcelona (1909)
- División en el partido liberal. El gobierno reformista de Canalejas (1910-1912)
- Complicación del panorama político: ascenso de las fuerzas nacionalistas (catalanismo y nacionalismo vasco) y obreras (socialistas y anarquistas)

El impacto de la I Guerra Mundial
- División entre aliadófilos y germanófilos
- Espectacular expansión comercial e industrial
- Enriquecimiento de la élite empresarial
- Carestía y crisis de subsistencias
- Crecimiento de las organizaciones obreras
- La crisis de 1917

Nuevos factores de crisis del sistema
- Gobiernos de «concentración»
- Efervescencia de los nacionalismos
- Creciente conflictividad obrera
- Problema de Marruecos: el desastre de Annual (1921)
- Dificultades del último gobierno constitucional

# TEMA 12

## EL REINADO DE ALFONSO XIII

Durante el último cuarto del siglo XIX el sistema de la Restauración consiguió que España viviera una época de estabilidad, alejando el fantasma de la insurrección militar y superando las convulsiones del sexenio revolucionario. Sin embargo, ya en el siglo XX, a lo largo del reinado de Alfonso XIII, se produjo un creciente desajuste entre el bipartidismo del régimen y el pluripartidismo de la sociedad española. Cada vez fueron más y mayores las fuerzas políticas que el sistema canovista no era capaz de integrar, que permanecían al margen y que reclamaban una reforma o sustitución del sistema. A medida que nuevas fuerzas surgían y se expandían, el sistema de la Restauración se mostraba como una construcción artificial cada vez más alejada de la España real.

### Causas de la crisis del sistema de la Restauración

El Reinado de Alfonso XIII, inaugurado el 17 de mayo de 1902 al cumplir éste 16 años, coincidió con la etapa de crisis del sistema político de la Restauración implantado en 1876. A comienzos de siglo, tras el desastre colonial del 98, se apoderó de gran parte de la clase política e intelectual un sentimiento «regeneracionista», una aguda conciencia del generalizado descrédito del sistema de la Restauración y de la necesidad de introducir reformas para modernizar y legitimar las instituciones. Obras como

*Oligarquía y caciquismo como forma actual de gobierno en España*, de Joaquín Costa, publicada en 1902, contribuyeron poderosamente a difundir la idea de un régimen desprestigiado.

Son muchas las causas de esta crisis. Por una parte, tras la desaparición de los dos grandes líderes de los partidos del turno, Cánovas (1897) y Sagasta (1903), se produjo una creciente fragmentación de ambos partidos en distintas Fracciones rivales ante la ausencia de un liderazgo fuerte. El pacto entre las élites políticas se hizo más difícil que en la primera etapa del régimen. Los cambios de gobierno se sucedieron y la inestabilidad política fue en aumento.

En esta situación, el rey, que siempre había tenido grandes prerrogativas en el sistema de la Restauración, adquirió aún mayor protagonismo político frente al Parlamento hasta llegar a convertirse en el verdadero árbitro del sistema. Desde el principio Alfonso XIII mostró su decidida intención de intervenir activamente en la vida política.

Por lo demás, cada vez fue más intensa la lucha electoral y la movilización del electorado. Aunque el sistema electoral otorgaba un peso muy superior a la España rural, donde el control caciquil era mayor, en las ciudades se produjo un paulatino aumento del voto libre que normalmente se otorgó a nuevas fuerzas políticas contrarias al «turnismo».

Este comportamiento político nuevo corrió paralelo a un significativo desarrollo socioeconómico en España durante las dos primeras décadas del siglo XX, visible en distintos indicadores: crecimiento de la actividad industrial, expansión urbana, aumento de la clase media y de los trabajadores cualificados, extensión de la red de carreteras y del tráfico de mercancías y viajeros por ferrocarril…

### Cataluña, paradigma de la crisis política

Cataluña fue el ejemplo más claro de la crisis del sistema canovista. Fuerzas políticas nuevas llegaron a la escena política; por una parte, la **Lliga Regionalista**, que representaba al catalanismo –el primero y el más importante de los nacionalismos periféricos que hizo acto de presencia en la vida política española– cuyo soporte social era la burguesía empresarial y, por otra, el **republicanismo de Alejandro Lerroux**, que tuvo a principios de siglo un enorme éxito entre las clases obreras y populares, si bien su carácter decididamente anticatalanista acabó marginándole. El catalanismo, en cambio, se convirtió en una fuerza arrolladora, sobre todo tras el **incidente del *Cu-Cut!*,** un semanario satírico catalanista que publicó, en noviembre de 1905, una caricatura considerada como una grave ofensa por los militares, que asaltaron la redacción de este periódico y de *La Veu de*

*Catalunya*, causando importantes destrozos. El gobierno sucumbió a las exigencias del ejército, que pedía castigo para quienes atentasen contra su honor o la unidad de la patria y aprobó la **Ley de Jurisdicciones**, según la cual las ofensas contra las Fuerzas Armadas cometidas por medio de la imprenta serían juzgadas por la jurisdicción militar.

El incidente del *Cu-Cut!* tuvo una gran trascendencia, no sólo por ser una clara señal de la renovada intromisión del ejército en la política española y del sometimiento del poder civil al militar, sino porque fue el detonante de la extensión del catalanismo a toda Cataluña, donde se consideró lo ocurrido como una agresión a la libertad de expresión y un agravio a los sentimientos regionalistas. Se creó **Solidaridad Catalana,** un movimiento que integraba a múltiples partidos y que obtuvo un aplastante triunfo en las elecciones de 1907.

Pero no sólo en Cataluña se hundió el sistema de turno a principios de siglo. En Valencia triunfó el republicanismo de Vicente Blasco Ibáñez y en otras grandes ciudades, como Madrid, cada vez tuvieron más peso nuevas fuerzas opuestas al sistema del turno.

### El gobierno largo de Maura y la Semana Trágica

Durante un tiempo, **Antonio Maura**, político brillante y gran orador, logró aglutinar en torno suyo al partido Conservador con un programa regeneracionista, modernizador y anticaciquil: la llamada **«revolución desde arriba»**. Maura estaba convencido de que si se introducían reformas que dotasen de autenticidad al sistema, las masas neutras, la «sana mayoría silenciosa» de la sociedad, se integraría en él, neutralizando así las tendencias extremas y en concreto la amenaza revolucionaria «desde abajo».

Durante el «gobierno largo» de Maura, entre 1907 y 1909, un periodo de casi tres años excepcionalmente largo en el reinado de Alfonso XIII, se intentó aplicar un amplio programa de reformas, como la nueva **Ley electoral de 1907**, aunque ésta no tuvo el efecto saneador deseado. Por su parte, el proyecto de reforma de la Administración Local en un sentido descentralizador no llegó a aprobarse. Su **programa anticaciquil** suscitó recelo, cuando no rechazo, en muchos ámbitos. En cualquier caso, y a pesar de las dificultades para lograr los objetivos que se había propuesto, parecía que Maura estaba consiguiendo la estabilización de la monarquía; su caída, a raíz de los sucesos de la **Semana Trágica de Barcelona** –uno de los momentos de mayor crispación social y política del reinado de Alfonso XIII– fue totalmente inesperada.

Lo que ocurrió en Barcelona en julio de 1909 fue una auténtica sublevación urbana de tinte anticolonial y anticlerical, con numerosas quemas de iglesias y conventos. El chispazo de ese estallido popular de violencia fue el reclutamiento de reservistas en Cataluña para ir a Marruecos –donde España había conseguido una zona de influencia en virtud de diversos tratados internacionales– al objeto de defender unas minas próximas a Melilla de los ataques de las cabilas marroquíes. El gobierno sofocó con dureza la insurrección y dictó cinco condenas a muerte. Una de ellas, la del pedagogo anarquista **Francisco Ferrer Guardia,** cuyo proceso careció de las más mínimas garantías legales, desató una inmensa campaña internacional de protesta. Los liberales, que consideraban que los conservadores llevaban ya demasiado tiempo en el poder, aprovecharon la coyuntura para aliarse con los republicanos y, al grito de «¡Maura no!», consiguieron que el rey retirase su confianza a Maura, el cual, por su parte, se consideró traicionado al haberse roto el tradicional turno pacífico entre los partidos dinásticos, base del sistema.

### Los liberales: el gobierno de Canalejas

En las filas liberales hubo desde comienzos de siglo una gran división interna, con Fracciones lideradas por **Moret** y **Montero Ríos**. La etapa más prolongada y fecunda de gobierno liberal la protagonizó, entre 1910 y 1912, **José Canalejas**, con un amplio programa de reformas fiscales, sociales, laborales (reducción de la jornada de trabajo a nueve horas) y otras de carácter democratizador. Una de ellas, la nueva **Ley de Reclutamiento**, estableció la obligación del servicio militar, si bien este democrático principio quedó limitado por la figura del llamado «soldado de cuota» que, tras el pago de una cantidad, se licenciaba al cabo de un período de instrucción y se libraba de soportar las duras condiciones de vida en los cuarteles, que siguieron reservadas a las clases bajas. Aun así, el de «cuota» no dejaba de ser «soldado», es decir, podía ser llamado a filas en caso de guerra como, de hecho, ocurriría con ocasión del conflicto hispano-rifeño, lo que marcaba una diferencia fundamental con respecto al mucho más injusto sistema anterior de «redención en metálico», que excluía totalmente a las clases privilegiadas del servicio militar y de la movilización en caso de guerra.

Canalejas también cumplió una de las viejas promesas del liberalismo progresista al suprimir el odiado **Impuesto de consumos** que gravaba muchos artículos de primera necesidad. La ley más polémica de cuantas se aprobaron durante su gobierno fue la llamada **«Ley del candado»** que frenaba la expansión de las órdenes religiosas, que habían proliferado enormemente, lo que desató masivas protestas de católicos y estuvo a punto de suponer la ruptura de España con la Santa Sede. Canalejas, aunque tildado de anticlerical, era en realidad un fervoroso creyente (tenía capilla en su casa particular) si bien partidario de una política secularizadora y de fortalecimiento del poder estatal frente a la Iglesia. Su asesinato por un anarquista el 12 de noviembre de 1912 puso fin al último gran intento de renovación del sistema «desde dentro».

## Nuevas fuerzas complican el panorama político

A partir de 1913 el panorama político se complicó. Los dos partidos dinásticos acabaron de descomponerse escindiéndose en grupos parlamentarios autónomos que competían entre sí. Entre los liberales destacaron los grupos liderados por **Romanones, García Prieto** o **Santiago Alba**. Entre los conservadores, frente a los **«datistas» o «idóneos»** (partidarios de **Eduardo Dato**) se situaron los **«mauristas»,** que se presentaron como la nueva derecha y entre los que también se conformaron grupos distintos, como las Juventudes Mauristas que evolucionaron hacia posiciones de extrema derecha. Más a la derecha aún, puesto que no aceptaban el liberalismo ni la monarquía constitucional, estaban los **carlistas o tradicionalistas**, con cierto peso en Navarra, País Vasco y Cataluña.

Otras nuevas fuerzas que a partir de la segunda década del siglo dejaron sentir cada vez más su influencia en la política nacional fueron las regionalistas o nacionalistas. Además del **catalanismo**, representado sobre todo por **la Lliga de Prat de la Riba y Francesc Cambó,** convertida en la principal fuerza política de Cataluña, que logró que el gobierno aprobase en 1914 la constitución de la Mancomunitat de Catalunya, fue ganando terreno el **nacionalismo vasco** representado por **el Partido Nacionalista Vasco** fundado por **Sabino Arana,** con dos vertientes, una radical independentista, y otra moderada y posibilista que aceptaba la participación en la política parlamentaria para conseguir un estatus autonómico.

Mención aparte merecen los **partidos obreros** representados por el **socialismo** y el **anarquismo,** y, en cierta medida, también por el **republicanismo,** si bien los primeros tachaban a éstos de «burgueses». La implantación y militancia socialistas fue importante en Vizcaya y Asturias, pero a escala nacional fue siempre débil. La decisión del **PSOE**, a raíz de la Semana Trágica, de asociarse con los partidos republicanos para constituir, en 1910, una gran fuerza progresista, la **Conjunción Republicano-Socialista,** dio sus frutos y llevó por primera vez a un líder socialista, **Pablo Iglesias**, al Parlamento. Pero en España el movimiento obrero, en contraste con la pauta general europea, se caracterizó por la debilidad del socialismo frente a la sólida implantación del anarquismo, sobre todo en Cataluña y en el campo andaluz. Los actos individuales de terrorismo anarquista

–como los atentados contra el rey en París en 1905 y en Madrid, el día de su boda, en 1906– sirvieron a la élite dirigente para criminalizar a todo el movimiento. En 1907 se constituyó en Cataluña Solidaridad Obrera, que pronto quedó en manos de los anarcosindicalistas los cuales, en 1910, fundaron la **Confederación Nacional del Trabajo, CNT**, que sería desde entonces el principal sindicato rival de la **UGT** socialista.

### El impacto de la Primera Guerra Mundial

A pesar de que el gobierno español adoptó ante el conflicto mundial una posición neutral, la opinión pública se dividió en dos bandos irreconciliables, aliadófilos y germanófilos. Las derechas, el ejército, la Iglesia y la nobleza, estuvieron en general a favor de las potencias centrales, mientras que las izquierdas fueron básicamente favorables a Francia e Inglaterra, que representaban el ideal democrático.

España aprovechó su neutralidad para abastecer a las potencias beligerantes, lo que produjo una rápida y espectacular expansión comercial e industrial, sobre todo en las regiones del norte –Cataluña, Asturias y País Vasco– y generó inmensos beneficios para la élite financiera y empresarial. La guerra cambió enormemente el panorama económico y social del país. Frente a la ostentación de los «nuevos ricos», la mayoría de la población, y sobre todo la masa obrera, vio descender drásticamente su nivel de vida debido a la escalada vertiginosa de los precios y a una importante crisis de subsistencias (de productos básicos como el pan). Aunque no se redujo la producción de materias alimenticias, el conflicto mundial produjo en España un súbito encarecimiento de las subsistencias motivado en parte porque los productos españoles se vendían en los mercados extranjeros, donde era posible conseguir unos beneficios más elevados. Todo ello agravó la llamada «cuestión social», esto es, la agitación y protesta obreras, con un incremento notable de las huelgas y un gran crecimiento de las organizaciones proletarias. En 1916 los dos **sindicatos obreros, UGT y CNT,** se unieron por primera vez y, en marzo de 1917, en un manifiesto conjunto, emplazaron al gobierno para que remediase el problema de las subsistencias con la amenaza de convocar una huelga general.

### La crisis de 1917

Por su parte, los militares, sobre todo los mandos medios e inferiores, que vieron también muy deteriorada su capacidad adquisitiva como consecuencia de la inflación, crearon unas **Juntas de Defensa**, de clara orientación sindical y dirigidas por coroneles que protestaban contra los ascensos por méritos de guerra y por la situación económica del ejército, desafiando al gobierno al negarse a acatar la orden de disolverse.

Al **desafío obrero y militar** vino a sumarse el de **la Lliga Regionalista de Cambó** que, ante la situación de crisis generalizada, creyó llegado el momento de emprender un cambio político en sentido federal y, ante la negativa del gobierno a abrir las Cortes, convocó en Barcelona una **Asamblea de Parlamentarios** para exigir una reforma de la Constitución que limitase las prerrogativas del rey, democratizase el Senado y descentralizase el Estado. Cambó invitó a participar en la Asamblea a los líderes de los partidos dinásticos, ninguno de los cuales aceptó al considerar abiertamente inconstitucional la iniciativa.

El desafío simultáneo en tres frentes –movimiento obrero, Juntas de Defensa y Asamblea de Parlamentarios– que, además, parecían poder llegar a entenderse, supuso una grave amenaza para la estabilidad y supervivencia de la monarquía. El presidente del Consejo, Eduardo Dato, actuó con gran sagacidad sembrando la división entre las diversas fuerzas antigubernamentales. Cedió ante las Juntas militares y satisfizo sus más apremiantes demandas. Cuando estalló la **huelga general** en el mes de agosto, los obreros vitorearon a los soldados, pero no encontraron ninguna reciprocidad. Por el contrario, las tropas cumplieron las órdenes del gobierno de reprimir con dureza la huelga. Lo cierto es que la huelga resultó un fracaso ya que, no sólo la siguieron únicamente los socialistas, sino que ni siquiera se sumaron todos ellos. Por su parte, Cambó, temeroso de un desbordamiento izquierdista, dio marcha atrás en su iniciativa de cambio demostrando que su prioridad era la defensa de los sectores capitalistas burgueses y de orden a los que representaba. Llamado por el rey, el líder de la Lliga aceptó formar parte de la élite gobernante incorporándose a un gobierno multipartidista en el que se ofrecieron a los catalanistas dos carteras.

### Nuevos factores de crisis. El problema de Marruecos y el desastre de Annual

Para entonces estaba claro que el viejo sistema oligárquico canovista no respondía ya a la realidad ni a las necesidades del país. Entre 1917 y 1923 se sucedieron innumerables gobiernos, muchos de ellos «de concentración» o coalición, que sucumbían al cabo de poco tiempo, a veces ni siquiera un mes, incapaces de renovar el sistema político o dar estabilidad al régimen. Todas las fuerzas políticas, y no sólo las dinásticas, sufrieron escisiones y fuertes rivalidades internas que las debilitaron. Los problemas se acumulaban. Uno de ellos era la efervescencia de los regionalismos y, en concreto, de la **«cuestión catalana»,** es decir, la necesidad de abordar el tema de la autonomía para Cataluña. Otro, no menos importante, era la **creciente conflictividad obrera,** con huelgas como la de «la Canadiense» –la compañía que suministraba electricidad a Barcelona– de 1919, la más importante de la historia sindical española por su duración, nada menos que cuarenta y cuatro días.

El éxito de la revolución rusa aumentó en la clase obrera española la expectativa de una pronta revolución, lo que, junto con la gran recesión económica de la posguerra mundial, contribuyó a radicalizar las posturas del proletariado. La represión huelguística no aminoró los conflictos sociales sino que, por el contrario, dio alas a los sectores extremistas en un clima de creciente **crispación social**. Si la patronal optó por una línea dura de despidos y cierre de fábricas («lock-out»), en la CNT, que multiplicó en esos años su número de afiliados, se impuso la respuesta violenta. Hubo entre 1919 y 1921 tres años de agitación social y laboral ininterrumpida en Andalucía conocidos como «el trienio bolchevique». Barcelona tuvo en esos mismos años el índice de huelgas más alto de toda Europa occidental. En muchos casos, la lucha sindical acabó desembocando en simple terrorismo, dando lugar a una situación explosiva. En las calles se libró una sangrienta lucha de pistoleros de izquierdas (los Sindicatos Únicos de la CNT) y de derechas (los llamados Sindicatos Libres) que llegó a su apogeo en 1921. Los atentados se hicieron habituales y costaron la vida a personajes tan significativos como el jefe del gobierno, Eduardo Dato, en 1921; Salvador Seguí, principal dirigente del anarcosindicalismo moderado, o el arzobispo de Zaragoza, cardenal Soldevilla, en 1923. La represión estatal alcanzó su cenit con el nombramiento del general Severiano Martínez Anido que, como gobernador civil de Barcelona, impuso una política de terrorismo policial que incluía la aplicación de la «ley de fugas», es decir, el asesinato de los sindicalistas detenidos con la excusa de que trataban de escapar. Por si todo esto fuera poco, a los problemas nacionalista y obrero se sumó un **nuevo y angustioso conflicto: el de Marruecos.**

La colonización de Marruecos se convirtió para España en una agobiante carga con unos costes en vidas humanas y dinero muy superiores a los beneficios económicos. La zona española –confirmada por el tratado hispano-francés de 1912 que estableció el protectorado de ambas potencias sobre Marruecos– era un territorio pobre y montañoso habitado por tribus indómitas, que contrastaba vivamente con las fértiles llanuras y los mucho más pacíficos habitantes de la zona francesa. Tras la guerra mundial, Francia reanudó con ímpetu su política colonial marroquí y España, temerosa de quedar relegada, procedió también a la ocupación de su zona. En el sector oriental, el orgulloso e impaciente general Fernández Silvestre se lanzó a una precipitada conquista del Rif estableciendo a lo largo de un amplísimo frente múltiples posiciones o «blocaos» indefendibles en caso de ataque.

Y el ataque se produjo en julio de 1921 en una rebelión generalizada de las cabilas rifeñas unidas bajo el liderazgo de Abd el-Krim. **Annual**, donde el general Silvestre murió (su cuerpo nunca se recuperó) fue sólo un destacado episodio del desastre, que produjo un elevadísimo número de bajas (unas 10.000) y evidenció la ineficacia, desorganización y corrupción del ejército español. Desde entonces, la cuestión de Marruecos se convirtió en una pesadilla que envenenó la vida nacional y acabó siendo una de las principales causas de la destrucción del régimen parlamentario liberal. Los debates sobre **las responsabilidades del desastre** y sobre las conclusiones del **expediente Picasso** (así se llamaba el general nombrado para investigar las causas de lo sucedido) situaron al ejército, hipersensible a las críticas de que era objeto, en una posición de abierta hostilidad al sistema. La impopularidad de la guerra enfrentó también a las clases populares contra el sistema político.

El último gobierno constitucional, constituido en diciembre de 1922, un gobierno de concentración liberal, trató de introducir reformas democratizadoras e intentó en Marruecos una «política civilista» que se plasmó en el nombramiento del primer alto comisario civil de la historia del protectorado. Además, culminó la operación de rescate, en pésimo estado, de los prisioneros de Annual en poder de Abd el-Krim que aún seguían con vida, previo pago de más de cuatro millones de pesetas. El ejército consideró esta política una afrenta a su honor. También la Iglesia y los sectores clericales se opusieron a la política religiosa del gobierno tendente a la libertad de cultos. La presión de instituciones tan influyentes en la vida pública como el ejército o la Iglesia era demasiado fuerte y el gobierno demasiado débil para acometer la imprescindible tarea de transformar el sistema. Son muchos los historiadores que creen que este gobierno, como los anteriores, hubiera sido incapaz de introducir las necesarias reformas para modernizar el país. Otros, sin embargo, procedentes sobre todo del mundo anglosajón, sostienen que las cosas habían empezado a cambiar con aquel último gobierno de la monarquía constitucional de tal modo que el golpe de Primo de Rivera, en septiembre de 1923, no vino a «rematar a un cuerpo enfermo», como aseguró el dictador, sino a «estrangular a un recién nacido», según la conocida frase del historiador británico Raymond Carr.

# 3ª UNIDAD DIDÁCTICA

# TEMA 13

# LA DICTADURA DE PRIMO DE RIVERA

## ESQUEMA

| | |
|---|---|
| Golpe de Estado (13-IX-1923) | – Buena acogida por parte de la opinión pública<br>– Primo de Rivera se presenta como el «cirujano de hierro» |
| Directorio Militar (1923-1925) | – Operación de «descuaje» del caciquismo<br>– Estatuto Municipal de 1924<br>– Solución del problema de orden público y terrorismo<br>– Represión de los nacionalismos periféricos<br>– Estatuto Provincial de 1925 |
| Resolución del Conflicto marroquí | – Convicción abandonista de Primo de Rivera<br>– Repliegue hacia la costa (1924)<br>– Abd el-Krim proclama la república del Rif<br>– Ataque rifeño al protectorado francés<br>– Colaboración franco-española: desembarco de Alhucemas (IX-1925)<br>– Derrota y destierro de Abd el-Krim (1926) |
| Directorio Civil (1925-1930) | – Relanzamiento del partido oficial Unión Patriótica<br>– Asamblea Nacional Consultiva para elaborar una Constitución<br>– Política exterior desafiante: petición de Tánger y solicitud de puesto permanente en la Sociedad de Naciones<br>– Indefinición del proyecto alternativo al parlamentarismo liberal: la nueva Constitución no llegó a aprobarse |
| Política económica y social | – Coyuntura internacional alcista<br>– Política nacionalista de fuerte proteccionismo<br>– Fomento de las obras públicas<br>– Colaboración con los socialistas<br>– Organización corporativa: los «comités paritarios»<br>– Periodo de relativa paz social |
| Caída de la Dictadura | – Aumento de las conspiraciones contra la Dictadura: la «Sanjuanada» (VI-1926); levantamiento de Sánchez Guerra en Valencia (I-1929)<br>– Enfrentamiento de parte del Ejército: el conflicto artillero<br>– Distanciamiento de los socialistas<br>– Oposición del mundo intelectual y estudiantil<br>– Creciente aislamiento del dictador<br>– Crisis económica y política<br>– Dimisión de Primo de Rivera (I-1930) |

| | | |
|---|---|---|
| Caída de la Monarquía | – Gobierno Berenguer | intento de volver a la normalidad constitucional anterior al golpe de Primo de Rivera |
| | – «Pacto de San Sebastián» entre los partidarios de la República | |
| | – Radicalización antiliberal de las fuerzas de derecha | |
| | – Intentona republicana del capitán Fermín Galán | |
| | – Gobierno Aznar | convocatoria de elecciones municipales y triunfo republicano en las ciudades |
| | – Proclamación de la Segunda República (14 de abril de 1931) | |
| | – Alfonso XIII parte hacia el exilio | |

# TEMA 13

## LA DICTADURA DE PRIMO DE RIVERA

La Dictadura, concebida al principio como un paréntesis regeneracionista para sanear el sistema político de la Restauración y solucionar los graves problemas nacionales, acabó siendo un periodo de seis años en el que cambiaron muchas cosas de tal modo que, cuando el dictador cayó, resultó imposible ya volver a la normalidad constitucional anterior al golpe de Estado. La clase política de la Dictadura terminó rechazando el sistema liberal-parlamentario pero no fue capaz de articular uno nuevo para reemplazarlo. No obstante, las ideas y teorías socio-políticas que se discutieron en esos años iban a influir decisivamente en la configuración de las derechas españolas de las siguientes décadas, en la Segunda República y el franquismo.

### El golpe de Estado

El golpe de Estado de Miguel Primo de Rivera, gobernador militar de Cataluña, del 13 de septiembre de 1923, no era desde luego inevitable pero no cabe duda de que las circunstancias de aguda crisis nacional favorecían la opción de la dictadura militar que acabó imponiéndose.

El **clima favorable a una intervención militar** en la vida política era claramente perceptible en 1923. El ejército no ocultaba su convencimiento de que sólo él tenía la solución a los males del país; la extrema derecha antiparlamentaria, por su parte, reclamaba abiertamente una solución autoritaria como única salida a la crisis social y política. La toma del poder de Mussolini en Italia, en octubre de 1922, servía de ejemplo y estímulo para quienes abogaban por esa solución dictatorial. El propio rey Alfonso XIII, que había perdido por completo su confianza en el sistema constitucional de la Restauración, era favorable al golpe, independientemente del hecho de que estuviera o no informado de los preparativos del mismo, algo que los historiadores aún hoy discuten.

En realidad, el golpe hubiera podido ocurrir antes de septiembre de 1923 si no llega a ser por la desunión de la familia militar (entre otros, el ya viejo enfrentamiento entre «junteros» o militares peninsulares, partidarios del ascenso por rigurosa antigüedad –la «escala cerrada»– y los «africanistas» que ambicionaban conseguir rápidos ascensos por méritos de guerra y acusaban a los peninsulares de burócratas).

Hacía tiempo que un grupo de militares, los llamados generales del «Cuadrilátero» (Cavalcanti, Berenguer, Saro y Dabán), conspiraban de una manera muy poco discreta en Madrid, pero el golpe sólo tomó cuerpo cuando, en Barcelona, el general Miguel Primo de Rivera tomó la decisión de acaudillarlo. Las apelaciones a una solución autoritaria eran frecuentes entre sectores muy diversos.

**El golpe militar se llevó a cabo con suma facilidad y sin derramamiento de sangre.** Ni el gobierno ni la población opusieron resistencia. Hubo una significativa ausencia de protestas, tanto por parte de los socialistas como de los republicanos; tan sólo la CNT anarquista y el exiguo Partido Comunista (PCE) hicieron llamamientos para resistir, pero no encontraron ningún eco popular. En un primer momento el pronunciamiento de Primo de Rivera fue bien acogido de forma general entre la opinión pública. El régimen estaba tan desgastado que cualquier cambio con promesas de saneamiento político era visto con esperanza. El Manifiesto de Primo de Rivera al país era lo suficientemente vago e impreciso como para atraer a amplios sectores sociales. Muy en sintonía con el anhelo de regeneración nacional compartido por la mayoría de la sociedad española, Primo de Rivera se presentaba como el «cirujano de hierro» que el país necesitaba.

### El Directorio militar

En un principio, la Dictadura se planteó como un paréntesis, una situación temporal que no buscaba recambio al sistema liberal parlamentario sino que tan sólo pretendía superar la crisis en la que estaba sumido. Se suponía que, una vez que el «cirujano de hierro» hubiese extirpado los cánceres del país –caciquismo, terrorismo, desorden público, guerra de Marruecos, nacionalismos...– los militares, recuperado el enfermo, se retirarían para volver a la normalidad constitucional. De hecho, la Constitución de 1876 no fue abolida.

En la primera etapa de su gobierno formó un **Directorio militar** integrado por ocho generales y un almirante que no habían participado en la conspiración ni tenían experiencia política previa. Procedentes de las diversas regiones militares del país, su nombramiento obedecía al deseo de Primo de Rivera de aglutinar en torno suyo al ejército y restablecer la unidad de la familia militar.

En cualquier caso, el protagonista absoluto de la política española como presidente del Directorio era **Miguel Primo de Rivera.** General jerezano, alegre, simpático, expansivo, intuitivo, su formación política no iba más allá de la aprendida en las tertulias de café. Imbuido de un regeneracionismo ingenuo, optimista y superficial, dedicó los primeros seis meses en el poder a desmontar la maquinaria política del régimen de la Restauración, creyendo que «la España real» afloraría una vez liberada de los vicios de la «vieja política». Se disolvieron todos los ayuntamientos y diputaciones provinciales y se detuvo y persiguió a los antiguos funcionarios de la administración local y provincial acusados de corrupción, lo que dio lugar a más de un suicidio. Se creó la nueva figura de los **delegados gubernativos**, enviados por el poder central a los pueblos para inspeccionar la gestión municipal. Pero esta **labor de «descuaje» del caciquismo** no duró mucho tiempo y fue poco efectiva. Los viejos caciques, con sus respectivas redes clientelares, siguieron por lo general controlando la vida local y provincial, poniéndose ahora al servicio del nuevo régimen. **El Estatuto Municipal de 1924** no se aplicó, de modo que no puede decirse que la Dictadura tuviera éxito en la tarea de acabar con el caciquismo.

En cambio, el grave **problema de orden público** halló solución con sorprendente rapidez. El número de atentados disminuyó drásticamente, en parte debido a las contundentes medidas represivas de los generales Martínez Anido y Arlegui, nombrados ministro de Gobernación y director general de Seguridad respectivamente, pero también, en gran medida, a que la CNT, sumida en una profunda crisis tras años de duras querellas internas, fue disuelta y no consiguió rehacerse en la clandestinidad.

El **Somatén**, una milicia ciudadana que había existido tradicionalmente en Cataluña para ayudar a las fuerzas del orden en situaciones de especial conflictividad, se extendió a toda España, pero nunca pasó de ser una organización anémica.

Por lo que respecta **al problema de los nacionalismos periféricos,** Primo de Rivera adoptó una política represiva en consonancia con el principio de unidad de la patria tan característico de la ideología militar. El **Es-**

tatuto Provincial promulgado en 1925, aunque al igual que el Estatuto Municipal, no llegó en realidad a aplicarse, era producto de una visión totalmente defensiva respecto a los movimientos nacionalistas. Pocos días después del golpe quedó prohibido el uso del catalán en actos públicos, restringido únicamente al ámbito de «la intimidad del hogar», y se prohibió asimismo otra bandera distinta de la nacional. Ni centros de encuentro, ni reuniones, ni manifestaciones culturales, ni siquiera instituciones folclóricas como los orfeones, fueron permitidos. El catalanismo conservador, que había recibido muy favorablemente al nuevo gobernante, sufrió una profunda decepción y adoptó una actitud de creciente oposición, aunque pacífica, al régimen. Por su parte, el catalanismo radical optó por la vía de la insurrección separatista.

### La resolución del conflicto marroquí

Primo de Rivera había llegado al poder con la promesa de una pronta resolución de la guerra de Marruecos. Desde hacía años había expresado públicamente sus convicciones abandonistas, las cuales no eran en absoluto compartidas por el grueso del ejército. Cuando en el otoño de 1924 llevó a cabo una operación de abandono de posiciones y **repliegue hacia la costa,** pareció que era la primera fase de un plan de retirada total. El líder rifeño Abd el-Krim, que había proclamado la República del Rif, consideró ese repliegue como una muestra de la debilidad española y consiguió por entonces llegar al cénit de su poder.

Ante la creciente acometividad de las cabilas rifeñas, Primo de Rivera concibió entonces la idea de infligir un duro golpe al prestigio de Abd el-Krim, realizando la tantas veces proyectada operación de desembarco en la bahía de Alhucemas, en el corazón del Rif. No obstante, al mismo tiempo, intentó otras posibles vías de solución de la «cuestión marroquí», entre las cuales estaba la negociación de unas condiciones de paz con el caudillo rifeño. Le ofreció una amplia autonomía y la promesa de importantes subvenciones españolas, pero Abd el-Krim no estaba dispuesto a aceptar otra condición que no fuese la absoluta independencia del Rif.

Afortunadamente para los españoles, se produjo entonces un hecho novedoso que intervino de forma decisiva en la resolución del conflicto: Abd el-Krim, sintiéndose eufórico, decidió atacar también a los franceses, en la primavera de 1925, y Francia, por vez primera desde la constitución del protectorado, ofreció a España aunar esfuerzos para conseguir la pacificación de Marruecos. Los frutos de la colaboración no se hicieron esperar. **El desembarco en Alhucemas**, con apoyo francés, se llevó a cabo con éxito en septiembre de 1925. La campaña militar conjunta hispanofrancesa de 1926 consiguió el objetivo de derrotar a Abd el-Krim, que fue enviado al destierro. La guerra había acabado, lo que constituyó el triunfo más resonante de la Dictadura y del propio Primo de Rivera, que había asumido en todo momento la dirección de las operaciones.

## El intento de institucionalización del régimen dictatorial

A finales de 1925, tras el éxito del desembarco en Alhucemas, encauzado ya el conflicto marroquí, resueltos otros graves problemas –fundamentalmente el de orden público– Primo de Rivera creyó llegado el momento de institucionalizar su régimen. Esta segunda etapa de la Dictadura se inauguró con la sustitución del Directorio militar por un **Directorio civil**, en diciembre de 1925, integrado por hombres de su total confianza como el general Severiano Martínez Anido (ministro de Gobernación), José Calvo Sotelo (Hacienda), José Yanguas Messía (Estado), Eduardo Aunós (Trabajo) o el Conde de Guadalhorce (Fomento).

Dispuesto a convertir un régimen provisional en un régimen permanente, el dictador quiso relanzar el partido de la **Unión Patriótica**, creado en 1924, para hacer de él un partido de masas que pudiera ser la cantera de los futuros nuevos políticos del régimen. Pero este partido oficial, totalmente gubernamental, no fue nunca una organización potente sino, por el contrario, endeble y artificial. El otro pilar para consolidar el régimen fue la **Asamblea Nacional Consultiva** que, dado el poco entusiasmo que su creación suscitó, no consiguió reunirse hasta finales de 1927. La Asamblea, elegida por primera vez en la historia del constitucionalismo español según un sistema corporativo –en boga en otros regímenes autoritarios de Europa, donde se había generalizado la crisis del sistema parlamentario liberal– tuvo como principal objetivo elaborar un proyecto constitucional una vez que estuvo claro que no se volvería a la Constitución de 1876.

El intento de dotar de permanencia al régimen tuvo también su proyección en **la política exterior.** Confiado en su capacidad para elevar el prestigio internacional de España, Primo de Rivera decidió exigir la incorporación de la ciudad internacional de Tánger al protectorado español y la obtención de un puesto permanente en el consejo de la Sociedad de Naciones. Pero aquella política desafiante duró poco. Ante la negativa de las potencias hegemónicas de la Europa de la época, Francia y Gran Bretaña, a atender sus demandas, tuvo que cumplir su amenaza de retirarse de la Sociedad de Naciones en 1926, pero dos años después acabó regresando al organismo de Ginebra y tuvo que conformarse con una modesta mejora de la posición española en Tánger, que continuó siendo una ciudad internacional.

## La política económica y social de la Dictadura

Los años de la Dictadura fueron una época en que todas las economías occidentales vivieron una coyuntura alcista, de prosperidad y crecimiento. La Dictadura fomentó las **obras públicas,** con gigantescos planes de construcción de carreteras, vías férreas, pantanos, canales, puertos, etc. Al final del régimen circulaban por las carreteras españolas –10.000 km de las cuales eran nuevos– cuatro veces más vehículos que en 1923.

Se impuso una **política de nacionalismo económico** a ultranza, de absoluto intervencionismo y dirigismo estatal, con la idea de impulsar y proteger la producción nacional, que se tradujo en la concesión de subsidios a las grandes empresas, incentivos a la exportación, fuerte proteccionismo arancelario y nacionalización de industrias (como la del petróleo, con la creación de CAMPSA).

Para dotar de mayor legitimidad al régimen y lograr una armonía entre los diferentes sectores productivos que garantizara el éxito de los planes de desarrollo, el dictador buscó un **entendimiento con los socialistas** los cuales, por su parte, optaron por ser pragmáticos y aceptaron colaborar con la Dictadura. Accedieron a participar en organismos oficiales como el Consejo de Trabajo o el Consejo de Estado y colaboraron estrechamente en la organización corporativa, inspirada en el modelo fascista italiano, cuyo pilar básico fueron los **«comités paritarios»** o comités mixtos de obreros y patronos que funcionaron como un eficaz método para encauzar las relaciones de trabajo por la vía pacífica y de la negociación.

La Dictadura emprendió otras muchas medidas de **política social,** aumentando los gastos en educación, servicios sanitarios, viviendas baratas para los obreros, protección de la emigración, etc. Fue, en definitiva, un periodo de relativa paz social.

## Conspiraciones contra la Dictadura y pérdida de apoyos

Al principio, la actividad conspirativa contra la Dictadura se limitó a los anarquistas y catalanistas radicales, los grupos más duramente reprimidos, pero estas tentativas de insurrección, siempre fallidas, no parecieron preocupar en exceso al dictador. Más serias y coordinadas resultaron las **iniciativas insurreccionales** protagonizadas por algunos viejos políticos dinásticos con el apoyo de prestigiosos jefes militares. Hubo una intentona conocida como **«la Sanjuanada»** por haber tenido lugar en la noche de San Juan, el 24 de junio de 1926, encabezada por Melquíades Álvarez y el conde de Romanones, presidentes de las Cámaras –Congreso y Senado– clausuradas, que lograron atraerse a los generales Aguilera y Weyler y a la que se sumaron también republicanos y cenetistas. Aunque no pasó de ser un conato, sin embargo fue la primera manifestación concreta de una protesta que ya reunía a importantes sectores del país, militares y políticos.

Muchos líderes de los viejos partidos adoptaron una postura de oposición frontal a la Dictadura, máxime cuando quedó claro, con el proceso constituyente abierto en 1927, que se iba a una ruptura definitiva con la tradición liberal. Algunos de ellos, sintiéndose traicionados por el rey, que había decidido apoyar de forma decidida al dictador, evolucionaron hacia posiciones antimonárquicas y republicanas. El líder conservador Sánchez Guerra organizó desde su exilio voluntario en París a las fuerzas defensoras del régimen parlamentario y abiertamente antiprimorriveristas, pero el **levantamiento de Sánchez Guerra en Valencia** se saldó con el mismo fracaso que las tentativas anteriores.

En 1926 el dictador parecía estar en la cumbre de su apogeo, pero fue a partir de entonces cuando comenzó a perder paulatinamente apoyos, en gran parte por sus propias vacilaciones y errores. Uno de esos errores fue la forma en que acometió la imprescindible reforma del ejército, haciendo una reorganización superficial y parcial que no iba al núcleo del problema –el gigantesco excedente de oficiales– y que, en cambio, le granjeó la enemistad de algunos cuerpos como el de Artillería.

Los socialistas asimismo se distanciaron negándose a incorporarse a la Asamblea Nacional, lo que supuso un duro golpe para Primo de Rivera, que se vio privado de una importante credencial de legitimidad.

Otro sector de la sociedad española que iba a enfrentarse al régimen dictatorial fue el intelectual que, sin duda, tenía una gran influencia sobre la opinión pública. Con el paso del tiempo las tensiones se fueron agudizando y la oposición de intelectuales y estudiantes también fue en aumento. Primo de Rivera, cuya ignorancia del mundo universitario le llevó a actuar de forma poco hábil, expulsó de la Universidad al estudiante de Agrónomos Antonio Sbert, destacado representante de la oposición estudiantil, lo que provocó un amplio movimiento de protesta y solidaridad con el expulsado. Los **graves incidentes estudiantiles** de 1928 provocaron el cierre de las universidades de Madrid y Barcelona. Un grupo de catedráticos de gran talla abandonaron la docencia a causa de la agresión dictatorial contra la clase intelectual.

A partir de mediados de 1928, y de forma acelerada a lo largo de 1929, la mayoría de los sectores sociales que al comienzo del régimen le dieron su apoyo se volvieron contra él, al no haber visto satisfechas sus expectativas. La crisis de la Dictadura pareció entonces evidente. No obstante, la razón fundamental de su fracaso fue la incapacidad para articular un proyecto de recambio del régimen de la Restauración. Se había destruido el viejo sistema político pero no se había conseguido construir uno nuevo. **El proyecto político alternativo al parlamentarismo liberal fue siempre difuso,** lleno de vaguedades e indefiniciones lo que, en última instancia, colocó a la Dictadura en un callejón sin salida. La Asamblea elaboró, por fin, en 1929, un anteproyecto constitucional para la creación de un nuevo régimen de corte autoritario, corporativo y antidemocrático pero no llegó a aprobarse porque no convencía a casi nadie, empezando por el propio dictador.

Al fracaso político se sumó la **crisis económica.** El crecimiento de la economía había sido uno de los principales factores de legitimidad de la Dictadura pero 1929 fue un año de malas cosechas, deterioro de la balanza comercial y depreciación de la peseta, síntomas que anunciaban el final de la ola de prosperidad que había vivido el mundo occidental en los años veinte y el comienzo de la depresión.

Las exposiciones internacionales de Barcelona y Sevilla de 1929, que debían servir de escaparate del régimen, no lograron ocultar, a pesar de su brillantez, los graves problemas políticos y económicos, con una multiplicación de los movimientos de oposición: huelgas, manifestaciones de estudiantes y profesores, recrudecimiento del conflicto artillero...

## La caída del dictador

En una situación de aislamiento cada vez mayor, el dictador reaccionó intensificando las medidas represivas. Pero, aunque arbitrario, Primo de Rivera nunca fue cruel con sus adversarios. Muy al contrario, la **ausencia de violencia** y el carácter benévolo del régimen fue uno de los rasgos que más claramente lo separaban del fascismo. La Dictadura primorriverista, como otras dictaduras que en los años veinte se instalaron en muchos países del Este europeo, fue un **régimen autoritario pero no fascista.** Primo de Rivera imprimió al régimen su mentalidad paternalista, y su temperamento impulsivo y ciclotímico, con alternancia de momentos de indignación –en los que podía ser expeditivo e imprudente– y momentos de contemporización y moderación.

A finales de 1929 no sólo había sido abandonado por casi todos sino que se sentía cansado y enfermo. Su quebrantada salud, unida a la marea opositora y al «impasse» institucional, le decidieron a hacer algo muy inusual en un dictador: a finales de enero de 1930 **presentó su dimisión,** poniendo fin a su régimen de forma pacífica, sin que se produjera el más mínimo derramamiento de sangre. Pocos meses después, quien fuera el protagonista absoluto de aquel sexenio falleció en París, en el exilio.

### El hundimiento de la monarquía: 1930-1931

Al asociarse y apoyar de forma decidida a la Dictadura, la suerte del monarca quedó unida a la suerte del régimen dictatorial. Tras la dimisión de Primo de Rivera, Alfonso XIII, preocupado por el auge del sentimiento republicano, quiso retornar a la Constitución de 1876 y encargó la presidencia del nuevo gobierno al jefe de su casa militar, el general **Dámaso Berenguer**. Éste, en efecto, trató de volver a la situación anterior al golpe como si entre tanto no hubiera pasado nada. Fue, según el famoso artículo del filósofo Ortega y Gasset, «el error Berenguer». Porque lo cierto es que en esos seis años habían pasado muchas cosas. La España de 1930 no era ya la de 1923. Era un país más culto, donde el analfabetismo había retrocedido; un país cada vez más industrializado y urbanizado; un país donde cada vez más ciudadanos deseaban comportarse como tales, eligiendo libremente su opción política, y no como simples súbditos.

La opinión política se polarizó. Entre los cada vez más partidarios de la república figuraron algunos antiguos monárquicos como Miguel Maura y Niceto Alcalá Zamora, que fundaron en febrero de 1930 la Derecha Liberal Republicana y participaron en el famoso **«pacto de San Sebastián»**, de agosto de ese año, que supuso el entendimiento de los diversos grupos republicanos y las fuerzas políticas que estaban al margen del sistema con el objetivo de conseguir la proclamación de la república. En cambio, los partidarios y herederos de Primo de Rivera radicalizaron su postura antiliberal en un proceso de fascistización representado por la Unión Monárquica Nacional, creada también en 1930, de la que formaron parte ex ministros de la Dictadura como José Calvo Sotelo y el propio hijo del dictador, José Antonio Primo de Rivera.

La coalición republicana, junto con los partidos obreros y un sector del ejército, optó por la vía insurreccional, pero el capitán Fermín Galán se adelantó sublevándose en Jaca unos días antes de la fecha prevista. Galán y su colaborador, tras el fracaso de su intentona, fueron juzgados en juicio sumarísimo y fusilados. Berenguer, incapaz de enderezar la situación política, dimitió y fue sustituido por un nuevo gobierno del **almirante Aznar,** que convocó elecciones, empezando por las municipales, con la idea de volver a la normalidad constitucional. Las fuerzas republicanas otorgaron a la convocatoria electoral un carácter plebiscitario, es decir, consideraron que en ellas habría de decidirse el régimen político que España deseaba tener.

El domingo 12 de abril de 1931, **las elecciones municipales** –las primeras después de la Dictadura de Primo de Rivera– **dieron el triunfo a los republicanos en la mayoría de las capitales de provincia,** que fue celebrado con entusiastas manifestaciones pacíficas. Ni el gobierno de la desacreditada Monarquía ni los mandos militares intentaron oponerse a la voluntad expresada en las urnas. El 14 de abril se izó la bandera republicana, roja, gualda y morada, en el mástil del Palacio de Comunicaciones en la plaza de Cibeles de Madrid. La gente se lanzó a las calles de la capital en un ambiente de júbilo y euforia. La Monarquía se desplomó de forma pacífica con la casi absoluta indiferencia de la aristocracia y del ejército. Ese mismo día 14, el rey Alfonso XIII partió hacia el exilio.

La euforia con que la población recibió la llegada de la república era la expresión de unas enormes expectativas que difícilmente iban a poder cumplirse. La sociedad española estaba dividida por tremendas tensiones ideológicas que dificultaban la aceptación de valores comunes.

# TEMA 14

## LA GRAN DEPRESIÓN DE LOS AÑOS TREINTA

### ESQUEMA

**ESTADOS UNIDOS**

Antecedentes a la crisis
- Crecimiento de la economía tras la Primera Guerra Mundial
- Fuertes inversiones en Europa
- Pago de las deudas de guerra
- 1928
  - Crisis de sobreproducción
  - Caída de precios
  - Importantes inversiones en bolsa

Crack de la Bolsa de Nueva York (Octubre de 1929)
- Derrumbe de las cotizaciones
- Ruina de accionistas
- Crisis bancaria
- Fuerte recesión económica
- Descenso de las importaciones
- Crecimiento del paro

El New Deal
- Política desarrollada por Franklin D. Roosevelt
- Devaluación del dólar
- Ley bancaria
- Ley de Ajuste de la Agricultura
- Ley de Recuperación de la Industria
- Fomento del empleo público
- Ley de Seguridad Social
- Ley de Relaciones de Trabajo. Crecimiento de los sindicatos
- Ley de impuestos sobre la riqueza

**ALEMANIA**

Antecedentes
- Pago de las reparaciones de guerra
- 1925, el Pacto de Locarno
- Recuperación económica. 1924-1929

Repercusiones de la crisis de EEUU
- Crisis bancaria
- Depresión económica
- Quiebra de empresas
- Fuerte aumento del desempleo-1930

| Radicalización política | – Política de austeridad y control de salarios<br>– Intervención del Estado en la economía<br>– 1933. Hitler es nombrado Canciller<br>– Programa de Obras Públicas<br>– Rearme militar<br>– Control de precios y salarios |
|---|---|

## FRANCIA

- Crecimiento económico (1922-1929)
- 1930-1935. Crisis industrial y agraria
- Radicalización y crisis política

| Frente Popular (1936) | – Comunistas, radicales y socialistas<br>– Medidas nacionalizadoras<br>– Construcción de Obras Públicas<br>– Ayuda al desempleo<br>– Desarrollo de la legislación social |
|---|---|

## REINO UNIDO

- 1929. Primeros síntomas de depresión económica
- Aumento del déficit
- Crecimiento del paro. «marchas contra el hambre»

| Gobierno laborista de Ramsay Mac Donald | – Renuncia al patrón oro<br>– Incentivos agrícolas<br>– Crecimiento de las exportaciones<br>– Comercio preferencial con la Commonwealt<br>– 1932 Conferencia de Ottawa |
|---|---|

# TEMA 14

# LA GRAN DEPRESIÓN DE LOS AÑOS TREINTA

No había terminado aún la década de los «felices años veinte» cuando en octubre de 1929 tuvo lugar en Estados Unidos el crack bursátil que desencadenó la primera gran crisis internacional del capitalismo. A partir de 1930, una profunda depresión económica afectó no sólo a Estados Unidos sino también a la mayoría de los países europeos, cuyas economías eran fuertemente dependientes de la norteamericana. Junto a los efectos económicos de esta depresión se iban también a producir importantes consecuencias de tipo político y social. El crecimiento del desempleo y el importante descenso del nivel de vida, que afectaron esencialmente a los trabajadores y a las clases medias, provocaron un fuerte incremento de las luchas sociales y al mismo tiempo una radicalización de las fuerzas políticas, produciéndose en algunos países, como Alemania, el ascenso al poder de partidos de signo totalitario.

## ESTADOS UNIDOS

La economía norteamericana, a diferencia de la europea, había salido enormemente reforzada tras la Primera Guerra Mundial. No sólo no había sufrido los efectos destructivos de la contienda sino que, además, se nutría del pago de las deudas de guerra que los países aliados habían contraído con EEUU y que ascendían a 10.000 millones de dólares. En realidad, las transacciones de dinero que se iban a producir transitaban en una especie de círculo en el que EEUU concedía principalmente créditos a Alemania, ésta pagaba las reparaciones de guerra a los aliados europeos, que a su vez cancelaban las deudas de guerra, y el dinero volvía otra vez a Estados Unidos. Este flujo de capitales provocó un extraordinario crecimiento de las inversiones en Norteamérica, cuyos resultados fueron los siguientes: la renta nacional entre 1923 y 1929 aumentó en un 23%; la producción industrial creció en un 30% y la agraria en un 9%; la población activa se incrementó en un 11%, y la renta *per capita* aumentó en un 13%.

Esta expansión económica, acompañada de un fuerte aumento de la productividad, se basó fundamentalmente en la construcción de viviendas, el aumento de la producción de energía eléctrica y el desarrollo de la industria automovilística, que creció en un 33% anual entre 1923 y 1929, estimulando las industrias subsidiarias como las de la gasolina, el caucho, el acero y los transportes.

Pero esta situación de bonanza comenzó a quebrarse a finales de la década. En 1928, los Estados Unidos sufrieron una **crisis de sobreproducción** que se tradujo en una importante caída de los precios, descenso en el ritmo de construcción de viviendas y obras públicas, y un fuerte incremento de las actividades especulativas, que el verano de ese año las autoridades monetarias trataron de frenar sin éxito. El dinero afluyó a la Bolsa de valores aumentando extraordinariamente el precio de los títulos, que no se correspondían en absoluto con el valor real de las empresas.

### La caída de la Bolsa de Nueva York

El 24 de octubre de 1929, conocido como el «jueves negro», tuvo lugar el desplome de la Bolsa de Nueva York, con una espectacular caída de las cotizaciones y la pérdida vertiginosa del valor de las acciones, que produjo la ruina de miles de accionistas y pequeños inversores que habían confiado a la Bolsa todos sus ahorros.

El crack bursátil motivó una reacción en cadena del sistema financiero, y numerosos bancos empezaron a tener problemas de solvencia y liquidez al acentuarse la desconfianza en su capacidad de reembolsar los depósitos a sus clientes. Cerca de 5.000 entidades bancarias se vieron abocadas al cierre entre 1929 y 1932.

Enseguida la crisis de la Bolsa desencadenó una importante recesión de la economía norteamericana. Los precios agrarios sufrieron un importante descenso y la producción manufacturera cayó en picado. Se redujo, además, el comercio y la actividad de los medios de transporte. Descendieron los ingresos públicos y, al aumentar los gastos, esto condujo inevitablemente al déficit presupuestario.

Las medidas económicas tomadas por el gobierno republicano de **Herbert Hoover** agudizaron notablemente la depresión e impidieron la recuperación de la economía. Se estableció el control de los precios, especialmente en el sector agrícola, y se promulgó un arancel que acentúo el proteccionismo y tuvo un efecto muy negativo sobre el comercio internacional. Las importaciones estadounidenses descendieron de 4.400 millones de dólares en 1929 a 1.500 en 1932 y el PIB se redujo en un 68% entre 1929 y 1934. Además, el sistema monetario internacional se vio gravemente afectado, pues la contracción del dinero en circulación, causada sobre todo por las quiebras bancarias, condujo a que la mayoría de las naciones abandonaran la fijación de sus monedas en relación al oro, el llamado «patrón-oro», un sistema que ya era poco eficaz tras el final de la Primera Guerra Mundial.

Las consecuencias sociales fueron muy graves, pues se produjo un importante deterioro del nivel de vida y un enorme crecimiento del paro, cuyas cifras de desempleo alcanzaron en 1933 el 25% de la población activa.

## El New Deal

En marzo de 1933, el demócrata **Franklin Delano Roosevelt** asumió la presidencia de los Estados Unidos y promulgó un conjunto de leyes con el objetivo de poner en marcha un ambicioso programa económico, conocido como el **New Deal** (Nuevo Trato), dirigido a actuar con decisión sobre las causas que habían producido la depresión y a reactivar la economía por la vía del consumo y la inversión.

La primera medida que se adoptó fue la devaluación del dólar en un 40% con el objeto de favorecer las exportaciones. En 1932, se promulgó una **ley sobre la Banca** que separó los bancos comerciales de los de inversión y creó una serie de organismos oficiales encargados de regular la Bolsa y asegurar los depósitos bancarios.

En cuanto a la agricultura, sector en el que trabajaba alrededor del 22% de la población activa, el gobierno se vio obligado a adoptar medidas especiales para tratar de controlar el exceso de producción y mejorar las miserables condiciones de vida en que se encontraban los trabajadores del campo. En 1933 se aprobó la **Ley de Ajuste de la Agricultura,** que autorizaba al gobierno a entregar a los granjeros una compensación para que restringiesen la superficie cultivada y eliminaran el ganado que no podían vender.

En 1933 entró en vigor la **Ley de Recuperación de la Industria Nacional** (NIRA) con el objetivo fundamental de reactivar la industria, garantizar la competencia a través de la formación de cárteles dirigidos por el gobierno, y aumentar los salarios y reducir la jornada de trabajo para impulsar el consumo interno. Esta ley autorizaba, además, al Presidente a destinar 3.300 millones de dólares para el fomento de las obras públicas. Entre las inversiones del Estado tuvo una especial importancia el proyecto de desarrollo de las infraestructuras del valle del Tennesse para la mejora de la navegación, el control de las inundaciones, la repoblación forestal y el desarrollo agrícola e industrial.

En 1935 se puso en marcha un programa de lucha contra el paro, denominado **Administración del Empleo Público** basado en la contratación de trabajadores en paro para la realización de labores comunitarias como limpieza de bosques, reparación de carreteras, organización de espectáculos públicos, trabajos en archivos y bibliotecas, etc.

Desde el punto de vista social, el New Deal aportó un conjunto de leyes que mejoraron, a través de la **Ley de Seguridad Social**, el sistema de protección de los trabajadores, mediante la implantación de los seguros de paro, vejez, accidentes y enfermedad laboral. En 1935 el Congreso votó una **ley sobre las Relaciones de Trabajo**, llamada también Ley Wagner, que institucionalizaba el derecho de los obreros a organizarse y a los sindicatos a negociar con los empresarios. Esta ley declaraba ilegales las intromisiones de los patrones en el funcionamiento de las organizaciones sindicales, así como la creación de sindicatos amarillos y todo tipo de represalias contra los trabajadores por su acción sindical. Su aplicación amplió notablemente la libertad sindical, mejoró las relaciones laborales y contribuyó a un desarrollo considerable del sindicalismo, produciéndose un crecimiento espectacular de la afiliación a los sindicatos (AFL y CIO), que pasaron de menos de dos millones de militantes en 1933 a 3.500.000 en 1935 y 8.200.000 en 1939.

Por último, la **Ley de Impuestos sobre la Riqueza** elevó los gravámenes sobre las rentas y propiedades de los sectores sociales más opulentos.

El New Deal tuvo problemas en su aplicación, pues la Corte Suprema declaró en 1935 anticonstitucional a la Ley de Recuperación Industrial Nacional y en 1936 invalidó la Ley de Ajuste de la Agricultura, y no consiguió superar totalmente los efectos de la depresión. Aunque sus resultados económicos fueron limitados, la política de intervención del Estado y de desarrollo del consumo y de la inversión pública sirvió para frenar la crisis y abrir un período de recuperación económica, que duró desde marzo de 1933 a mayo de 1937. Pero a partir de ese año comenzó un período de declive, y una nueva recesión asoló la economía norteamericana. En 1938 la producción industrial cayó en un 32% y el desempleo afectaba a cinco millones de trabajadores (20% de la población activa). Todavía en 1939 la tasa de paro era del 17%, no alcanzándose el pleno empleo hasta el comienzo de la Segunda Guerra Mundial.

## ALEMANIA

Al término de la Gran Guerra, Alemania tuvo que afrontar el pago de las reparaciones impuestas por el Tratado de Versalles y esto supuso un grave lastre para acometer la reconstrucción económica. Entre 1920 y 1923 Alemania sufrió un grave proceso inflacionista que le impidió hacer frente al pago de las reparaciones, y Francia reaccionó ocupando en 1923 la cuenca del Ruhr para obligar a Alemania a cumplir sus compromisos. Sin embargo, la política francesa respecto a Alemania fue suavizándose a lo largo de la década de los años veinte. El presidente francés Herriot evacuó las tropas del Ruhr y Aristide Briand, ministro de Asuntos Exteriores, firmó en 1925 el **Pacto de Locarno,** que garantizaba las fronteras franco-alemanas y facilitaba el pago de las reparaciones. Esta nueva situación internacional, que iba a disminuir la presión sobre Alemania, permitió una rápida recuperación económica, abriendo un período de prosperidad y estabilización financiera entre los años 1924 a 1929.

Cuando en 1930 los efectos de la depresión económica llegaron a Europa, en el caso específico de Alemania, además de verse perjudicada por el descenso general de los precios, la sobreproducción industrial y la crisis financiera, se vio muy afectada por la repatriación de los capitales invertidos por los norteamericanos, que habían jugado un papel fundamental en el crecimiento económico de los años anteriores. De los 25.000 millones de marcos-oro invertidos en Alemania desde 1924, la mayor parte provenían de los EEUU, y además, cerca del 50% de esas inversiones eran a corto plazo. Cuando en 1930 los inversionistas norteamericanos congelaron de forma inmediata los créditos y exigieron, además, el pago de los ya vencidos, se desencadenó una importante **crisis bancaria**, pues los bancos alemanes no tenían suficientes reservas monetarias y no podían pagar más que 5.000 millones de marcos-oro, dejando al descubierto otros 5.000 millones.

A partir de mayo de 1931 la quiebra de uno de los principales bancos de Viena precipitó las dificultades de las entidades bancarias alemanas. El banco Darmstaedte anunció la suspensión de pagos y esto desató el pánico y la falta de confianza de los ciudadanos, que se precipitaron a sacar sus ahorros de las entidades financieras, provocando en muchos casos la bancarrota.

Al mismo tiempo, se produjo una **crisis económica** de gran envergadura. La industria alemana, ya recuperada de los efectos de la Gran Guerra, había alcanzado un gran desarrollo y necesitaba de las exportaciones para mantener sus fuertes ritmos de producción. Así pues, cuando comenzó la crisis en EEUU y este país cerró sus fronteras a los productos alemanes, los mercados se hundieron y las exportaciones alemanas cayeron en picado.

Para paliar el creciente déficit de la balanza comercial, el gobierno alemán decidió reducir las importaciones, lo que dificultaba el aprovisionamiento de materias primas para la industria. Así la caída de las exportaciones y la restricción voluntaria de las importaciones condujeron inevitablemente a un descenso espectacular de la producción que afectó a casi todos los sectores industriales, y muy especialmente a la siderurgia y a las fábricas de automóviles, produciéndose como consecuencia la quiebra y el cierre de numerosas empresas.

La primera consecuencia, y también la más importante desde el punto de vista social, que se derivó de la crisis económica y de la disminución de la producción fue el espectacular crecimiento del **desempleo**. El número de parados, que en 1928 era de 600.000, pasó a 3.700.000 a finales de 1930 y a 6.000.000 en diciembre de 1931. A estas cifras, que se refieren al total de desocupados, habría que añadir cerca de ocho millones de parados parciales que vieron reducidos sus salarios a más de la mitad. En resumen, cerca del 60% de población activa alemana se vio afectada por el paro, y especialmente los obreros industriales y los jóvenes.

El gobierno socialdemócrata, que se había constituido en 1928 y que desde octubre de 1929 carecía de mayoría parlamentaria, apenas si pudo tomar medidas contra la crisis. En marzo de 1930 se formó un nuevo gobierno, de clara orientación derechista, presidido por Heinrich Brüning, que puso en marcha una política de austeridad que hizo recaer el peso de la crisis en los trabajadores y las clases medias. El nuevo canciller Brüning impuso, por decreto, una bajada del sueldo de los funcionarios, una reducción de las prestaciones por desempleo y un aumento general de los impuestos indirectos. Su sucesor en el Gobierno desde mayo de 1932, el también diputado del Zentrum, **Franz von Papen**, agravó esta política disminuyendo las prestaciones sociales y anulando todos los convenios colectivos y acuerdos sociales que habían sido firmados por los sindicatos y la patronal.

Al mismo tiempo, ambos gobiernos acordaron una política de subvenciones y reducción de impuestos a las grandes empresas. Además, intervinieron directamente en el sistema financiero, no sólo marcando las directrices en política monetaria sino también controlando una parte muy importante del capital bancario. De esta manera, el Estado se hizo con la dirección de numerosos bancos y empresas industriales, pues en Alemania el capital bancario y el industrial estaban fuertemente ligados.

Así pues, una de las consecuencias de la crisis fue el paso de una economía liberal a un sistema de economía dirigida, en el que el Estado controlaba los resortes más importantes del sistema económico. Pero, esta intervención del Estado en la economía, que en realidad no era más que una «socialización de las pérdidas», no hizo más que acentuar la crisis, dificultando la reactivación económica.

Los efectos de la gran depresión fueron determinantes para explicar la radicalización de la política alemana y el hundimiento de los partidos del centro, incapaces de hacer frente a la crisis. En las elecciones de 1930, el partido nazi y los comunistas obtuvieron unos excelentes resultados. Esta tendencia se acentuó en julio de 1932, cuando los nazis alcanzaron 13,7 millones de votos, y el presidente de la República, el viejo mariscal **Hindenburg**, a finales de enero de 1933 nombró canciller a **Hitler**.

En el momento de la llegada al poder de Hitler el liberalismo alemán estaba moribundo y el Estado tenía en sus manos las riendas de la economía. Aprovechando esta situación, Hitler lanzó un programa económico basado esencialmente en: 1) la construcción de grandes **obras públicas**, como carreteras, autopistas, puentes, canales, renovación de los ferrocarriles, etc. 2) el **rearme militar** a través del desarrollo de una potente industria bélica y 3) el **control de los precios y los salarios**. En la producción agrícola se fijaron precios bastante por encima de los del mercado, mientras que en la industria fue más difícil la contención de los precios por su fuerte tendencia al alza. En cuanto a los salarios, su descenso fue muy acusado, tanto que en 1936 los salarios brutos habían descendido casi en un 30% respecto a los de 1929.

## FRANCIA

En Francia la recuperación de los efectos de la Gran Guerra fue muy rápida. Entre 1922 y 1929 el crecimiento económico francés mantuvo el índice anual de 5,8%, frente al 5,7% de Alemania y el 2,7 del Reino Unido. A comienzos de 1930, Francia tenía una economía próspera y saneada: el nivel de exportaciones había crecido, manteniéndose el equilibrio en la balanza comercial, el presupuesto del Estado tenía un saldo positivo de 5.000 millones de francos y las cifras de paro se mantenían en unos niveles próximos al pleno empleo. Además, Francia se había convertido en una de las potencias industriales más importantes, alcanzando un fuerte desarrollo en las industrias automovilística (Citröen, Renault), eléctrica, siderometalúrgica y construcción. El crecimiento de las industrias extractivas fue también muy importante, sobre todo a raíz de la anexión de las ricas minas de carbón, mineral de hierro y bauxita de las regiones de Alsacia y Lorena.

Mientras que en 1929 la crisis golpeó duramente a los Estados Unidos, los franceses tenían la sensación de que su país se vería libre del hundimiento del sistema capitalista y seguirían disfrutando de la prosperidad conocida en los años veinte. Hasta finales de 1930 no comenzaron los primeros síntomas de crisis, alcanzándose su cénit en 1935; y tras una breve recuperación en 1936 continuó la situación de crisis hasta 1937-1938. Por lo tanto, la depresión afectó a Francia más tarde que al resto de los países, y sus efectos, cuando llegaron, provocaron un prolongado período de estancamiento.

Además de los problemas monetarios y presupuestarios, producidos por la caída general de los precios y el descenso de las exportaciones, el **sector agrario** fue el que más sufrió los embates de la depresión. Hay que tener en cuenta que la agricultura francesa estaba muy poco modernizada, los rendimientos eran muy bajos y la estructura de propiedad de la tierra favorecía las pequeñas explotaciones. La crisis agrícola se manifestó enseguida por la caída de las exportaciones de los tres productos claves que constituían la base de la producción agraria: el trigo, el vino y la remolacha.

La **crisis industrial** fue también muy severa, aunque con un carácter bastante selectivo. Las industrias más afectadas fueron la siderurgia, el textil y la extractiva, que eran los sectores clave de la economía y los que empleaban a un mayor número de trabajadores. Por el contrario se produjo un notable crecimiento en la producción hidro-eléctrica y en las industrias del automóvil, la química, el aluminio, la famacéutica y sobre todo en la del petróleo, que sufrió un progreso espectacular, aumentando su capacidad de refino de un millón de toneladas en 1931 a ocho millones en 1938.

A medida que la situación económica empeoraba, no sólo se iba a producir un empobrecimiento material de los franceses sino también una sensación de profundo debilitamiento político, acompañado de una importante radicalización, caracterizada por las escisiones en las filas de los radicales y socialistas, y la aparición de diversas organizaciones de carácter fascista, como las ligas de la «Acción Francesa» y las «Cruces de Fuego». La vida política se hizo más difícil y complicada, y los conflictos sociales fueron mayores y más violentos que los de la década anterior.

Los distintos **gobiernos radicales** de 1932 a 1936 apenas tomaron medidas eficaces contra la crisis; se limitaron a mantener la política deflacionista anterior, que si bien tenía el apoyo de los medios financieros, contaba con la oposición de socialistas y comunistas. A las dificultades económicas se sumó el profundo descrédito del gobierno, acosado por distintos escándalos financieros y políticos, que fue aprovechado sobre todo por los grupos de la extrema derecha para acusar al gobierno de incompetencia y corrupción.

En las elecciones de 1936, los franceses dieron la mayoría a un **Frente Popular**, formado por radicales, socialistas y comunistas, y dirigido por **Leon Blum**, que ocupó la presidencia de la República. Lo primero que hizo este gobierno fue abandonar la política deflacionista anterior, devaluar el franco y aumentar los salarios, tratando con ello de reanimar la economía. A continuación puso en marcha un programa económico y social inspirado en la experiencia americana del *New Deal*, basado en la elevación del poder de compra de las masas a través de la intervención del Estado en la vida económica y en la realización de importantes reformas sociales.

Las principales actuaciones de este programa fueron: la nacionalización de las industrias de guerra, el pleno control por el gobierno del Banco de Francia, el impulso en la construcción de grandes obras públicas, la creación de un fondo de desempleo, el estímulo a la jubilación de los trabajadores con mayor edad y la reducción del horario laboral sin disminución del salario. En materia agrícola se fundó una Oficina Nacional de Cereales, destinada a regularizar el mercado de productos agrarios y luchar contra la especulación. Este conjunto de medidas, aunque mejoraron las condiciones de vida de los trabajadores, no sirvieron para poner fin a la crisis y superar la depresión económica en que estaba sumido el país. Los comunistas culparon a Leon Blum de no haber efectuado reformas estructurales más profundas y los radicales se opusieron a la política intervencionista del Estado, reclamando medidas de carácter liberal. En abril de 1938 se formó un gobierno de coalición de radicales y la derecha que supuso el fin del Frente Popular.

## REINO UNIDO

Al finalizar la Primera Guerra Mundial la recuperación de la economía británica se vio lastrada por la fuerte competencia en los mercados internacionales de industrias tan vitales para su economía como la del carbón, los textiles, la siderurgia y la naviera. Los esfuerzos británicos por hacer frente a las dificultades económicas de la posguerra se basaron en tratar de conseguir que el comercio mundial volviera al esplendor de los años anteriores y para ello había que promover la estabilidad política, restaurar la confianza en el sistema monetario internacional y recuperar el valor de la libra esterlina, como única forma de reactivar las exportaciones.

A finales de 1929 comenzaron a percibirse los primeros síntomas de la depresión iniciada en Estados Unidos. Se redujeron las exportaciones, bajaron los precios, aumentó el déficit de la balanza comercial, disminuyeron las reservas de oro del Banco de Inglaterra y aumentó el paro, alcanzando en 1931 los tres millones de trabajadores.

Aunque el desempleo fue uno de los efectos más importantes de la crisis, en el Reino Unido no alcanzó los niveles de otros países europeos. Las tasas de paro realmente importantes se limitaron a algunas industrias y zonas del país como Escocia, Gales y el norte de Inglaterra, mientras que en otras regiones y sectores industriales incluso se creó empleo. En 1937 la industria eléctrica empleaba un número de trabajadores casi tres veces superior al de 1927, y la industria automovilística y aeronáutica un 50% más, mientras que en las minas de carbón el paro afectó a más del 30% de los mineros respecto al año 1927.

Además, los trabajadores disfrutaban de un seguro obligatorio de desempleo que les permitía cobrar parte del salario durante algunos meses. A pesar de esto, hubo marchas de parados, ocupación de fábricas y se organizaron manifestaciones y «marchas contra el hambre», pero el movimiento de parados no fue nunca una amenaza para el sistema, sobre todo porque los sindicatos, y especialmente el más numeroso las *Trade Unions*, renunciaron a las prácticas revolucionarias. La excepción fueron los mineros del carbón, los trabajadores mejor organizados y más afectados por el desempleo, que desencadenaron una oleada de huelgas durante los peores años de la depresión de 1929 a 1932.

El laborista **Ramsay Mac Donald**, al frente de un gobierno de «unidad nacional» con mayoría conservadora, utilizó el sistema de relaciones preferenciales con los países de la Commonwealth para reactivar el comercio internacional. En 1932, en la **Conferencia de Ottawa**, se aprobó el principio de «preferencia imperial» por el que los productos industriales británicos gozarían de beneficios para su exportación a las colonias. Estos acuerdos dieron la imagen de una Gran Bretaña dispuesta a replegarse sobre su imperio para hacer frente a la crisis.

Otras medidas significativas de política económica fueron la renuncia en 1931 al patrón-oro, lo que provocó la inmediata devaluación de la libra esterlina, con el consiguiente impulso a las exportaciones. Además se adoptaron medidas favorecedoras de la concentración de empresas y del desarrollo de nuevas industrias (eléctricas, automovilísticas, de fibras artificiales, etc.), así como la incentivación de la producción agrícola, para frenar las importaciones de productos agrarios.

El resultado fue que el Reino Unido se recuperó más rápidamente que otros países industriales similares. En 1933, los incrementos en la producción fueron ya muy importantes, el paro se situó en torno a los dos millones de trabajadores y el programa gubernamental de apoyo a la construcción de casas baratas sirvió de motor a la reactivación económica. Puede afirmarse que, para Gran Bretaña, ni los años veinte fueron claramente de prosperidad, ni los treinta fueron netamente de depresión.

# TEMA 15

# LOS MOVIMIENTOS FASCISTAS

## ESQUEMA

Dictaduras de signo totalitario
- Partido único
- Los individuos subordinados al Estado
- Se ignoran los derechos individuales
- Exaltación de un líder
- Nacionalismo exaltado
- Imperialismo

### EL FASCISMO ITALIANO

Situación de Italia tras la Primera Guerra Mundial
- Grave situación económica
- Agitación social
- Aumento del paro
- Ocupaciones obreras de las fábricas

1919: Mussolini
- Funda el Partido Fascista
- Defensor del orden frente a la agitación social
- Crea los *fascios* | Bandas de ciudadanos armados para mantener el orden y luchar contra los obreros

1922: Mussolini ordena la marcha sobre Roma

1926: Mussolini
- Concentra todo el poder
- Prohíbe los otros partidos políticos

El Gran Consejo Fascista nombra al Jefe de Gobierno

### EL NAZISMO ALEMÁN

Crisis de 1929
- Hundimiento de la economía alemana
- Aumento del paro

1933: Hitler
- Se hace con el poder
- Barre a la oposición
- Crea la Gestapo y los campos de concentración

| Características del Nazismo | – Radicalmente totalitario<br>– Antisemitismo<br>– Mito de la raza aria<br>– Nacionalismo radical<br>– Partido único<br>– Afán expansionista |

– Se llega al pleno empleo y se produce una recuperación económica

## EXPANSIONISMO ALEMÁN E ITALIANO

– Deseo de apaciguamiento de los países democráticos que permite el expansionismo del nazismo y el rearme
– Eje Roma-Berlín

| – Expansión | – Alemania-Austria<br>– Italia- Etiopía |

– Rearme de los países democráticos frente a la amenaza de Alemania e Italia

## EXPANSIONISMO JAPONÉS

Japón, gran potencia
1937: Japón ataca a China

# TEMA 15

## LOS MOVIMIENTOS FASCISTAS

La mayoría de los Estados europeos excepto Turquía y la Unión Soviética tenían regímenes democráticos en torno a los años veinte, pero sin embargo a finales de la década de los treinta sólo sobrevivían once democracias, que en su mayoría pertenecían a la zona noroccidental de Europa, la zona económica más desarrollada del continente. En efecto, las diferencias sociales y el atraso económico no son un marco propicio para un régimen democrático.

De entre las diferentes dictaduras que surgen en estos años merecen una especial atención las que se dieron en los países más desarrollados, como son Italia y Alemania. Ambas eran de signo totalitario con un **partido único** que se imponía a todos los ciudadanos, se adueñaba de los mecanismos del Estado y eliminaba toda crítica y capacidad de disentir frente al sistema político impuesto. Los **individuos están subordinados al Estado**. El fascismo constituye la versión conservadora del Estado totalitario.

Los regímenes fascistas **ignoran los derechos individuales** de los ciudadanos y se produce una exaltación del **líder carismático** que representa a la nación entera. Ésta no puede expresar su voluntad mediante el voto de la mayoría, ya que las elecciones se consideran un espectáculo inútil. Se parte de la desigualdad de los hombres y, por tanto, se rechaza la democracia porque concede los mismos derechos a todos. Se intenta convencer a los ciudadanos de que el origen de sus problemas viene del exterior, como son el marxismo, el capitalismo y el judaísmo internacionales.

Se fomenta un **nacionalismo exaltado** que es contrario a un ideal internacionalista y a la creencia, presente en Occidente desde el cristianismo, de que todos los hombres son iguales. Con facilidad se pasa del nacionalismo al **imperialismo**, una gran nación encuentra su horizonte en la formación de un imperio. Un pueblo superior tiene derecho a disponer de espacio para realizarse y a conquistarlo. En los regímenes fascistas se orienta la propaganda a favor de la xenofobia.

Los ideales del período de la Ilustración que son los pilares sobre los que se asienta la civilización occidental: la libertad de la persona, los derechos del individuo y la razón, son rechazados por los regímenes totalitarios de signo fascista. En esta línea irracionalista se desarrolla la idea de la superioridad de la raza o del jefe.

## EL FASCISMO ITALIANO

### Sus comienzos

Al finalizar la Primera Guerra Mundial Italia se encontraba en una **grave situación económica y social**, con una renta *per capita* que era la tercera parte de la de los Estados Unidos y casi la mitad de la población activa trabajaba en la agricultura. El Estado se hallaba fuertemente endeudado a causa de los grandes gastos de la guerra y los precios habían subido, con lo que la clase media, cuyos salarios no habían aumentado al mismo ritmo que los precios, sufría un grave perjuicio económico.

La gran industria, que se había desarrollado durante la Primera Guerra Mundial debido a la demanda militar, se veía en dificultades por la necesidad de reconvertir su producción hacia fines pacíficos, mientras que la desmovilización trajo consigo un aumento del desempleo. Durante la aguda crisis del año 1920 los obreros del Piamonte y de Lombardía ocuparon las grandes fábricas, afirmando que ellos se sentían capaces de dirigirlas. También se produjeron ocupaciones ilegales de algunos latifundios por parte de campesinos revolucionarios, sobre todo en el valle del Po.

En las elecciones celebradas en el año 1919 los socialistas consiguen la mayoría (156 escaños de un total de 500), seguidos del partido Popular (obtienen 100) que había sido fundado ese mismo año y que agrupaba en sus filas desde demócratas cristianos a conservadores, cuyo único nexo era un ideal católico y su hostilidad hacia los liberales de signo anticlerical que habían monopolizado el poder desde la unidad italiana.

En 1919 **Benito Mussolini** que años antes había sido expulsado del partido Socialista, fundó en Milán el partido Fascista, con un programa radical que incluía la confiscación de los bienes eclesiásticos y la participación de los obreros en la administración de las empresas. En las elecciones de ese mismo año los fascistas no obtuvieron ni un solo escaño, lo que obligó a Mussolini a variar su orientación política y erigirse como **defensor del orden frente a la agitación social.**

El gobierno presidido por el liberal Giolitti confiaba en que la recuperación económica solucionaría las tensiones sociales y decidió no hacer intervenir a la policía en las revueltas de los obreros. Los conflictos sociales no respondían a un movimiento revolucionario, sino que eran estallidos de protesta sin una planificación previa. En efecto, a partir del año 1921 se produjo un descenso de la agitación social.

¿Qué eran los **fascios**? En Italia ya habían existido antes de la etapa de Mussolini y sus orígenes se remontan a finales del siglo XIX en Sicilia. Los del año 1919 eran bandas (*squadre*, en italiano) de ciudadanos armados que actuaban por su cuenta cuando el gobierno no podía dominar a los obreros en huelga. Se produjeron enfrentamientos y peleas callejeras entre las milicias obreras y estos grupos armados. Algunos empresarios agrícolas e industriales, ante la pasividad del Gobierno en los altercados, llegaron a subvencionar estas bandas para hacer frente a la agitación social y la policía las contempló con una mezcla de benevolencia y satisfacción. El *squadrismo* fue el sistema utilizado para ir debilitando poco a poco la autoridad del Estado y hacer frente al peligro comunista. Pronto destacarían entre estos *squadristti* miembros del partido Fascista.

En un primer momento algunos políticos liberales pensaron que el fascismo podría ser el contrapeso en la lucha contra el socialismo y que los fascistas acabarían por integrarse en las filas liberales. Entre los socialistas se produjo la escisión de los comunistas, que siguiendo las directrices marcadas por la Internacional, se mostraron partidarios de la revolución violenta y de la expulsión de los reformistas.

En las elecciones de mayo del año 1921, en las que el Gobierno permitió todo tipo de violencias, los socialistas perdieron varios escaños en el Parlamento (obtienen 120 y 15 los comunistas), los liberales de Giolitti obtuvieron en torno a los 100 escaños, de los que la tercera parte corresponderían a los fascistas (entre ellos Benito Mussolini) y el partido Popular obtuvo 107 escaños.

A mediados de 1921 Giolitti dimitió como jefe de gobierno; le sucedieron una serie de ellos que resultaron inoperantes para poder resolver los problemas acuciantes del momento. Pero a mediados del año 1922 la situación mejoró y se produjo un descenso considerable en el número de huelgas, así como una mejora de la balanza comercial. También se produjo una clara recuperación en el turismo. La situación mejoraba y los fascistas podían resultar perjudicados por ello.

## 1922: La marcha sobre Roma

Los años 1921 y 1922 estuvieron fuertemente marcados por la violencia fascista. El gobierno liberal miraba con cierta complicidad estas batallas callejeras y los fascistas demostraron progresivamente que tenían una organización de envergadura. Al anunciarse la huelga de agosto de 1922 los fascistas comunicaron al gobierno que, si no la impedía en un plazo de cuarenta y ocho horas, ellos sustituirían al Estado. Y así fue, los *squadristti* mantuvieron en funcionamiento los servicios de autobuses, trenes y correos. Por supuesto estas acciones contaron con el apoyo de la clase media, pues el fascismo era un movimiento de pequeños burgueses y de miembros de la clase media y también de obreros y excombatientes influidos por una cultura antiliberal.

En octubre de 1922 Mussolini ordenó a sus milicias que marcharan sobre Roma, con la advertencia de que no dispararan contra el ejército en el caso de que éste les hiciera frente. El gobierno declaró el estado de sitio e hizo frente a la insurrección. Pero el Rey encargó formar nuevo gobierno a Mussolini, que recibió la confianza del Parlamento. En él junto a cuatro ministros fascistas había diez que no lo eran, entre ellos algunos liberales y populares, y le concedió incluso plenos poderes por diez meses. Pero lentamente liberales y populares se darían cuenta de que el objetivo del fascismo era la implantación de una dictadura total.

En las elecciones del mes de abril de 1924, celebradas entre asesinatos y violencia de los *squadristti*, los fascistas coaligados con algunos sectores liberales obtuvieron cuatro millones y medio de votos frente a los dos millones y medio obtenidos por los partidos no fascistas.

## 1924: El fascismo en el poder

Al abrirse las sesiones del Parlamento en el mes de junio después de las elecciones, el diputado socialista Matteotti denunció la gestión de gobierno de Benito Mussolini e hizo una crítica demoledora que tuvo un gran eco en toda Italia. A los pocos días fue secuestrado y asesinado. Por primera vez, los diputados socialistas, los populares y parte de los liberales hicieron un frente común contra el fascismo y abandonaron sus escaños que ya no volverían a ocupar nunca más.

Durante varios meses a lo largo de los años 1924 y 1925 pareció que el Rey iba a enfrentarse al dictador, pero el monarca temía la vuelta a la anterior situación de anarquía. En enero de 1925 Mussolini asumió públicamente la responsabilidad del asesinato de Matteotti. Después prohibió los partidos políticos no fascistas, excluyó del Parlamento a los diputados de la oposición y suspendió la prensa liberal; asimismo declaró obligatorio para todos los funcionarios del Estado el programa fascista y sometió la educación a un riguroso control.

En 1926 **Mussolini concentra todo el poder**, es Presidente del Consejo de Ministros, ministro de Asuntos Exteriores, de Interior, de las Corporaciones, del Ejército, de la Marina, del Aire, comandante en jefe de las milicias y Caudillo (*Duce*, en italiano) del Partido Fascista. El Monarca perdió parte de sus prerrogativas y el Parlamento no servía para nada. Los alcaldes elegidos democráticamente fueron sustituidos por otros designados por el gobierno y los sindicatos libres habían sido prohibidos. Se afirma la primacía del Estado encarnado en un jefe todopoderoso.

Los órganos del Partido Fascista se convirtieron en órganos del Estado. El Gran Consejo Fascista nombraba al jefe de gobierno y los *squadre* fascistas llegaron a tener el mismo rango que el ejército. Los trabajadores y empresarios se encuadraron en las corporaciones fascistas y el Estado tuvo un estricto control sobre el mundo laboral.

### La obra del fascismo

La represión fascista nunca alcanzó la intensidad que tuvo en la Alemania de Hitler o en la Rusia de Stalin. La resistencia antifascista fue eliminada y la masa del pueblo italiano, aunque estuviera en desacuerdo con el nuevo régimen, lo aceptaba de manera pasiva.

En general, las relaciones con la Iglesia fueron buenas. En el año 1929, en el Tratado de Letrán, se regularon las relaciones del Estado con el Vaticano, reconociendo la independencia de la Santa Sede, su soberanía sobre la ciudad del Vaticano y se le otorgaba una compensación económica. El *Duce* adoptó algunas medidas que eran gratas a la Iglesia: la enseñanza de la religión en las escuelas, el control eclesiástico de los matrimonios entre católicos o la prohibición de la masonería. Sin embargo las actitudes de los católicos ante el fascismo no fueron coincidentes y existieron también algunos conflictos.

A partir de 1926 la política económica del régimen fascista entró en una fase dirigista. La crisis económica de 1929 produjo en Italia un aumento importante del número de parados, que en el año 1933 alcanzó al millón. Objetivo de la política económica fue la autarquía, es decir, la autosuficiencia, lográndose una reducción de las importaciones en el período comprendido entre los años 1922 a 1938.

En la agricultura se pusieron nuevas tierras en cultivo, a fin de doblar la producción de trigo y que casi desaparecieran las importaciones de este cereal. Pero no se hizo esfuerzo alguno para reducir la población activa dedicada a la agricultura que, a finales de los años treinta, todavía rondaba en torno al 40% de la población activa total.

En el sector industrial se crearon una serie de **trusts** para mantener el control estatal de la producción. En el año 1933 se creó el **Instituto de Reconstrucción Estatal** para ayudar a las empresas en dificultades y acabó absorbiendo a muchas de ellas. La tendencia autárquica se tradujo en una fuerte expansión de las centrales hidroeléctricas.

La política demográfica del régimen fascista fue de incremento de la población a fin de darle dinamismo. Para ello se limitó la emigración y se llevó a cabo una política natalista, concediendo una serie de beneficios a las familias. Más población equivalía a un mayor número de soldados. Puso especial interés en que las nuevas generaciones se educaran en la doctrina fascista.

En cuanto a política social se suprimieron las huelgas y los sindicatos libres fueron sustituidos por corporaciones fascistas obligatorias.

## EL NAZISMO ALEMÁN

### Sus orígenes

El partido nacionalsocialista («nazi») llega al poder tras el agitado período de la República de Weimar. Sin duda, la depresión económica del año 1929 dio a Adolfo Hitler su gran oportunidad. En las elecciones de 1928 el partido nazi obtuvo tan sólo el 2,6% de los votos y en las primeras celebradas tras el comienzo de la depresión, las del año 1930, consiguió el 18% pasando de 12 a 107 diputados. La propaganda nazi –que culpaba de todos los males a la democracia que había debilitado y dividido al país, a las potencias extranjeras y a los políticos alemanes que habían impuesto y aceptado el Tratado de Versalles– influyó de manera decisiva en un importante sector de la clase media y de la trabajadora, gravemente afectada por la crisis.

La economía alemana de los años veinte tenía una tasa de paro en torno al 10% y la agricultura se vio afectada por la bajada de los precios. Para hacer frente al pago de las reparaciones de la guerra y a la expansión económica el Estado alemán tenía una fuerte deuda exterior. Cuando la importación de capital americano se cortó debido a la crisis económica del año 1929 se produjo el **hundimiento de la economía alemana.**

El gobierno del canciller Bruning siguió una política deflacionista, con la esperanza de que la bajada de los precios alemanes aumentaría las exportaciones y permitiría la recuperación industrial, pero fracasó porque los precios mundiales bajaron más rápidamente que los de las exportaciones alemanas. A consecuencia de ello se produjo un espectacular aumento del desempleo, que se elevó de dos a seis millones y la política de restricción afectó a los servicios sociales con fuertes reducciones, lo que la hacía todavía más inaceptable para los socialistas.

En las elecciones presidenciales de 1932 Adolf Hitler presentó su candidatura a la Presidencia de la República frente a Hindenburg, que fue apoyado por todas las fuerzas democráticas, y en la segunda vuelta consiguió 19,3 millones de votos frente a los 13,4 que obtuvo Hitler, al que apoyaron las fuerzas nacionalistas y de derechas. La clase media y la pequeña burguesía se inclinaron por el partido nazi.

Hindenburg mandó formar un nuevo gobierno presidido por Franz von Papen, que intentaría en vano llegar a un acuerdo con los nazis y que no tenía apoyo parlamentario. A lo largo de 1932 se celebraron dos elecciones para dar una base al gobierno, pero en ambas los comunistas aumentaron sus votos, los centristas y socialistas se mantuvieron y los nazis se convirtieron en el principal partido del país con más del 30% de los votos. Tras el fracaso de los anteriores gabinetes, en enero del año 1933 Hindenburg encargó a Hitler que formara un nuevo gobierno.

**El acceso al poder**

En tan sólo seis meses **Hitler barrió toda la oposición** y, con la colaboración de Goering, se hizo con todos los resortes del poder. En el mes de abril creó la policía secreta del Estado, la Gestapo, y promovió la creación de campos de concentración, a los que otorgó la tarea de reeducación de los descarriados del marxismo; a ellos eran enviados millares de prisioneros de los partidos socialista y comunista.

Hitler dio muestras de una gran energía en su ascenso al poder, junto con una inquebrantable fe en sí mismo y una absoluta carencia de sentido moral. Sus discursos demagógicos no apelaban a la razón, sino a los sentimientos y hacía vibrar a sus seguidores. A través de la propaganda se ejercía un férreo control sobre las masas, a las que sólo consideraba dignas de ser guiadas por una élite dirigida por el supremo *Führer*.

El **sentido totalitario** del nazismo fue mucho mayor que el del fascismo italiano en el que se inspiraba y que utilizó como modelo. En el nazismo había un culto a la acción por la acción, un deseo insaciable de expansión y un desprecio del intelecto. Elementos claves del régimen nazi eran:

— Su **antisemitismo**: los judíos eran culpables de todo.
— El **mito ario** que proclamaba la existencia de una raza aria superior a todas las demás y que se identificaba con todos aquellos alemanes que no tuvieran un abuelo judío.

- El **nacionalismo radical** que rompía con la tradición liberal.

Hitler desde el poder instauró con rapidez una dictadura total. En el mes de febrero de 1933 los nazis incendiaron el edificio del Parlamento y, acusando de ello a los comunistas, lo tomaron como pretexto para suspender las garantías constitucionales. Se convocan nuevas elecciones que son controladas por las milicias nazis; en ellas Hitler consigue 288 diputados, que junto a los 52 nacionalistas le dan una mayoría parlamentaria. La cámara le otorgaría la potestad de gobernar por decreto durante cuatro años. Los nacionalistas son absorbidos y el resto de los partidos disueltos, igual que los sindicatos. Se establece el **partido único** y Hitler proclama el III Reich.

La noche del 30 de junio de 1934, llamada de los cuchillos largos, fueron asesinados todos los posibles enemigos de Hitler entre sus camaradas y aliados. Poco después, en el mes de agosto, fallece Hindenburg y Hitler, sin dejar la Cancillería, se proclama presidente. Dirigente del aparato represivo fue el siniestro Himmler que dirigía las SS, milicias encargadas de proteger al Fuhrer (caudillo en alemán) y era el jefe de la Gestapo, la policía secreta estatal. Fue el máximo responsable de los campos de concentración a los que fueron enviados miles de opositores al régimen. Bien pronto se hizo imposible toda resistencia y sólo algunos individuos heroicos testimoniaron el apego alemán por la libertad.

Las relaciones de los nazis con la Iglesia fueron difíciles, ya que ésta condenaba su doctrina racista y antisemita.

## La política económica

Cuando Adolf Hitler llegó al poder dio confianza a los empresarios alemanes y se produjo un importante aumento de la inversión. En el año 1933 el paro se redujo de 6 a 4 millones y en 1936 se consiguió el pleno empleo, al aumentar de manera vertiginosa la actividad de las industrias de guerra y ampliar el número de soldados.

Se produjo una **recuperación económica**, la renta *per capita* se elevó en un 40% y los salarios en un 20%. Las condiciones de trabajo y la vivienda mejoraron de forma notable. Este programa económico no habría sido posible sin el apoyo de la gran industria. Los empresarios conservaban la propiedad, la dirección y los beneficios de las empresas, pero el Estado controlaba los precios, los salarios, el mercado de trabajo y el comercio exterior. Se aunaron esfuerzos a fin de conseguir la máxima autarquía.

La deuda exterior condicionaba la producción y la política monetaria, por lo que no se podía devaluar el marco ya que aumentaría la deuda exterior de manera automática. Se recurre a un proteccionismo total y se paga a los acreedores con marcos bloqueados, que sirven tan sólo para comprar en Alemania.

## EL EXPANSIONISMO ALEMÁN E ITALIANO. LOS VIRAJES HACIA LA GUERRA

Desde el ascenso al poder de Hitler en el año 1933 Alemania e Italia se convirtieron en protagonistas esenciales de la política internacional. Ambos países habían resultado malparados como consecuencia de la Primera Guerra Mundial, pero su protagonismo se debió al creciente papel desempeñado por las reivindicaciones imperialistas del nazismo y del fascismo. Frente a ellas la actitud de los países democráticos estuvo dominada por un deseo de **apaciguamiento** que ignoraba el peligro representado por esos dos países. El apaciguamiento nacía de un conjunto de sentimientos muy heterogéneo: el pacifismo, un cierto respeto por Adolf Hitler y Benito Mussolini en la derecha anticomunista de los países democráticos y una voluntad aislacionista, especialmente fuerte en los Estados Unidos. El representante más caracterizado de esta postura fue el Primer Ministro británico Chamberlain.

Este apaciguamiento tuvo como consecuencia que nada impidiera el expansionismo hitleriano. En el año 1933 Alemania se retiró de la Sociedad de Naciones. En 1934, al pactar con Polonia, rompió la alianza de este país con Francia. Este mismo año los nazis austriacos tomaron el poder y sólo la actitud de Mussolini evitó que se produjera la unificación con Alemania. En 1935 Alemania comenzó a rearmarse. Por su parte ese mismo año Mussolini, siguiendo el ejemplo de Hitler, atacó Etiopía y en unos meses acabó conquistándola. La voluntad de evitar la guerra por parte de los países democráticos tuvo como consecuencia que las acciones contra el agresor fueran inefectivas. En el año 1936 Hitler ocupó militarmente el territorio alemán al oeste del Rhin.

La **guerra civil española** jugó un papel decisivo en la evolución de las relaciones internacionales, camino hacia la guerra. Alemania e Italia, hasta entonces distantes, se convirtieron en aliadas mediante un pacto denominado **Eje Roma-Berlín**. Ese mismo año 1936 se firmó el pacto Anti- *Komintern* que unía a esas dos naciones y a Japón. La URSS originariamente intentó formalizar, a través de los partidos comunistas, amplias alianzas antifascistas (táctica del Frente Popular) pero al final de la guerra española no dudó en cambiar de bando. En plena guerra Alemania, con la aprobación de Benito Mussolini, tomó Austria (1938); un año antes Japón había atacado China y, concluida la guerra civil española, Mussolini atacó Albania.

La única ocasión en que estuvo a punto de producirse el estallido de la guerra fue por cuestión de Checoslovaquia. Este país contaba con la alianza de Francia y de la URSS y tenía unas instituciones democráticas y una industria muy desarrollada. Su problema consistía en la existencia de unas minorías étnicas, principalmente alemanas, en Bohemia. Los checos pretendieron dar autonomía a los alemanes, pero ésta no le bastaba a Hitler. En el mes de septiembre del año 1938 Hitler y Mussolini se reunieron en Munich con los primeros ministros francés y británico; el deseo de paz de estos últimos les hizo ceder y obligaron a que Checoslovaquia hiciera lo propio. Poco antes de concluir la guerra civil española Hitler dividió lo que quedaba de Checoslovaquia, haciéndola desaparecer como Estado.

Sólo entonces se dieron cuenta Francia y Gran Bretaña de que era inútil apaciguar a Hitler con concesiones y comenzaron su **rearme**. Gran Bretaña se comprometió a garantizar las fronteras de determinados países continentales como Polonia y hubo un intento de anudar una alianza entre los países democráticos y la URSS. Pero esta última desconfiaba de los primeros y además consideraba que no eran otra cosa que dictaduras burguesas. Al mismo tiempo que negociaba con los francobritánicos lo hacía con Hitler. El día 23 de agosto del año 1939 quedó firmado un tratado germano-soviético que dejaba las manos libres a Hitler para invadir Polonia.

## EL EXPANSIONISMO JAPONÉS

Si el ataque alemán a Polonia supuso el estallido de la Segunda Guerra Mundial, los antecedentes de ésta en el **Extremo Oriente** deben remontarse a 1937, año en el que **Japón** desencadenó su agresión sobre China. Como sabemos, lo pudo hacer gracias a disponer de un tratado con Alemania.

A partir de su victoria sobre Rusia (1906) Japón se convirtió en una gran potencia. En el año 1914 era dueño de Corea y Formosa y durante la Primera Guerra Mundial consiguió desplazar de la zona a los alemanes, sustituir al comercio británico y, sobre todo, comenzar a ejercer un papel hegemónico en China. Este país era el suministrador de materias primas para la desarrollada industria japonesa, organizada en grandes empresas monopolísticas («zaibatsu») que ejercían un importante papel en la vida política. La Constitución de 1889 no era liberal, puesto que el gobierno era responsable ante el Emperador que seguía siendo una autoridad religiosa. El sufragio era restringido y la sociedad mantenía su organización jerárquica tradicional.

Hasta el año 1931 Japón no fue un peligro grave para la estabilidad mundial. Pero en los años veinte creció el poder de la extrema derecha ultranacionalista y el ejército, que no dependía del poder civil, empezó a actuar de manera autónoma. En septiembre de 1931 invadió China.

Por su parte el **Imperio chino** fue derribado en 1911 y se estableció una república muy inestable que supuso la descomposición del país. Los dirigentes republicanos, como Sun Yat-Sen, jefe del *Kuomintang*, eran intelectuales bien intencionados, pero fueron incapaces de controlar a los militares que establecieron auténticos dominios regionales autónomos. Sun Yat-Sen trató de aliarse con los comunistas (1924), pero tras su muerte el principal dirigente de su partido, Chiang Kai-Shek, acabó enfrentándose a ellos, con lo que se aceleró la descomposición política del país. La existencia de dos sociedades muy distintas, la de las grandes ciudades costeras y el interior agrícola, contribuyó a la desarticulación de China.

En estas circunstancias se produjo la agresión japonesa. Japón triunfó fácilmente y constituyó un estado títere en Manchuria. En el año 1933 se produjo su retirada de la Sociedad de Naciones. Japón fue uno de los países que menor impacto sufrieron como consecuencia de la depresión económica de 1929. La continua expansión japonesa acabó por producir en julio de 1937 una guerra entre los dos países, que confluyó en la Segunda Guerra Mundial.

# TEMA 16

# LA SEGUNDA REPÚBLICA ESPAÑOLA (1931-1936)

## ESQUEMA

**LA SEGUNDA REPÚBLICA, 1931-1936**

- Elecciones municipales del 12 de abril de 1931
- Proclamación de la República y salida del Rey Alfonso XIII al exilio
- Gobierno Provisional Presidente: Niceto Alcalá Zamora que convoca:

- Elecciones a Cortes Constituyentes: triunfo de la izquierda

**Constitución de 1931**
- Una sola Cámara
- Voto femenino
- Presidente de la República elegido por seis años
- Define al régimen como una república de trabajadores

**Bienio reformista (1931-1933)**
- Presidente de la República: Alcalá Zamora
- Presidente del Gobierno: Azaña
- Acción de Gobierno
  - Reforma del ejército
  - Cuestión religiosa
  - Autonomía de Cataluña
  - Reforma agraria
  - Reformas laborales
  - Reformas educativas
- Elecciones de noviembre de 1933

**Segundo bienio (1933-1935)**
- Triunfo de la CEDA y los radicales de Lerroux que gobiernan en coalición
- La Revolución de octubre de 1934 y sus consecuencias
- Balance del bienio
  - Esterilidad gubernamental
  - Discrepancia entre los partidos del Gobierno (radicales y cedistas)
  - Escándalos administrativos

**Las elecciones del Frente Popular:** febrero de 1936

- Formación de candidaturas
  - candidaturas únicas de las izquierdas
  - las derechas no logran candidaturas únicas
- Resultados electorales
- Gobierno del Frente Popular

**La pendiente hacia la guerra civil**

- Creciente desorden público
- Falta de control del gobierno
- Polarización de los partidos

# TEMA 16

## LA SEGUNDA REPÚBLICA ESPAÑOLA (1931-1936)

Conociendo el resultado final de la experiencia republicana, resulta paradójica la unanimidad entusiasta con que el pueblo español acogió al nuevo régimen republicano, que sin embargo no duró mucho tiempo. La victoria de las izquierdas y la caída de la Monarquía de Alfonso XIII demostraba que el pueblo español podía regirse por sí mismo. Durante los primeros meses se mencionó a la República como la «niña bonita», pero pronto a la euforia inicial siguió un enrarecimiento del ambiente, que se hizo cada vez más hosco y violento.

La **crisis económica** del año 1929 afectó a nuestro país con menor intensidad que a otros. La economía española no era primordialmente industrial sino agrícola y estaba aislada respecto al exterior. En España, sin embargo, la crisis económica contribuyó a agudizar las tensiones sociales y a la larga hacer inviable el régimen republicano y comprometer su éxito final.

Pero en España hubo también un factor político que contribuye a explicar lo sucedido. La fecha del 14 de abril de 1931 supuso un cambio sustancial en la vida política del país. Pero un país no puede pretender adquirir una vida política estable en democracia en un corto espacio de tiempo. La praxis democrática no sólo es consecuencia de un suficicnte nivel cultural y de un nivel bajo de tensión social, aspectos que no se daban en la España de los años treinta, sino también, y sobre todo, de décadas en que esa praxis democrática haya sido el comportamiento habitual. Si existió un tono violento en la vida cotidiana de la Segunda República se debió en gran parte a la brusquedad con que se produjo esa transformación política.

### El Gobierno provisional

Después de las elecciones municipales del 12 de abril de 1931 y con la victoria de los republicanos, el día 14 se proclamó la Segunda República al frente de la cual se puso un Gobierno provisional que emprendió las medidas reformistas de la etapa republicana. El Monarca abandonó el país, tomando un barco en Cartagena que le condujo al exilio. La caída de la Monarquía se había producido porque sus representantes se habían identificado en un determinado momento con todo lo que el país consideraba ya caduco. La sociedad española prescindió de las instituciones monárquicas como si las considerara un estorbo en su camino hacia la modernización.

El gobierno provisional que se hizo cargo del poder el 14 de abril estaba formado por personas de muy diverso talante y significación. Había relevantes personalidades republicanas y algunas de procedencia monárquica como Niceto Alcalá Zamora, que ocupó la Presidencia, y Miguel Maura que se hizo cargo del Ministerio de Gobernación. La figura más destacada del Gobierno provisional fue Manuel Azaña, que ocupaba la cartera de Guerra. La novedad principal era la presencia de tres ministros socialistas (Indalecio Prieto, Francisco Largo Caballero y Fernando de los Ríos). Pero la unanimidad que había acompañado a la proclamación de la República comenzó a desaparecer, y pronto surgieron motivos de discrepancia de los que el más serio fue la actitud a adoptar ante la quema de conventos del mes de mayo.

A finales del mes de junio de 1931 se celebraron las **elecciones a Cortes Constituyentes**. Los resultados vinieron a confirmar el cambio fundamental que se había producido en la vida política española y supusieron un aplastante triunfo de la izquierda mientras que las derechas, desorganizadas con el colapso del régimen monárquico, tuvieron una representación muy inferior a su fuerza real dentro de la sociedad. En realidad, la composición de las Cortes resultó mucho más escorada a la izquierda de lo que era el país. Para las elecciones había sido aprobada una nueva Ley electoral que sustituía a la anterior de la época monárquica. La primera tarea de estas Cortes fue la redacción de una nueva Constitución.

### La Constitución de 1931

La Constitución elaborada por estas Cortes fue, en buena medida, un fiel reflejo de su composición. En primer lugar se trató de una Constitución intensamente **democrática e idealista**. El Presidente de la Comisión encargada de redactarla, el socialista Luis Jiménez de Asúa, la calificaba «de izquierdas pero no socialista». En esto era muy semejante a la mayoría de las constituciones de otros países elaboradas en la primera posguerra mundial. En ella se definía al régimen como «una república de trabajadores de todas las clases», se afirmaba la renuncia de España a la guerra como instrumento de relación internacional, se prohibía la retirada de España de la Sociedad de Naciones sin mediar una ley especial que se votara en las Cortes, se regulaban los derechos sociales y se extendía el **derecho de voto a la mujer**.

Sin embargo, la Constitución tenía algunos defectos como, por ejemplo, el sistema previsto de las relaciones entre los diferentes poderes de la República, según el cual la Presidencia era demasiado débil ante las Cortes. Pero el error más decisivo, quizá inevitable dada la composición de las Cortes, fue no haber intentado redactar un texto constitucional que fuera el producto de un amplio consenso, sobre todo en materias conflictivas como podía ser la cuestión religiosa.

La Constitución definía un **Parlamento unicameral**. Sólo existía un **Tribunal de Garantías Constitucionales**, encargado de dictaminar sobre la constitucionalidad de las leyes. El **Presidente de la República era elegido por un período de seis años** y no podía ser reelegido inmediatamente. El electorado no elegía directamente al presidente sino que eran las Cortes las encargadas de su nombramiento.

### El bienio reformista (1931-1933)

En diciembre de 1931 Niceto Alcalá Zamora fue elegido Presidente de la República y durante los dos próximos años sería Manuel Azaña el presidente del Gobierno de alianza entre republicanos de izquierda y socialistas, que intentaría desplegar un amplio programa para la transformación política y social de España, esbozando una reforma de las estructuras. Esta reforma se realizó con un talante jacobino: a veces careció de voluntad liberal y de deseo de acoger a todos los españoles bajo las instituciones republicanas.

El prestigio político de Azaña nació de la **reforma del ejército**. Consistió, sobre todo, en una reducción de la oficialidad y en una disminución de la implicación política de los mandos militares. También se promulgó la **Ley de retiro de la oficialidad**, por la que los oficiales podían retirarse con el sueldo íntegro, pero, si permanecían en servicio, habían de mostrar su adhesión al nuevo régimen. Así se redujo de 21.000 a 8.000 el número de oficiales y también el de generales, lográndose con ello una proporcionalidad mayor entre el número de efectivos y la oficialidad. Otra serie de medidas estaban dirigidas a someter al ejército al poder y al modo de vida civil. Se suprimió el Consejo Supremo de Justicia Militar, desapareció la Academia de Zaragoza y también se suprimieron los ascensos por méritos de guerra. Lo más grave de estas reformas fue que una parte del sector más valioso del ejército se sintió herido por ellas.

Sin duda fue la **cuestión religiosa** la que creó más enemigos a la República y la que aportó mayores argumentos en su contra. Pero su planteamiento era obligado, ya que por un lado existía una identificación entre catolicismo, derecha y Monarquía y, por otro, el republicanismo había tenido siempre unos matices anticlericales que derivaban de considerar a esos tres adversarios como uno solo. Era imprescindible la **separación entre Iglesia y Estado y la libertad de cultos**, pero la reforma fue hiriente para los católicos al suprimir la enseñanza de las órdenes religiosas. Otros temas polémicos fueron el establecimiento del divorcio, la secularización de los cementerios, la supresión del presupuesto del clero en dos años, etc. La lucha política se convirtió en una lucha religiosa, con los consiguientes inconvenientes desde el punto de vista de la radicalización de las posturas, que dañó gravemente al régimen republicano.

La sociedad española venía arrastrando el problema de las autonomías regionales desde comienzos del siglo XX. La represión de los nacionalismos llevada a cabo por la Dictadura de Primo de Rivera había contribuido a exacerbarlos de manera considerable, sobre todo en Cataluña y en el País Vasco. La República debía resolverlos como consecuencia de su proyecto democrático global para España. Se consiguió solucionar el **problema autonómico catalán** mediante la aprobación del Estatuto de Nuria en el año 1932, que preveía la asignación de una serie de competencias al gobierno de la Generalitat, mientras que otras como Defensa, Aduanas y Asuntos Exteriores, quedaban reservadas al gobierno de Madrid. En cambio, al problema del Estatuto Vasco no se le dio ninguna solución durante el bienio reformista, a pesar de que se redactaron dos proyectos de estatuto, pero ninguno de ellos llegó a ser aprobado en las Cortes.

De todas las **reformas sociales** que la República tenía que afrontar, la **reforma agraria** fue la que tuvo mayor importancia, debido al papel que la agricultura seguía teniendo en la economía española. Era necesario enfrentarse a un problema que se venía arrastrando desde hacía varios siglos y que se había agudizado por la crisis económica y por la fuerte politización del campo español, que parecía despertar de su letargo por la presión de los más jóvenes. Las discusiones en las Cortes se eternizaron y finalmente la Ley de Reforma Agraria fue aprobada en septiembre de 1932, pero resultaba enormemente compleja (se establecían hasta trece categorías de tierras expropiables) y creó unas esperanzas que luego se vieron defraudadas. Su aplicación se encomendó al Instituto de Reforma Agraria, dotado de una organización que pretendía ser técnica pero que resultaba excesivamente burocrática y tampoco disponía de los medios adecuados. Puede afirmarse que la reforma agraria del primer bienio fue más un intento que una realidad. El fracaso de la reforma agraria tuvo consecuencias muy graves para la coalición gobernante. Los campesinos habían esperado su redención por parte del gobierno de la República y llegaron al convencimiento de que la única solución positiva que les quedaba era la revolución.

Desde el Ministerio de Trabajo se realizaron una serie de **reformas laborales** dirigidas a mejorar las condiciones del trabajador. A tal fin se crearon las Delegaciones dc Trabajo, se promovieron los seguros sociales, se redujo la jornada laboral de los trabajadores del campo, etc. Durante el régimen republicano no hubo un plan eficaz contra el paro. Pero, sin embargo, se propuso un gran **plan de obras públicas**, que incluía la realización de las grandes terminales de los ferrocarriles de Madrid que contribuyeron de manera decisiva a aliviar el paro en la capital.

Aunque no sean de carácter estrictamente social, es necesario mencionar las **reformas educativas** emprendidas en el primer bienio republicano. Su gestión se centró fundamentalmente en la enseñanza primaria. A lo largo del bienio se crearon 10.000 escuelas, aumentó de manera sustancial el sueldo de los maestros y el presupuesto de Educación se incrementó en un 50%. Sin embargo el gobierno se encontraba con un problema muy difícil de superar como era la falta de fondos, que se agravó al pretender sustituir el mismo gobierno la enseñanza impartida por las órdenes religiosas, que era importante en el nivel primario y mayoritaria en el secundario. Una muestra del deseo del régimen republicano de que la cultura se extendiera a todos los niveles fue la organización de las **misiones pedagógicas**, que se enviaban desde la capital a las zonas de la España rural y en las que colaboraron algunos de los mejores jóvenes intelectuales.

Los **adversarios** del programa reformista de Manuel Azaña estuvieron tanto en la extrema derecha como en la extrema izquierda, que eran vistas como enemigos de la institución parlamentaria y de la labor gubernamental. En efecto, la **extrema derecha monárquica,** pensando que el régimen republicano había adquirido un tono demasiado radical, preparó conspiraciones militares como la de agosto de 1932 que, una vez derrotada, permitió a Manuel Azaña aprobar la Ley de reforma agraria y el Estatuto de Cataluña. En el extremo opuesto del espectro político, los **anarquistas** se sublevaron tres veces desde 1931 a 1933 y algunos incidentes provocados por ellos deterioraron la imagen política del Gobierno. El hambre multisecular del pueblo y el mesianismo despertado en él por el régimen republicano fueron los principales motivos de sucesos como el de Casas Viejas, en donde las fuerzas de orden público fusilaron sin más a varios anarquistas, una vez sofocada la sublevación.

En el **balance del primer bienio** republicano hay que señalar que algunas de las reformas, como la militar y la relativa a la cuestión catalana, fueron positivas, pero quizá por intentar demasiadas reformas a la vez, los republicanos de izquierda fracasaron en otras. El tratamiento dado a la cuestión religiosa fue injusto y contraproducente ya que, por un lado, alejó del régimen a una parte considerable de la sociedad española y, por otro, debilitó el esfuerzo reformista en muchas otras materias. La reforma agraria fue un fracaso porque el gobierno no le concedió la prioridad que le correspondía y porque los encargados de llevarla a cabo demostraron falta de preparación para desarrollarla. Pero en el balance global de la obra gubernamental siempre habrá que tener en cuenta el gran esfuerzo reformista, muy superior al de cualquier otra época anterior en la vida española.

### El segundo bienio

Manuel Azaña no fue derrotado por extremismos de izquierda o derecha sino mediante unas elecciones que tuvieron lugar en el mes de noviembre de 1933. En ellas la derecha católica obtuvo 200 diputados, el centro 160 (la mayor parte radicales del partido de Alejandro Lerroux) y la izquierda unos 100, la mayoría socialistas. El número de republicanos de izquierda fue muy reducido, testimoniando con ello la inviabilidad del proyecto reformista de Azaña.

Las dos **principales fuerzas** en el nuevo Parlamento eran la CEDA y los radicales. La CEDA (Confederación Española de Derechas Autónomas) tenía como principal dirigente a José María Gil Robles, joven y hábil parlamentario. Era un partido católico unido por la oposición al programa anticlerical del gobierno de Azaña. En realidad era muy heterogéneo, figurando en sus filas desde reaccionarios a católicos, demócratas y republicanos. La misma diversidad de grupos dentro de la CEDA explica las dificultades con que se encontraba el sector dirigente del partido. Los radicales de Alejandro Lerroux representaban una posición posibilista y moderada, tras unos orígenes demagógicos y anticlericales, pero no había elaborado un programa de recambio y así consideraba mayoritariamente al poder como fin en sí mismo; varios de sus dirigentes fueron acusados, con razón, de inmoralidad.

La **posibilidad de colaboración** de estas dos fuerzas era muy limitada desde un principio, ya que diferían en puntos de importancia. Desde finales de 1933 a octubre de 1934 los gobiernos fueron exclusivamente radicales. En octubre de 1934 la CEDA obtuvo tres carteras en el Gabinete y este hecho provocó una protesta muy dura por parte de la oposición. La inestabilidad gubernamental resultó evidente en este período y ello contribuiría en gran medida a su esterilidad.

## La revolución de octubre de 1934

Los grupos republicanos de izquierda protestaron acerbamente ante la entrada de la CEDA en el gobierno, puesto que ese partido no había hecho declaración de fe republicana. En realidad, los ministros de la CEDA eran demócratas y contribuyeron mucho más a consolidar el régimen que a destruirlo.

Si la postura de la izquierda tenía escasa justificación, más injustificable aún fue la sublevación armada que Azaña quiso evitar. La huelga, que estalló inmediatamente, no fue lo suficientemente grave como para impedir el cambio de gobierno. El sindicato anarquista, la CNT, no participó en la huelga revolucionaria y los socialistas no presentaron una resistencia dura en zonas en las que disponían de un poder político considerable, como Madrid o el País Vasco.

Donde los acontecimientos revistieron una gravedad enorme fue en **Cataluña** y **Asturias**. El Presidente de la Generalitat, Lluís Companys, fue sobrepasado por el catalanismo más extremista y proclamó la República catalana. Sus intentos de apoyarse en la extrema izquierda o en los militares fueron rápidamente reducidos. Por el contrario, los sucesos de Asturias sí fueron una auténtica revolución social; fue el estallido más importante acontecido en Europa occidental desde la revolución rusa. Los principales protagonistas fueron la UGT y la CNT, pero los comunistas luego se atribuyeron un papel decisivo. Fue necesario recurrir a una verdadera ocupación militar para derrotar a los rebeldes y las pérdidas en vidas humanas fueron considerables, alrededor de 1.500 muertos. También la brutalidad mostrada en ambos bandos fue un preludio de la de la guerra civil. Los revolucionarios asesinaron a varias decenas de civiles y se acusó al gobierno de haber realizado 30.000 detenciones.

Las **consecuencias** de la revolución de octubre de 1934 fueron graves. La sublevación estuvo mal organizada pero su estallido creó una herida muy difícil de cicatrizar. La izquierda demostró falta de paciencia y de confianza en sí misma y olvido de los procedimientos democráticos. La liquidación de las consecuencias de octubre fue el tema que provocó más graves conflictos en las Cortes. La sublevación de 1936 es injustificable, pero tanto como la de 1934. La reacción en contra de la revolución fomentó la desunión de las fuerzas de centro derecha y aumentó la influencia de la extrema derecha, cuando quiso pedir responsabilidades al gobierno por no haber sabido prever el intento revolucionario.

Las dificultades crecientes entre el Presidente de la República, Alcalá Zamora, y la coalición gobernante explican en buena medida la esterilidad de esta etapa. Existía una profunda discrepancia entre los partidos del gobierno acerca de las reformas económicas pero, probablemente, los mayores errores de este gobierno se cometieron en temas sociales. Se elaboró una ley de contrarreforma agraria que suponía deshacer lo que se había avanzado desde 1931. Sin duda se trataba de una ley claramente reaccionaria que de forma inevitable fomentaba las tensiones sociales. El naufragio definitivo se produjo en cuanto se empezaron a destapar los escándalos administrativos protagonizados por políticos del Partido Radical. La mayoría de los implicados hubo de dimitir y a todo el asunto se le dio un carácter político que fue utilizado por las izquierdas en contra del gobierno.

El **balance del segundo bienio** es negativo. Calificado por algunos como el «bienio negro», se caracterizó más por su esterilidad e inestabilidad que por su carácter reaccionario. La inestabilidad política de este bienio estuvo causada tanto por el imposible entendimiento entre radicales y cedistas, como por la acción de la extrema derecha, que hizo lo posible para hacer inviable el acuerdo entre ambos partidos, y la izquierda, que ni siquiera aceptó los resultados electorales de noviembre de 1933.

### Las elecciones del Frente Popular

Para comprender el resultado de las elecciones hay que tener en cuenta las condiciones en que se celebraron. Era la última oportunidad para la Segunda República. En realidad, los partidos extremistas (Falange y los comunistas) no tenían apenas peso electoral. Pero los grupos más moderados multiplicaban sus tendencias hacia los extremos: José María Gil Robles tuvo tentaciones de dar un golpe de Estado en 1935 y en el Partido Socialista parecía dominar la tendencia representada por Francisco Largo Caballero, que glorificaba la sublevación de octubre de 1934 y se denominaba revolucionaria. Era la que prometía la liberación del proletariado en un más breve espacio de tiempo.

En las elecciones realizadas en febrero del año 1936 se demostró que todavía existía una posibilidad de supervivencia de las instituciones republicanas. El **Frente Popular**, establecido a instancias de Manuel Azaña y los socialistas moderados como Indalecio Prieto, incluía a la totalidad de las fuerzas de la izquierda. Era un intento de reedición de la experiencia republicana del primer bienio: su programa mostraba un amplio plan de gobierno, más avanzado que el llevado a cabo desde 1931. La campaña electoral se centró en el deseo de restablecer la República del 14 de abril, frente a la corrupción y el reaccionarismo de los dos últimos años de gobierno radical-cedista. Una ventaja con la que contaba el Frente Popular era que centralizó la elaboración de las candidaturas que se hicieron de manera disciplinada, lo cual permitió presentar una única candidatura de izquierdas en toda España.

**Las derechas** estaban divididas y con el sabor amargo de una gestión de gobierno estéril. Con profundas discrepancias internas entre los diversos partidos, las derechas no lograron hacer una única candidatura en toda España ni tampoco un programa electoral unido.

Los **resultados** de las elecciones de febrero de 1936 fueron una sorpresa y mostraron una práctica igualdad entre el Frente Popular (34,4% de los votos), las derechas (32,2%) y el centro (5,4%). En lo que respecta al voto no hubo tantos cambios. La derecha, especialmente la CEDA, mantuvo intacto su voto. La izquierda lo aumentó gracias a la actitud de los anarquistas, que no hicieron campaña en favor de la abstención, y al cambio de postura de muchos moderados, que en el año 1933 todavía confiaban en el Partido Radical pero ahora prefirieron a Manuel Azaña. El intento de crear un partido de centro desde el poder concluyó en un rotundo fracaso y su líder, Portela Valladares, dimitió a la vista de los resultados electorales.

Se ha afirmado que las elecciones de 1936 fueron el directo antecedente de la guerra civil, lo que sólo es cierto en el sentido de que en las urnas se enfrentaban las dos Españas que unos meses más tarde lo harían en las trincheras. Pero a la altura de febrero de 1936, sin duda, todavía era posible la convivencia entre ellas. El electorado había mostrado su predilección por los candidatos más moderados de cada candidatura, lo que sirve para explicar el triunfo del Frente Popular, ya que se presentaba como más moderado que la derecha. De ahí el fracaso electoral de los partidos situados en los extremos del espectro político: Falange Española sólo logró unos 50.000 votos de un electorado de trece millones; y en cuanto al Partido Comunista, que llegó a obtener 14 diputados, no los hubiera conseguido de no haber ido incluidos en las listas del Frente Popular. La victoria electoral correspondió a una postura de centro reformista representada por Manuel Azaña.

El **gobierno del Frente Popular** inmediatamente comenzó a experimentar graves dificultades. Las derechas extremas empezaron a conspirar y las izquierdas en el poder cometieron graves errores. No sólo fueron incapaces de desarticular la conspiración, sino que actuaron al borde de la legalidad constitucional o permitieron que otros la violaran. La destitución de Niceto Alcalá Zamora como Presidente de la República en el mes de abril de 1936 o el reparto de escaños en las Cortes al margen de criterios de imparcialidad dieron argumentos a los conspiradores. Pero, tal vez, lo peor fue la elección de Manuel Azaña como nuevo Presidente de la República, porque con ello se eliminaba a uno de los escasos gobernantes que hubiera podido evitar el fatal desenlace que conduciría a una guerra civil. Como jefe de gobierno fue nombrado Santiago Casares Quiroga, que se mostró impotente frente al desarrollo de los acontecimientos.

### La pendiente hacia la guerra civil

La tarea gubernamental se vio desbordada por los acontecimientos. Desde luego, el **creciente desorden público** (hubo 300 muertos de febrero a junio de 1936) fue una de las principales causas del colapso del régimen, pues hacía crecer el temor de la derecha. Se produjeron ataques a la Guardia Civil, quema de iglesias, huelgas, luchas internas entre socialistas y anarquistas y la ocupación ilegal de tierras que contribuyeron a que la derecha moderada se inclinara hacia la sublevación.

En el mes de febrero aún no estaba claramente planteada la posibilidad de una guerra civil que, en cambio, a la altura de julio sí aparecía como inminente. Sin duda, el detonante fue el asesinato del líder de la derecha, José Calvo Sotelo, el día 13 de julio en Madrid a manos de guardias de Asalto, como represalia del cometido por la derecha en la persona de un guardia de Asalto socialista, el teniente Castillo. Es completamente falso que el gobierno mandara asesinar a Calvo Sotelo, pero lo verdaderamente grave fue la evidencia de que el gobierno no controlaba a sus propios agentes, lo que era una muestra de la triste situación de desorden en que se encontraba sumido el país.

El mayor elogio que puede hacerse de la **Segunda República** consiste, desde luego, en lo que intentó ser. Nunca España había tenido hasta entonces un sistema político democrático que fuera más parecido al de la actual Europa occidental. Las circunstancias para intentarlo no eran, sin embargo, las mejores, por el auge de los fascismos y la crisis económica mundial. Pero, sin embargo, la realidad es que a la altura del mes de julio de 1936 la gran mayoría de los españoles ya estaban radicalmente insatisfechos con su sistema político. También es necesario tener en cuenta que se quería implantar de manera súbita un sistema democrático en un país, la España del año 1931, cuyo nivel cultural y tensiones sociales correspondían a los de Francia o Gran Bretaña de medio siglo antes. España en esos años tenía el suficiente desarrollo como para tener un sistema político democrático, pero no para conservarlo de una manera estable.

No hay que cargar las tintas a la hora de juzgar a los dirigentes republicanos. Hubo culpas por parte de todos, porque una guerra civil es siempre un pecado colectivo. Lo más grave fue que los partidos se polarizaron hacia los extremos. Una parte decisiva fue la escasa lealtad con que se comportaron los diversos sectores políticos entre sí. La CEDA y los socialistas sólo fueron semileales al régimen republicano, estando dispuestos a colaborar con los extremistas, pero además los propios republicanos, como Alejandro Lerroux y Manuel Azaña, fueron incapaces de una colaboración leal entre sí. De esta forma los errores de los propios dirigentes políticos se sumaron a las dificultades que debían resolver.

# TEMA 17

# LA GUERRA CIVIL ESPAÑOLA (1936-1939)

## ESQUEMA

**LA GUERRA CIVIL ESPAÑOLA (1936-1939)**

- La conspiración contra el régimen republicano
- La sublevación militar del 17 de julio en Africa:
    - El paso del estrecho de Gibraltar
    - España queda dividida en dos

**FASES**
- Guerra de columnas (VII – XI 1936)
- La lucha en torno a Madrid (XI-1936 a III-1937)
    - Batallas
        - La carretera de La Coruña
        - Jarama
        - Guadalajara
- La caída del frente Norte (III a X-1937)
    - Bombardeos de Guernica y Durango
    - Tomas de Santander y Asturias
    - Batallas de Brunete y Belchite
- Batalla de Teruel y marcha hacia el Mediterráneo (XII-1937 a VI-1938)
- Batalla del Ebro y colapso de Cataluña (VII-1938 a II-1939)
- El final de la guerra:
    - El 1 de abril de 1939 Franco proclama el triunfo de sus tropas

**La guerra como acontecimiento internacional**

- Inestabilidad internacional
- Comité de no intervención en Londres — Propició la marginación de los países europeos del conflicto español

- Ayuda a la República
    - Francia, URSS y Brigadas Internacionales
    - Pago inmediato de la ayuda recibida

- Ayuda al bando de Franco
    - Alemania e Italia
    - Pago prolongado en el tiempo

**Evolución de los dos bandos**

En ambos bandos hubo
– Firme voluntad de exterminar al adversario
– Terror generalizado

Evolución en el bando franquista:

- Los sublevados proclaman a Franco Jefe de Estado
- La Iglesia católica favorable a los sublevados
- El sentimiento católico y antirrevolucionario como factor de unidad
- Papel hegemónico del ejército en el terreno político

Evolución en el bando del Frente Popular
- Falta de unidad y actitudes antitéticas
- Divergencias en torno a revolución y la constitución del ejército
- Problemas con los anarquistas
- Lucha interna en el bando republicano

**Balance de la guerra civil**

Ejército popular de la República
Ejército del general Francos

# TEMA 17

# LA GUERRA CIVIL ESPAÑOLA (1936-1939)

La guerra de España es la única ocasión histórica en que nuestro país ha jugado un papel protagonista en la Historia del siglo XX, aunque fuera como sujeto paciente de un acontecimiento de enorme repercusión internacional. Tan sólo en otro momento, mucho más grato en sus consecuencias, como fue la transición a la democracia, España ha resultado protagonista de primera fila en la vida de la Humanidad. Por tanto, no puede extrañar, que desde una óptica nacional o extranjera se haya considerado como eje interpretativo de nuestro pasado lo sucedido en el período de 1936 a 1939.

Tras la victoria del Frente Popular en las elecciones de febrero del año 1936, las condiciones de vida en España se habían hecho tan difíciles que había grupos de derecha y también de izquierda que estaban dispuestos a acabar con las instituciones republicanas mediante un acto de violencia. Fueron los primeros quienes lo intentaron, pero la revolución posterior testimonia que también una parte de la izquierda estaba dispuesta a abandonar la legalidad republicana.

La **conspiración** contra el régimen republicano fue plural y desorganizada. A las fuerzas extremas monárquicas que habían logrado el apoyo de Benito Mussolini se sumaron algunos sectores militares, incluso republicanos, que asumieron la dirección principal del alzamiento por encima de estas fuerzas políticas. El más importante de los organizadores de la conspiración fue el general Emilio Mola en Pamplona. La participación de

Francisco Franco en el alzamiento no estuvo muy clara hasta el final. Ni por un momento se pensaba en la posibilidad de una guerra civil; se preveía una actuación muy violenta y decidida para conseguir rápidamente el triunfo en Madrid, capital del Estado y centro de las decisiones políticas, y el establecimiento de un régimen dictatorial que, en principio, no debía ser permanente ni conducir de forma necesaria al establecimiento de un régimen monárquico.

El gobierno republicano era consciente de que la conspiración estaba en marcha, pero confiaba en derrotarla con facilidad. Quizá su error fue no prever la magnitud de la sublevación y manifestar incapacidad para controlar a sus propias masas, no atreviéndose a romper con la extrema izquierda. La realidad es que el gobierno sí tomó disposiciones para evitar el estallido de una sublevación contra el gobierno del Frente Popular. Para ello los mandos militares superiores se habían confiado a personas de las que no cabía esperar una conspiración en contra de la República y diversos militares sospechosos habían sido trasladados a puestos desde los que su actuación sería mucho menos peligrosa. Asimismo las fuerzas de orden público en las grandes ciudades fueron puestas al mando de autoridades adictas a la República. Los dirigentes políticos republicanos erraron en la valoración de sus propias fuerzas: cuando se produjo la sublevación, algunos grupos políticos iniciaron una revolución social que redujo a la nada el poder del gobierno del Frente Popular.

La **sublevación** se inició en Marruecos el día 17 de julio de 1936, adelantándose a la fecha prevista. Dos días más tarde asumió el mando el general Francisco Franco, que se había sublevado sin dificultades en Canarias de donde se había trasladado a Marruecos en un avión alquilado por conspiradores monárquicos. A partir del 18 de julio el alzamiento se extendió a la península, dependiendo su resultado de la preparación de la conjura, el ambiente político existente en la región, la decisión de los conspiradores y del gobierno, etc. En Navarra y Castilla la Vieja, regiones católicas y conservadoras por excelencia, el general Mola desempeñó un papel decisivo, y los sublevados obtuvieron fácilmente la victoria. En Aragón la sublevación venció en las capitales de provincia merced a la postura del general Guillermo Cabanellas, antiguo diputado radical y ahora alineado con los sublevados. Algo parecido sucedió en Oviedo, pero el resto de Asturias siguió dominado de forma abrumadora por la izquierda. En Galicia triunfó la sublevación pese a la resistencia de las organizaciones obreras, dado el carácter conservador de la región.

En Andalucía la situación fue radicalmente distinta, pues el ambiente era marcadamente izquierdista en esta región. La victoria del general Gonzalo Queipo de Llano en Sevilla fue una sorpresa, pero su situación fue muy precaria al comienzo e igual sucedió en otras capitales andaluzas como Cádiz, Granada o Córdoba, ya que los barrios obreros ofrecieron una resistencia que no desapareció hasta que llegó el apoyo del ejército de África. La situación fue muy similar en Extremadura, aunque la ciudad de Cáceres se sublevó, pero Badajoz no.

En Castilla la Nueva y Cataluña la suerte de la sublevación dependió de lo que pudiera suceder en las dos grandes capitales, Madrid y Barcelona: en ambas el ambiente político era izquierdista. En Madrid la conspiración estuvo muy mal organizada y los sublevados quedaron encerrados en sus cuarteles, sin decidirse a salir a la calle, con lo que acabaron bloqueados por las fuerzas fieles al gobierno y las milicias populares. En Barcelona salieron de ellos, pero las fuerzas de orden público les cerraron el paso. En uno y otro caso las masas proletarias jugaron un papel decisivo en la derrota de la sublevación.

En otras regiones hubo titubeos hasta el final. El País Vasco se escindió ante la rebelión: Álava estuvo a favor de ella y Guipúzcoa y Vizcaya en contra, gracias a la postura de los nacionalistas vascos ante la promesa gubernamental de la inminente concesión del estatuto autonómico. En cuanto a las islas Baleares, Mallorca e Ibiza se sublevaron, pero no Menorca. En Valencia los sublevados dudaron mucho para, al final, ser derrotados.

El balance de aquellos tres días de julio fue que **España quedó dividida en dos**, entre una serie de regiones y provincias que se habían pronunciado contra el gobierno y otras que le eran fieles. El general Mola había intentado un golpe de fuerza muy violento pero de corta duración. Su fracaso implicó el estallido de la guerra civil, pues fue imposible lograr la aceptación por unos y otros de un gobierno de centro.

Para comprender la primera fase de la guerra es preciso tener en cuenta el **balance de las fuerzas**. Originariamente a la República no le faltaron recursos militares, aunque los generales desempeñaron un papel más importante en el bando adversario y la oficialidad joven militara con ellos en su mayoría. En realidad, las fuerzas estaban equilibradas. Si los sublevados contaban con el ejército de África, que era la porción más valiosa, el gobierno republicano tenía clara ventaja en aviación y en la flota. Además, el Frente Popular disponía de las capitales más importantes, la industria y las reservas de oro del Banco de España.

Por lo tanto un factor decisivo en el desarrollo de la guerra fue el proceso revolucionario que estalló en la zona controlada por el Frente Popular. Consistió en la pulverización del poder político hasta el extremo de que resultaba muy difícil, por no decir imposible, descubrir a quién le correspondía tomar las decisiones e, incluso, hubo tres organismos públicos de decisión en más de una provincia como, por ejemplo, Guipúzcoa. La revolución tuvo también consecuencias de carácter militar, al no existir un mando unificado. Un tercer aspecto del proceso revolucionario fue el económico-social. Los anarquistas, pero también los comunistas y socialistas pusieron en marcha una colectivización que fue mayoritaria en el campo andaluz y en la industria catalana. Como es natural, esta revolución impidió la necesaria unidad durante el período bélico.

**Fases de la guerra**

1.– **Guerra de columnas**: entre los meses de julio y noviembre de 1936 los límites de cada una de las dos zonas en que quedó dividida España no eran precisos. En este período la superioridad de los sublevados en el terreno militar fue manifiesta: ello explica la rapidez con la que el general Franco, pasado el estrecho de Gibraltar, avanzó desde Sevilla a Madrid, en cuyos arrabales se detuvo, porque era mucho más fácil para sus tropas obtener la superioridad en campo abierto que en las calles de una ciudad. En cambio los éxitos del Frente Popular fueron menores y su avance desde Cataluña hacia las capitales aragonesas quedó detenido pronto. También las tropas nacionalistas, con la toma de la ciudad de Irún, aislaron la zona norte de sus adversarios de la frontera francesa.

2.– **La lucha en torno a Madrid** (de noviembre de 1936 a marzo de 1937). Puesto que el general Franco no había conseguido tomar la capital mediante un ataque directo, intentó hacerlo ahora por el procedimiento de flanqueo, ordenando atacar en dirección a la carretera de La Coruña, hacia el Jarama y por Guadalajara. Estas tres ofensivas dieron lugar a otras tantas batallas que testimonian el endurecimiento alcanzado por la guerra, pero a pesar de su superioridad cualitativa y la ayuda de los italianos no fue suficiente para lograr derrotar a los adversarios y, por primera vez, las tropas del Frente Popular detuvieron al enemigo atacante, dejando la situación en tablas. Visto que la guerra no podía ganarse en el centro de la península, Franco optó por concentrar sus fuerzas en el frente Norte para derrotar al adversario allí donde era más débil.

3.– **La caída del frente Norte. Guernica** (de marzo a octubre de 1937) Sin duda, este fue el año crucial de la guerra. La concentración en Vizcaya de lo mejor de las tropas del general Franco tuvo como consecuencia la pérdida de esta provincia y la de todo el frente Norte. La conquista de Vizcaya no fue fácil. La aviación alemana efectuó bombardeos sobre poblaciones como Durango y Guernica, tácticas que más tarde se emplearían en la Segunda Guerra Mundial. En cambio, la toma de Santander resultó un «paseo militar» por la ayuda de las tropas italianas y la escasa organización de la resistencia. Sin embargo la conquista de Asturias, por la tradición izquierdista de la región y lo áspero del terreno, fue muy dura. Durante el verano de 1937 el Frente Popular lanzó ataques en otras zonas a fin de distraer a las tropas de Franco, pero fracasó en ellos debido a su falta de coordinación y porque el ejército republicano parecía más capacitado para la defensa a ultranza que para sacar provecho de una gran ofensiva. Si las batallas de Brunete y Belchite se hubieran producido a la vez, se habría detenido la caída del frente Norte.

LA GUERRA CIVIL ESPAÑOLA, A) 1936-1937

O.C., pág. 216.

**4.– Teruel y la marcha hacia el Mediterráneo** (de diciembre de 1937 a junio de 1938). El Frente Popular, con el fin de evitar el ataque a Madrid, tomó la iniciativa y conquistó Teruel. Pero inmediatamente las tropas de Franco se lanzaron a una contraofensiva de desgaste y consiguieron recuperarla, produciéndose un amplio derrumbamiento del frente que les permitió llegar hasta el Mediterráneo. En menos de dos semanas llegaron a Vinaroz, para proseguir el avance hacia Valencia en lugar de hacia Cataluña, pero ante la dura resistencia defensiva, se quedaron atascadas en el Maestrazgo. En el mar la flota republicana consiguió una sonada victoria al hundir el crucero *Baleares*.

**5.– Batalla del Ebro y colapso de Cataluña** (de julio de 1938 a febrero de 1939). Estabilizado el frente, el ejército popular tomó de nuevo la iniciativa atravesando el río Ebro, que formaba la divisoria entre los dos bandos frente a Gandesa. Fue una batalla muy dura y decisiva. Tras tres meses y medio de lucha y siete ofensivas sucesivas, el ejército popular hubo de retroceder a sus posiciones de origen. La batalla del Ebro acabó por decidir la guerra. En el mes de febrero de 1938 las tropas del general Franco en su avance ocuparon Cataluña sin encontrar resistencia. Para muchos republicanos la caída de Cataluña significaba el final definitivo de la guerra. El propio presidente, Manuel Azaña, ya exiliado en Francia, presentó su dimisión en ese momento. Algo más de medio millón de personas cruzaron la frontera francesa hacia el exilio. Buena parte ellas jamás regresarían.

**6.– El final de la guerra.** El primer testimonio de la desintegración del Frente Popular se puede apreciar en la rendición de la isla de Menorca en febrero del año 1939. A finales de ese mes y comienzos de marzo se precipitó la crisis del Frente Popular, con el reconocimiento del general Franco por parte de Francia y Gran Bretaña. En la segunda quincena de marzo de 1939 el coronel Casado y el político socialista Julián Besteiro iniciaron las conversaciones para intentar negociar el final de la guerra con Franco. Querían que se dieran facilidades para la evacuación y que no hubiera represalias indiscriminadas. La guerra civil concluyó en Madrid y Cartagena con otra guerra civil interna, que enfrentó a los comunistas con el resto de los que combatían por la causa de la República. Los comunistas que habían pretendido asumir para sí la resistencia a ultranza se encontraron ahora con que se les reprochaba la inminente derrota. Pero el general Franco exigió la rendición y el 1 de abril de 1939 pudo anunciar la completa victoria de sus tropas.

# LA GUERRA CIVIL ESPAÑOLA, B) 1938-1939

O.C., pág. 216.

La principal consecuencia de la guerra civil fue que produjo un gigantesco retroceso, no sólo en posibilidades de convivencia entre los españoles sino también en muchos otros aspectos de la vida nacional, incluido el económico.

## La guerra como acontecimiento internacional

A la altura del mes de noviembre de 1936 la guerra civil española se convirtió en un motivo de **inestabilidad internacional**. El gobierno de la República tuvo el apoyo de Francia, la URSS y las **Brigadas Inter-**

263

**nacionales**; estas últimas, organizadas directamente por Rusia, aunque no todos sus componentes eran comunistas sino de muy diversas procedencias, estaban unidas por un marcado sentimiento antifascista. El bando capitaneado por el general Franco tuvo el apoyo de la Italia de Benito Mussolini y la Alemania de Adolf Hitler. La ayuda extranjera a cada uno de los dos bandos fue muy importante y decisiva para el desarrollo de la guerra. En Londres se creó un **Comité de no intervención** que, en teoría, propició la marginación de los países europeos del conflicto español, pero sus recomendaciones sólo fueron seguidas por Gran Bretaña.

El inconveniente de la ayuda recibida por los republicanos fue depender mucho de las circunstancias, de acuerdo con las características del gobierno existente en Francia (si éste era más izquierdista colaboraba más con la República) y, sobre todo, la exigencia del pago de la ayuda de manera inmediata y poco generosa. Rusia envió material de guerra pero pocos hombres, y el gobierno republicano hubo de trasladar a la URSS una parte del oro depositado en el Banco de España, de modo que las compras de material se hicieron contra ese depósito.

En cambio la ayuda recibida por el bando de Franco fue tardíamente pagada y consistió en el envío de unidades militares voluntarias (Italia) o fue reducida en número y técnicamente importante (Alemania). Es posible que la ayuda a cada uno de los dos bandos en guerra fuera muy semejante, pero en los momentos en que fue resolutiva benefició ante todo a los sublevados.

### Evolución de los dos bandos

Al producirse el estallido de la guerra civil hubo un fenómeno semejante en los dos bandos: la firme voluntad de exterminar al adversario produjo un simultáneo terror característico de todas las guerras civiles. Éste era producto del odio previo y de la humillación de haber tenido miedo (Azaña). Los sublevados exterminaron a políticos, masones, maestros y profesores de Universidad tildados de izquierdismo y a una docena de generales que se habían negado a secundar el alzamiento. En la zona del Frente Popular fueron asesinados frailes, sacerdotes, militares sospechosos de fascismo, políticos de significación derechista y también patronos. Lo que no resulta por el momento precisable es saber las cifras de ejecutados en cada uno de los dos bandos, pero es probable que fueran bastante semejantes, sobre todo teniendo en cuenta las ejecuciones llevadas a cabo por el general Franco al final de la guerra civil. Puede afirmarse que la represión se produjo sobre todo en los primeros momentos del estallido del conflicto y que inicialmente tuvo un carácter espontáneo. La dureza de la represión fue mayor en aquellas zonas donde el temor al adversario también lo era. El poeta Federico García Lorca fue asesinado en la Granada de comienzos de la guerra civil, y en las mismas semanas en el Madrid de izquierdas aterrorizado por la proximidad del enemigo tuvo lugar el asesinato de un buen número de oficiales en las cercanías de Paracuellos del Jarama.

Una de las consecuencias de la represión fue la adopción por parte de la Iglesia católica de una postura netamente favorable a los sublevados. Gran parte de la jerarquía eclesiástica consideró la guerra civil como una lucha religiosa, aunque el Vaticano nunca se refirió a ella como una cruzada. La Carta colectiva de los obispos españoles del verano de 1937 estaba destinada, fundamentalmente, a lograr la comprensión de los católicos de todo el mundo. En líneas generales se puede afirmar que el catolicismo apoyó al general Franco, a pesar de que en la propia España existía una división entre los mismos católicos, al haber optado los nacionalistas vascos y parte de los catalanes, que eran católicos, por la causa republicana.

Un factor de la mayor importancia para comprender el resultado de la guerra civil reside en la evolución política de los dos bandos. En el **bando franquista** el sentimiento católico y antirrevolucionario constituyó un factor decisivo de aglutinamiento de los distintos partidos y opiniones, mientras que el ejército desempeñó un papel hegemónico indudable también en el terreno político. Estos factores permitieron a los sublevados llegar a la unidad sin excesivos inconvenientes. La sublevación se justificó como un acto preventivo frente a una revolución que se consideraba inminente, aunque la realidad fue precisamente la contraria: la sublevación militar provocó la revolución social en el bando republicano.

Sin embargo la jefatura del general Franco no pudo considerarse como indisputada desde el primer momento. La facilitó la muerte del general Sanjurjo en accidente aéreo en Portugal, el mismo día 18 de julio, y la conciencia de que mediante un gobierno colectivo como el que se pensó en un primer momento las posibilidades de obtener la victoria eran limitadas. De esta manera, en el mes de septiembre de 1936 Francisco Franco fue proclamado Jefe del Gobierno del Estado, una magistratura imprecisa que él llegaría a convertir en una verdadera Jefatura del Estado para sorpresa de algunos de sus compañeros de generalato. Además, la guerra civil le convertiría en **caudillo**, es decir, líder indisputado.

En la primavera de 1937 se produjeron tanto en este bando, como en el adversario, graves disidencias internas, que concluyeron en el mes de abril de ese mismo año con el decreto de Unificación en un partido único de los dos más importantes en la España sublevada, carlistas y falangistas.

Este proceso era predecible desde antes. Los falangistas que tenían una fuerza muy reducida en el año 1936 vieron aumentar sus efectivos en forma de una verdadera avalancha de adhesiones, pero sus dirigentes eran de escasa talla, ya que su fundador, José Antonio Primo de Rivera, había sido ejecutado en la cárcel de Alicante y su partido estaba formado por jóvenes estudiantes sin experiencia profesional. Por otro lado, los carlistas ya con anterioridad habían tenido que renunciar a disponer de una academia militar propia, que fue prohibida por el general Franco. Ambos grupos políticos estaban divididos y los otros que habían tenido una mayor importancia durante la etapa republicana, como la CEDA, ahora habían desaparecido prácticamente.

Junto a Francisco Franco la figura más destacada en la primera etapa de su régimen fue su cuñado Ramón Serrano Suñer, procedente de la derecha de la CEDA, quien logró introducir algún orden en una administración puramente militar y circunstancial como era la de la España vencedora en la guerra civil.

Aparte de propiciar una posición reaccionaria en materias educativas y religiosas, el régimen franquista distó mucho de configurarse de una manera clara en esta primera etapa de su existencia. El único texto constitucional aprobado fue un Fuero del Trabajo, que no pasaba de ser tan sólo una declaración de principios de carácter social. Cuando a comienzos del año 1938 se produjo la formación de un Gobierno, su composición heterogénea vino a demostrar la pluralidad de componentes que existían en el bando sublevado.

Así como el propósito fundamentalmente negativo del bando sublevado facilitó su unificación, en el **bando del Frente Popular** hubo actitudes antitéticas que se manifestaron hasta el final. Los temas que motivaron las divergencias fueron precisamente los relativos a la revolución y a la constitución del ejército. Había quienes querían el puro mantenimiento de las instituciones republicanas y quienes se manifestaban partidarios de una revolución, incluso proponiéndola con matices muy diversos.

En el mes de septiembre de 1936, cuando la situación militar era muy difícil, el Presidente de la República, Manuel Azaña, nombró jefe de gobierno al socialista Francisco Largo Caballero, que fue recibido por los anarquistas con «tolerancia y comprensión» y a quienes muy poco después incorporó a su gabinete. En realidad su política resultó bastante menos revolucionaria de lo que cabía prever, pero tuvo una menor capacidad para unir a los diversos sectores que componían el Frente Popular.

Lo que dificultó su gestión de manera especial fueron los continuos roces de los anarquistas con todos los demás grupos, que propiciaban, aunque en diverso grado, la unificación de esfuerzos en pro del triunfo militar.

Así se demostró en mayo del año 1937, en que estalló un enfrentamiento en Barcelona entre anarquistas y comunistas que fue mucho más grave que cualquier otro conflicto parecido en el bando adversario (este suceso produjo más de 400 muertos). Estos sucesos de mayo provocaron la caída de Largo Caballero al concitarse contra él los comunistas y algunos socialistas de derechas e incluso de los grupos republicanos, coincidentes con ellos.

El sucesor de Francisco Largo Caballero al frente del gobierno fue Juan Negrín, socialista moderado que trató de proceder lo más rápidamente posible por la senda de la unificación e insistió de manera prioritaria en el esfuerzo militar. Sin duda su principal adversario fue el anarquismo, pero muy pronto le acusaron de una dependencia excesiva de los comunistas. En realidad éstos y el Gobierno se utilizaban mutuamente, pero la derrota en el campo militar fue acumulando motivos de repudio en contra de ambos. Al final el propio Negrín estaba enfrentado con la mayor parte de los dirigentes del Frente Popular y su actuación estaba cada vez más aislada del propio Manuel Azaña y de sus ministros. Es significativo que la guerra civil concluyera con una lucha interna en el seno del bando republicano.

Al final de la guerra civil los comunistas controlaban la mayor parte de las jefaturas de los ejércitos de tierra, mar y aire, así como las direcciones generales de Seguridad y Carabineros. Pero si los comunistas habían alcanzado una influencia tan grande, aunque nunca decisiva, en parte fue también porque los demás no estuvieron a la altura de las circunstancias creadas por la guerra ni supieron darse cuenta de sus exigencias.

### El balance de la guerra civil

Como afirmó el historiador británico Raymond Carr, la guerra civil española fue «una guerra de pobres», en la que ninguno de los dos bandos podía emprender dos acciones ofensivas simultáneas porque carecía de fuerzas suficientes. Esta afirmación también vale en el terreno material. Desde el punto de vista militar la guerra fue un conflicto típico de un país retrasado que no hizo prever las novedades técnicas que se utilizarían en la Segunda Guerra Mundial, a pesar de que los alemanes ensayaron algunas de ellas.

El **ejército popular de la República** desaprovechó las ventajas iniciales –con tan sólo dos escuadrillas hubiera evitado el paso de las tropas de Marruecos por el estrecho de Gibraltar– y, aunque tras largo aprendizaje se capacitó para combatir a la defensiva, sus ofensivas tuvieron una escasa eficacia o condujeron a verdaderos desastres, como ocurrió al final de la guerra.

**El ejército del general Franco** tuvo una mayor capacidad de maniobra, pero las virtudes de quien lo dirigía fueron más la prudencia, la constancia y la capacidad logística, que la audacia o la brillantez de concepción. Por tanto, los aspectos técnico-militares no son los que explican el resultado final de la guerra ni tampoco resultó tan decisiva la ayuda exterior recibida por uno y otro bando. Aunque la ayuda exterior resultó en definitiva más beneficiosa para el bando sublevado, el factor político interno jugó un papel quizá más decisivo.

Aunque la guerra contó con un fuerte apoyo popular en ambos bandos, el vencedor supo poner mucho mejor los medios para ganarla que el perdedor. La principal razón de ello estriba en buena parte en que, aunque los propósitos de unos y otros eran negativos (anticomunismo en el bando franquista y antifascismo en el bando republicano), lo eran mucho más los del vencedor, que se sublevó por un reflejo de defensa ante la revolución, mientras que los frentepopulistas se lanzaron a toda suerte de experimentos revolucionarios. En suma, la realidad es que si el Frente Popular fue derrotado, la causa estuvo, en gran medida, en él mismo: como escribió el general Rojo, «fuimos cobardes por inacción política antes de la guerra y durante ella». Los perdedores, en efecto, no pusieron los medios para lograr la victoria.

La guerra civil española, como cualquier otra de su clase, mezcló de manera confusa la barbarie y el heroísmo, la intemperancia y la lucidez. Quienes mejor parados quedan de ella fueron quienes hicieron todo lo posible por evitar el mayor derramamiento de sangre. De ellos, el que expresó esa voluntad de una forma literariamente más bella fue Manuel Azaña, cuando en un discurso pronunciado en el año 1938 aseguró que los cuerpos de los caídos llevarían un mensaje de «paz, piedad y perdón» a las generaciones posteriores.

# TEMA 18

# LA SEGUNDA GUERRA MUNDIAL

## ESQUEMA

1. **Orígenes de la guerra**
   - 1.1. Europa después de la Primera Guerra Mundial
   - 1.2. La crisis económica de los años treinta
   - 1.3. El fracaso de la Sociedad de Naciones

2. **Ascenso de los totalitarismos**
   - 2.1. El fascismo italiano y el nazismo aleman
   - 2.2. La anexión de Austria
   - 2.3. La crisis de los Sudetes, Los acuerdos de Munich.
   - 2.4. El pacto germano-soviético
   - 2.5. La crisis polaca

3. **Inicio de la guerra**
   - 3.1. Europa ocupada.
   - 3.2. La Resistencia
   - 3.3. Finlandia: la guerra de invierno
   - 3.4. La guerra relámpago. Francia, el armisticio
   - 3.5. La batalla de Inglaterra

4. **Cambio de alianzas**
   - 4.1. Operación Barbarroja. Invasión de la URSS
   - 4.2. Alianza británico-soviética
   - 4.3. Desembarco aliado en el Norte de África.
   - 4.4. Desembarco en Sicilia.
   - 4.5. Entrada en guerra de Estados Unidos

5. **Las conferencias aliadas**
   - 5.1. Conferencia de Terranova. Agosto 1941
   - 5.2. Conferencia de Arcadia. Diciembre 1941
   - 5.3. Conferencia de Teherán. Noviembre 1943
   - 5.4. Conferencia de Yalta. Febrero 1945
   - 5.5. Conferencia de Postdam. Julio-Agosto 1945

6. **El desembarco en Normandia. 6 de junio 1944**
   - 6.1. Liberación de París
   - 6.2. Ofensiva alemana en las Ardenas
   - 6.3. Avance soviético hacia Berlín
   - 6.4. Suicidio de Hitler
   - 6.5. Liberación de Italia
   - 6.6. Capitulación alemana

7. **La conquista del Pacífico**
   - 7.1. Expansionismo japonés
   - 7.2. Ofensivas americanas: Midway, IvoJima, Okinawa
   - 7.3. Proyecto Manhatan
   - 7.4. Bomba atómica sobre Hiroshima y Nagasaki
   - 7.5. Capitulación de Japón. Fin de la guerra.

| | |
|---|---|
| **8. Balance y consecuencias de la guerra** | 8.1. Pérdidas humanas.<br>8.2. La Shoah<br>8.3. El Proceso de Nuremberg. Noviembre 1945<br>8.4. Economia de postguerra<br>8.5. Nuevas fronteras<br>8.6. Nuevos líderes mundiales: Estados Unidos, y URSS |
| **9. España en la Segunda Guerra Mundial.** | 9.1. Franco proclama la neutralidad<br>9.2. La no beligerancia.<br>9.3. La División Azul.<br>9.3. Vuelta a la neutralidad<br>9.4. Aislamiento de España |

# TEMA 18

## LA SEGUNDA GUERRA MUNDIAL

**Orígenes de la guerra:**

La nueva Europa surgida después de la Primera guerra mundial fue el resultado de las decisiones adoptadas por los vencedores, que quedaron reflejadas en el **Tratado de Versalles**. Alemania fue considerada responsable de la guerra y se vio obligada a pagar fuertes sumas en concepto de reparaciones y devolver Alsacia y Lorena a Francia, que ocupó la región industrial del Rhur. El país se vio sumido en una fuerte crisis económica que se vería agravada por la crisis **económica mundial de los años treinta**.

La caída de la Bolsa de Nueva York en 1929 produjo la repatriación de capitales americanos depositados en bancos alemanes. La crisis originó la creación de medidas de carácter proteccionista y nacionalistas que favorecieron la aparición de gobiernos totalitarios de izquierdas y de derechas.

El pacto de la **Sociedad de Naciones** que entró en vigor en 1920, exponía los medios necesarios para evitar una nueva guerra y solucionar los conflictos por medios pacíficos. Sin embargo, diez años después de su creación la SDN fue incapaz de evitar más de una treintena de conflictos, como la invasión japonesa de Manchuria o la conquista de Etiopía por el gobierno de Mussolini.

### El ascenso de los totalitarismos

A partir de 1920 triunfan en Europa diferentes regímenes totalitarios, en Italia el fascismo de Mussolini y en Alemania el nazismo de Hitler. Al terminar la Primera Guerra Mundial, Italia no obtuvo las reivindicaciones territoriales que reclamaba por su participación junto a los aliados en la guerra. El gobierno italiano esperaba desempeñar un papel más importante en la esfera internacional, y la **«victoria mutilada»** fue el origen del descontento de las clases trabajadoras, de la mayoría de los antiguos combatientes, casi todos de clases medias, a los que el Estado no supo encontrar una solución, y de toda la clase política que no realizó cambios profundos en el marco constitucional. Esa situación fue aprovechada por Benito Mussolini para crear en 1919 el **Partido fascista**. A partir de 1930, como consecuencia de la crisis económica mundial, el partido fue evolucionando hacia el totalitarismo y el expansionismo de carácter imperialista. En 1935, ante la merma de prestigio de la Sociedad de Naciones, Mussolini emprendió la conquista de Etiopía y en 1936 prestó su apoyo a las tropas franquistas sublevadas en España.

Alemania fue uno de los países más afectados por la crisis económica de los años treinta. En 1923 Hitler crea el **partido nazi NSDPA** y en 1933, cuando fue nombrado Canciller, proclamó el NSDPA como partido único. A la muerte del Presidente Hindemburg en agosto de 1934, Hitler se convierte en Presidente del Reichstag. Uno de los objetivos prioritarios de la política de Hitler era la revisión del Tratado de Versalles y la creación de una gran Alemania mediante la expansión territorial, **el espacio vital** que consideraba necesario para agrupar a todos los pueblos germánicos en el Reich alemán. El primer paso fue **la anexión de Austria**.

Francia era el país más amenazado por la política expansionista de Hitler y en 1934 denunció el rearme alemán. Sin embargo, tanto Francia como Gran Bretaña defendían el pacifismo para evitar una nueva guerra y mantuvieron políticas conciliatorias dejando hacer a Hitler.

Al pacto firmado por Alemania y Japón, el pacto Anti-Kominter, en 1935, se unió al año siguiente Italia. Hitler, que contaba con el apoyo de Mussolini, convocó al Canciller austriaco para que incluyese en el gobierno a varios ministros nazis. Schuschnigg se negó a ello y decidió convocar un referéndum sobre la anexión de Austria. Sin embargo, Hitler le obligó a retirar su proyecto y le sustituyó en el cargo por el pronazi Seyss-Inquart, que invitó al ejército alemán a ocupar el país, y proclamó su unión con Alemania el 13 de marzo de 1938. La integración de Austria en la Gran Alemania constituyó una flagrante violación de las cláusulas del Tratado de Versalles. La pasividad de Gran Bretaña y las tímidas protestas de Francia ante la anexión de Austria, dieron fuerza al expansionismo de Hitler en Europa oriental.

## La Conferencia de Munich y la crisis de los Sudetes

El territorio de los Sudetes, situado en el oeste de Checoslovaquia, contaba con una población alemana de tres millones. El gobierno de Hitler inició una vigorosa campaña para su incorporación al Reich, convencido de que las potencias occidentales no harían nada para impedirlo y se aseguró la incorporación de aquellas regiones en las que los alemanes constituían más de la mitad de la población. Pero Hitler exigió además que todos los territorios de lengua alemana fuesen evacuados y la entrega de todas las fortificaciones, infraestructuras y fábricas checas.

Ante las nuevas exigencias de Hitler, los jefes de gobierno de Francia, Daladier, de Gran Bretaña, Chamberlain y de Italia, Mussolini, se reunieron en Munich en septiembre de 1938. El día 30 se firmó el acuerdo por el cual los Sudetes fueron anexionados a Alemania. Una comisión internacional determinaría el trazado de las nuevas fronteras y las cuatro potencias signatarias se comprometían a garantizar la integridad de los restantes territorios checos. Los jefes de gobierno de Francia y Gran Bretaña fueron recibidos en sus respectivos países como héroes por haber salvado la paz y evitado una nueva guerra. Pero los acontecimientos posteriores demostraron su equivocación. El 15 de marzo de 1939 Eslovaquia declaró su independencia implantando un gobierno pro nazi, y el ejército alemán llegaba hasta Praga y creaba el Protectorado de Bohemia-Moravia. Checoslovaquia había dejado de existir. La Unión Soviética, que no fue invitada a participar en la Conferencia, intuyó la proximidad de una guerra y desconfiando de las potencias occidentales firmó el 23 de agosto de 1939 **el Pacto germano-soviético.** Dos días después, los gobiernos de Francia y Gran Bretaña firmaban con Polonia un tratado de defensa mutua para poner freno a las ambiciones expansionistas de Hitler.

## La crisis polaca. El inicio de la guerra

El Tratado de Versalles atribuyó a Polonia la Prusia oriental, territorios separados por el corredor de Dantzing. Hitler reivindicaba dicho territorio, mientras que para Polonia constituía su única salida al mar. Después de los acuerdos de Munich, Hitler ya había previsto la eliminación de Polonia, contando además con la complicidad de la Unión Soviética. La firma del tratado de no-agresión determinaba el reparto del país: Alemania recibiría la mayor parte de Polonia y la URSS parte de Rumania, Polonia oriental, Finlandia y los Países bálticos.

El 1 de septiembre de 1939 el ejército alemán invadió Polonia y pocos días después se produjo el ataque de las tropas soviéticas. Hitler estaba convencido de que las potencias occidentales no emplearían la fuerza, pero esta vez, los gobiernos de Francia y de Gran Bretaña le enviaron un ultimatum para que retirase sus tropas. Ante su negativa, Francia y Gran Bretaña declararon la guerra a Alemania el 3 de septiembre. La Segunda Guerra Mundial había estallado.

LA SEGUNDA GUERRA MUNDIAL
Y EL AVANCE ALEMAN 1939-1942)

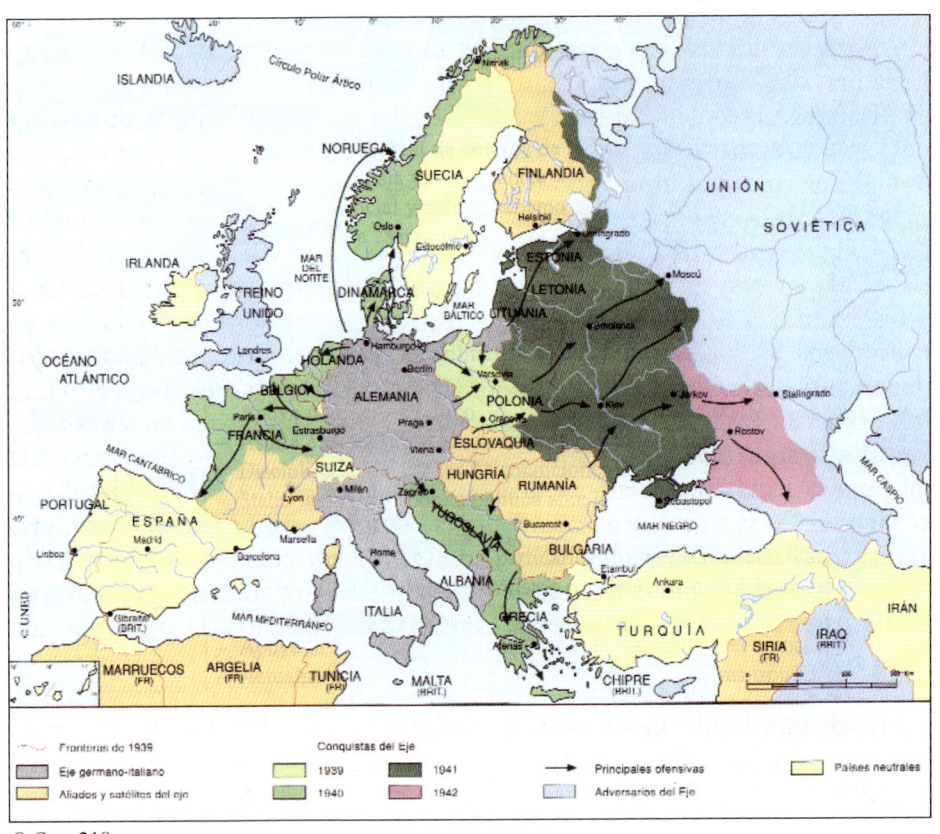

*O.C.* p. 218.

**Europa ocupada**

Ante el empuje de los tanques alemanes, el ejército polaco capituló el 19 de septiembre, y el país fue repartido entre alemanes y soviéticos. Rusia ocupó la mitad oriental, Alemania se anexionó grandes trozos de la parte occidental de Polonia y con el resto formó un «Gobierno General» donde fueron reconcentrados y después exterminados numerosos judíos polacos. Para invadir Polonia, Hitler había dejado desprotegida su frontera con Francia, convencido de que los aliados no reaccionarían. Aprovechando esa situación, el ejército francés lanzó una breve ofensiva en el norte para frenar el avance alemán, retirándose durante el invierno a las trincheras en la línea Maginot.

Por su parte, la Unión Soviética exigió a Finlandia la cesión de parte de su territorio para instalar bases militares. Pero ante el fracaso de las negociaciones, el ejército rojo invadió el país. La inesperada resistencia de los finlandeses obligó a los alemanes a lanzar la llamada **guerra de invierno** que terminaría con la rendición del ejército finlandés en marzo de 1940.

Los frentes occidentales se mantuvieron inactivos hasta la primavera de 1940, cuando Alemania puso en marcha la **guerra relámpago.** La estrategia de guerra relámpago se basaba en la velocidad de la ofensiva, en el ataque por sorpresa con fuerzas muy superiores en el punto más débil de las líneas enemigas para romperlo y luego avanzar rápidamente. En realidad no existía una superioridad material alemana pero sí una eficacia estratégica. En el mes de abril la Werhmacht invadió la casi totalidad de Dinamarca y Noruega, donde el jefe del partido nazi, constituyó un gobierno pronazi en Oslo. Un mes después, en el frente oeste, el ejército alemán invadió Holanda, Bélgica y Luxemburgo. Las tropas aliadas se encontraron acorraladas en Dunquerke, donde se produjo una desastrosa evacuación. En Francia el gobierno, presionado por el Estado Mayor para cesar los combates, cedió sus funciones al Mariscal Pétain quien solicitó el armisticio, que fue firmado el 22 de junio con Alemania, y el 24 con Italia, que había entrado en la guerra al lado de Alemania. Las cláusulas del armisticio con Alemania estipulaban el establecimiento del gobierno del Mariscal Pétain en Vichy y la desmovilización del ejército y la armada, mientras que el norte del país sería administrado por los alemanes. Las cláusulas con Italia fueron muy similares a las establecidas con el Reich. Sin embargo, para Hitler el armisticio sólo era una etapa transitoria que le permitiría realizar los preparativos de sus tropas para la invasión de Gran Bretaña.

Ante la rendición del Mariscal Pétain, el general Charles de Gaulle desde Londres lanzó por radio una llamada a la resistencia el 18 de junio 1940 y sólo un puñado de franceses le siguieron en el mantenimiento de la lucha contra los alemanes desde Londres. Por su parte, el primer ministro británico, Winston Churchill, proclamó ese mismo día en un discurso ante la Cámara de los Comunes que Inglaterra lucharía sin piedad frente al nazismo, y acogió en Londres al general de Gaulle y al Comité nacional francés con el fin de crear las Fuerzas francesas libres.

## La resistencia

A partir de esa fecha, se organizaron acciones de **resistencia en toda Europa** que fueron aumentando a medida que se iban endureciendo las condiciones de la ocupación. Los grupos de resistencia formados por pequeñas redes de hombres y mujeres fueron mejorando paulatinamente. Pronto en todos los países ocupados, Polonia, Francia, Grecia, Holanda, la resistencia actuó en la clandestinidad recogiendo información sobre las fuerzas alemanas, lanzando publicaciones clandestinas u organizando canales de evasión de prisioneros. Aunque muchos resistentes fueron detenidos y asesinados por la Gestapo, la existencia de una red organizada obligó a los alemanes a mantener sus divisiones en los países ocupados, imposibilitando su desplazamiento al frente de las operaciones. Sin duda, la resistencia francesa desempeñaría un papel decisivo en la batalla de Normandía.

## La batalla de Inglaterra

Después de haber conquistado casi toda Europa, sólo el gobierno de Winston Churchill en Gran Bretaña, era capaz de frenar los deseos expansionistas de Hitler. Ante la imposibilidad de un desembarco de las tropas alemanas, Hitler confió en la aviación para destruir los barcos ingleses. Desde agosto a noviembre de 1940 los cazas británicos y alemanes se enfrentaron en la **batalla de Inglaterra**. La batalla se desarrolló en varias fases. El jefe de la aviación alemana, el Mariscal Goering, tenía como objetivo preparar la invasión del territorio británico mediante la destrucción de las fuerzas aéreas inglesas. Sin embargo, el ataque alemán resultó un fracaso. La aviación británica, la RAF, logró destruir un gran número de aviones alemanes gracias a la utilización del radar que permitía detectar a los aviones enemigos. En la siguiente fase, la aviación alemana (Luftwaffe) concentró sus ataques sobre los centros de producción aeronáutica en el sur de Inglaterra. En tan sólo dos semanas, la aviación británica sufrió importantes pérdidas. La relación de fuerzas empezó a cambiar a partir del mes de septiembre cuando la aviación alemana centró sus bombardeos sobre Londres y otros centros urbanos que, sin embargo, no consiguieron desmoralizar a la población, ni hacer capitular al gobierno británico. Ante el fracaso de la operación, el 17 de septiembre Hitler decidió aplazar la invasión de Inglaterra. La batalla de Inglaterra es el único enfrentamiento realizado en donde la aviación fue el arma principal y no de apoyo a las unidades terrestres.

A finales del año 1940 el cambio de estrategia de Hitler marcó el rumbo de la guerra. La Luftwaffe no pudo romper la resistencia británica y Hitler, entonces, decidió centrar sus esfuerzos en la conquista de un espacio vital en el este europeo.

### Cambio de alianzas

Lo más significativo de este período es el vuelco de alianzas cuando Hitler decidió romper el Pacto germano-soviético y poner en marcha la invasión de la Unión Soviética, mediante **la operación Barbarroja.** En la primavera de 1941 las tropas alemanas se adentraron en territorio ruso, llegando en pocas semanas cerca de Leningrado y Moscú. Sin embargo, Hitler no contaba con la extraordinaria capacidad de resistencia de los rusos y la táctica de tierra quemada empleada por ellos. La llegada del invierno paralizó el avance alemán que se vio sorprendido por el contraataque de los soviéticos. Sin víveres y sin lugares donde refugiarse, el poderoso ejército alemán se vio obligado a emprender la retirada. Stalin decide dar un vuelco al sistema de alianzas y firmó con Gran Bretaña un pacto de Asistencia Mutua.

**Cuando el 7 de diciembre de 1941, la base americana de Pearl Harbour fue bombardeada** por la aviación japonesa, **Estados Unidos**, que hasta entonces no se había involucrado en el conflicto, declaró la guerra a Alemania y se produjo un cambio decisivo en el balance de fuerzas entre los dos contendientes. En pocos meses el conflicto, que hasta esa fecha se había limitado a Europa, se extendió a todo el mundo. En efecto, en 1942 veintiséis naciones estaban en contra del Eje y su capacidad industrial era muy superior a la del adversario. La producción de aviones, buques, tanques y todo tipo de armamento les proporcionaba una superioridad militar decisiva. Sólo era cuestión de tiempo que se produjera la victoria aliada.

### Desembarcos de los aliados

El año 1942 estuvo marcado por las victorias del Eje. Pero con el desembarco de las tropas aliadas en **el Norte de África** a finales del año, y la resistencia de Stalingrado ya se perfilaban las victorias de los aliados en los años siguientes. La ofensiva de Rommel en Egipto fue contrarrestada a finales de junio en el Alamein, obligándole a retirarse hacia Libia que sería conquistada totalmente a finales del año. El desembarco anglo-americano en Marruecos y Argelia supuso la liberación definitiva de África y la apertura de un segundo frente. El desembarco de los aliados en **Sicilia en julio de 1943** provocó la caída de Mussolini. El rey

Víctor Manuel III buscó un acuerdo con los aliados y declaró la guerra a Alemania, pero el ejército alemán se apoderó de Roma y, en un golpe de efecto consiguió rescatar al Duce que creó la República Social Italiana de Salo. El país no sería liberado hasta la primavera de 1944. Mussolini fue ejecutado por partisanos italianos y el 2 de mayo el ejército alemán en Italia capituló ante los aliados.

## Las Conferencias aliadas

Desde el inicio del conflicto, los países que se enfrentaron a Alemania no renunciaron a los ideales de paz y democracia. En agosto de 1941 se encontraron por primera vez en Terranova, Churchill y el Presidente de Estados Unidos, Roosevelt, para configurar la **Carta del Atlántico,** en la que quedaba reflejado el derecho de los pueblos a disponer de sí mismos, y aunque dicho documento no llegó nunca entró en vigor, sus principios fueron el fundamento de la Carta de las Naciones Unidas. En el mes de diciembre de ese mismo año, la **Conferencia de Arcadia** reunió de nuevo a Churchill y a Roosevelt, que afirmaron sus deseos de vencer al ejército alemán y frenar el avance japonés.

A finales de 1943, Churchill, Stalin y Roosevelt firmaron en la **Conferencia de Teherán** el primer comunicado en el que anunciaban la creación de una organización de Naciones Unidas destinada a eliminar los horrores de la guerra para las próximas generaciones, y la puesta en marcha del desembarco aliado en la costa francesa.

La última reunión entre Churchill, Stalin y Roosevelt tuvo lugar en **Yalta** en febrero de 1945. Los aliados ya no dudaban de la derrota de Hitler y el Presidente Roosevelt confiaba en la ayuda de Stalin para poner fin a la guerra en el Pacífico. En esta conferencia se decidió finalmente la creación de un nuevo organismo internacional más eficaz que la Sociedad de Naciones y dotado de mayor poder. La Carta de las Naciones Unidas sería adoptada en el mes de junio en la **Conferencia de San Francisco**.

**La Conferencia de Postdam** que tuvo lugar desde el 17 de julio al 2 de agosto de 1945 y que reunió a Churchill, Stalin y Truman, que había sucedido a la muerte de Roosevelt en la presidencia de Estados Unidos, decidieron que Alemania sería dividida en cuatro zonas de ocupación: americana, inglesa, francesa y soviética; la desnazificación, el castigo de los principales responsables y la creación de un Tribunal que les juzgaría: el **Tribunal de Nuremberg.** De esta ocupación surgiría la definitiva división de Alemania en dos que perduró hasta 1990.

# El desembarco en Normandía

## AVANCE ALIADO EN EUROPA 1943-1945

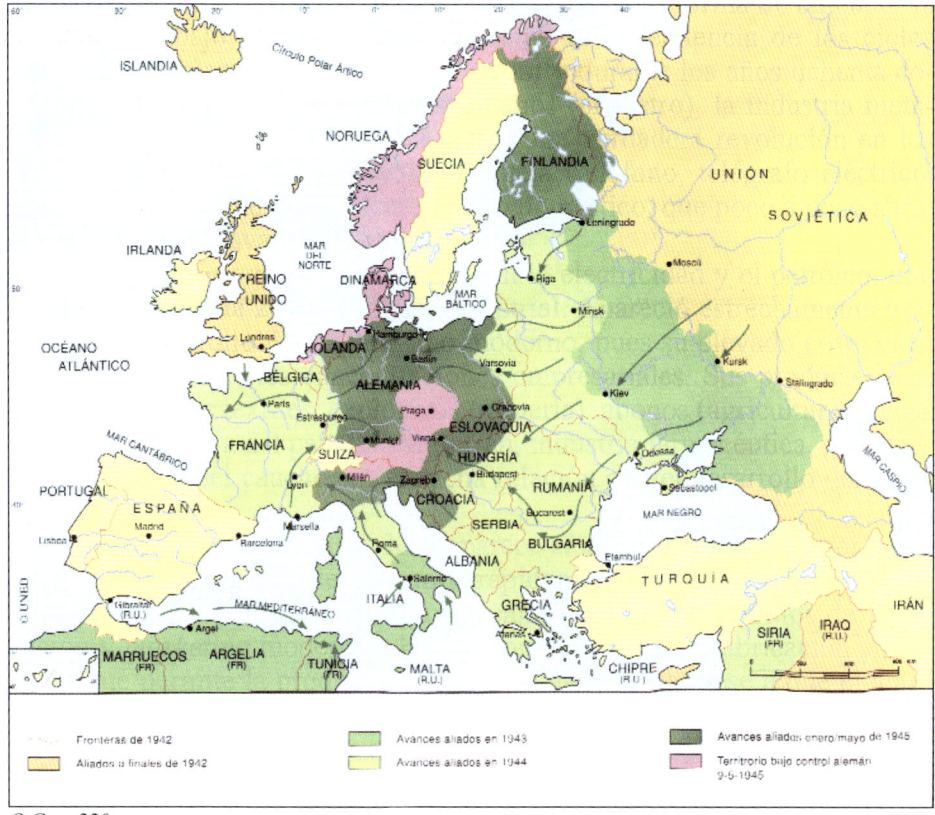

*O.C.* p. 220.

El plan de los aliados de un desembarco en Francia fue minuciosamente preparado. Por su parte, el Estado Mayor alemán mandó construir un muro defensivo en la costa francesa: **el muro del Atlántico**, consciente de que el desembarco determinaría el curso de la guerra. El general Eisenhower fue nombrado Comandante en jefe de las fuerzas de invasión que conducirían a los aliados hasta el corazón de Alemania. Los aliados hicieron creer a los alemanes que la invasión se produciría al norte del Sena donde se encontraban los Panzers alemanes. Sin embargo, la elección de la costa de Normandía como lugar de desembarco sorprendió a las defensas alemanas el 6 de junio de 1944. Al final del día, los aliados habían alcanzado la mayoría de los objetivos militares, exceptuando el de norte de Caen. Después de un mes de combates en Normandía, los aliados lograron rodear a las unidades alemanas y emprender la marcha hacia el norte. En el mes de agosto París fue liberado, y el 3 de septiembre los aliados llegaron a Bruselas, viendo interrumpido su avance por la contraofensiva alemana en las Ardenas, donde Hitler fracasó en su intento de detener a los aliados.

En el frente del Este europeo el ejército rojo avanzó hacia Berlín y ocuparía los Balcanes. Las tropas alemanas retrocedían en el Báltico, Ucrania, Bulgaria, Rumania, Budapest y Varsovia, mientras que las fuerzas de Eisenhower se dirigieron al centro del Reich. En el frente italiano los aliados entraron en Milán el 29 de abril, y los alemanes se rindieron sin condiciones. Sin ninguna confianza en el triunfo de su ejército, Hitler pierde el contacto con la realidad, y el día 30 de abril se suicidó en su bunker de Berlín. El 4 de mayo una delegación alemana firmó **la rendición de las fuerzas alemanas** de Holanda y Dinamarca y de la parte noroeste del Reich. **La capitulación incondicional** se pronunció tres días más tarde en el cuartel general de Eisenhower en la ciudad de Reims.

### La conquista del Pacífico

LA GUERRA EN EL PACÍFICO 1939-1945

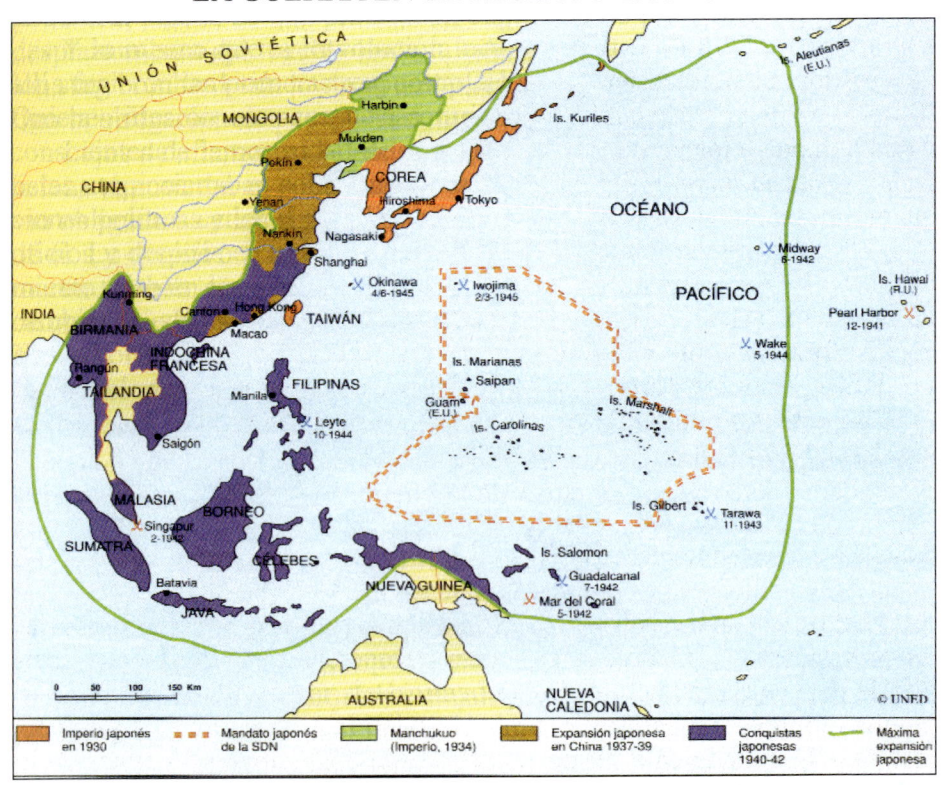

O.C. p. 221.

A pesar de la liberación de Europa, las tropas aliadas que luchaban en Extremo Oriente no conocían la tregua. El afán expansionista japonés en el Pacífico tenía como principal objetivo la obtención de materias primas para su maquinaria de guerra. La capitulación alemana permitió a Estados Unidos enviar sus tropas a la zona de combate, donde tendría lugar una lenta y sangrienta batalla. Pese a los continuos bombardeos de los americanos, las fuerzas niponas no daban señales de debilidad. El Estado Mayor creó una unidad especial de combatientes: los **kamikazes**, aviones suicidas que se lanzaban en picado contra los navíos americanos. Desde diciembre de 1941 la ofensiva japonesa vencía en todos los frentes hasta que el general Mac Arthur lanzó en abril de 1942 su primer ataque aéreo sobre Tokio. El triunfo de los aliados en la batalla de Midway tuvo el mismo efecto que la derrota del general alemán Paulus en Stalingrado. A pesar de las victorias aliadas en Iwo Jima y Okinawa, la conquista todavía sería lenta y dolorosa. El Emperador de Japón, Hiro-Hito, rechazó el ultimátum de Estados Unidos, que le advertía de que en caso contrario emprendería una destrucción masiva del país.

Desde 1942 un equipo de científicos trabajaban en el **proyecto Manhatan**: la fabricación de una bomba atómica, proyecto que desconocían los japoneses. El **6 de agosto de 1945**, ante la negativa de rendición del Emperador, el bombardero americano B29, lanzó una bomba atómica sobre la ciudad de **Hiroshima**. La amenaza del Presidente Truman, que había llamado a los japoneses a rendirse o a «*ver caer del cielo una lluvia como nunca la humanidad había conocido*», quedó cumplida. La ciudad quedó totalmente destruida, más de 80.000 muertos civiles, sin contar los 100.000 militares de la base de Hiroshima, ni los miles de personas que murieron posteriormente como consecuencia de la radiación. **El 9 de agosto** fue lanzada una nueva bomba atómica sobre la ciudad de **Nagasaki**, que forzó al gobierno japonés a solicitar el armisticio el 14 de agosto. **La capitulación de Japón fue firmada el 2 de septiembre** ante el general Mac Arthur a bordo del acorazado Missouri. La Segunda Guerra Mundial había terminado.

### Balance y consecuencias de la guerra

Una de las características más significativas de la guerra fue la escalada de violencia: bombardeos indiscriminados, represión sangrienta, campos de concentración deportaciones, exterminio de los judíos y la primera bomba atómica. No es fácil establecer un balance exacto de las pérdidas humanas que incluyen a militares, civiles desaparecidos y víctimas de la radiación años después. Pero por primera vez en una guerra las víctimas civiles fueron más numerosas que las militares. Algunos países sufrieron más pérdidas que otros. En la Unión Soviética las estadísticas contabilizan 20 millones; en Alemania 5 millones; en Japón 2 millones. Los países occidentales tuvieron menos bajas. Francia y Gran Bretaña medio millón, mientras que Estados Unidos, con 12 millones de soldados movilizados, sólo sufrió la pérdida de 300.000 militares. A estas cifras hay que añadir los crímenes de guerra perpetrados en los campos de concentración alemanes, donde murieron más de un millón de víctimas.

## La Shoah

Un caso único en la historia de la humanidad fue la **Shoah**: el exterminio de más de 5 millones de judíos. Uno de las ideas fundamentales de la ideología nazi fue el ideal de la raza pura aria. Hitler no dudó en llevar a la práctica la aniquilación de los judíos de la **faz de la tierra. En 1935, el gobierno alemán proclamó las leyes de** Nuremberg que convertían a los judíos en ciudadanos de segunda clase, eran obligados a llevar la estrella amarilla de David y renunciar a la nacionalidad alemana. Todavía en esas fechas las autoridades promovieron la emigración de judíos, que tenían que abandonar todas sus pertenencias. No sería hasta la Conferencia de Wansee en enero de 1942, cuando se tomó la decisión de la solución final de exterminio de los judíos en las cámaras de gas. En noviembre de 1945 empezó el que sería conocido como el gran juicio de la Historia: el **Proceso de Nuremberg** que condenaría a muerte a doce de los responsables alemanes de crímenes de guerra y de crímenes contra la humanidad. En Tokio y en Europa los aliados llevaron a cabo procesos similares.

La amplitud de la destrucción, las pérdidas económicas y el endeudamiento de los beligerantes europeos causaron una crisis económica y una fuerte inflación. Por el contrario, la economía de los países neutrales o retirados de las zonas de combate experimentó una fuerte subida. En comparación con los cambios de fronteras que se realizaron después de la Primera Guerra Mundial, en 1945 no tuvieron gran importancia. No obstante, La Unión Soviética recuperó sus fronteras del imperio zarista antes de 1914, Italia perdió Istria y el Dodecaneso y Francia recuperó Alsacia y Lorena.

Por su parte, Japón perdió su imperio y quedó reducido al archipiélago de su nombre, perdiendo no sólo la totalidad de sus posesiones en el Pacífico sino también en la China continental. También permanecería ocupado por los norteamericanos al mando de Mac Arthur durante mucho tiempo.

El fin de la Segunda Guerra Mundial supuso para Europa la pérdida del control de las relaciones internacionales. Gran Bretaña, el único país que durante la guerra hizo frente al nazismo, fue incapaz de realizar una política independiente sin contar con Estados Unidos, En cuanto a Francia, Italia y menos aún Alemania, iban a carecer de peso en el marco de las relaciones internacionales. Los únicos verdaderos vencedores de la guerra fueron Estados Unidos y la Unión soviética. Si bien la economía soviética no podía competir con la americana, país que contaba además con la bomba atómica, los países de Europa oriental que liberó el Ejército rojo quedaron bajo su esfera de influencia y protección, mediante el establecimiento de las llamadas «democracias populares».

## España en la Segunda Guerra Mundial

Dentro del contexto internacional, España se mantuvo relativamente aislada del conflicto. Al término de la guerra civil el régimen franquista tenía un carácter marcadamente totalitario que va a condicionar su política exterior. En enero de 1939, el gobierno de Franco ya había establecido relaciones diplomáticas con Alemania, Italia y Japón. Al iniciarse el conflicto mundial, Franco declaró su **neutralidad**, pero los acontecimientos bélicos y la sucesión de victorias del Eje, le hicieron cambiar la neutralidad inicial por la **no beligerancia**, esperando obtener de Hitler compensaciones territoriales. En la entrevista que mantuvieron en Hendaya, Hitler no estaba dispuesto a aceptar las condiciones que Franco exigía para entrar en el conflicto, principalmente porque quería evitar un enfrentamiento con Francia por los territorios solicitados y también, porque temía que las colonias cayeran en manos de los ingleses. El posterior acercamiento de Franco a los aliados a partir de la entrada en guerra de Estados Unidos, marcó un viraje en la política exterior del gobierno. Se retomó el estatuto de neutralidad, se retiraron las tropas voluntarias enviadas por Franco a Alemania: **la División azul**, para finalmente declarar la guerra a Japón en abril de 1945.

En la Conferencia de Postdam, el caso de España había suscitado discrepancias entre los aliados. Para Gran Bretaña, era importante mantener relaciones con España, aunque no con el régimen de Franco, mientras que para Stalin, sólo cabía manifestar una enérgica condena. Churchill y Roosevelt trataron de suavizar ambas posturas, y finalmente se llegó al acuerdo por el cual los Aliados apoyaban al pueblo español en su lucha por la democracia, pero condenaban al régimen de Franco por su apoyo al Eje durante la guerra, e instaban a la comunidad internacional a romper relaciones diplomáticas con el gobierno de Franco, que no volvieron a reanudarse hasta 1950 al iniciarse la guerra fría.

# 4ª UNIDAD DIDÁCTICA

# TEMA 19

# LAS RELACIONES INTERNACIONALES DESPUÉS DE LA II GUERRA MUNDIAL Y LA GUERRA FRÍA

## ESQUEMA

El mundo de posguerra
- Carta del Atlántico
- Conferencias de Moscú y Teherán
- Conferencia de Yalta: Configuración de la ONU
- Conferencia de San Francisco. 1945

Estructura ONU
- Consejo de Seguridad
- Asamblea General
- Secretaría General

Objetivos ONU
- Mantenimiento de la paz.
- Fomento cooperación internacional
- Defensa de los derechos humanos
- Otros organismos de la ONU

División de Europa en dos bloques: telón de acero. 1947

La guerra fría
- Plan Marshall. Ayuda económica reconstrucción Europa
- Doctrina Truman. Contra la expansión del comunismo
- OTAN. 1949

- Doctrina Jdanov. La URSS frente Occidente
- Guerra civil griega
- Bloqueo de Berlín
- Guerra civil China
- Guerra de Corea
- Pacto de Varsovia: alianza militar soviética
- El Muro de Berlín, 1961
- Crisis de los misiles en Cuba
- Desestalinización en Europa del Este

Distensión y coexistencia pacífica (1963-1975)
- Tratados de no proliferación nuclear
- Guerra de Vietnam
- Conferencia de Helsinki. 1975
- Caída del Muro de Berlín
- Hundimiento de la Unión Soviética. 1991

# TEMA 19

# LAS RELACIONES INTERNACIONALES DESPUÉS DE LA II GUERRA MUNDIAL Y LA GUERRA FRÍA

La experiencia negativa de los Tratados de paz firmados al término de la Gran Guerra provocó que los vencedores de la II Guerra mundial iniciaran la construcción de un marco jurídico para tratar de impedir un nuevo desastre. La paz mundial debería estar basada sobre principios legales consensuados por todas las potencias, tales como la organización de la seguridad colectiva, la reducción de armamentos, procedimientos de arbitraje y el desarrollo de sistemas culturales, económicos y sociales entre los Estados.

## Creación de la Organización de las Naciones Unidas

La elaboración de la Carta de la Naciones Unidas tuvo lugar a finales la II Guerra mundial. Su historia se remonta a 1941 con la Declaración de Londres de los Aliados, quienes de forma conjunta se pronunciaron a favor de una paz duradera y de una cooperación de todos los pueblos libres. Posteriormente se firmó la **Carta del Atlántico**, en la que se hacía referencia a la necesidad de renunciar al uso de la fuerza. En enero de 1942 se firmó la Declaración de las Naciones Unidas, donde los Aliados establecieron el compromiso de luchar de forma conjunta contra las potencias del Eje. En este documento se utilizó por primera vez el nombre de Naciones Unidas. Un año más tarde, en las **Conferencias de Moscú y de Teherán**, también se insistió en la creación de una organización basada en la igualdad soberana de los Estados. Posteriormente, en la **Conferencia de Yalta**, en 1945, se especificó la forma de votar en dicho órgano. Las esperanzas para lograr una paz mundial quedaron reflejadas en la **Carta de las Naciones Unidas**, aprobada por cincuenta países, el 26 de junio de 1945 en San Francisco.

En el momento en que se constituyó la ONU, su órgano esencial fue el **Consejo de Seguridad**, encargado del mantenimiento de la paz. Estuvo compuesto por 11 miembros (en 1965 el número se aumentó en 15), de los cuales, los 5 permanentes, Estados Unidos, la URSS, el Reino Unido, China y Francia, tenían derecho de veto. Los seis miembros no permanentes eran elegidos cada dos años por la Asamblea General. El Consejo de Seguridad podía imponer sanciones económicas y sanciones militares realizadas por contingentes nacionales bajo bandera de la ONU.

**La Asamblea General** fue el foro político internacional más numeroso. Reunía los 51 países que declararon la guerra a Alemania antes del 1 de marzo de 1945. La Asamblea General propone recomendaciones, pero no tiene facultad para imponerlas. Su autoridad es sobre todo moral y su poder consultivo. Sus decisiones necesitan ser aprobadas por una mayoría de dos tercios.

El poder ejecutivo está en manos del **Secretario general**, pero dispone de un limitado grado de libertad y de influencia. Solamente puede actuar en las misiones que le son confiadas por el Consejo de Seguridad, y su nombramiento requiere el acuerdo de los cinco miembros permanentes.

Entre los organismos dependientes de la ONU están: el Consejo Económico y Social, encargado de promover el bienestar de los pueblos; el Consejo de Tutela tiene como misión la progresión de las antiguas colonias desde la autonomía hasta alcanzar la verdadera independencia, y la Corte internacional de justicia que reúne a todos los Estados miembros, y aunque sus juicios no son obligatorios, sus indicaciones y estudios sirven para elaborar el derecho internacional.

Las instituciones financieras y económicas establecidas en Breton Woods confirmaron el predominio de los Estados Unidos. El dólar sustituyó al patrón oro por el que se definieron las demás divisas. El FMI (Fondo Monetario Internacional) que estaba dominado por los Estados Unidos, sólo concedía créditos a los países cuya economía siguiera las directrices de Washington. Lo mismo sucedía con el BIRD (Banco Internacional para la Reconstrucción y el Desarrollo). Todo ello confirmó la voluntad unilateral de los Estados Unidos de supremacía mundial.

**La Declaración Universal de los Derechos Humanos** fue adoptada en 1948 por la Asamblea General y tiene unos valores universales. Los diferentes organismos de la ONU han contribuido a mejorar la situación de los países en vías de desarrollo en el campo de la agricultura y de la alimentación (FAO), ayuda a la infancia (UNICEF), fomento de la educación (UNESCO), organización del trabajo (OIT) y mejoras sanitarias (OMS). Las actividades de la ONU en favor de los Derechos Humanos presentan en la actualidad un balance positivo y un mayor respeto por los derechos de las mujeres, de los refugiados y de cualquier forma de discriminación racial.

Este entramado político, económico y jurídico se vio alterado al desencadenarse el conflicto de intereses entre la URSS y los Estados Unidos.

LAS NUEVAS FRONTERAS EN EUROPA, 1945-1947

O.C., pág. 222.

### El mundo en 1945. Inicio de la guerra fría

El final de la II Guerra mundial supuso para Europa la pérdida del control de las relaciones internacionales, quedando la toma de decisiones en poder de los Estados Unidos y de la Unión Soviética. El conflicto geopolítico entre estas dos superpotencias, conocido como la **guerra fría**, se convirtió en el rasgo dominante de las relaciones internacionales durante casi cuarenta y cinco años, y fue una lucha sobre el destino de Europa. A partir de 1947 la rivalidad entre las dos grandes superpotencias se extendió por todo el mundo. Los ideales de democracia y de paz, pero también de intereses económicos, fueron los exponentes de dos ideologías contrapuestas, el mundo libre y el campo socialista. Los Estados Unidos buscaron mantener su influencia en aquellos países europeos que no habían caído bajo el dominio comunista, mientras que la Unión Soviética impuso la trasformación socioeconómica de los países de Europa del Este. Una de las características de la guerra fría es que su inicio no puede situarse en una fecha determinada. Las hostilidades empezaron sin declaración de guerra y se terminaron sin tratados de paz.

En el verano de 1945 el problema más importante para los Aliados era la reconstrucción de las economías europeas, para lo cual se requería un alto grado de cooperación entre las potencias vencedoras. Pero incluso antes del final de la guerra, ya existían grandes desacuerdos entre los Estados Unidos y la Unión Soviética. Europa del Este era una de las zonas de conflicto. Stalin quería establecer un cordón de países satélites con gobiernos afines a Moscú para el futuro desarrollo de sus organizaciones políticas, económicas y militares. En la reunión de **Yalta**, en febrero de 1945, los tres grandes trataron de preparar la posguerra. Stalin prometió a Churchill y a Roosevelt que se realizarían elecciones libres con la participación de todas las fuerzas democráticas en los países liberados por el **Ejército rojo**. Todo parecía indicar que Stalin toleraría otros partidos, y que no contaba, por entonces, con una estrategia general para la zona.

### El telón de acero

A la muerte de Roosevelt en 1945, la nueva administración Truman inició una contraofensiva con el fin de evitar la extensión del poder soviético en el continente europeo. En el famoso discurso realizado en Fulton, (Missouri), en marzo de 1946, Wiston Churchill advertía a las autoridades americanas de la falsedad del que había sido su aliado en la guerra con estas palabras:«*De Stettin en el Báltico, a Triste en el Adriático, ha caído un telón de acero»*, y así mismo les aconsejaba que la seguridad sólo se lograría si los Estados Unidos se implicaban en una alianza con las potencias europeas, para quienes la expansión soviética significaba la renuncia a los derechos individuales, a la libertad de expresión, a la propiedad y al pluralismo religioso. Por su parte Stalin consideraba que la Dictadura del proletariado era necesaria para que la vinculación de los países comunistas con la URSS hiciese frente a la unión de los gobiernos capitalistas occidentales, que eran contrarios a la idea de una sociedad sin clases.

## El Plan Marshall

La estrategia fundamental de Occidente para la reconstrucción de la destrozada economía europea fue el **Plan Marshall.** En 1947, el Secretario de Estado americano, George Marshall, invitó a todos los países afectados por la guerra, incluida la Unión Soviética y sus satélites, a poner en marcha un plan de saneamiento económico coordinado y financiado por los Estados Unidos.

Stalin rechazó el ofrecimiento y prohibió su participación en el mismo a los países de Europa del Este bajo su zona de influencia. El **Kominform**, organismo de coordinación política del comunismo europeo, denunció el **Plan Marshall** como un siniestro complot para establecer la supremacía mundial del imperialismo americano. En junio de 1949, Moscú anunció la creación del Consejo para Asistencia Económica, el **COMECON**, que coordinaría la reconstrucción de los Estados bajo el dominio soviético.

Fueron dieciséis los países que recibieron los fondos de ayuda del **Plan Marshall**, canalizados a través de la Organización para la Cooperación Económica Europea, **OCDE**. Al término de la realización del Plan, en el año 1952, se habían logrado grandes avances en los sectores industriales y agrícolas, superando los niveles de la preguerra. A largo plazo, el éxito del **Plan Marshall** fue el gran impacto político de la presencia estadounidense en Europa occidental. Pero también sirvió para exacerbar la división ideológica con la Europa oriental. Bajo la dirección del Kremlin, el **Ejército rojo** instaló regímenes pro-comunistas en los países de Europa del Este. Éstos fueron obligados a adoptar el sistema político soviético y el dominio del Estado sobre sus economías. Aunque España no participó directamente en la II Guerra Mundial, Franco apoyó a Hitler y Mussolini, y fue excluida del Plan Marshall, ya que el gobierno de Franco no cumplía ningún requisito democrático.

## La Doctrina Truman. La Guerra civil griega

La división ideológica entre los Aliados y la defensa de sus respectivas zonas de influencia tuvieron un claro exponente en la insurrección griega de 1946. Cuando se retiraron de **Grecia** las fuerzas de ocupación alemanas, la guerrilla comunista se levantó contra la monarquía pro-occidental, y Grecia solicitó el apoyo de Gran Bretaña y la ayuda financiera americana. La respuesta de Truman no se hizo esperar. En marzo de 1947, en su discurso ante el Congreso anunció la política de apoyo de los Estados Unidos a los pueblos libres que luchaban contra una minoría que quería imponer su ideología. Esta política sería conocida en el futuro como la **Doctrina Truman**. Los Estados Unidos, convencidos de que los insurgentes comunistas representaban una amenaza para sus intereses estratégicos, votaron un aumento de la ayuda militar a Grecia. En 1949 los comunistas fueron totalmente derrotados. El hecho más importante de esta crisis fue que la Unión Soviética comprendió que los Estados Unidos no se retirarían de Europa, como lo hicieron después de la I Guerra Mundial. La nueva política de **contención** se había puesto en marcha. A partir de ese momento, los Estados Unidos se implicaron en la creación de un nuevo orden internacional.

## La Doctrina Jdanov

La Unión Soviética no tardó en reaccionar. En septiembre de 1947, Andrei Jdanov, guía cultural de la ideología comunista, escribió un informe, conocido como la **Doctrina Jdanov,** sobre la situación internacional dividida en dos campos: el campo imperialista de los Estados Unidos, Francia y el Reino Unido, y las fuerzas antiimperialistas y antifascistas representadas por la Unión Soviética. Frente al bloque occidental, la URSS consolidó los lazos con los regímenes comunistas de Europa oriental y puso en marcha sus propias instituciones. La división del mundo en dos bloques era evidente a escala internacional.

## El bloqueo de Berlín

El bloqueo de Berlín fue el primer ensayo de la nueva política mundial. En el mes de julio de 1948, Stalin mandó cerrar todos los accesos a la zona de Berlín controlada por Occidente, quedando aislados más de dos millones y medio de habitantes. Estados Unidos organizó durante los siguientes once meses un puente aéreo para proporcionar alimentos, medicinas y gasolina a la población. Posteriormente las tres potencias, Francia, Gran Bretaña y los Estados Unidos, decidieron unificar sus tres zonas de Alemania occidental en un nuevo Estado: la **República Federal Alemana**. Los soviéticos por su parte, crearon la **República Democrática Alemana**.

Como consecuencia de la crisis de Berlín, los gobiernos de Europa occidental comprendieron que su seguridad ante una posible agresión soviética estaba condicionada a la ayuda militar de los Estados Unidos. La administración Truman decidió una mayor implicación en la defensa de Europa. En abril de 1949 se firmó un tratado de defensa, el **Tratado del Atlántico Norte, OTAN**, entre los Estados Unidos, Canadá, Islandia, Francia, Gran Bretaña, Italia, Portugal, Noruega, Dinamarca, Luxemburgo, Bélgica y los Países Bajos, que obligaba a cada uno de los países firmantes a acudir en defensa de cualquiera de sus miembros si fuesen atacados. Una vez consolidado firmemente el bloque comunista, los Estados Unidos adoptaron una política de contención en todo el mundo, prestando ayuda militar a los regímenes anticomunistas.

El lanzamiento de la primera bomba atómica por los Estados Unidos en Japón, motivó muy pronto la puesta en marcha de un programa de investigación nuclear en la Unión Soviética. En julio de 1949 los soviéticos hicieron explotar su primera bomba atómica, terminando de ese modo con el monopolio nuclear de los Estados Unidos. A partir de entonces se inició la **carrera de armamentos** entre las dos grandes potencias mundiales. Cuatro años más tarde, ambos países habían desarrollado bombas de hidrógeno mucho más destructivas que las lanzadas sobre Hiroshima y Nagasaki, en agosto de 1945. Con posterioridad otros países, como Francia, Gran Bretaña, China y la India, desarrollaron tecnología nuclear.

### La Guerra civil china

Después de la derrota japonesa en la II Guerra mundial, se reanudó en **China** la lucha armada entre los nacionalistas de Chiang Kai-shek y los rebeldes comunistas de Mao Zedong. Aunque los Estados Unidos apoyaron a los nacionalistas por su ideología anticomunista, no consideraron este conflicto como un objetivo de la guerra fría, e incluso trataron de actuar como mediadores. Por su parte Stalin, quien también apoyó inicialmente a los nacionalistas para impedir la creación de una China unificada y poderosa que pudiera en el futuro disputar el liderazgo del mundo comunista, se mostró prudente para no aportar su ayuda hasta la victoria de Mao.

El 1 de octubre del año 1949, los comunistas proclamaron la **República Popular de China**. Para los Estados Unidos el nuevo régimen comunista de Mao representó una importante derrota para el mundo libre.

## La Guerra de Corea

Al término de la II Guerra mundial **Corea** fue ocupada, al norte por la URSS y al sur por los Estados Unidos. En el norte se implantó un gobierno comunista y en el sur un gobierno apoyado por los Estados Unidos. En 1949 las tropas americanas y soviéticas abandonaron el país, que había quedado dividido por el paralelo 38º. Pero en junio de 1950 el ejército norcoreano cruzó la línea de demarcación. Tanto Stalin como Mao Zedong aportaron ayuda al régimen de Kim il Sung, subestimando la reacción americana. Los Estados Unidos sometieron ante el **Consejo de Seguridad** de la ONU dos resoluciones: una, exigiendo la retirada de las tropas norcoreanas hasta el paralelo 38º; la otra, una intervención armada bajo bandera de la ONU dirigida por el general Mac Arthur. Finalmente, en julio de 1953 se firmó el armisticio que consagró la división de Corea.

Estos dos conflictos fueron un claro ejemplo de no implicación directa en el enfrentamiento entre los Estados Unidos y la URSS. Los Estados Unidos actuaron bajo bandera de la ONU, los soviéticos no enviaron tropas y China acudió a la ficción de voluntarios. Ambos bloques estuvieron de acuerdo para que los conflictos no degenerasen en una guerra mundial y para que sus divergencias se limitasen a enfrentamientos de carácter ideológico. La guerra fría condicionará a partir de entonces el conjunto de las relaciones internacionales.

## Distensión y coexistencia pacífica

La muerte de Stalin en el año 1953 significó la aparición de la nueva doctrina de coexistencia pacífica. La teoría de la posguerra, que anunciaba un enfrentamiento armado entre los dos bloques, fue abandonada. El nuevo Secretario general del Partido comunista de la Unión Soviética, Nikita Kruchev, convencido de la superioridad a largo plazo del comunismo firmemente asentado en los países de Europa del Este, decidió reanudar el diálogo con Occidente aunque sin renunciar a sus objetivos revolucionarios. Durante el XX Congreso del PCUS, en el año 1956, Kruchev denunció el autoritarismo de Stalin y el culto a la personalidad. Su objetivo era dinamizar un sistema estancado y obtener mayores rendimientos, sin que ello significase un acercamiento al capitalismo.

La **desestalinización** tuvo importantes consecuencias en los países de Europa del Este bajo el dominio comunista. En **Polonia**, ante el clima de manifestaciones y huelgas suscitadas por un aumento de las normas de producción, el secretario del Partido Comunista, Gomulka, se vio obligado a aceptar sus reivindicaciones, pero logró evitar la intervención militar soviética. Kruchev aceptó limitar sus actividades militares en Polonia, siempre que se respetasen las bases socio-económicas del régimen, el papel dirigente del Partido Comunista y la continuidad de Polonia en el **Pacto de Varsovia**, que había sido creado por la URSS en el año 1955, como alianza militar entre las repúblicas democráticas socialistas de Europa.

No sucedió lo mismo en **Hungría**, donde las manifestaciones más radicales de 1956 llevaron al poder a Imre Nagy. Este antiguo ministro comunista fue más allá de la **desestalinización** anunciada por Kruchev. Permitió la formación de un sistema multipartidista y anunció la retirada de Hungría del **Pacto de Varsovia**. La respuesta de la URSS fue inmediata. En noviembre de 1956 los tanques del Ejército rojo entraron en Budapest y llevaron a cabo una brutal represión. La Asamblea General de la ONU condenó la agresión, pero las democracias occidentales no intervinieron debido a la invasión de franceses y británicos del Canal de Suez en Egipto.

La nacionalización del **Canal de Suez** por el Presidente egipcio Nasser simbolizó en todo el mundo árabe los deseos de emancipación. Con el acuerdo de Israel, una expedición franco-británica tomó el control del canal. La ONU condenó la agresión y la URSS amenazó con un ataque nuclear sobre Francia y el Reino Unido. Por su parte los Estados Unidos consideraron el asunto como una violación del **Pacto Atlántico.** Para Kruchev, la resolución del problema del Canal de Suez, le dio la oportunidad de usar la fuerza en Hungría y demostrar a las potencias occidentales que la URSS no permitiría ningún cambio político en los países bajo su dominio en Europa del Este.

### El Muro de Berlín

Después de un período de relativa distensión, los enfrentamientos entre los dos bloques volvieron a resurgir en Europa. La URSS quería terminar con la anomalía de un Berlín dividido, y con una brecha por la que salieron más de dos millones de ciudadanos de la República Democrática

Alemana entre los años 1949 y 1961. De acuerdo con Moscú, en agosto de 1961 las autoridades de Alemania oriental decidieron levantar un Muro entre los dos sectores, para impedir el paso desde Berlin oriental al occidental. El **Muro de Berlín** se convirtió en el símbolo de la profunda división entre el comunismo y el capitalismo. La no intervención de los Estados Unidos en el levantamiento húngaro había demostrado que el control soviético en Europa del Este no sería contestado por la fuerza militar de Occidente.

### La crisis de los misiles en Cuba

La tensión entre los dos bloques culminó con **la crisis de Cuba.** Sus orígenes se remontan al año 1959, cuando Fidel Castro y sus partidarios consiguieron derribar el régimen de Fulgencio Batista. En pocos meses, Castro puso en marcha en la isla una reforma agraria contraria a los intereses americanos. Los Estados Unidos intentaron usar presiones económicas para desestabilizar el nuevo régimen, lo que produjo un acercamiento de Castro a la URSS y su adhesión al bloque socialista. En 1961, el desastre del desembarco en Bahía Cochinos de los enemigos del régimen castrista refugiados en Estados Unidos y apoyados por el nuevo presidente, John Kennedy, llevó a Castro a solicitar a la URSS armamento para su defensa y a Kruchev a considerar Cuba como un punto débil en el dispositivo de defensa americano.

En octubre de 1962, el presidente Kennedy denunció la instalación de rampas de misiles soviéticos en territorio cubano, sometió la isla a un bloqueo para la llegada de cualquier tipo de armamento y evocó la posibilidad de un enfrentamiento nuclear con la URSS. Después de varias semanas de tensión, en la crisis más importante entre los dos bloques desde la caída del nazismo, los dos países llegaron a un acuerdo. La URSS retiró los misiles bajo supervisión de la ONU y los Estados Unidos se comprometieron a no realizar ningún proyecto de invasión de Cuba.

### Tratados de no proliferación nuclear

Esta distensión no significó el fin de la guerra fría que incluso se extendió a nuevas zonas. A partir del año 1962, ante el riesgo de un enfrentamiento capaz de conducir a una guerra nuclear, los Estados Unidos y la URSS iniciaron una política de desarme. En realidad se trataba de buscar un equilibrio estratégico y paritario para reducir los riesgos de accidentes. Esta nueva filosofía de las relaciones internacionales será beneficiosa para los dos bloques y para el mundo en general, y conducirá a la firma del tratado de no proliferación nuclear y al mantenimiento de conversaciones sobre la limitación de armamento. En 1972, cuando el presidente Richard Nixon visitó Moscú, se firmó el primer **Tratado SALT I** considerado el punto culminante de la distensión. Con posterioridad, en el año 1979, el presidente de los Estados Unidos, Jimmy Carter, y el secretario general de la Unión Soviética, Leónidas Breznev, firmaron el **Tratado SALT II**.

El clima de coexistencia pacífica implicó el reconocimiento del dominio soviético en sus zonas de influencia en Europa del Este. La aceptación por parte de la OTAN de no intervenir en el **levantamiento checoslovaco** en 1968 demostró a los soviéticos que el estatus de la Europa del Este estaba asegurado.

### La Guerra de Vietnam

Paradójicamente este período coincide con la guerra de Vietnam entre las fuerzas comunistas de Ho Chi Min, en el norte de la península, y los nacionalistas de Din Diem en el sur. La presencia americana en apoyo del sur del país puede entenderse dentro del marco de la política de contención de los Estados Unidos para combatir la influencia comunista en el sudeste asiático. El fracaso de Cuba tuvo un papel importante en la intervención americana, ya que el presidente Kennedy no estaba dispuesto a un desastre similar en el sudeste asiático y ordenó el envío de un alto número de consejeros. Por su parte, su sucesor, el presidente Johnson, obtuvo la autorización del Congreso para el envío de soldados a la zona, que llegarían a sumar más de medio millón. A pesar de todos los medios empleados, la ofensiva lanzada por Ho Chi Min puso de manifiesto el fracaso de la política americana. La opinión pública tomó conciencia de la importancia de la intervención y de los horrores de la guerra y empezó a cuestionar los valores de democracia y justicia. La política de contención frente al comunismo fue puesta en tela de juicio hasta tal punto que, para muchos, la guerrilla del Vietcong representaba el derecho de los pueblos para disponer de sí mismos.

En el año 1968 el presidente Nixon empezó la retirada de sus tropas y el inicio de negociaciones para lograr una paz honrosa. En 1973, los **Acuerdos de París** establecieron el alto el fuego y la retirada total de tropas extranjeras. Dos años más tarde, en 1975, Vietnam del Norte invadió el sur y unificó el país. La guerra de Vietnam fue el mayor desastre de la política de contención de los Estados Unidos y, paradójicamente, hizo posible un relativo clima de distensión en las relaciones internacionales, distensión que culminaría en la **Conferencia de Helsinki** sobre seguridad y cooperación en Europa en 1975. El Acta final de esta Conferencia no implicó la firma de un Tratado, sino que apuntó una serie de resoluciones que pusieron de manifiesto la realidad de la distensión. En el Acta se anunciaban unos principios muy similares a los de la **Carta de las Naciones Unidas**: igualdad entre los pueblos, inviolabilidad de las fronteras europeas y respeto a los derechos humanos y a las libertades fundamentales. Además se sentaron las bases para una cooperación en todos los ámbitos.

Si la **Conferencia de Helsinki** no tuvo repercusiones inmediatas fue, sin embargo, el punto de partida para que los disidentes de los países de Europa del Este empezasen a denunciar abiertamente a sus gobiernos y emprendiesen la lucha por las libertades. Los representantes de los gobiernos firmaron en Helsinki el principio de la inviolabilidad de las fronteras, principio que, sin embargo, sería cuestionado con la caída del Muro de Berlín en 1989.

### El fin de la confrontación bipolar

El fin de la guerra fría terminó sin vencedores ni vencidos. En realidad las causas que lo hicieron posible tuvieron mucho que ver con la decisión de la Unión Soviética de reorientar su maltrecha economía y de afrontar sus propios enfrentamientos internos. En 1987 el Secretario General del PCUS, Mihail Gorvachov, había declarado en su discurso para conmemorar el 70º aniversario de la Revolución Rusa que la situación en el futuro de dos sistemas opuestos era imposible. La Unión Soviética no podía continuar indefinidamente la carrera armamentística y espacial. Su política expansionista en el Tercer Mundo, en particular la guerra en Afganistán, fue un fracaso, a lo que hay que añadir los deseos de libertad de los países del Este europeo. La aceptación en 1989 de elecciones libres en Polonia; la negativa de Gorvachov a prestar ayuda al Primer ministro de Alemania Oriental y su consejo para que aceptase la reunificación, significaban el derecho de los pueblos a decidir su futuro, tal como se había proclamado en Yalta en el año 1945. Los dirigentes soviéticos comprendieron que era necesario poner fin al régimen existente que la URSS ya no era capaz de sostener. La caída del Muro de Berlín fue una fecha simbólica pero sólo representó una etapa del proceso que puso término a la guerra fría. En 1989 los países de Europa central y oriental se liberaron del yugo soviético. Al año siguiente la descomposición del sistema alcanzó a la propia Unión Soviética. Los países Bálticos obligaron a la URSS a reconocer la ilegalidad de su anexión por Stalin en el año 1940 y declararon su independencia. En agosto de 1991 fue disuelto el Partido comunista de la URSS. El hundimiento de la ideología comunista fue también el fin de la Unión Soviética y el de la guerra fría y el comienzo de un nuevo período histórico.

# TEMA 20

# DESCOLONIZACIÓN. TERCER MUNDO. SUBDESARROLLO

## ESQUEMA

**LA DESCOLONIZACIÓN**

- Cronología: 1945-1965

- Causas de la descolonización
  - Explosión demográfica en los países colonizados
  - Sentimiento nacionalista: movimientos independentistas
  - Influencia de las Guerras Mundiales
  - Posturas anticolonialistas de Occidente: apoyo de Estados Unidos-URSS

- Modelos de descolonización
  - Sin guerra de independencia (descolonización a la inglesa)
  - Con guerra de independencia (descolonización a la francesa)

- Secuelas actuales del colonialismo
  - Conflictos: India-Pakistán, Sudán, Sáhara, Ruanda, Palestina-Israel...
  - Neocolonialismo y sus consecuencias: subdesarrollo

**EL TERCER MUNDO**

- Concepto de Tercer Mundo: no alineado con ninguno de los dos Bloques
- Concienciación política del Tercer Mundo
  - **La Conferencia de Bandung (1955)**: El despertar de los pueblos colonizados

  - Promotores
    - Pakistán
    - India
    - Indonesia
    - Ceilán
    - Birmania
  - Impulsores
    - Nehru
    - Sukarno
  - Principios
    - Respeto a soberanía e integridad territorial
    - Igualdad entre razas y naciones
    - No agresión
    - No injerencia en asuntos internos
    - Coexistencia pacífica

- **El Movimiento de los Países No Alineados (1961):** Nace en Cumbre de Belgrado

  Líderes
  - Nehru
  - Nasser
  - Tito
  - Sukarno

  Principios
  - Coexistencia pacífica
  - Programas sobre un nuevo orden económico internacional
  - Modernización, renovación, adaptación a nuevo marco internac.

## SUBDESARROLLO

- Causas del subdesarrollo
  - Ausencia previa de estructuras económicas y sociales adecuadas al cambio
  - El colonialismo

- Características
  - Agricultura de subsistencia
  - Cultivos de exportación
  - Actividades extractivas de explotación realizadas por países extranjeros
  - Escasa industria
  - Deficitario comercio exterior

- Obstáculos al desarrollo
  - Demográfico
  - Predominio sector agrícola
  - Atraso técnico
  - Escasas infraestructuras: transportes, etc.
  - Analfabetismo
  - Falta de cuadros dirigentes

# TEMA 20

# DESCOLONIZACIÓN. TERCER MUNDO. SUBDESARROLLO

La **descolonización** es el proceso histórico por el que las colonias de las potencias occidentales alcanzan la independencia política. Tiene su antecedente en las independencias americanas, a finales del siglo XVIII y comienzos del XIX. Los movimientos nacionalistas por la independencia se inician en las colonias afroasiáticas entre las dos guerras mundiales, y se generalizan tras la Segunda, durante los años centrales del siglo XX.

Los nuevos Estados surgidos de la descolonización, junto con otros independientes desde antiguo –como China o los países sudamericanos–, forman durante la guerra fría –años cincuenta y sesenta– el llamado **Tercer Mundo.** La expresión indica la voluntad de algunos de ellos de formar una tercera fuerza, no alineada ni con el bloque norteamericano ni con el soviético. Aunque no todos los países africanos y asiáticos forman parte de los no alineados (Cuba estuvo del lado de la URSS, los países latinoamericanos de Estados Unidos), se suele utilizar la expresión para todos ellos, cuando su verdadero denominador común es el **subdesarrollo.**

La expresión «países subdesarrollados» o «países en vías de desarrollo» surge hacia 1950, cuando se conoce el dato de que la renta por habitante en todos ellos es la novena parte de la de los desarrollados de Europa y Norteamérica. Sin embargo, se utilizan indistintamente «Tercer Mundo» o «Mundo subdesarrollado» para referirse al conjunto de Latinoamérica, África y Asia –excepto Japón y Asia soviética–, aunque Argentina y Uruguay tienen un desarrollo similar al de algunos países del sudoeste de Europa, y desde luego superior al de algunos del Este.

## UN MUNDO DESIGUAL: LA DIVISIÓN NORTE-SUR

*O. C.*, pág. 276.

## LA DESCOLONIZACIÓN

El proceso se inició tras la Primera Guerra Mundial, con un tímido movimiento de matiz nacionalista de los pueblos sometidos contra el dominio europeo; pero sin desarrollarse aún una ideología revolucionaria que desembocase en una acción anticolonialista organizada y sistemática. La Segunda Guerra Mundial potenció más ese movimiento, y el fortalecimiento de los nacionalismos demostró que los países europeos sólo podrían conservar sus colonias al precio de sangrientas y costosas guerras. De modo que entre 1945-1965 casi todas las colonias se emanciparon. Pues los principios democráticos por los que lucharon los vencedores en la Guerra, concretados en la Carta Atlántica, incluían el derecho de cada nación a la soberanía, derecho que resultaba difícil negar a los pueblos afroasiáticos. En unos veinte años se independizaron la mayor parte de las antiguas colonias británicas, francesas, holandesas y belgas; las portuguesas lo hicieron algo más tarde, y finalmente otras pequeñas áreas coloniales. Actualmente sólo algunas islas y algún pequeño territorio se mantienen como reliquias de lo que fueron los inmensos imperios europeos.

### Causas de la descolonización

- **Crecimiento demográfico:** los adelantos sanitarios, médicos, higiénicos, hospitalarios, alimenticios, etc., que introdujeron las metrópolis en sus colonias, contribuyeron a disminuir la mortalidad. Esto unido a su alta tasa de natalidad que se mantuvo, causó una explosión demográfica. Este aumento de población sin un crecimiento económico paralelo, provocó paro y miseria en campos y ciudades y hacinamiento urbano. El descontento social subsiguiente propició los movimientos nacionalistas anticolonialistas.
- **Sentimiento nacionalista**: muchos miembros de las nuevas élites autóctonas educados en Occidente volvieron a sus países imbuidos de ideas de democracia y libertad, pero se vieron subyugados y excluidos de los puestos administrativos y políticos. Su sentimiento de frustración les impulsó a formar los cuadros de los primeros grupos nacionalistas, y serían figuras destacadas en los primeros gobiernos nacionales. Son los casos de Gandhi en la India o Burguiba en Argelia.
- **Influencia de las Guerras Mundiales:** ambos conflictos tuvieron una influencia múltiple. La crisis comenzó ya con la Primera; y el desprestigio en que cayeron los aliados ante sus respectivas colonias por sus derrotas de los primeros años en la Segunda, fue aprovechado por los países del Eje, que animaron a los pueblos que iban conquistando –sobre todo

Japón– a unirse y rebelarse contra el dominio de los blancos europeos. Por otra parte el Reino Unido y Francia libre movilizaron recursos humanos y materiales de sus colonias para el conflicto (crearon industrias y vías de comunicación, y enrolaron en sus ejércitos a muchos de sus habitantes –más de dos millones de hindúes el primero y muchos magrebíes el segundo– para que lucharan junto a los aliados). La sangre derramada legitimó sus reivindicaciones. Finalmente el debilitamiento de las potencias coloniales después de la guerra; la difusión de declaraciones y documentos universales sobre derechos nacionales y libertades democráticas –que la sociedad y élites autóctonas se apresuraron a reclamar–; la creación de la ONU como foro para todas las naciones, y el apoyo de países anticolonialistas, culminaron el proceso.

- **Posturas anticolonialistas occidentales:** las dos grandes potencias surgidas de la Segunda Guerra Mundial –Estados Unidos y la URSS– adoptaron posturas anticolonialistas y apoyaron la emancipación. El primero, además, procuró abrir mercados para sus capitales y productos sin trabas coloniales, y los soviéticos hicieron lo mismo desde su propia ideología anticapitalista y antiimperialista. El acuerdo entre ambos, al que pronto se unieron los países que se iban liberando, propició que la ONU tuviese un papel impulsor del proceso emancipador.

### Modelos de descolonización

La descolonización se realizó de diversas formas –con guerra de independencia o sin ella–, según la actitud que adoptaron las metrópolis ante el fenómeno.

1) **Descolonización sin guerra de independencia:** se produjo cuando las metrópolis comprendieron la inutilidad de oponerse a un proceso histórico irreversible. Se la llama también **descolonización a la inglesa,** porque esta forma de emancipación dominó sobre todo en colonias de ese país. Fue la menos conflictiva, la más rápida y menos traumática, y en general se dio en colonias de los países anglosajones. Así se independizó Filipinas de Estados Unidos (1946); al año siguiente Gran Bretaña abandonó la India y un año después Ceilán y Birmania. Sin el sentimiento de frustración francés y con cierta experiencia descolonizadora en el periodo de entreguerras (los Dominios de Irak y Egipto), Gran Bretaña había creado en 1931 la *Commonwealth* –compuesta por Estados soberanos en los cinco continentes, sin más vínculo entre ellos que la obligada consulta periódica– como fórmula para mantener cierta unidad con sus antiguas colonias. Pero la ausencia de guerra no siempre implica inexistencia de disturbios

importantes; pues hubo gravísimos conflictos, por ejemplo en la India entre comunidades indígenas rivales –hindúes y musulmanes–, y disturbios importantes en Marruecos o Túnez.

2) **Descolonización con guerra de independencia:** se dio cuando la metrópoli se negó a aceptar el cambio. La mayoría de los casos se produjeron en colonias de Holanda, Francia, Bélgica y Portugal. Se la llama también **descolonización a la francesa,** pues Francia –tras su humillación de 1940 en la Segunda Guerra Mundial– no estaba preparada para aceptar lo que consideraba una nueva derrota y rechazó el proceso. En 1946 sustituyó el término «imperio» por el de Unión Francesa y trató de retener por la fuerza los territorios. Ello dio lugar a un proceso descolonizador traumático, del que los ejemplos más claros fueron Argelia e Indochina. También fue difícil el proceso para Holanda, cuya colonia en Indonesia logró la independencia en 1949, bajo la dirección de Sukarno y tras un doloroso conflicto bélico. Bélgica y Portugal también tuvieron una descolonización conflictiva: en Congo la rápida retirada belga produjo un caos en el momento de la independencia (1960) que obligó a la intervención de la ONU; y la negativa del presidente portugués a cualquier concesión a sus colonias provocó importantes movimientos guerrilleros ayudados por países comunistas, que consiguieron sus objetivos en 1975.

Por otra parte, en muchos casos el proceso descolonizador fue un absoluto fracaso, que dejó tras de sí guerras entre poblaciones enfrentadas que han continuado hasta el siglo XXI. Es el caso de hindúes y musulmanes en la India –hoy prolongado en el conflicto entre India y Pakistán–, los de Sudán, Ruanda, Burundi y otros países del África negra, así como el aún sin solucionar de la antigua colonia española del Sahara. Finalmente el Mundo Árabe, sobre todo el polvorín de Oriente Medio, donde el drama de Palestina –origen del largo y sangriento conflicto de Oriente Medio– permanece sin solución.

Actualmente el colonialismo clásico no existe, pero se mantiene lo que llamamos **«neocolonialismo»** en muchas excolonias –sobre todo de África–, que si bien han logrado la independencia política, continúan sometidas a una **explotación y dependencia económicas de Occidente que las condena al subdesarrollo.**

# EL TERCER MUNDO

La expresión Tercer Mundo fue acuñada en los años cincuenta para referirse a los países de África, Asia y América Latina, poco avanzados tecnológicamente, con una economía dependiente de la exportación de productos agrícolas y materias primas, altas tasas de analfabetismo, elevado crecimiento demográfico y gran inestabilidad política.

Muchos de ellos acababan de independizarse de las potencias coloniales europeas. En un contexto internacional de guerra fría, con el mundo dividido en dos bloques enfrentados tras la Segunda Guerra Mundial, estaban condenados a un escaso o nulo protagonismo y al forzoso alineamiento con uno de los dos bloques. La extensión de la guerra fría a Asia tras el conflicto de Corea, las repercusiones que la situación podía tener para ellos, y el afán de evitar a toda costa que Asia se dividiera también en bloques enemigos –como se podía temer ante la firma del Tratado de Asia Oriental (SEATO) y la alianza chino-soviética–, los llevó a iniciar una política internacional de neutralismo, para mantenerse equidistantes entre los dos bloques. Poco a poco fueron evolucionando, **de la neutralidad pasiva** del principio a una **activa no alineación,** de modo que el Tercer Mundo se convirtió en una nueva y sólida fuerza internacional. El proceso comenzó con el inicio de las primeras independencias y tuvo dos momentos centrales y representativos: la Conferencia de Bandung y el Movimiento de Países No Alineados. Así, el Tercer Mundo de los países no alineados se distinguió del Primer Mundo de naciones capitalistas y del Segundo en torno a la URSS.

## Marco internacional: de la Conferencia de Bandung al Movimiento de Países No Alineados

Alarmados por la situación internacional –la guerra fría extendiéndose a Asia y la política que desarrollaba Estados Unidos en el continente– y guiados por la hostilidad contra Occidente, por la inquietud y temor ante la situación política y por el deseo de su propia afirmación internacional, los líderes de cinco países asiáticos recientemente descolonizados (Pakistán, India, Indonesia, Ceilán –hoy Sri Lanka– y Birmania) convocaron una Conferencia internacional en la ciudad indonesia de Bandung. La Conferencia se celebró en 1955, bajo el impulso del hindú Nehru, Nasser, Tito y el indonesio Sukarno. Participaron 29 países, mayoritariamente asiáticos y algunos africanos. El acto supuso el «**despertar de los pueblos colonizados**» y representó el acceso de los nuevos Estados a la esfera internacional que les correspondía, organizados en un **bloque neutral**. Los objetivos que se plantearon en la reunión fueron: fomentar la comprensión y las relaciones entre las naciones de Asia y África, examinar los problemas que las afectaban, tanto entre ellas como en el plano mundial –sobre todo colonialismo y racismo–, considerar la posición de los pueblos de Asia y África en el mundo de aquel momento, examinar el modo en que podrían contribuir a la paz y la cooperación internacionales. Para trabajar por todas esas metas se organizaron tres comisiones de trabajo: política, económica y cultural, que analizaron los problemas y las posibles soluciones a cada uno de ellos.

Los resultados de la Conferencia, fruto del compromiso entre las diversas tendencias fueron: la afirmación de la independencia e igualdad de todos los pueblos afroasiáticos; la condena del colonialismo, la discriminación y el racismo, así como del armamento atómico; la exaltación del espíritu de rebelión moral contra la dominación europea; el surgimiento de los pueblos allí agrupados como fuerza internacional; la formulación de un neutralismo activo; la revalorización de los nacionalismos afroasiáticos y la iniciación de un movimiento internacional de solidaridad entre tales pueblos. Resumiendo, algunos de los *Diez principios* que salieron de la Conferencia –y que se convertirían posteriormente en las ideas claves del Movimiento de los Países No Alineados– fueron: 1) Respeto a la soberanía y la integridad territoriales; 2) igualdad entre las razas y las naciones; 3) no agresión; 4) no injerencia en los asuntos internos de cada país; 5) coexistencia pacífica.

Bandung supuso la afirmación del propósito del Tercer Mundo de ocupar un puesto en el sistema internacional. Con ella el afroasiatismo entró en la historia, definido por el que llegaría a Secretario General de la ONU, el egipcio Butros-Ghali como «un vasto movimiento político en la prolongación de la lucha anticolonialista, que tiende a consolidar por el neutralismo la independencia reciente de los Estados de Asia y de África».

Sin embargo, pese al deseo generalizado de unión y neutralidad, desde el principio existieron tres grandes corrientes enfrentadas: 1) los **no alineados**, liderados por Nehru y el egipcio Nasser, condenaban la política de bloques militares enfrentados; 2) los **pro-occidentales** –Turquía, Irak, Pakistán, Ceilán…– defendían la posibilidad de que cada país se integrara en alianzas militares regionales. Este grupo intentó que la Conferencia aprobara una resolución condenando todos los imperialismos, incluido el soviético; pero no lo consiguió, pues el prestigio de la URSS y el reciente pasado colonial eran entonces muy fuertes; 3) los dos **países comunistas** –China y Vietnam del Norte– cuyo líder chino hábilmente frenó las iniciativas de los pro-occidentales y obtuvo un gran prestigio para la China de Mao.

La Conferencia de Bandung fue un acontecimiento clave en el proceso de descolonización y en el intento de emancipación del Tercer Mundo. La consecuencia directa del espíritu y la política de neutralidad que nació en ella fue el Movimiento de los Países No Alineados.

El **Movimiento de Países No Alineados** es una agrupación de Estados que se formó en la Cumbre de Belgrado (1961), para conservar su posición neutral en la vida política internacional y formular sus propias posiciones independientes, reflejando sus intereses y condiciones como países militarmente débiles y económicamente subdesarrollados. Por tanto surgió como un movimiento internacional de resistencia a la división del mundo en bloques, que trabaja para definir y fijar la actitud internacional de los países que lo integran. Paulatinamente ha evolucionado de una neutralidad pasiva a una activa no alineación.

A la primera Cumbre asistieron 25 países, que aceptaron los *Principios de Bandung*, adoptándolos como los principales fines y objetivos de la política de no alineación. En base a su propia identidad, sus principales objetivos quedaron fijados en: apoyo a la autodeterminación, oposición al *apartheid*, no adhesión a pactos multilaterales militares, lucha contra el imperialismo en todas sus formas, desarme, no-injerencia en asuntos internos de los Estados, fortalecimiento de la ONU, democratización de las relaciones internacionales, desarrollo socioeconómico y reestructuración del sistema económico internacional.

En la actualidad agrupa a 118 países, todos ellos miembros plenos del Movimiento y todos del Tercer Mundo –principalmente de África, Asia y América Latina– como una fuerza de acción más o menos unificada. El Movimiento se mantiene activo y celebra periódicas Conferencias Cumbres mundiales. Desde su creación en Belgrado ha celebrado 15 Cumbres, en India, Egipto e Indonesia, cuyos dirigentes más destacados del comienzo –Tito, Nehru, Nasser y Sukarno– fueron llamados entonces «grandes del Tercer Mundo». Posteriormente ha habido Cumbres en Argelia, Cuba, India y otros países, y todas ellas han trabajado sobre los principios de la coexistencia pacífica, programas sobre un nuevo orden económico internacional, posible modernización, renovación y adaptación a las nuevas circunstancias internacionales, etc. La última tuvo lugar en Sharm el Sheij (Egipto), en julio de 2009. En su declaración final hizo hincapié en el desarme nuclear, la paz, los derechos humanos, la democracia y la autodeterminación de los pueblos.

## SUBDESARROLLO

El subdesarrollo es uno de los problemas estructurales más graves de **muchos países africanos, asiáticos y sudamericanos,** en teoría políticamente independientes y soberanos respecto de las potencias imperialistas, pero que en realidad **soportan una dependencia económica y social asfixiantes.** Precisamente la dependencia es en muchos casos el origen del subdesarrollo que padecen. Pues todos ellos se caracterizan por: un elevado crecimiento demográfico, baja renta por habitante, subalimentación y enfermedades, analfabetismo y escasa difusión de la cultura, predominio del sector agrario y mínima industrialización, escasas infraestructuras, falta de cuadros dirigentes adecuados y escaso desarrollo de las clases medias. Y la mayor parte de esas características son consecuencias del colonialismo y de la dependencia económica que sufrieron durante su etapa colonial.

Por tanto la situación de subdesarrollo se produce sobre todo por estos dos motivos: 1º **ausencia previa de estructuras económicas y sociales adecuadas** para que se produzca el cambio, lo que condena al retraso económico e imposibilita el desarrollo; 2º **el colonialismo**, pues las metrópolis imponían en sus colonias los sistemas de explotación convenientes para sus propias economías sin pensar en las locales, de modo que esa dominación y subordinación impedían el desarrollo económico autóctono y perpetuaban el subdesarrollo. De hecho las áreas subdesarrolladas se corresponden con las antiguas colonias –la mayor parte de Asia y África– además de Iberoamérica. Es decir, todo el Tercer Mundo. Pues los sistemas económicos y de infraestructuras que dejaron las potencias coloniales al retirarse, unidos a la falta de preparación de su población, provoca la dependencia.

En consecuencia la descolonización de un país no es real mientras no consigue total independencia, no sólo política sino también económica. Actualmente impera el «neocolonialismo», una nueva dependencia económica de países atrasados –en muchos casos antiguas colonias, pero hoy Estados independientes– respecto de potencias económicas occidentales, que las siguen utilizando como suministradoras de materias primas e impiden la competencia entre la industria tradicional y la desarrollada de Occidente. Este «neocolonialismo» es de nuevo un fenómeno dominante en países del Tercer Mundo.

Pero los problemas de los países subdesarrollados no son sólo de índole económica, sino política y de relaciones internacionales. Pues tras la independencia, la gravedad de los problemas de esos países nuevos desbordó los programas de las clases dirigentes autóctonas, colocándolas en la disyuntiva de seguir hasta el final las exigencias de reforma de las masas populares (vía revolucionaria, cuyo ejemplo sería Cuba) o de reprimirlas (dictaduras neocolonialistas). Además, con frecuencia las grandes potencias han convertido a los países del Tercer Mundo en escenario de sus rivalidades y enfrentamientos.

**Problemas del subdesarrollo**

Las características del subdesarrollo son al mismo tiempo elementos que contribuyen a perpetuar la situación, pues suponen una pesada lacra al intento de superación de ese subdesarrollo. Los problemas que los países subdesarrollados han de afrontar son de carácter demográfico, económico, político y social.

1) **Explosión demográfica:** se ha producido al combinarse el mantenimiento de altas tasas de natalidad con el descenso de la mortalidad. La introducción de la medicina moderna en esos países ha mejorado la calidad y la esperanza de vida, provocando un fuerte y brusco descenso de la mortalidad, sin que se haya producido un cambio cultural paralelo y simultáneo que propiciara el descenso de la natalidad al mismo ritmo.

2) **Problemas sociales:** al no verse correspondido el crecimiento de la población con el paralelo incremento de la riqueza, la renta por habitante no ha aumentado o lo ha hecho poco, de modo que es imposible el reparto de capitales necesarios para el desarrollo económico. Ello provoca paro, pobreza, hambre, enfermedades y lacras sociales de todo tipo. Todo ello va unido a unas estructuras sociales casi feudales, con una clase dominante rica y una numerosa masa campesina pobre, cuya única defensa social es la familia patriarcal. Finalmente se dan diferencias étnicas, religiosas y lingüísticas, y grandes contradicciones entre la capa social culta y elitista y la masa analfabeta.

3) **Problemas políticos:** la situación social descrita provoca inestabilidad política, como consecuencia de las grandes tensiones derivadas de los contrastes sociales y económicos imperantes en las regiones subdesarrolladas. En general, los regímenes políticos de los países del Tercer Mundo descolonizados se forman, o bien sobre la herencia de las instituciones y administración coloniales, o bien sobre la estructura socioeconómica del propio país. Teniendo en cuenta estos factores y las instituciones y formas de gobierno –que siempre son expresión de un radical nacionalismo–, los sistemas políticos que se imponen en los países del Tercer Mundo cuando se emancipan suelen ser alguno de éstos: 1º sistemas tradicionales, expresión de las oligarquías; 2º dictaduras militares impuestas a través de golpes de estado, también expresión del poder oligárquico; 3º sistemas democráticos, al estilo occidental, expresión de las burguesías nacionales; 4º sistemas autoritarios revolucionarios salidos de revoluciones populares y sociales. En todos ellos o la mayoría es común la ausencia de libertad de iniciativa económica.

4) **Problemas económicos:** en la mayoría de los países subdesarrollados impera una **economía pre-industrial.** Pues al haber sido utilizados por las potencias occidentales para su propio beneficio económico, sin pensar en los intereses locales, al emanciparse se han encontrado sin preparación ni infraestructuras para desarrollar una economía propia moderna. Por tanto hay **escasa industria y dominio de la agricultura** –dos de cada tres habitantes del mundo subdesarrollado viven de ella–, también marcada por el colonialismo. Existen dos variantes bien diferenciadas: **cul-**

**tivos de exportación**, normalmente plantaciones, boyantes y prósperos pese a los problemas de superproducción, que ocupan las mejores tierras y gozan de tecnología avanzada; y **cultivos de subsistencia** para consumo interno, casi siempre con tecnología muy tradicional, poco competitivos y de producciones miserables. Se han puesto muchas esperanzas en la llamada «revolución verde», un proyecto que arrancó en los años cincuenta con el que se pretende superar los problemas del campo (introduciendo semillas de cereales de elevados rendimientos adaptados a los climas tropicales, y procedimientos técnicos modernos). Pero estas semillas exigen una utilización más intensiva de abonos y pesticidas, y en ciertos casos de extensión del regadío, lo que implica lentitud de su difusión entre los campesinos tercermundistas, con frecuencia analfabetos y demasiado pobres para poder permitirse la necesaria inversión de capital. Además esta revolución todavía no ha sido posible en buena parte de África.

**Las riquezas minerales** han posibilitado un sector económico floreciente, que ha proporcionado un gran crecimiento en países antes subdesarrollados. Pero como en los orígenes de la época industrial, la existencia de yacimientos muy a menudo no crea zonas prósperas en el entorno, sino verdaderas colonias económicas dependientes del país explotador. Muchas veces los beneficios de las minas, refinerías o plantaciones se los llevan las empresas extranjeras –que exportan los minerales en bruto, reduciendo los beneficios de la expansión para la economía del país que los produce– o la clase dominante, que acumula sus riquezas y se opone a las necesarias reformas sociales y agrarias, que sólo la revolución social consigue realizar. Por otra parte, el estímulo que estas actividades representan para la economía del país subdesarrollado en su conjunto es limitado, porque con frecuencia el equipo se importa, la mano de obra local empleada es limitada y casi siempre las exportaciones corren a cargo de empresas extranjeras que repatrían la mayor parte de los beneficios.

Caso aparte representa **el petróleo,** cuya importancia en la economía mundial ha permitido a los países productores –agrupados en la Organización de Países Exportadores de Petróleo (OPEP)– elevar sustancialmente los precios. Todo esto se ha traducido en fabulosos ingresos para los principales países productores. Por eso los Estados árabes del Golfo Pérsico encabezan la lista de países con mayor renta por habitante. Pero los regímenes políticos de estos países no han sabido utilizar los fabulosos ingresos para realizar inversiones que aseguren una prosperidad estable a sus pueblos. Esa es la causa –junto con la ausencia de libertades políticas y sociales, imprescindibles para un verdadero desarrollo– de que el grado efectivo de bienestar social sea menor de lo que hace pensar su renta por habitante.

**La industria** ha progresado de forma notable desde la Segunda Guerra Mundial, aunque el mayor desarrollo lo han vivido desde su independencia. Pero la industria moderna exige una capacidad de innovación de la que carecen los países subdesarrollados, que la ven crecer gracias a la abundante mano de obra más barata.

En cuanto al **comercio exterior,** suele ser deficitario en productos manufacturados en casi todos estos países, cuya base de exportaciones dominante son los productos agrícolas y los minerales en bruto. Las exportaciones de productos manufacturados constituyen un sector verdaderamente importante sólo para algunos pequeños países del Sureste asiático, como Corea del Sur, Taiwán, Singapur y otros. Precisamente esto explica su prosperidad económica. Y aunque estos países sufren graves problemas de otros tipos, son un buen testimonio de que la superación del subdesarrollo es posible. Por tanto, aunque el término Tercer Mundo se sigue utilizando para designar a los países subdesarrollados, el concepto se ha ido vaciando de contenido, en el aspecto político al desaparecer el bloque soviético, y en el económico al emerger países industrializados nuevos, como los ya mencionados: Taiwán, Corea del Sur y los países petrolíferos de Oriente Medio.

Globalmente parece evidente que la solución de los problemas del Tercer Mundo sólo será posible con la ayuda de los países desarrollados; y que si esta ayuda no se materializa, las diferencias serán cada día mayores. Pero para salir del subdesarrollo también es preciso un cambio en sus hábitos de comportamiento. De lo contrario se multiplicarán los países que, tras recibir ayuda económica de los países desarrollados occidentales, sean incapaces de devolver los préstamos, de afrontar las deudas contraídas.

# TEMA 21

## LA ESPAÑA DE FRANCO

## ESQUEMA

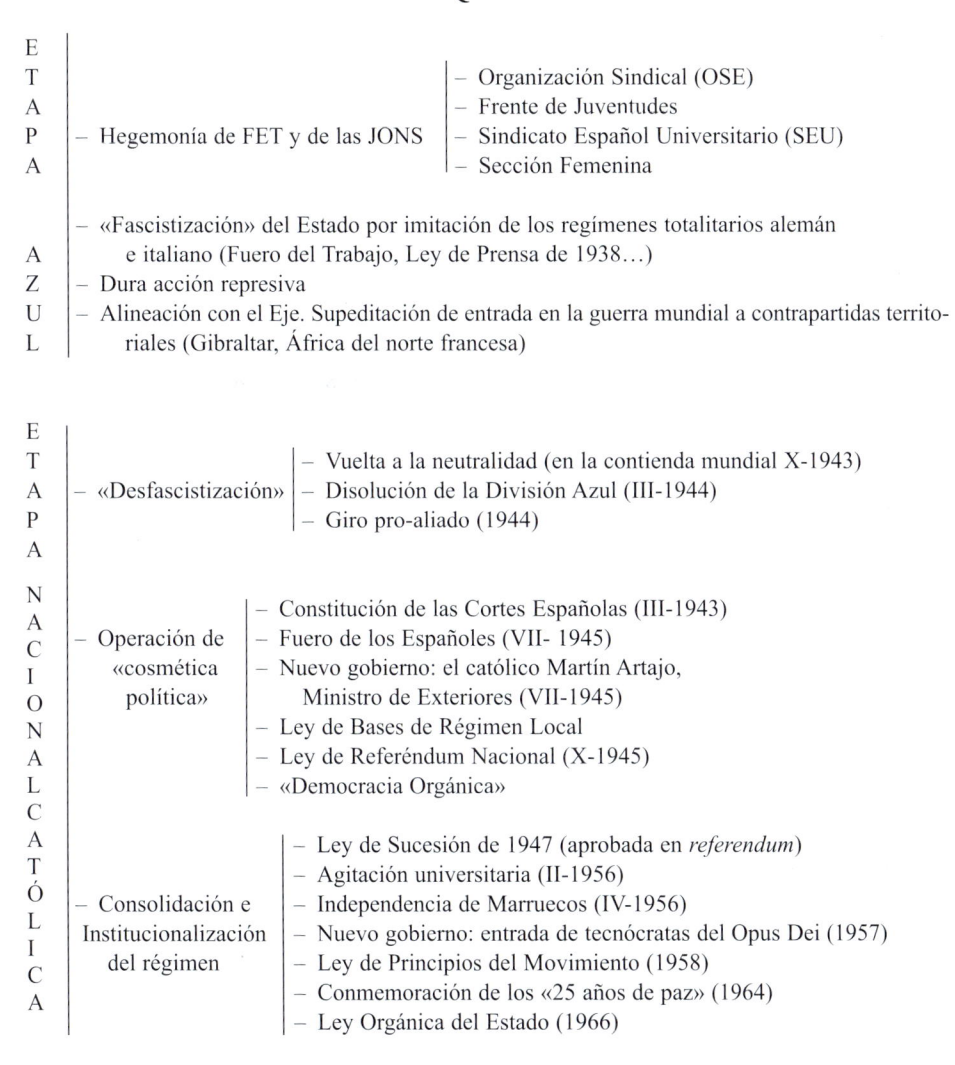

**ETAPA AZUL**

- Hegemonía de FET y de las JONS
  - Organización Sindical (OSE)
  - Frente de Juventudes
  - Sindicato Español Universitario (SEU)
  - Sección Femenina

- «Fascistización» del Estado por imitación de los regímenes totalitarios alemán e italiano (Fuero del Trabajo, Ley de Prensa de 1938…)
- Dura acción represiva
- Alineación con el Eje. Supeditación de entrada en la guerra mundial a contrapartidas territoriales (Gibraltar, África del norte francesa)

**ETAPA NACIONALCATÓLICA**

- «Desfascistización»
  - Vuelta a la neutralidad (en la contienda mundial X-1943)
  - Disolución de la División Azul (III-1944)
  - Giro pro-aliado (1944)

- Operación de «cosmética política»
  - Constitución de las Cortes Españolas (III-1943)
  - Fuero de los Españoles (VII- 1945)
  - Nuevo gobierno: el católico Martín Artajo, Ministro de Exteriores (VII-1945)
  - Ley de Bases de Régimen Local
  - Ley de Referéndum Nacional (X-1945)
  - «Democracia Orgánica»

- Consolidación e Institucionalización del régimen
  - Ley de Sucesión de 1947 (aprobada en *referendum*)
  - Agitación universitaria (II-1956)
  - Independencia de Marruecos (IV-1956)
  - Nuevo gobierno: entrada de tecnócratas del Opus Dei (1957)
  - Ley de Principios del Movimiento (1958)
  - Conmemoración de los «25 años de paz» (1964)
  - Ley Orgánica del Estado (1966)

**España en el mundo: del aislamiento a la integración**
- Aislamiento tras la II Guerra Mundial
  - Exclusión de la ONU (XII-1946)
  - Salida de embajadores
  - España queda fuera del Plan Marshall (1947)
- Reconocimiento internacional en el contexto de la Guerra Fría
  - Regreso de embajadores (1951)
  - Concordato con la Santa Sede (VIII-1953)
  - Acuerdos con los EE.UU. (IX-1953)
  - Admisión en la ONU (1955)

**ECONOMÍA Y SOCIEDAD**
- Años 40 y 50
  - Estancamiento económico
  - Economía cerrada, intervenida y autárquica
  - Mercado negro: «estraperlo»
- Plan de Estabilización de 1959
  - Ajuste y liberalización económicas para evitar la bancarrota del Estado
- Desarrollismo de los años 60
  - Fuerte crecimiento económico
  - Industrialización
  - Modernización de la agricultura
  - Espectacular crecimiento demográfico
  - Avance del nivel educativo
  - Nueva sociedad de consumo
  - Secularización y cambio cultural

**TARDOFRANQUISMO**
- Protagonismo de Carrero Blanco ante la decrepitud física de Franco
- Juan Carlos de Borbón nombrado sucesor (1969)
- Tensiones en la élite política: entre los tecnócratas del Opus Dei y el sector falangista, entre aperturistas e inmovilistas
- Frente al inmovilismo político, gran dinamismo socioeconómico
- Creciente contestación al Régimen
  - Mundo obrero
  - Mundo católico
  - Mundo estudiantil
  - Mundo nacionalista
- Asesinato de Carrero Blanco (diciembre 1973)
- Gobierno de Arias Navarro: «El espíritu del 12 de febrero»: una esperanza frustrada
- Factores de desestabilización
  - Terrorismo de ETA
  - Violencia del «bunker»
  - Crisis económica
  - Huelgas obreras
  - Endurecimiento de la represión
  - Conflicto del Sahara
- Muerte del dictador (20 de noviembre de 1975)

# TEMA 21

# LA ESPAÑA DE FRANCO

El franquismo fue un largo periodo de la historia contemporánea de España de casi cuarenta años, que no acabaría hasta la muerte del dictador a finales de 1975. Fue una dictadura personal del general Franco, que acumuló y ejerció un poder ilimitado (sólo se consideró responsable ante Dios y ante la Historia). Tuvo la potestad de nombrar y cesar con total libertad a los ministros ya que durante mucho tiempo, hasta 1973, además de jefe del Estado y generalísimo de los Ejércitos, fue también presidente del Gobierno. Y tuvo, además, enormes prerrogativas legislativas ya que pudo legislar por decreto sin necesidad de tramitar las leyes a través de las Cortes, que se limitaban a aprobar los proyectos de ley por unanimidad.

En el ejercicio de ese omnímodo poder, Franco se apoyó en tres pilares básicos: el Ejército, la Iglesia y el partido único, la Falange Española Tradicionalista y de las JONS. A pesar de la apariencia de monolitismo del régimen, eran diversos los grupos o «familias» de la derecha que lo componían (falangistas, carlistas, monárquicos, católicos...) y que competían entre sí, disputándose espacios de poder. Franco fue siempre muy hábil a la hora de contraponer y equilibrar el peso de esas «familias», para evitar el excesivo crecimiento de una sola opción que pudiera hacer sombra a su poder personal.

Aunque en lo esencial el régimen no cambió, sí evolucionó a lo largo del tiempo, de modo que es posible distinguir diversas fases o etapas.

## La etapa «azul»

En la primera etapa, denominada «azul» por el **predominio de Falange**, la dictadura militar que se había ido configurando durante la guerra civil trató de imitar el modelo ofrecido por la Italia fascista de Mussolini y la Alemania nazi de Hitler. El Nuevo Estado tuvo algunos rasgos semejantes a los de los regímenes fascistas europeos. La primera ley fundamental del régimen, **el Fuero del Trabajo** (1938) estaba inspirada en la «Carta del Lavoro» de la Italia fascista, al igual que **la ley de Prensa** (1938), una ley totalitaria que conformó una prensa uniformada al servicio del Estado. El férreo control de los medios de comunicación se ejerció a través de mecanismos como la censura previa, las consignas, los artículos de obligada inserción o el nombramiento de los directores de todas las publicaciones.

Las nuevas autoridades se propusieron erradicar todo vestigio de liberalismo y democracia. **La represión** que padecieron los vencidos fue implacable, encaminada a cortar de raíz cualquier disidencia. Se dictaron sentencias de muerte, penas de cárcel, condenas a campos de concentración o trabajos forzados, pero también se procedió a la depuración (separación de sus empleos) de funcionarios y trabajadores considerados contrarios al Movimiento Nacional. La severidad de las penas, la falta de garantías de los acusados y la brutalidad policial –con sistemáticas torturas a los detenidos por «delitos políticos»– consiguieron mantener atemorizada a gran parte de la población. La represión costó la vida, por lo menos, a 50.000 españoles después del 1 de abril de 1939.

Las circunstancias internacionales propiciaron la **euforia totalitaria** de la primera etapa del régimen. Cuando estalló la Segunda Guerra Mundial, Franco, a pesar de sus estrechos vínculos con el Eje, dada la vital ayuda nazi-fascista recibida en la guerra civil, tuvo que adoptar una posición de neutralidad por necesidad, como resultado de la extrema debilidad material y militar en que había quedado sumido el país. No obstante, a raíz de los rápidos triunfos de Hitler en Europa, Franco osciló hacia una posición más favorable a la intervención. Aprovechando que las tropas alemanas ocupaban París, tropas franquistas ocuparon la ciudad internacional de Tánger (junio de 1940). Franco se entrevistó con Hitler en Hendaya (octubre de 1940), y pocos meses después también con Mussolini, para decidir las condiciones de la entrada de España en la guerra al lado del Eje, creyendo poder realizar sus sueños imperiales. Fue la época en que el falangista Ramón Serrano Súñer, cuñado de Franco, asumió el máximo protagonismo de la política española desde el ministerio de Asuntos Exteriores.

Tras la victoria aliada, la propaganda franquista puso en circulación la teoría según la cual Franco había sabido resistir con firmeza y astucia las tremendas presiones de Hitler para que España entrara en la guerra al lado de Alemania. Lejos de ello, en la famosa **entrevista de Hendaya**, Franco manifestó su disposición a entrar en la contienda bélica si Alemania le ofrecía como contrapartida el cumplimiento de sus objetivos imperiales, lo que significaba, aparte de la recuperación de Gibraltar, la cesión a España de una parte del imperio francés en África del norte. Franco pidió también ayuda militar y alimenticia a Hitler, quien juzgó desmedidas las pretensiones españolas de participación en el botín de guerra y acabó decidiendo que para Alemania, más importante que la ayuda de una España arruinada y hambrienta, era contar con el apoyo de la Francia colaboracionista de Pétain, el cual prometió la colaboración del territorio colonial francés en África. De todas formas y aunque España no llegó a entrar en la guerra mundial, Franco, entusiasmado ante la invasión alemana de la Unión Soviética (junio de 1941), envió a un contingente de voluntarios y oficiales, la llamada **División Azul**, para combatir junto a los soldados alemanes en el frente ruso.

Fue ésta la época de máximo protagonismo de Falange, que trató de encuadrar a toda la población española a través de diferentes organizaciones. La **Organización Sindical Española** (OSE) pretendió integrar a trabajadores y empresarios en un sindicato vertical de tipo corporativo basado en la idea de la armonía entre unos y otros, antítesis de la «destructiva» lucha de clases. Por su parte el **Frente de Juventudes** trató de encuadrar a la juventud española, educándola en valores como el culto a la personalidad del Caudillo, la exaltación patriótica, la disciplina y el desprecio a la democracia parlamentaria, y programó también su tiempo libre a través de marchas y campamentos. Los estudiantes universitarios, por su parte, se encuadraron en el **Sindicato Español Universitario** (SEU). Cumpliendo con el principio de la segregación sexista, la **Sección Femenina** de Falange, dirigida por la hermana de José Antonio, Pilar Primo de Rivera, fue la encargada de formar a las mujeres de la Nueva España, que ante todo debían ser madres y amas de casa, recluidas en el espacio doméstico y únicamente dedicadas a labores asistenciales en el ámbito público.

### Cambio de imagen: el giro católico

Cuando la guerra mundial comenzó a decantarse del lado aliado, Franco emprendió un distanciamiento del Eje tratando de desvincularse de los regímenes fascistas aunque, al mismo tiempo, siguió prestando ayuda subrepticia a los alemanes, por ejemplo, con entregas de wolframio, un mineral básico para la producción bélica, o dando facilidades al espionaje nazi. Para congraciarse con las potencias aliadas, Franco volvió a definir la posición española como de «estricta neutralidad», procedió a la repatriación de la División Azul y, en política interior, llevó a cabo **una «operación cosmética»** para tratar de dar una imagen más aceptable del régimen a los países democráticos. En marzo de 1943 se constituyeron **las Cortes Españolas** formadas por procuradores, algunos natos y otros elegidos por un sistema corporativo, además de los cincuenta que podía designar libremente el Jefe del Estado. Eran, dada su composición, un órgano dócil y fiel, totalmente subordinado al dictador.

En aquella delicada coyuntura, los sectores políticos del franquismo favorables a una restauración monárquica, entre ellos un sector del Ejército, presionaron a Franco indicándole la necesidad de que se retirara y diera paso a una monarquía. Por su parte la oposición antifranquista, muy débil en el interior y dispersa en el exterior, abrigó la esperanza de que la victoria aliada supusiese la caída del franquismo. Hubo un intento, fracasado, de invasión del valle de Arán por parte de antifranquistas refugiados en Francia (octubre de 1944), así como un aumento de la actividad guerrillera y otras actividades tendentes a derrocar a la dictadura por la vía insurreccional que, a pesar de ser silenciadas por la censura, tuvieron considerable importancia, sobre todo en Levante, Asturias, Galicia y León.

Franco, cuyo objetivo era mantenerse en el poder a cualquier precio, supo maniobrar con astucia haciendo algunos gestos de cara a los aliados y manteniendo el equilibrio entre las distintas fuerzas políticas franquistas, en un hábil juego de contrapesos que le situaba a él como árbitro supremo. No arrinconó totalmente a Falange porque le servía de contrapeso de las otras familias, sobre todo de los militares y los sectores monárquicos, pero Falange ya no fue a partir de entonces la fuerza hegemónica. Promulgó el **Fuero de los Españoles** (julio de 1945), que contenía una larga declaración de derechos, aunque en realidad no significó ningún cambio real respecto a los derechos civiles de los españoles; suprimió la obligatoriedad del saludo fascista, abandonó Tánger, promulgó la **Ley de Bases del Régimen Local** que, aunque aparentaba formas pseudo-democráticas, en realidad refrendaba una absoluta sumisión del personal político local al gobierno central. El Estado franquista fue siempre un estado centralista con un poder enorme por parte de los gobernadores civiles, máxima autoridad provincial. Franco promulgó también la **Ley de *Referendum* Nacional** y dijo que España era una «democracia orgánica». Un nuevo gobierno, en julio de 1945, con Alberto Martín Artajo en el Ministerio de Exteriores, marcó el giro del franquismo hacia el catolicismo político.

## Del ostracismo al reconocimiento internacional

Este cambio de imagen no fue suficiente para los gobiernos aliados vencedores en la Segunda Guerra Mundial, que no olvidaban la estrecha vinculación en la dictadura franquista con las potencias fascistas. La Asamblea General de las Naciones Unidas (ONU) votó en diciembre de 1946 una moción de condena del régimen español y una recomendación de ruptura de relaciones diplomáticas con él. Los embajadores extranjeros se retiraron de Madrid, salvo el de Portugal, el nuncio de la Santa Sede y los representantes de Irlanda y Suiza. Argentina, donde acababa de establecerse el régimen del general Perón, tampoco acató el acuerdo de la ONU.

Empezó para la España de Franco un **periodo de aislamiento y exclusión de todos los organismos internacionales**, pero la presión internacional no pasó de ahí, porque las potencias democráticas finalmente decidieron que era preferible soportar la dictadura franquista como mal menor, ya que temían mucho más una desestabilización política en España que pudiera dar lugar a una nueva guerra civil y al triunfo del comunismo.

Ante la campaña de ostracismo internacional, Franco optó por una resistencia numantina. Valiéndose de una gran campaña propagandística, presentó la condena internacional de su régimen como una conjura contra España y consiguió concentrar a una multitud en la plaza de Oriente de Madrid que le aclamó al tiempo que protestaba contra la «injerencia extranjera».

Para suerte de Franco, pronto iba a producirse un **cambio en el escenario internacional** que le resultó extraordinariamente favorable. La confrontación entre las potencias occidentales y la Unión Soviética, conocida como «guerra fría», cambió la perspectiva de Estados Unidos con respecto a España. El anticomunismo de Franco encajaba bien en la política de «contención del comunismo», definida por el presidente norteamericano Truman en 1947. Los dirigentes franquistas, por su parte, acentuaron su discurso anticomunista asegurando que, en la batalla frente al comunismo, Franco había sido «el centinela de Occidente».

Aunque España quedó en 1948 fuera del Plan Marshall de ayuda norteamericana para la reconstrucción de la Europa democrática, el régimen de Franco fue finalmente aceptado en el bloque occidental dándose por concluida la etapa de ostracismo internacional. En 1950, la ONU lo reconoció, lo que significó la vuelta inmediata de los embajadores a Madrid. A partir de entonces, **España se incorporó a los distintos organismos internacionales** y finalmente, en 1955, fue admitida como miembro de la ONU.

El primer gran éxito diplomático de Franco fue la firma, en 1953, de un **Concordato con la Santa Sede.** Ese mismo año se firmaron **los acuer-**

**dos bilaterales hispano-norteamericanos**, por los que España permitía a los Estados Unidos la utilización de bases militares en su territorio (en Torrejón, Zaragoza, Morón y Rota, concretamente) a cambio de una sustancial ayuda económica. Cuando en diciembre de 1959 el presidente norteamericano Eisenhower visitó oficialmente a Franco, España era ya miembro de pleno derecho de la comunidad internacional.

### La economía y la sociedad en los años de la Autarquía

A lo largo de la década de los cuarenta y gran parte de los cincuenta, España vivió un largo período de estancamiento económico y escasez, y ello no sólo como resultado de la destrucción de la guerra civil, de las dificultades de suministros durante la Segunda Guerra Mundial, o del aislamiento a que fue sometida en la posguerra mundial. Tampoco la «pertinaz sequía», de la que tanto habló Franco, resultaba una buena excusa. Si en el año 1950 la producción estaba aún por debajo del nivel de 1936, ello se debió fundamentalmente a la política económica autárquica e intervencionista impuesta por el régimen, principal causante de una prolongada crisis que diferencia el caso de España del resto de Europa donde la reconstrucción posbélica fue mucho más rápida. **La autarquía** era un proyecto ideológico basado en la autosuficiencia económica y la subordinación de la economía al Estado, el cual estableció un rígido control de abastecimientos, precios y salarios. Los años cuarenta fueron años de economía muy cerrada, donde todo estaba sujeto a control. La irrealidad de los precios oficiales provocó la aparición de un paralelo y floreciente mercado negro a gran escala, el tristemente famoso **estraperlo**, posible gracias a la corrupción política y administrativa, que agrandó extraordinariamente las desigualdades de la sociedad española. En el mercado negro pudieron adquirirse muchos productos de primera necesidad, pero a precios muy elevados y sin garantía de calidad. La diferencia de precios entre el mercado legal y racionado, y el mercado real y negro, alcanzaron cifras astronómicas. Por ejemplo, un kilo de azúcar que costaba 1'90 pesetas a precio de tasa, había que pagarlo en el mercado negro a 20 pesetas.

La nefasta política económica, unida a las secuelas derivadas de la guerra, provocó hambre y miseria y un repunte de enfermedades como la tuberculosis. Esta situación de tremenda penuria se prolongó durante mucho tiempo. Se estableció la **cartilla de racionamiento** de alimentos, tabaco y gasolina en todo el país, que no desapareció del todo hasta el año 1953. Algunos momentos críticos sólo se aliviaron con el trigo y otros bienes de primera necesidad llegados de la Argentina de Perón, que supuso un auténtico balón de oxígeno para el régimen de Franco. Eva Perón visitó España en junio de 1947 en medio del fervor popular. Pero el malestar y la frustración de la población tras más de un decenio de privaciones estalló a principios de 1951 en Barcelona, con una huelga desencadenada a raíz de la subida del precio de los tranvías.

## La consolidación del régimen

A lo largo de los años cincuenta el régimen franquista logró consolidarse plenamente. Ese proceso de consolidación se inició con la **Ley de Sucesión de 1947** que definió a España como reino. Franco optaba por una solución monárquica, pero la ley afirmaba al mismo tiempo la naturaleza permanente de su poder personal; sería él quien propondría a la persona para sucederle como rey o como regente. Don Juan de Borbón, hijo de Alfonso XIII y heredero del trono, consciente de que esta ley sólo trataba de convertir en vitalicia la dictadura personal de Franco, la rechazó en el **Manifiesto de Estoril**. Pero poco podía hacer el pretendiente legítimo de la monarquía borbónica. La ley de Sucesión fue aprobada en *referendum*, tras una abrumadora propaganda oficial a favor del sí. Ante el hecho consumado, Don Juan tuvo que acabar aceptando las reglas del juego de Franco y consintió, en una célebre entrevista con el dictador a bordo del yate Azor (agosto de 1948), que su hijo mayor Juan Carlos, que entonces tenía diez años, fuese educado en España bajo la tutela de Franco. No cabe duda de que el dictador, además de paciente, cauto y prudente, era hábil en el manejo de la política.

Ya en los años cincuenta, en paralelo con la apertura internacional del régimen, en algunos ámbitos del gobierno se trató de llevar a cabo una cierta renovación a fin de adaptarse al mundo surgido tras la Segunda Guerra Mundial. El ministro de Educación, Joaquín Ruiz-Giménez, de orientación democratacristiana, emprendió una tímida apertura cultural con un programa de reformas universitarias y una revitalización de la vida intelectual, literaria y artística que acabó en fracaso cuando, en febrero de 1956, a causa de un incipiente **movimiento de disidencia estudiantil**, el gobierno respondió decretando el cierre de la Universidad de Madrid, el establecimiento por primera vez del estado de excepción, la detención de estudiantes, el cese del Rector, Pedro Laín Entralgo, y la dimisión del ministro.

1956 fue un año difícil para Franco. Además de la crisis socioeconómica y la agitación universitaria, expresión de un creciente divorcio de las jóvenes generaciones con el régimen, tuvo que encajar un duro golpe para un general africanista como él: la **independencia del protectorado de Marruecos**.

Para proceder a la definitiva institucionalización del régimen y superar el colapso económico que amenazaba con la quiebra financiera del Estado, el dictador nombró, en febrero 1957, a un nuevo gobierno en cuyo diseño tuvo un papel decisivo el almirante Luis Carrero Blanco, uno de cuyos pesos pesados era Laureano López Rodó. Este equipo preparó la **Ley de Principios del Movimiento** (1958) que reafirmaba las bases antidemocráticas del régimen.

Los ministros económicos, los llamados «tecnócratas» vinculados al Opus Dei, convencieron a un reticente Franco a romper definitivamente con el modelo autárquico, que tan pésimos resultados había dado, y emprender la vía de la liberalización económica como única forma de salir de la crisis y poder recibir la ayuda del Fondo Monetario Internacional y del Banco Mundial. **El Plan de Estabilización** puesto en marcha en julio de 1959 supuso un profundo cambio de rumbo en la política económica y sentó las bases del espectacular crecimiento económico que tuvo lugar en la década de los sesenta.

**El desarrollismo de los sesenta**

Los años sesenta se caracterizaron por un imparable crecimiento de la economía española, favorecida por una buena coyuntura internacional. La población española creció de forma espectacular, al ritmo más elevado de toda su historia. La fuerte demanda de mano de obra en los países europeos provocó una intensa oleada de emigrantes lo que, unido a la llegada de turistas que visitaban España cada vez en mayor número, generó una gran corriente de divisas. Las fuertes inversiones extranjeras produjeron una rápida industrialización. Se habló del «**milagro económico español**» ya que, en muy poco tiempo, España dejó de ser un país predominantemente agrario y se convirtió en un país industrializado. La política impuesta con el Plan de Estabilización tuvo su continuación a lo largo de los años sesenta con los llamados **Planes de Desarrollo**. Asociada a la industrialización, se produjo una intensa urbanización de algunas zonas (Madrid, Cataluña, País Vasco, región valenciana) y un masivo éxodo de las zonas rurales a las ciudades. La agricultura se modernizó, se mecanizó y capitalizó; se hizo, en definitiva, mucho más productiva.

Todos estos fenómenos provocaron **cambios sociales** importantes (aumento de la clase obrera, surgimiento de una nueva clase media), que, a su vez, acabaron provocando también un **cambio cultural**, nuevas actitudes y valores. La tasa de alfabetización registró un avance sustancial, mejoró el nivel educativo y la mujer se incorporó paulatinamente al mercado laboral. Se fue conformando una nueva sociedad urbana, industrial, consumista y crecientemente secularizada, cada vez más parecida a las de los otros países de Europa occidental, con una mejora muy significativa y generalizada de la calidad de vida, unos crecientes niveles de bienestar material, una cultura del consumo de masas y del disfrute del ocio. Emblema de esa nueva sociedad consumista fue el SEAT 600 que se generalizó en las carreteras españolas.

La confianza que produjeron los buenos resultados económicos animó a una parte de la élite política a efectuar algunos cambios tendentes a adaptar el régimen a los nuevos tiempos. Entre las **medidas reformistas** destacó la nueva **Ley de prensa de 1966**, conocida con ley Fraga (por ser Manuel Fraga Iribarne, ministro de Información y Turismo, su promotor) que, a pesar de sus muchas restricciones y limitaciones, supuso una apertura informativa con respecto a la de 1938.

Pero si en los años sesenta la economía creció mucho, también aumentó la conflictividad obrera y estudiantil y los grupos de oposición al franquismo mostraron una mayor actividad. Fue palpable una **creciente contestación social** que, cada vez de forma más evidente, rechazaba la dictadura y reivindicaba un régimen democrático. El régimen franquista, por su parte, consideró cualquier oposición como «subversiva», como se puso de manifiesto en 1962 cuando se detuvo y desterró a algunos antifranquistas moderados que habían participado en lo que el régimen llamó «contubernio de Munich», que no era más que la reunión del IV Congreso del Movimiento Europeo. La represión, aunque menos intensa que en el primer franquismo, siguió siendo esencial, como demostró la ejecución de Julián Grimau en el año 1963 por hechos de la guerra civil, así como la actuación del Tribunal de Orden Público (TOP).

El régimen se sentía afianzado y seguro, y pudo conmemorar en 1964 con gran despliegue de medios los «25 años de Paz». El punto culminante en el proceso de institucionalización del régimen lo supuso la **Ley Orgánica del Estado** (LOE) sometida a *referendum* en 1966 y aprobada por abrumadora mayoría.

### El «tardofranquismo»

A finales de la década de los sesenta Franco era ya un anciano de más de 70 años, y la cuestión de la sucesión comenzó a ser preocupante. A medida que «el Caudillo» mostraba los primeros síntomas de la enfermedad de Parkinson, y fue retirándose de la política activa, **el almirante Carrero Blanco,** que se había convertido en su más leal colaborador, adquirió un creciente protagonismo; con razón se le llamó «la eminencia gris del régimen». Instigado por Carrero, Franco acabó nombrando a Don Juan Carlos de Borbón su sucesor en julio de 1969, creyendo que de esa forma quedaba todo «atado y bien atado» para el futuro. Franco había dejado muy claro que no se trataba de una restauración, sino de la instauración monárquica de un príncipe que había jurado fidelidad a la legalidad franquista.

Carrero Blanco creía que la nueva prosperidad económica que vivía España crearía un clima de satisfacción y paz generalizadas y no habría necesidad de introducir cambios en el sistema político. Sin embargo, lo que ocurrió fue que el profundo cambio social y cultural experimentado gracias al desarrollo económico puso de manifiesto el creciente anacronismo de un régimen político autoritario y sin libertades. Se hizo evidente la disfunción creciente entre unas estructuras políticas estáticas y una realidad socioeconómica muy dinámica, que iba a crear graves tensiones internas en el país. Las discrepancias en el seno del régimen se acrecentaron, sobre todo entre Carrero, que apadrinaba a los tecnócratas del Opus Dei, y el sector falangista o del Movimiento, y también entre aperturistas e inmovilistas. **El caso Matesa**, el más importante escándalo político-económico del franquismo (1969), contribuyó a aumentar las tensiones. En el fraude cometido por esta empresa de maquinaria textil aparecían vinculados los ministros de Hacienda y Comercio, miembros del Opus, apadrinados por Carrero Blanco. Sin embargo, éste consiguió superar el acoso a que fue sometido por parte de los ministros de filiación falangista, como Fraga o Solís. A partir de entonces, Carrero, aunque nominalmente vicepresidente, se convirtió en el gran protagonista político del régimen, ya que Franco evidenciaba claros síntomas de declive físico.

Si en la política triunfó el inmovilismo, la sociedad española, en cambio, daba claras muestras de un gran dinamismo. La contestación al régimen fue cada vez más amplia y se produjo en varios frentes, sobre todo en el obrero, el estudiantil y el mundo católico. Se dio, por una parte, una creciente **movilización reivindicativa de la nueva clase obrera**, fundamentalmente dirigida por el sindicato Comisiones Obreras (CCOO), que se concentró en demandas salariales y laborales y a favor de la libertad sindical.

Pero el movimiento opositor más desconcertante para Franco fue el procedente del **mundo católico** que, en consonancia con el nuevo rumbo democratizador y reformista impreso por el Papado de Juan XXIII y el Concilio Vaticano II, abandonó definitivamente el nacional-catolicismo de los años cuarenta y cincuenta y mantuvo una actitud crecientemente crítica hacia el franquismo, sobre todo tras la elección del arzobispo de Madrid, Vicente Enrique y Tarancón, como presidente de la Conferencia Episcopal. Algunas organizaciones de apostolado católico, Juventud Obrera Católica (JOC) y Hermandad Obrera de Acción Católica (HOAC) defendieron postulados progresistas que les enfrentaron con el régimen.

También tuvo importancia la **reactivación de los movimientos nacionalistas** en Cataluña y en el País Vasco y la creciente actividad terrorista de la organización independentista vasca ETA, que llevó a cabo sus primeros asesinatos en el verano de 1968. El juicio de un tribunal militar contra miembros de ETA, en diciembre de 1970, produjo una reacción internacional de protesta. Aunque Franco conmutó las penas de muerte, el llamado «juicio de Burgos» puso en evidencia, tanto en el interior como en el exterior, los aspectos más negros del régimen. La famosa «paz franquista» pareció cada vez más en entredicho.

A todos estos movimientos opositores, el régimen respondió con medidas represivas que sólo agudizaron la disidencia. El Partido Comunista (PCE) fue la organización clandestina que vertebró la oposición antifranquista, aunque también tuvieron importancia el Frente de Liberación Popular (Felipe) y algunos pequeños grupos de la oposición moderada (monárquicos liberales y demócrata-cristianos) y de la izquierda radical.

A las protestas contra el régimen procedentes del mundo católico y del mundo obrero, se sumaron también las de la Universidad. Las nuevas generaciones, que no habían vivido la guerra civil y se sentían ajenas a los principios ideológicos y políticos del franquismo, protagonizaron el movimiento universitario. Pero cada vez eran más las plataformas antifranquistas, como la Asamblea de Cataluña, cuyo lema era «Libertad, amnistía y estatuto de autonomía». Por su parte la extrema derecha, los llamados «ultras», inquietos por el futuro del franquismo, protagonizaron crecientes actos de violencia. En esta situación de proliferación de conflictos, **el asesinato de Carrero Blanco** en un espectacular atentado perpetrado por ETA el 20 de diciembre de 1973 supuso un duro golpe para el régimen.

Franco nombró entonces como presidente del Gobierno a **Carlos Arias Navarro,** que inició su gobierno con un programa de signo aperturista, el llamado **«espíritu del 12 de febrero»,** que se notó sobre todo en una apertura informativa llevada a cabo por Pío Cabanillas desde el ministerio de Información y una tolerancia de la oposición moderada. Pero la enfermedad de Franco, las presiones de la ultraderecha, ahora llamada «el bunker», la crisis económica, las huelgas obreras y otros graves problemas como el terrorismo, o el conflicto del Sahara planteado por Marruecos, fueron factores de desestabilización. Por otra parte Arias Navarro, cuya lealtad a Franco era total, no estaba capacitado para lo que la mayoría de la sociedad ya demandaba y que era una democratización real. El Estatuto de Asociaciones que Arias presentó en diciembre de 1974 resultó para la oposición democrática totalmente decepcionante, e inaceptable para los más acendrados franquistas.

El régimen de Franco parecía cada vez más anacrónico, más aún tras la súbita Revolución de los Claveles en Portugal, el 25 de abril de 1974, que acabó con la longeva y hermana dictadura portuguesa, y la casi inmediata caída del régimen de los coroneles en Grecia.

En 1975, el último año del régimen, la escalada terrorista, el endurecimiento de las medidas represivas, las ejecuciones de varios activistas de ETA y FRAP en septiembre y la repulsa que éstas suscitaron en toda Europa, evidenciaron su total desintegración. Coincidiendo con la agonía del general Franco, el rey Hassan II de Marruecos amenazó con lanzar una «marcha verde» de miles de marroquíes para invadir el Sahara, ante lo cual España decidió evitar el enfrentamiento y entregar el territorio a Marruecos y Mauritania.

Cuando Francisco Franco murió en la cama, el 20 de noviembre, moría con él una dictadura personal de cuarenta años. El franquismo estaba hasta tal punto unido a la vida de su fundador que, tras su desaparición, el régimen quedó herido de muerte.

# TEMA 22

# LA TRANSICIÓN ESPAÑOLA A LA DEMOCRACIA

## ESQUEMA

1º Gobierno de la Monarquía
- Muerte de Franco y Coronación de Juan Carlos I (nov. 1975)
- Arias Navarro, Presidente del Gobierno (primer semestre 1976)
  - Desorientación política
  - Conflictividad social

1º gobierno de Adolfo Suárez
- Ley para la Reforma Política. *Referendum* (dic. 1976)
- Enero 1977. Terrorismo
- Legalización del PCE (abril 1977)
- Elecciones generales: junio 1977

1º gobierno de UCD
- Crisis económica. Los Pactos de la Moncloa (octubre 1977)
- La reforma fiscal
- La Constitución de 1978. Restauración de la democracia
- Estatutos de Autonomía: Cataluña y el País Vasco

2º gobierno de UCD
- Elecciones generales de 1979. Triunfo de UCD
- Primeras elecciones municipales (abril 1979)
- Crisis en el sistema de partidos (PSOE, PCE, UCD)
- 23 de febrero de 1981. Intento de Golpe de Estado
- Gobierno de Calvo Sotelo
- Incorporación de España a la OTAN
- Destrucción de UCD
- Elecciones generales de octubre de 1982. Triunfo del PSOE

# TEMA 22

# LA TRANSICIÓN ESPAÑOLA A LA DEMOCRACIA

La transición democrática española, junto a la guerra civil, son los dos acontecimientos de mayor trascendencia de la historia de España durante el siglo XX, aunque por motivos muy diferentes. Mientras la guerra civil fue una tragedia de enormes dimensiones que terminó con la experiencia democrática de la II República y trajo consigo un régimen dictatorial que duró casi 40 años, la transición, por el contrario, supuso el fin del franquismo, la constitución de un régimen plenamente democrático, la normalización de la vida política y la integración de España en las instituciones europeas.

Una de las características más importantes de la transición fue que el proceso de cambio se produjo sin grandes convulsiones sociales y con el acuerdo fundamental entre los sectores más reformistas, provenientes del franquismo y las principales fuerzas políticas de la oposición democrática. Fue además un cambio esencialmente político, que no supuso alteraciones relevantes en la estructura económica del país y en el que participaron una gran cantidad de ciudadanos a través de una importante movilización en favor de la democracia.

Sin embargo, la transición fue una operación difícil, pues no era sencillo enterrar las instituciones franquistas y mucho menos poner en marcha otras nuevas de signo democrático. Fue además un proceso complejo, a veces contradictorio, caracterizado por la incertidumbre y muy marcado por los acontecimientos políticos, algunos de carácter violento, que crearon un ambiente de preocupación y temor, unas veces por los atentados de los grupos radicales, y otras por las actuaciones de las fuerzas de orden público o por los frecuentes rumores de conspiraciones del Ejército contra la democracia.

### Primer gobierno de la monarquía

Tras la muerte de Franco, **Juan Carlos de Borbón** fue coronado rey y se convirtió en el nuevo Jefe del Estado el 22 de noviembre de 1975. **Carlos Arias Navarro**, que continuó como presidente del gobierno, no supo, y tampoco probablemente quiso, avanzar ni siquiera en el proceso aperturista diseñado por él en febrero de 1974. Durante los seis meses que estuvo al frente del gobierno el panorama político fue desolador. Su actividad estuvo centrada en intentar sacar adelante un confuso proyecto reformista cuya única finalidad era buscar la continuidad del franquismo. Lo importante era seguir manteniendo el poder, y para ello había que controlar el proceso de reforma, cambiar lo menos posible, evitar que los comunistas y nacionalistas fueran legalizados y dar cabida en todo caso a las fuerzas socialdemócratas, pero teniendo siempre la garantía –según expresión de Manuel Fraga, autor en lo esencial de dicho proyecto– de que «no habrá nunca riesgo de que las izquierdas manden en España con esta reforma».

El gobierno Arias tuvo que afrontar además una importante **conflictividad social**, sobre todo durante los primeros meses de 1976. Las organizaciones sindicales y muy especialmente CCOO, que había obtenido unos excelentes resultados en las elecciones sindicales de 1975, lanzaron una oleada de huelgas, reivindicando importantes subidas salariales que compensaran la pérdida del poder adquisitivo provocado por la fuerte inflación de 1975, y reclamando también las libertades políticas y sindicales.

Las huelgas comenzaron en los sectores y zonas del país con más tradición de lucha y con mayor implantación de las organizaciones sindicales clandestinas, sobre todo CCOO, para luego extenderse a otros lugares del país. Donde más incidencia tuvo el movimiento huelguístico y antes comenzó fue en Madrid. Desde la primera semana de diciembre de 1975 hasta principios de febrero de 1976 se produjo en la capital de España el más importante proceso de huelgas vivido durante el franquismo, en el que participaron más de 300.000 trabajadores, pertenecientes a casi todos los sectores de la producción y los servicios.

No habían terminado todavía los conflictos en Madrid, cuando los trabajadores del Bajo Llobregat protagonizaron una huelga general que duraría del 19 al 29 de enero. Le seguirían otras localidades del cinturón industrial de Barcelona, como Sabadell, Vic, Tarrasa y Badalona. Los trabajadores de la construcción tomaron el relevo de las huelgas de Madrid y Barcelona y durante más de dos meses provocaron una situación de conflictividad generalizada que tendría repercusiones en numerosos ciudades y provincias. Durante los meses de febrero y marzo las huelgas y los conflictos laborales recorrieron casi todo el país.

La dureza represiva con que respondió el gobierno a estos conflictos provocó a comienzos de marzo en Vitoria un trágico suceso, cuando la policía disolvió una asamblea de trabajadores con el resultado de cuatro muertos y numerosos heridos. En el mes de mayo tuvieron lugar los sucesos de Montejurra, donde un grupo de «ultras» asesinaron a militantes del partido carlista dirigido por Carlos Hugo. Estos acontecimientos tuvieron una especial repercusión política, pues supusieron un enorme desprestigio para el gobierno y marcaron el punto de inflexión de la pérdida de credibilidad en los tibios intentos reformistas de Arias Navarro. Además, desde la oposición comenzó un proceso de acercamiento entre la Plataforma de Convergencia Democrática y la Junta Democrática, que terminarían fusionándose en Coordinación Democrática en los últimos días de marzo de 1976.

### Primer gobierno Suárez. La reforma política

En julio de 1976 la situación de incertidumbre y de fracaso político era tan evidente, que el Rey forzó la dimisión de Arias Navarro y entregó la jefatura del gobierno a **Adolfo Suárez**, un político hasta entonces poco conocido, pero que contaba con la confianza de Juan Carlos I para dar un giro político a la situación e impulsar decididamente el proceso de cambio democrático. Como así fue, pues en poco tiempo consiguió poner en marcha una doble política, tendente, por una parte, a buscar el entendimiento con las fuerzas de oposición democrática, y por otra, a sacar adelante una **Ley para la Reforma Política** que consiguiera lo que parecía casi imposible, que desde las propias instituciones del régimen y sin romper con la legalidad vigente, se pusieran las bases de un nuevo Estado democrático. El texto de esta ley era muy breve y partía del principio de que la soberanía residía en el pueblo, estableciendo que las futuras Cortes serían bicamerales y el Congreso y el Senado serían elegidos por sufragio universal.

Lo difícil era que unas Cortes mayoritariamente franquistas, y donde se atrincheraba lo que entonces se llamaba el «bunker», pudieran apoyar una ley que suponía su autodisolución (algunos lo llamaron «haraquiri»). Y, sin embargo, así lo hicieron cuando aprobaron por 435 votos a favor, 59 en contra y 13 abstenciones, la ley de reforma política presentada por Suárez.

El siguiente paso era la ratificación de esta ley a través de un *referendum* **nacional**, que se celebró el 15 de diciembre de 1976, con una participación del 75% del electorado y cuyos resultados fueron abrumadoramente favorables a la ley, pues el 94% de los electores votó por el sí. Esta consulta popular estaba ganada desde el principio, pues Adolfo Suárez, como era lógico, sabía que los partidarios del NO, los nostálgicos de Franco, apenas representaban una fracción muy minoritaria del electorado. Sabía también que la oposición democrática no veía con malos ojos el triunfo del SI, aunque lógicamente plantearía la abstención, no sólo porque no podía admitir un proceso de consulta sin las más mínimas garantías de libertad, sino también porque no era su *referendum*. Hay que tener en cuenta que todo este proceso estaba diseñado en clave interna, sólo buscaba mantener la legalidad, evitando la ruptura con el franquismo, y tener las manos libres para llevar a cabo realmente la transición.

Durante el mes de **enero de 1977**, quizás el momento más difícil de la transición, se produjeron una serie de acciones violentas que convulsionaron la vida política del país. El grupo terrorista GRAPO había secuestrado al presidente del Consejo de Estado, Antonio María de Oriol, y al teniente general Emilio Villaescusa, y un grupo de extrema derecha asesinó a cinco abogados laboralistas de CCOO y conocidos militantes del PCE. Decenas de miles de personas acompañaron el sepelio de los abogados por las calles de Madrid, en absoluto silencio en una muestra de fuerza y serenidad que impresionó vivamente a los dirigentes políticos y en buena medida a la sociedad en su conjunto.

En los meses siguientes la **legalización del PCE** fue el problema esencial que tuvo que afrontar el gobierno. Suárez se dio cuenta de que la construcción de un nuevo sistema democrático tenía que ser verdaderamente representativa y no podía ser excluyente con ninguna fuerza política, ni siquiera con los comunistas. Era muy arriesgado dejar fuera de la ley al PCE, no sólo porque era el partido mejor organizado y con mayor capacidad de movilización, sino porque su participación era imprescindible si se quería que las primeras elecciones democráticas fueran verdaderamente libres y reconocidas por las democracias europeas. Por lo tanto, a pesar de las fuertes presiones de los sectores más reaccionarios y de una parte del ejército, Suárez legalizó al PCE en la Semana Santa de 1977 y con esta trascendental decisión se produjo un extraordinario avance en el proceso de cambio.

Una vez aprobada la Ley de Reforma Política, celebrado el *referendum* y legalizado el PCE, el calendario político se aceleró extraordinariamente y en muy poco tiempo se desmantelaron la práctica totalidad de las instituciones franquistas. El Tribunal de Orden Público ya había sido suprimido en diciembre de 1976, y durante el mes de marzo de 1977 el gobierno reguló el derecho de huelga y aprobó la Ley Sindical que legalizaba las organizaciones sindicales y que de hecho suponía la desaparición de la Organización Sindical Española. El 1 de abril quedaba disuelto el Movimiento Nacional. También en aquella primavera se produjo una ampliación del decreto de amnistía, que permitió obtener la libertad a muchos presos etarras, y la ratificación por el Estado español de un conjunto de pactos internacionales de respeto a los derechos civiles, políticos y sindicales.

## Las elecciones de junio de 1977

El siguiente paso fue la convocatoria de elecciones generales para el mes de junio 1977. La campaña electoral fue una auténtica explosión de participación democrática, con una elevada asistencia de ciudadanos a los múltiples actos políticos y mítines de los recién legalizados partidos, especialmente los organizados por comunistas y socialistas.

Como estaba previsto, el 15 de junio se celebraron las primeras elecciones libres en cuarenta años que, con una participación del 78,7% del censo electoral, abrieron una nueva etapa en la transición hacia un régimen democrático. La UCD (Unión de Centro Democrático), una coalición de pequeños partidos liderada por **Adolfo Suárez**, obtuvo el 34% de los votos en las elecciones al Congreso y 165 escaños; el PSOE, dirigido por **Felipe González**, quedó en segundo lugar con el 28% de los votos y 118 diputados. El PCE-PSUC, dirigido por el veterano **Santiago Carrillo**, obtuvo el 9% de los sufragios. Alianza Popular, con numerosos exministros franquistas encabezados por **Manuel Fraga**, no logró rebasar el 8% de los votos y 16 diputados, y la candidatura Unidad Socialista-Partido Socialista Popular, liderada por Enrique Tierno Galván, logró el 4% de los votos y seis escaños. Entre los grupos nacionalistas, el PNV logró 8 escaños y CDC (Convergencia Democrática de Cataluña) 11 escaños.

Con el triunfo de UCD, Adolfo Suárez fue investido presidente de un gobierno en el que formaron parte como ministros los dirigentes más destacados de los distintos grupos o familias que formaban la coalición centrista. El nuevo gobierno Suárez, esta vez salido de las urnas, gozaba ya de la legitimidad necesaria para afrontar la construcción de un nuevo sistema democrático. Las líneas maestras del gobierno centrista estuvieron dirigidas esencialmente a conseguir un doble pacto: un pacto político que hiciera posible la elaboración de la Constitución, y un pacto económico, establecido entre las fuerzas políticas parlamentarias pero que abarcara también a las centrales sindicales y a las organizaciones patronales. En este contexto de legitimidad política, el proceso de transición se ligó a la idea de consenso, entendido como una apuesta por la convergencia y una forma de evitar el enfrentamiento y consolidar la reconciliación.

Sin duda alguna, los frutos más importantes del consenso fueron los Acuerdos de la Moncloa, firmados a finales de octubre de 1977, y la Constitución de 1978.

### Los Pactos de la Moncloa

En los primeros años de la transición, los diferentes gobiernos, y también la mayoría de los partidos, decidieron dar prioridad a los acuerdos políticos, que permitieran el tránsito pacífico y ordenado de un régimen autoritario a uno democrático, y aplazar cualquier otra decisión en tanto no se celebraran las primeras elecciones generales. Fue entonces, a partir de junio de 1977, cuando el gobierno comenzó a preocuparse por los efectos de la crisis económica y propuso un acuerdo de carácter político, social y económico que culminó en octubre de ese mismo año con la firma de los llamados **Pactos de la Moncloa**, que fueron concebidos, según el propio texto del acuerdo, como «uno de los documentos más importantes de la historia moderna de España, no sólo por su contenido, sino por su elaboración y el consenso alcanzado entre todos los grupos políticos». Estos acuerdos preveían actuar sobre los cuatro problemas básicos de la economía: elevada inflación, deterioro del sector exterior, creciente paro y caída de la inversión. Sin embargo, en la práctica, incidieron prioritariamente sobre los dos primeros, con resultados bastante positivos. La tasa de inflación pasó de un 30% en julio de 1977 al 16,5% en diciembre de 1978, y la balanza de pagos arrojó un superávit de 1.500 de dólares en 1978, frente a un déficit anual de 5.000 millones de dólares en julio de 1977.

Una de las piezas básicas de los Pactos de la Moncloa fue **la reforma fiscal** promovida por el **ministro de Hacienda, Francisco Fernández Ordóñez**, a partir de 1977. Esta reforma tenía el objetivo de repartir los costes del ajuste económico de una forma socialmente avanzada y además modernizar el sistema tributario español.

Las líneas maestras de esta reforma tributaria, que contaba además con el apoyo del conjunto de fuerzas parlamentarias, se sustentaban en: 1) la simplificación y flexibilización del sistema impositivo, adecuándolo a las necesidades cada vez más crecientes del gasto público, y 2) la introducción del carácter progresivo del sistema de recaudación con la puesta en vigor del Impuesto sobre la Renta de las Personas Físicas (IRPF) como el principal tributo directo, que eliminaba el tipo único del IRTP e introducía una escala móvil que gravaba más las rentas más altas.

Estas medidas supusieron un cambio de raíz en el sistema fiscal. Por primera vez los impuestos directos iban a ser mayores que los impuestos indirectos, y la Hacienda Pública tendría mayores recursos, lo que iba a producir una gran extensión del gasto público (del 24,9% del PIB en 1975 pasó al 40% en 1984) y del gasto social (que pasó del 16,2% del PIB en 1975 al 23,6% en 1984). Esta reforma fiscal fue una pieza clave en la construcción del Estado del bienestar, que permitió a los sucesivos gobiernos de UCD, y sobre todo a los gobiernos socialistas a partir del año 1982, la extensión y universalización de las prestaciones sociales como la educación, la sanidad, las pensiones, las prestaciones por desempleo, etc.

## La Constitución de 1978

La elaboración de la **Constitución de 1978** no fue nada fácil, pues las diferencias ideológicas de las distintas fuerzas políticas parlamentarias eran demasiado profundas. Sin embargo, hay que reconocer que hicieron todo lo posible para ponerse de acuerdo en un texto constitucional que recogía cuestiones esenciales que habían sido en el pasado objeto de posiciones irreconciliables, como la confesionalidad o no del Estado, la libertad de enseñanza, la pena de muerte, la forma de Estado –Monarquía o República– o la regulación territorial mediante la construcción del Estado de las Autonomías y el reconocimiento del término «nacionalidades», que para la derecha centralista suponía un paso importante en la desmembración de la patria.

La nueva Constitución, aprobada en *referendum* el 20 de noviembre de 1978, consta de 169 artículos ordenados en 11 títulos. El **título primero** está dedicado a los derechos y deberes fundamentales. España se define como un Estado social y democrático de derecho que propugna valores como la libertad, la justicia, la igualdad y el pluralismo político. La soberanía nacional reside en el pueblo y la forma política del Estado es la monarquía parlamentaria. Se establece la libertad de creación de partidos políticos, sindicatos y asociaciones patronales. Se proclama además la libertad de enseñanza, la libertad religiosa, el derecho a la educación, el carácter obligatorio y gratuito de la enseñanza básica, así como la libertad de sindicación y los derechos de huelga, propiedad privada y libertad de empresa en el marco de la economía de mercado.

Los **títulos tercero y cuarto** se refieren a los poderes legislativo y ejecutivo. Se establece el bicameralismo, con un Congreso, elegido por sistema proporcional, y un Senado por sistema mayoritario. El gobierno sólo puede ser derribado por un voto de censura constructivo, proponiendo un candidato como presidente alternativo. En el **título séptimo** se tratan cuestiones económicas, estableciéndose que el Estado «podrá planificar la actividad económica general para atender a las necesidades colectivas, equilibrar y armonizar el desarrollo regional y estimular el crecimiento de la renta y de la riqueza y su más justa distribución». El **título octavo**, sin duda el más polémico del texto constitucional, está dedicado a la organización territorial del Estado, estableciendo que España se organiza territorialmente en municipios, provincias y Comunidades Autónomas.

Conviene señalar, que además de la transformación democrática de las instituciones, la transición tenía que dar solución a las aspiraciones autonómicas del País Vasco y Cataluña, que lógicamente cuestionaban la estructura centralista del Estado. No hay que olvidar que estas dos regiones habían tenido sendos Estatutos de Autonomía, aprobados durante la Segunda República, y que la reivindicación nacionalista había sido componente fundamental en su lucha contra la dictadura. Tanto en el País Vasco como en Cataluña, el franquismo había sido socialmente minoritario, y además habían permanecido en el exilio unos gobiernos autonómicos que conservaban la legitimidad de aquellas instituciones autonómicas creadas durante la época republicana. Por lo tanto era natural que, tras las elecciones generales de junio de 1977, cuyos resultados en el País Vasco y en Cataluña habían sido mayoritariamente favorables a los partidos que defendían posiciones autonómicas, la reivindicación de nuevos Estatutos de Autonomía recobrara un especial impulso.

En **Cataluña**, después de estas primeras elecciones, sesenta y dos de los sesenta y tres parlamentarios electos se constituyeron en Asamblea de Parlamentarios y reclamaron la restauración del Estatuto de Autonomía del año 1932. Pero, en una hábil jugada política, el presidente del Gobierno, Adolfo Suárez, en vez de dar carta de naturaleza a esta Asamblea de Parlamentarios, invitó al presidente de la Generalitat en el exilio, **Josep Tarradellas**, y le ofreció su regreso a Cataluña como presidente de esta institución, que nacida durante la Segunda República fue restaurada provisionalmente a través de un decreto-ley promovido por el Gobierno de la UCD. De esta manera, Suárez consiguió desmontar la Asamblea de Parlamentarios, mayoritariamente formada por comunistas y socialistas, y ofrecer la formación de un gobierno autonómico a un personaje de actitudes políticas moderadas, aunque ello suponía un claro elemento de ruptura en el proceso de transición al restablecer una institución nacida en la legalidad republicana.

En el **País Vasco**, Adolfo Suárez intentó una operación parecida a la catalana, pero el presidente vasco en el exilio, Jesús María de Leizaola, cedió todo el protagonismo a la Asamblea de Parlamentarios vascos, mayoritariamente formada por miembros del partido nacionalista vasco y del partido socialista de Euskadi, que tras largas negociaciones decidieron crear en diciembre de 1977 el Consejo General Vasco, presidido por el socialista Ramón Rubial.

La formación de estos órganos provisionales de autogobierno en Cataluña y el País Vasco provocó que otras regiones españolas pensaran también en la posibilidad de constituirse en comunidades autónomas, configurando así una estructura federal del Estado, aspiración compartida por la izquierda socialista y comunista, e incluso por pequeñas formaciones regionalistas integradas en la UCD. El proceso autonómico general fue muy complicado, y las discusiones sobre el modelo de autonomía, sobre si la vía autonómica debía ser a través del artículo 151 ó 143 de la Constitución, o sobre los diferentes pactos y leyes reguladoras –como la LOAPA– sirvieron para enfrentar a los partidos nacionalistas con las fuerzas políticas de carácter nacional, fundamentalmente el PSOE, la UCD y posteriormente AP.

## Las elecciones de 1979 y la crisis de UCD

Una vez aprobada la Constitución, el presidente Suárez convocó elecciones generales, que se celebraron el 1 de marzo de 1979, y cuyos resultados dieron nuevamente la victoria a la UCD, con un ligero incremento de las fuerzas de izquierda, PSOE y PCE. Adolfo Suárez volvió a ocupar la presidencia del Gobierno, prescindiendo de algunos de los líderes de los antiguos grupos que habían formado la UCD, y situando en las dos vicepresidencias al general Gutiérrez Mellado y a Fernando Abril Martorell.

La constitución de los primeros Ayuntamientos democráticos tuvo lugar tras las elecciones municipales de abril de 1979. Los resultados electorales dieron a UCD un elevado número de concejales, sobre todo en las poblaciones pequeñas y medianas, mientras que en las ciudades de más de 50.000 habitantes los mejores resultados fueron para socialistas y comunistas. El acuerdo alcanzado entre el PCE y el PSOE permitió que en las más importantes capitales de provincia hubiera gobiernos de izquierda.

Tras las elecciones de 1979 afloraron una serie de crisis internas en los grupos políticos mayoritarios que demostraron la debilidad del sistema de partidos. En mayo de 1979, durante el 28 Congreso del PSOE, Felipe González intentó situar al partido en posiciones más moderadas y presentó una propuesta que trataba de superar las actitudes excesivamente radicales del PSOE, eliminando su carácter marxista y revolucionario. Fracasó en su intento y renunció a seguir ocupando la secretaría general de partido. Esta situación de crisis terminó en octubre de 1981, cuando el PSOE aceptó las propuestas reformistas y Felipe González volvió a tomar en sus manos las riendas del partido.

Las tensiones en el PCE se produjeron a raíz del enfrentamiento con la dirección del partido, encabezada por Santiago Carrillo, de diversas tendencias («leninistas», «pro-soviéticos», «renovadores»...) que provocaron un rosario de escisiones y rupturas.

Los conflictos en la UCD comenzaron a producirse a partir de 1980, tras los fracasos políticos que sufrió el partido en el *referendum* de autonomía de Andalucía y en las elecciones vascas y catalanas. El liderazgo de Suárez fue abiertamente discutido por los llamados «barones», que representaban a las distintas tendencias del partido. Ante esta contestación interna y en una difícil situación política –aumento del paro, violencia terrorista y malestar militar– Adolfo Suárez presentó su dimisión como presidente del Gobierno y de UCD, en enero e 1981.

El **23 de febrero de 1981**, mientras se estaba celebrando la votación de investidura de Leopoldo Calvo Sotelo como presidente del Gobierno en sustitución de Adolfo Suárez, un grupo de guardias civiles al mando del teniente coronel Antonio Tejero tomó al asalto el Congreso de los Diputados, secuestrando al gobierno y a los diputados. Este acto sedicioso formaba parte de un **intento de golpe de Estado** en el que participaron algunos destacados militares, como el Capitán General de Valencia, Milans del Bosch. La contundente intervención del Rey a favor de la democracia logró el apoyo de la mayoría del ejército y que fracasara el complot militar.

Esta tentativa de golpe militar fue respondida por un clamor general en defensa de la Constitución y del sistema democrático, y al mismo tiempo propició que la mayoría de los partidos políticos apoyaran al nuevo gobierno y que Leopoldo Calvo Sotelo lograra su investidura con un amplio apoyo parlamentario.

El nuevo gobierno presidido por **Calvo Sotelo** promovió una política de acuerdos con la oposición, sobre todo en los aspectos políticos de mayor trascendencia, como la economía, el proceso autonómico y el acuerdo con los sindicatos. Sin embargo, el consenso se rompió cuando el gobierno tomó la decisión de solicitar la incorporación de España a la OTAN, una cuestión que modificaba sustancialmente la política exterior de gobiernos anteriores y que era fuertemente contestada por las fuerzas de izquierda.

Aunque el gobierno contó con un cierto sosiego parlamentario, lo que no pudo evitar fue la progresiva desintegración de UCD. Desde la dimisión de Adolfo Suárez los distintos grupos que conformaban la UCD se enfrentaron entre sí y terminaron destruyendo la coalición. Los primeros en abandonar el partido centrista fueron los socialdemócratas, que encabezados por Fernández Ordóñez se integraron en el grupo parlamentario socialista. Poco más tarde, les siguieron los democristianos que constituyeron el PDP (Partido Demócrata Popular) y firmaron un acuerdo electoral con Alianza

Popular. Finalmente, Suárez abandonó UCD y creó un pequeño partido, el Centro Democrático y Social (CDS), que durante los gobiernos socialistas llevó a cabo una política de signo radical y a veces contradictoria, terminando casi por desaparecer a raíz de las elecciones de 1993.

Tras las elecciones generales de octubre de 1982, que dieron una amplia victoria al PSOE, se abrió una nueva etapa política caracterizada por la estabilidad y la profundización en el proceso de consolidación de la democracia

**Conclusiones**

Se puede concluir afirmando que la transición fue sobre todo un proceso colectivo en el que participó muy activamente una gran parte de los ciudadanos. Aunque los partidos y las organizaciones sociales tuvieron un papel muy destacado y hubo además actores políticos que tomaron decisiones de gran trascendencia y sobre todo actuaron con gran sentido común, como el rey Juan Carlos, Adolfo Suárez o Santiago Carrillo, el verdadero protagonista del cambio fue el conjunto de la sociedad española. Una sociedad moderna, con profundas aspiraciones democráticas y que había sabido superar el enorme trauma que había supuesto la guerra civil. En este sentido, el recuerdo de la guerra civil estuvo muy presente durante los años de la transición, pero no como un elemento de enfrentamiento entre los españoles sino todo lo contrario, como una experiencia negativa que era necesario tener en cuenta para no repetir los mismos errores. Por lo tanto, el clima de reconciliación y de consenso primó sobre las actitudes de confrontación, que tan habituales habían sido durante la historia contemporánea de España.

# TEMA 23

# LA CAÍDA DEL COMUNISMO

## ESQUEMA

Creación de Democracias populares
- Fin de la II Guerra mundial.
- Modelo soviético de economía planificada
- Control del Partido Comunista

REACCIONES NACIONALISTAS

YUGOSLAVIA
- 1ª fisura: 1948. Tito: Sistema de autogestión
- Movimiento de No Alineados
- Ruptura con Moscú
- Muerte de Tito
- Rivalidades nacionales. Desintegración país

POLONIA
- XX Congreso PCUS.1956
- Gomulka y la desestalinización.
- Reivindicaciones trabajadores del Báltico
- Creación sindicato Solidaridad. 1980
- Golpe de Estado General Jaruzelski. 1981
- Lech Walesa premio Nobel de la Paz.1983
- Visita a Polonia Papa Wojtyla

HUNGRÍA
- Cambio nacionalista Imre Nagy
- Revolución de octubre 1956
- Retirada del Pacto de Varsovia.
- Invasión fuerzas soviéticas. Represión
- Imre Nagy ejecutado. Kadar toma el poder
- Comunismo de gulash

CHECOSLOVAQUIA
- Socialismo con rostro humano
- Dubcek. 1968
- Proceso de renovación. Primavera de Praga
- Operación Danubio. Invasión soviética del país
- Inicio normalización: férreo control del Partido Comunista

| | |
|---|---|
| UNIÓN SOVIÉTICA | – Guerra fría<br>– Gorvachov líder del PCUS.1985<br>– *Perestroika* y glasnot. Reformas.<br>– Retirada tropas soviéticas Europa oriental<br>– Crisis económica, corrientes políticas.<br>– Fin monopolio Partido Comunista |

1989: Caída del Muro Berlín. Fin del comunismo: Desintegración de la URSS. 1991

# TEMA 23

## LA CAÍDA DEL COMUNISMO

La caída del **Muro de Berlín** en el año 1989 simbolizó el fracaso de un sistema político y económico impuesto por la Unión Soviética tras la Revolución rusa de 1917. Para los ideólogos del marxismo el nuevo sistema socialista representaba la revolución más decisiva que nunca hubiera conocido la humanidad: propiedad del Estado de los medios de producción, supresión de la explotación del hombre por el hombre y la felicidad de los pueblos. Sin embargo, el mito socialista no alcanzó su triple promesa.

Es por tanto necesario volver al punto de partida para entender la caída del comunismo en la Unión Soviética y en los países de Europa del Este. Conocer diferentes acontecimientos será determinante para entender este período de la historia del siglo XX.

Al término de la Segunda Guerra Mundial el modelo soviético fue impuesto en aquellos países que cayeron bajo su zona de influencia. Stalin no permitió la creación de democracias en los países liberados por el Ejército rojo e impuso un férreo control del Estado en manos del Partido Comunista. Pero a pesar de este modelo unificador, la diversidad de los países de Europa del Este dio lugar a la aparición de diferentes vías al socialismo divergentes a la impuesta por Moscú.

Cinco países y cinco dirigentes políticos son un ejemplo para explicar los intentos de renovación socialista: la Yugoslavia de Tito y el sistema de autogestión; el cambio nacionalista de Imre Nagy en Hungría; la experiencia polaca de Gomulka; el socialismo con rostro humano de Dubcek y la *Perestroika* de Gorvachov.

## Yugoslavia

La primera fisura en el bloque comunista surgió en **Yugoslavia**. La revolución socialista iniciada por **Tito** durante la Segunda Guerra Mundial, le llevó a cuestionar la hegemonía soviética. Al término de la misma aceptó su ayuda económica y la llegada de consejeros de Moscú, pero emprendió una política muy personalista para proteger los intereses yugoslavos. Las divergencias entre Tito y Stalin fueron en aumento y la tensión explotó en junio de 1948. Stalin había subestimado el dominio de Tito sobre el Partido Comunista yugoslavo y su capacidad para movilizar el sentimiento patriótico. El **Kominform** (Oficina de información del movimiento comunista internacional bajo dirección soviética, creado en 1947) acusó a Tito de abandonar la doctrina marxista leninista, por lo que fue expulsado de esta organización.

La nueva vía hacia el socialismo emprendida por Tito se basó en el sistema de autogestión y en el liderazgo de los países no alineados. **El sistema de autogestión** implicaba que los medios de producción no pertenecían ni a los particulares ni al Estado, sino a toda la sociedad. Las empresas serían gestionadas por los consejos obreros, cuyos miembros eran elegidos por los trabajadores de las mismas. Sin embargo, esta primera fase de la autogestión tuvo resultados muy limitados. La verdadera vía al socialismo comenzó en 1961 con el nuevo impulso dado a la economía, liberando los precios, ampliando las competencias de los consejos obreros y adoptando un sistema de créditos mediante el cual los bancos reemplazarían progresivamente la participación del Estado. No puede negarse que la autogestión ayudó a la reconstrucción del país, pero los resultados fueron frágiles y no tuvieron ninguna repercusión en el sistema político.

**El movimiento de países no alineados** tuvo una gran repercusión en la política interna del país. En 1956, Tito organizó una conferencia en Belgrado con los líderes de los países del Tercer Mundo que alcanzaron la independencia después de la descolonización. En dicha conferencia se sentaron las bases del movimiento: condena a las antiguas y nuevas potencias mundiales dominantes, coexistencia pacífica y neutralidad, pero no tuvo fuerza suficiente para competir con los bloques comunista y capitalista.

Tito fue adaptando su política en función de las circunstancias internacionales, mostrando unas veces su cara liberal a Occidente de donde venían los créditos y otras mostrando una actitud conciliadora con la Unión Soviética, mediante la restricción de exactamente las mismas libertades de las que presumía en Occidente. Con su fallecimiento el 4 de mayo de 1980, el **Titismo** perdió todo su significado y volvieron a resurgir las rivalidades nacionales originándose una cruenta guerra desde 1991 a 1995.

En el XX Congreso del Partido Comunista de la URSS en 1956, Nikita Kruchev condenó los crímenes de Stalin y el culto a la personalidad. Sus palabras fueron el comienzo de la lucha de los países de Europa del Este para alcanzar la libertad.

## Polonia

En **Polonia,** los primeros signos de tensión con Moscú surgieron poco después. El líder comunista, **Wladislaw Gomulka,** que había participado después de la guerra en la reconstrucción del Partido Comunista polaco, puso en marcha una política prudente y nacionalista. Contrario a las colectivizaciones forzosas y a la condena por parte del **Kominform** de Tito, despertó los recelos de la URSS y fue encarcelado en 1951, siendo liberado en el año 1953 después de la muerte de Stalin. Las revelaciones de Kruchev fueron el origen de las importantes manifestaciones de los trabajadores de los astilleros del Báltico en junio de 1956, para lograr una mejora radical de las condiciones de vida. Los dirigentes soviéticos reaccionaron preparando maniobras militares en territorio polaco, pero ante la firmeza de los obreros, Moscú renunció a destituir al secretario general del Partido Comunista. Durante algunos meses duró la euforia, la libertad de prensa, la devolución de la tierra a los campesinos y la firma de acuerdos entre la Iglesia y el poder civil. Los polacos creyeron poder construir su vía nacional al socialismo.

Sin embargo, si bien es cierto que Gomulka quiso terminar con los horrores del estalinismo, no por ello renunció a sus ideales comunistas. En 1958 sus defensores fueron destituidos, los consejos obreros anulados y las relaciones con la Iglesia se hicieron más tensas. Gomulka se vio obligado a llamar al poder a aquellos que le habían criticado y progresivamente se fue acercando a las tesis de Kruchev, quien a su vez respetaría la autonomía del Partido Comunista polaco.

La dimisión de Kruchev en 1964 y su sustitución en la dirección del Partido por Leónidas Breznev, abrieron un nuevo capítulo en las relaciones de la URSS con los países del Este. En Polonia las reivindicaciones de los trabajadores en los puertos del Báltico, en particular en Gdansk, continuaron en años sucesivos. En 1980 el gobierno tuvo que aceptar la creación de sindicatos autogestionados para conservar sus prerrogativas. Los sindicalistas polacos lograron en pocas semanas cambiar el marco político de Polonia. La firma de los acuerdos de Gdansk en el año 1980 entre los obreros huelguistas y el gobierno dio lugar al reconocimiento de un sindicato independiente, **Solidaridad.** Sin embargo, en diciembre de 1981, las autoridades comunistas declararon el estado de guerra, se constituyó un Consejo militar de salvación nacional bajo la presidencia del general Jaruzelski para restablecer el orden y se realizaron detenciones masivas de los dirigentes sindicales más destacados de **Solidaridad.** Cuando en 1983 le fue concedido el premio Nobel de la Paz al líder de **Solidaridad**, Lech Walesa, Polonia se convirtió en el símbolo de la lucha por la libertad. Además, la visita del Papa Karol Wojtyla a Polonia ese mismo año contribuyó a la reconciliación nacional.

### Hungría

La muerte de Stalin en 1953 permitió a Kruchev eliminar en las democracias populares a los líderes estalinistas y reemplazarlos por dirigentes afines a su nueva política de reformas. En **Hungría**, tomó la dirección del gobierno un comunista moderado, **Imre Nagy** quien, del mismo modo que en Polonia, renunció a las colectivizaciones forzosas y amnistió a más de cien mil prisioneros políticos. Profundamente nacionalistas, los húngaros aplaudieron las reformas de Nagy. Pero si bien Kruchev estaba dispuesto a conceder una cierta autonomía a los países de Europa del Este, no podía permitir que se cuestionase el sistema comunista. Nagy fue acusado de desviacionismo y excluido del partido. Sin embargo, tanto los campesinos como los obreros, los intelectuales y los estudiantes reclamaron la vuelta de Nagy.

El discurso de Kruchev en el XX Congreso del Partido Comunista soviético, influyó en la sociedad húngara al borde del colapso. Ante las manifestaciones que se desarrollaron en Budapest contra los dirigentes estalinistas en octubre de 1956, el **Comité Central** anunció la reintegración de Nagy en el Partido. Nueve días después tuvo lugar una manifestación de estudiantes en apoyo de los huelguistas polacos que fue reprimida brutalmente por la policía. La manifestación se trasformó en revuelta contra el régimen. Para salvar la situación, Moscú nombró a Imre Nagy Presidente del Consejo. Nagy puso en vigor la Ley Marcial e hizo un llamamiento para que la población abandonase las armas, pero se declaró favorable a un socialismo de carácter nacional. Empujado por un lado por Moscú que le ordenaba restablecer el orden mientras los tanques soviéticos circulaban por la capital, y por otro amenazado por una huelga general que se extendía por todo el país, Nagy, que no tenía intención de abandonar el Partido, terminó por unirse a la insurrección sin comprender hasta dónde llegaban los límites de la desestalinización y la paciencia de Moscú. En octubre Nagy anunció la nueva composición de su gobierno que sólo contaba con cuatro ministros comunistas. En todo el país se desarrolló entonces lo que diversos historiadores han llamado la primera revolución anti-totalitaria que reclamaba la libertad de prensa, la formación de consejos revolucionarios, la libertad de los prisioneros políticos, la independencia, elecciones libres y la retirada de las tropas soviéticas. En cierto modo, Nagy se convirtió en el rehén de los insurrectos y proclamó la vuelta a un sistema multipartidista y la retirada de Hungría del **Pacto de Varsovia**. Los dirigentes soviéticos, temiendo que el ejemplo de Hungría pudiera extenderse por otros países satélites del campo socialista, decidieron emplear la fuerza. El 4 de noviembre las fuerzas soviéticas lanzaron el ataque y en cuarenta y ocho horas la revolución fue aplastada, dando lugar a una brutal represión.

La revolución húngara fue un fracaso histórico que tuvo lugar en un momento inoportuno. Las potencias occidentales, y en particular los Estados Unidos, preocupadas por la aventura francesa y británica en el Canal de Suez, consideraron que Egipto era más importante que Hungría. Los Partidos comunistas, cuya credibilidad estaba basada en las revoluciones socialistas de los países del Este, entraron en un período tormentoso. Una parte importante de la izquierda europea denunció a los leales a Moscú, que trataron de justificar la represión como la respuesta necesaria a la contra-revolución. El comunismo soviético nunca se recuperó del levantamiento húngaro, que tuvo un significativo papel en la desaparición de los regímenes comunistas que se produciría treinta años después.

¿Por qué la revolución húngara fue la más violenta de las que se conocían contra el dominio soviético? La razón más evidente era que desde los inicios de los años cincuenta, Hungría vivía bajo la dictadura más represiva del bloque del Este. Otro factor importante era que la población húngara se sentía diferente, tanto en el plano cultural, como en el histórico y lingüístico de los demás países de Europa del Este. Imre Nagy, líder de la revolución, fue ejecutado en junio del año 1958 después de un largo proceso. **János Kádar**, el nuevo dirigente húngaro nombrado por Moscú después de la represión, trató de demostrar a la sociedad húngara su independencia respecto a la Unión Soviética. Efectivamente, Hungría se convirtió en el país más flexible y más próspero de las democracias populares con un régimen llamado el «comunismo de gulasch», una vertiente nacional del socialismo, pero con predominio del Partido Comunista en la dirección del país.

**Checoslovaquia**

En **Checoslovaquia** la desestalinización se inició a principios de los años sesenta, cuando se publicó un informe que revelaba los excesos cometidos durante la época estalinista. En 1967 fueron los intelectuales los primeros en ponerse a la cabeza del proceso de renovación que conduciría a la **Primavera de Praga**. El economista Ota Sik señaló las medidas que deberían ser tomadas para corregir los errores de la economía planificada. Sin embargo, lo más importante y novedoso fue que para descentralizar la economía, el grupo de reformadores comprendió que también era necesario descentralizar la política e iniciar una reforma de las instituciones.

Los reformistas no rechazaban el marxismo, pero querían evolucionar hacia un socialismo más humanista. El pueblo checoslovaco, que durante años se había mantenido silencioso por miedo a la represión, descubrió con sorpresa las discrepancias en el seno del Partido. Las manifestaciones empezaron con las peticiones de los estudiantes para una mejora de las condiciones en las residencias universitarias. Las protestas no tardaron en tomar un cariz marcadamente político. **Alexandr Dubček**, nombrado Primer secretario del Partido Comunista a comienzos de 1968, creía en la posibilidad de reformar el comunismo y de encontrar una vía propia para hacer frente a la crisis económica y al descontento de la sociedad. Sin embargo, debido a la inestabilidad del país y a la ideología de los reformistas, la revolución dirigida desde arriba se le fue de las manos y la sociedad checoslovaca puso en marcha su propia revolución. La indecisión de Dubček alarmó a las autoridades soviéticas ante el cariz que tomaban los acontecimientos. La postura del Primer secretario fue muy ambigua. Presionado por la sociedad civil, y obligado a mantener sus compromisos con la URSS, no supo tomar una decisión. Los manifestantes no cesaban en sus reivindicaciones exigiendo una democratización radical del régimen. Viendo el peligro que representaba el experimento checoslovaco, la URSS puso en marcha la **Operación Danubio**. Las fuerzas del **Pacto de Varsovia** invadieron Checoslovaquia el 21 de agosto y Dubček, junto a varios miembros del gobierno, fueron trasladados a la Unión Soviética. Sin embargo ante la ausencia de sus líderes, la sociedad empezó a manifestarse con mayor libertad y de forma pacífica. Fue esa actitud la que salvó la vida a

Dubček y obligó a los dirigentes soviéticos a negociar las bases de un acuerdo. En realidad las fuerzas del Pacto de Varsovia no ocuparon Checoslovaquia para defender el socialismo amenazado, sino para defender a los estalinistas que volvieron a tomar el poder.

**El socialismo con rostro humano** se convirtió en un símbolo mundial para salvar el sistema mediante su renovación y para alcanzar la libertad democrática de la sociedad. Aspiraciones que iban más allá de las reformas propuestas por el Partido Comunista.

La agonía de la **Primavera de Praga** empezó en el mes de septiembre con el inicio de la **normalización.** El país entró en una época de tinieblas, de frustraciones, de apatía, de resignación. El ciudadano ya no estaba obligado a creer en el comunismo, sino a convivir con el Partido que siguió manteniendo el monopolio económico y el reparto de riquezas y de promociones en función de la fidelidad de los ciudadanos. Se trataba de un sistema de violencia civilizada. Violencia, porque la sociedad siempre estaba amenazada, civilizada, porque era aceptable.

La **normalización** iniciada por **Gustav Husak**, que en Checoslovaquia se tradujo en el restablecimiento del control soviético y el dominio del Partido Comunista, fue mucho más represiva que la adoptada en Polonia o en Hungría. Husak llamó a los estalinistas más radicales y realizó una política de control absoluto sobre los ciudadanos y las instituciones.

En la **Conferencia mundial de los Partidos comunistas** celebrada en Moscú en junio de 1969, se reafirmó de nuevo el pensamiento político marxista-leninista, pero por primera vez, en el momento de las decisiones, algunos de los participantes se negaron a unirse a la mayoría. Esa minoría creó un precedente al rechazar el modelo único del socialismo y del centralismo democrático. Lo más significativo de la Conferencia fue la diversidad del movimiento comunista. Los dirigentes soviéticos tuvieron que aceptar una evolución que ya no podían impedir, pero hicieron una distinción entre el movimiento comunista internacional y los partidos hermanos de Europa del Este, a los que continuaron aplicando las reglas tradicionales. La intervención de la URSS en Polonia, en Hungría y en Checoslovaquia tuvo como objetivo impedir esa evolución.

**Unión Soviética**

A partir del año 1950 la Unión Soviética había puesto en marcha una trasformación económica. Los planes centralizados de las economías comunistas tenían como objetivos principales el desarrollo de la industria pesada, la industria de armamentos y la energía. Aunque es innegable el éxito alcanzado en estos sectores, hasta el punto de poder competir con los Estados Unidos, quedaba claro que se hizo a costa de mejoras en el consumo interior. El sistema soviético carecía de iniciativa local, las decisiones económicas eran tomadas por los dirigentes de los planes en Moscú, los trabajadores estaban poco incentivados y los productos de consumo eran escasos y de mala calidad. Los sucesivos dirigentes soviéticos no supieron encontrar soluciones y, cada vez más, los recursos se dedicaban a reavivar la **guerra fría**. Las condiciones de vida fueron empeorando, dando lugar a la aparición de una economía sumergida y a la pérdida de confianza de los ciudadanos en las promesas del comunismo.

Cuando en marzo de 1985 fue elegido líder del PCUS, **Mijail Gorvachov** se encontró con un Estado cuya economía estaba agotada y con una sociedad corrompida. El país ya no disponía de recursos ni de medios para realizar sus ambiciones internacionales. Consciente del desastre económico, Gorvachov puso en marcha una amplia política de renovación y de reformas que el mundo entero conoce como la **perestroika** y la **glasnot**.

Sus políticas de reforma le llevaron no sólo a buscar una vía razonable entre los planes centralistas y la economía de mercado, sino también a renovar la sociedad, la administración, el sistema político y las relaciones internacionales para evitar el hundimiento del país. Los conflictos derivados de un sistema que muchos consideraban irreformable, aceleraron el desenlace que sus reformas supuestamente querían evitar: el hundimiento de la economía, los nacionalismos, el fraccionamiento del país, el multipartidismo y el final de la Unión Soviética. Las transformaciones económicas necesarias eran imposibles de realizar.

La **perestroika** significa reestructuración. Sus objetivos eran la activación de los progresos sociales y económicos del país y la creación de una renovación en todas las esferas de la vida. La **glasnot** significa transparencia, publicidad, gracias a la cual los ciudadanos tienen acceso a la información sobre las decisiones del gobierno, supresión parcial de la censura y la denuncia de los abusos. Sin embargo, la **glasnot,** que Gorvachov consideraba un medio, no un fin, pronto se convirtió en un concepto popular que le obligó a ir mucho más lejos de lo que deseaba inicialmente, y que contribuyó a la desintegración del sistema.

El prestigio que Gorvachov había adquirido en Occidente, le hizo tomar importantes decisiones que afectaron a la integridad misma del sistema y a la propia Unión Soviética. En el año 1988, Gorvachov anunció ante la **Asamblea General** de la ONU la retirada de un importante contingente de tropas de la Europa oriental y la reducción del presupuesto militar soviético. En opinión de Gorvachov era necesario que los Países del Este se acercaran a Occidente para que alcanzasen un mayor desarrollo económico, lo cual terminaría beneficiando a la maltrecha economía soviética. Este proceso se puso en marcha cuando renunció a utilizar la fuerza para defender los regímenes comunistas del Este de Europa que, en su opinión, no renunciarían a los logros conseguidos por un Estado protector construido bajo el comunismo.

La extensión de la crisis económica por todo el país, el resurgimiento de los conflictos étnicos, el abandono de la ideología reinante en beneficio de los valores humanos universales y la aparición de la libertad de expresión, permitieron el desarrollo de diversas corrientes políticas. Con el anuncio del fin del monopolio del Partido Comunista, la URSS perdió no sólo la base sobre la que se apoyaba, sino también su misma razón de ser.

Tanto los políticos como los intelectuales fallaron en sus pronósticos sobre el colapso del comunismo. Su caída fue rápida y pacífica, y además de a la Unión Soviética, también afectó a los países sometidos a Moscú, a los que Gorvachov había ordenado poner en marcha las reformas.

## La caída del Muro de Berlín y el fin del comunismo en Europa del Este

En 1989 **Polonia** fue el primer país del bloque soviético que convocó elecciones libres, en las que el Partido Comunista fue derrotado. Tadeusz Mazowiecki formó el primer gobierno no comunista desde la década de los años cuarenta. Gorvachov descartó una posible invasión militar y afirmó que ningún país poseía el monopolio de la verdad. Las elecciones polacas fueron un ejemplo de lo que iba a suceder en el resto de los países Europa del Este sometidos a Moscú.

El cambio sobrevenido en Polonia arrastró a los demás países del bloque comunista con un efecto dominó. En **Hungría**, János Kádar fue sustituido en 1989 por Imre Pozsgay, que comenzó a desmontar el sistema para alcanzar el pluralismo político. Pero lo más trascendental fue la apertura en el mes de mayo de las fronteras del país con Austria, lo que permitió a los alemanes del este atravesar el país para dirigirse a la República Federal Alemana. De este modo, los húngaros propiciaron la caída del Muro y el fin del dominio soviético.

El régimen comunista de **Alemania oriental** duró pocas semanas. La población que permanecía en el país empezó a reclamar la apertura política. Ante las manifestaciones de los berlineses, los propios mandos militares soviéticos desaconsejaron a las autoridades el uso de la fuerza. El día 9 de noviembre de 1989 cayó el **Muro de Berlín** y terminó el dominio soviético sobre Europa del Este.

A comienzos 1977 se había creado en **Checoslovaquia** la **Carta 77**, que reunió a un heterogéneo grupo de personas que reclamaban la aplicación de los derechos humanos en el país. La Carta 77 se convirtió en un símbolo de esperanza y en un foco de anticonformismo. En 1989 Checoslovaquia inició su camino hacia la democracia. Por primera vez en cuarenta años, los intelectuales y la masa anónima de ciudadanos pusieron en marcha la **Revolución de terciopelo**. Vaclav Havel asumió la dirección del **Foro Cívico** cuyos miembros formaron el primer gobierno no comunista.

En **Bulgaria** el sistema comunista, particularmente rígido, practicó durante casi medio siglo una planificación extrema. Pero la caída del Muro de Berlín permitió a los elementos más aperturistas derrocar al viejo líder comunista Todor Zhivkov.

Solamente en **Rumania** el cambio se hizo de forma violenta. Desde su llegada al poder en 1965, Ceaucescu realizó una política cada vez más independiente de Moscú. En vez de reformar el país, el dictador y su esposa Elena realizaron los proyectos más extravagantes. La oposición pública al comunismo se hizo patente en el mes de diciembre de 1989. La revuelta popular se extendió por todo el país. El ejército se puso al lado de los insurgentes, lo que provocó la huida de Ceaucescu y su esposa, que fueron fusilados días después.

### Fragmentación y desintegración de la URSS

En agosto de 1991 se produjo un golpe de Estado contra Gorbachov en la Unión Soviética. Los golpistas eran los representantes de todas las corporaciones que veían amenazados sus privilegios con la democratización y el fin del poder dominante del Partido Comunista. El golpe fracasó, principalmente a causa de su desastrosa preparación. Pero sobre todo los golpistas subestimaron el papel realizado por el Presidente de la Federación Rusa, Boris Eltsine, y su llamamiento a la huelga general. El Ejército se negó a cumplir las órdenes y a ser responsable de un baño de sangre. Varias unidades se unieron incluso desde el inicio del golpe a Eltsine, líder incontestable de la resistencia.

Después del golpe de Estado, Gorvachov denunció el comportamiento de los dirigentes del Partido Comunista y dimitió de su puesto de Secretario General. Boris Eltsine, favorable a una ruptura radical con el pasado, prohibió las actividades del Partido Comunista en todo el territorio de Rusia. El 29 de agosto, el Soviet Supremo se disolvió después de suspender todas las actividades del Partido Comunista en la Unión Soviética. Con la disolución del PCUS, la Unión Soviética sólo sobrevivió unos meses. Los nuevos gobernantes abandonaron su pretensión al monopolio de la verdad y del poder. El Estado soviético y el régimen comunista no sobrevivieron a la negación de una ideología, basada esencialmente en su oposición al capitalismo.

En el mes de diciembre en la Conferencia de Alma Alta, los Presidentes de once Repúblicas decidieron la creación de una **Comunidad de Estados Independientes**, (CEI). El resultado más relevante de esa conferencia fue la proclamación del fin de la URSS y de la ciudadanía soviética, pero sobre todo fue una victoria de Rusia sobre las restantes Repúblicas. Los acuerdos de Alma Alta marcaron también la victoria de Eltsine sobre Gorvachov, quien convertido en Presidente de un país inexistente, dimitió de su cargo el 25 de diciembre.

# TEMA 24

# LA UNIDAD EUROPEA

## ESQUEMA

La reconstrucción europea
- La doctrina Truman
- El plan Marshall. Guerra fría
- Amenaza soviética. OTAN (1949)

Primeras iniciativas comunitarias
- Consejo de Europa
- Benelux
- Plan Schuman. Creación de la CECA (1951)

Comunidad Económica Europea (CEE)
- Tratado de Roma (1957)
- Constitución de la CEE
- Reino Unido impulsa la creación de la EFTA (1959)
- Negociaciones CEE-Reino Unido
- 1973. «La Europa de los nueve»
- Estancamiento comunitario (1968-1979)
- Eje franco-alemán
- Reactivación de la unión europea (1979-1984)
- 1979. Sistema Monetario Europeo (SME)

Acta Única Europea (1986)
- «La Europa de los Doce» (1986)
- Políticas de Cohesión (FEDER)
- Acuerdo de Schengen (1985)

La Unión Europea
- Tratado de Maastricht (1993)
- Instituciones europeas
  - Parlamento
  - Consejo
  - Comisión
  - Tribunal de Justicia
- El «euroescepticismo»
- Reunificación alemana (1990)
- Tratado de Ámsterdam (1997). Giro social
- Introducción del euro (1999)
- Tratado de Niza (2001). Ampliación de la Unión Europea

# TEMA 24

# LA UNIDAD EUROPEA

El sueño de una Europa unida se reavivó durante los años veinte como respuesta a la traumática experiencia de la Gran Guerra. Pero habría que esperar al final de la Segunda Guerra Mundial, cuando el continente europeo se encontraba devastado y dividido en dos bloques, para que se abriera un amplio debate acerca del concepto de Europa y su posible unidad, como forma de superar la crisis y recuperar parte de la hegemonía que había tenido en la escena internacional y que había perdido en beneficio de EEUU y la Unión Soviética, potencias que dominaban un mundo claramente bipolar.

Con la creación de las primeras instituciones comunitarias, la CECA y la CEE, se conseguiría no sólo la formación de un Mercado Común, sino también situar a Europa occidental en un lugar destacado del concierto internacional y superar el enfrentamiento tradicional entre los Estados europeos, desapareciendo finalmente el llamado «peligro alemán», con lo que resultaba impensable una nueva guerra entre los europeos.

## La reconstrucción europea

Inmediatamente después de la Segunda Guerra Mundial, la prosperidad de los EEUU contrastaba con el hundimiento económico de una gran parte del mundo, y muy especialmente de Europa, que se encontraba al borde de la quiebra, amenazada de ruina e incapaz de llevar a cabo su propia reconstrucción.

Tan grave era la situación, que el presidente norteamericano Harry Truman propuso en marzo de 1947 al Congreso de los EEUU, que de forma inmediata se acudiera en ayuda de los países europeos y se concediera un crédito de 400 millones de dólares, para hacer frente a la inmediata reconstrucción y frenar al mismo tiempo el expansionismo soviético. La llamada **doctrina Truman** se sustentaba en la idea de que el comunismo sólo podía prosperar en una situación de ruina o de graves dificultades económicas; por lo tanto, la única manera de contener su avance era ofrecer ayuda económica a Europa y así preservar la democracia liberal contra la pujanza del comunismo.

Con el objetivo de llevar a cabo estos principios y organizar la ayuda a Europa, el secretario de Estado norteamericano Marshall propuso en junio de 1947 un plan de ayuda económica al conjunto de los países del continente europeo, pero la URSS, consciente de que este plan era un arma ideológica dirigida contra su propia existencia, lo rechazó y con ella el resto de los países del bloque comunista.

Por lo tanto el **plan Marshall** se inscribió en el contexto de la guerra fría, como un medio de defensa de las democracias liberales frente al comunismo. Al mismo tiempo los norteamericanos impulsaron la creación de un organismo europeo, para gestionar la ayuda norteamericana y coordinar las políticas económicas de los distintos países europeos. Así nació, en 1948, la OECE (Organización Europea de Cooperación Económica), que más tarde se convirtió, tras la inclusión de EEUU y Canadá, en la **OCDE** (Organización de Cooperación y Desarrollo Económico), que se encargó de repartir los 13.812 millones de dólares de la ayuda norteamericana.

El plan Marshall jugó un papel muy importante en el desarrollo económico europeo y por lo tanto fue un factor que estimuló en gran medida los procesos de unidad. Además, la reconstrucción y recuperación económica de los países europeos, y en especial de Alemania, eran la clave de la estabilidad en Europa.

La necesidad de hacer frente a la amenaza soviética se vio incrementada tras el golpe de Praga y el bloqueo soviético de Berlín occidental en **1948**. Ese mismo año, Francia, Gran Bretaña, Bélgica, Holanda y Luxemburgo firmaron el **Tratado de Bruselas**, un pacto militar defensivo que preveía la asistencia mutua en caso de agresión armada. Pero los firmantes de este tratado eran conscientes de que sólo la potencia militar norteamericana podía realmente frenar al poderoso ejército soviético, y aunque el Congreso de los EEUU se mostraba reacio a cualquier tipo de implicación militar con Europa, finalmente se firmó el **Tratado del Atlántico Norte** en abril de **1949**, suscrito por EE.UU, Canadá, los cinco países del Tratado de Bruselas, más Noruega, Dinamarca, Islandia, Italia y Portugal. Desde ese momento la **OTAN** asumió las efectivas responsabilidades de la defensa europea.

## La CECA

Entre los años 1947 y 1949, el europeísmo y las iniciativas por la unidad se consolidaron y además fueron cobrando cada vez más fuerza los partidarios de una «tercera vía» europea, en especial los grupos socialistas y cristianos, defensores de una mayor autonomía política respecto a EEUU. En 1948 tuvo lugar en La Haya el **I Congreso para Europa**, en el que participaron importantes personalidades de la política europea y que reunió a los diferentes grupos y organizaciones europeístas. Como resultado de las conclusiones de este congreso nació el **Consejo de Europa**, como un foro de debates y órgano de consulta de los gobiernos europeos, en el que se integraron los cinco países que habían firmado el Tratado de Bruselas más Dinamarca, Suecia, Noruega, Irlanda e Italia.

La primera institución europea de carácter económico fue el **BENELUX**, unión aduanera entre los Países Bajos, Bélgica y Luxemburgo, cuya constitución fue acordada en 1947. El éxito de este acuerdo, que significó la supresión de las tarifas aduaneras entre los tres países y la armonización de sus respectivas políticas económicas, fue un estímulo para quienes abogaban por la integración económica de Europa.

En el año 1950 el ministro de Asuntos Exteriores francés, **Robert Schuman** presentó un plan de integración económica franco-alemana, realizado por su compatriota, el prestigioso economista y convencido europeísta **Jean Monnet**, que pretendía la creación de un mercado único para el carbón y el acero abierto a la participación de otros países europeos.

La asamblea del Consejo de Europa aprobó el **Plan Schuman** y en abril de **1951**, tras la firma del Tratado de París, nació la **CECA** (Comunidad Europea del Carbón y del Acero) formada por seis países: Francia, Alemania, Italia, Bélgica, Países Bajos y Luxemburgo. Los objetivos de esta nueva institución no sólo eran de carácter económico, como incrementar el comercio, aumentar la productividad y mantener los precios de productos tan importantes para el desarrollo industrial como el carbón y el acero, sino también de carácter político y estratégico, pues en cierta forma la CECA garantizaba que la recuperación económica de la recién creada República Federal Alemana no iba a suponer una nueva amenaza militar contra los países europeos. Para la realización de estos objetivos se crearon en el seno de la CECA una serie de organismos que en el futuro servirían de modelo a las instituciones comunitarias. La más importante era la Alta Autoridad, verdadero órgano de gobierno de la CECA, con sede en Luxemburgo y cuyo primer presidente fue Jean Monnet. Se crearon también una Asamblea, un Comité de Ministros en representación de los Estados adherentes, una Corte de Justicia y un Comité Consultivo.

### La Comunidad Económica Europea

El éxito de la CECA mostró enseguida la necesidad de una paralela integración de carácter político, que fue defendida por el jefe de gobierno italiano, el democristiano **Alcide de Gasperi,** y que se plasmó en un proyecto de tratado para la creación de una Comunidad Política Europea. Pero la Asamblea Nacional francesa rechazó la ratificación del tratado y el proyecto de comunidad política fue abandonado.

Sin embargo, algunos meses después de este fracaso se relanzó la iniciativa de la unidad europea, pero sólo en el terreno económico. Tras diversas consultas y reuniones, los representantes de los países integrantes de la CECA, Francia, Italia, Alemania, Bélgica, Países Bajos y Luxemburgo, la llamada «Europa de los seis», firmaron en **1957** el **Tratado de Roma** por el que se constituía la **Comunidad Económica Europea** (CEE) y la **Comunidad Europea de la Energía Atómica** (EURATOM). Aunque hubo negociaciones con Gran Bretaña para conseguir su adhesión a la Comunidad, la oposición del gobierno británico al proyecto de unión aduanera y a la idea de integración europea frustró la posible adhesión.

Los dos grandes partidos del **Reino Unido**, laboristas y conservadores, eran contrarios a cualquier forma de participación en las nuevas instituciones europeas. Las razones de esta hostilidad eran, en primer lugar, de naturaleza económica, pues los británicos mantenían unas especiales relaciones políticas y comerciales con las naciones de la Commonwealth que no querían deteriorar. Como alternativa a la CEE, el gobierno británico impulsó un proyecto de creación de un área de libre comercio y así nació en 1959 la **EFTA,** en la que participaron, además de Gran Bretaña, Suiza, Suecia, Noruega, Dinamarca, Austria y Portugal. Y en segundo lugar, de carácter estratégico, pues el concepto de seguridad que tenían los británicos pasaba por una vinculación con EEUU mayor que con los países europeos, de los que desconfiaban acerca de su capacidad militar para defenderse del peligro soviético. Así, Gran Bretaña, más que pensar en una integración económica con Europa, lo que defendía era una relación preferencial con EEUU y el fortalecimiento de la OTAN como único sistema de defensa europeo con la participación de los norteamericanos.

## 1957: LOS ESTADOS FUNDADORES DE LA CEE

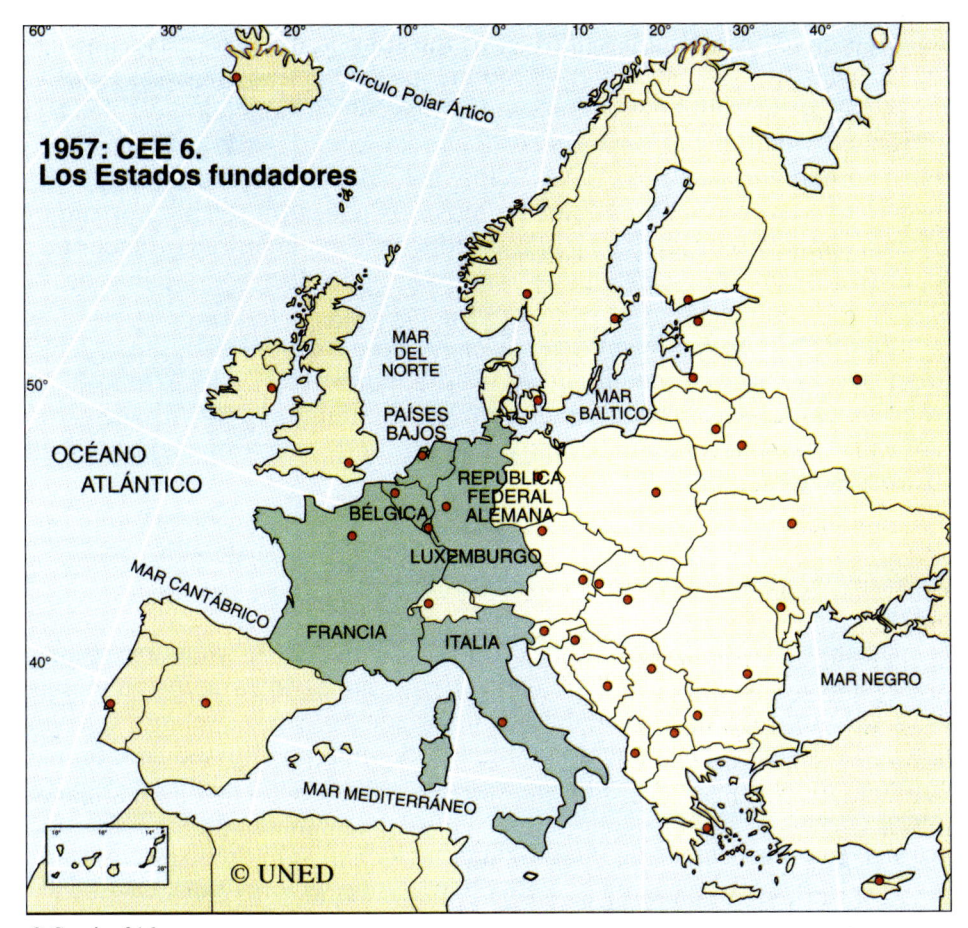

*O.C.*, pág. 316.

Durante los años sesenta, la CEE experimentó un **espectacular desarrollo**. El crecimiento medio anual del PIB fue del 5,1%, superior al de EEUU (4,1%) y Gran Bretaña (2,7%) aunque inferior al de Japón (10,5%). Muy pronto el Mercado Común se convirtió en una gran potencia económica, capaz de competir con EEUU y, sobre todo, con la poco desarrollada economía británica. Además, el Mercado Común empezó a atraer una gran cantidad de capitales estadounidenses y esto perjudicaba gravemente a Gran Bretaña, hasta entonces socio privilegiado de la economía norteamericana.

Frente a esta situación, las posiciones del **Reino Unido** cambiaron rápidamente, y en 1961, el gobierno británico solicitó la adhesión a la CEE;

pero Francia se opuso vetando su ingreso en el Mercado Común. Los franceses no aceptaron las exigencias británicas respecto a la salvaguardia de sus propios intereses comerciales, pero fue sobre todo en los temas de defensa, relacionados con la OTAN, donde las diferencias entre **De Gaulle**, Presidente de la República francesa, y el gobierno británico fueron más importantes. Mientras el Reino Unido pretendía subordinar la política de defensa común europea a la OTAN y apoyaba además los planes de reorganización y reforzamiento militar, promovidos por el presidente norteamericano John F. Kennedy, De Gaulle decidía en 1966 la retirada francesa de la organización militar atlántica, aunque siguió formando parte de la OTAN y sosteniendo sus objetivos políticos.

En 1967 se rechazó nuevamente la propuesta de adhesión británica y hubo que esperar a la caída de De Gaulle, para que el nuevo presidente francés Georges Pompidou aceptara la incorporación a la CEE de Gran Bretaña, Irlanda y Dinamarca en enero de 1973, constituyéndose así la **«Europa de los nueve»**.

### Estancamiento Comunitario (1968-1979)

Después del llamado milagro económico europeo de los años sesenta, al que había contribuido notablemente el proceso de integración económica de la Europa de los «Seis», durante la década de los años setenta se vivió una situación de estancamiento comunitario, tanto en el plano económico como en el político. Fueron los años de la llamada **euroesclerosis,** en los que la Comunidad se estancó en los logros conseguidos hasta 1968, sin proseguir con las etapas de integración que habían sido previstas.

Hay que tener en cuenta que el contexto internacional de crisis económica que se produjo a partir de la **guerra del Yom Kipur** entre Israel y Egipto en **1973**, y que provocó un extraordinario aumento de los precios del petróleo, obligó a los países europeos a aplicar medidas restrictivas y proteccionistas, tratando de defender sus propios intereses nacionales en detrimento del desarrollo de las políticas comunitarias.

Además, en esta situación de crisis se agravaron las divergencias entre las distintas concepciones que sobre el futuro comunitario tenían los diferentes países europeos, representados, por una parte por el Reino Unido y Dinamarca, que habían ingresado en la Comunidad en 1973, países nítidamente librecambistas y partidarios de una «Europa de los Estados», que se oponían a cualquier forma de supranacionalidad. Por otra parte se situaba el **eje franco-alemán** que defendía más el desarrollo comunitario y fórmulas de soberanía compartida. Sin embargo, entre Francia y Alemania no había acuerdo en torno a la política de defensa, pues mientras Alemania se sentía cada vez más vinculada a la Alianza Atlántica, sobre todo tras el agravamiento de las tensiones entre EEUU y la URSS a finales de los años setenta y primeros de los ochenta, Francia se mantenía al margen de la OTAN y trataba de desvincularse de la política exterior norteamericana, considerándola como una amenaza a la independencia de los intereses europeos.

**Reactivación del proyecto de Unión Europea (1979-1984)**

La reactivación de la construcción europea vino de la mano del primer Parlamento europeo elegido por sufragio universal directo en 1979. Éste era un paso decisivo en la configuración europea, pues dotaba a la Comunidad de la representatividad que le confería una Asamblea elegida directamente por los ciudadanos, que ninguna organización internacional clásica había tenido.

En marzo de 1979 entró en funcionamiento el **Sistema Monetario Europeo** (SME), que suponía también un avance sustancial en el campo de la integración económica y de la coordinación de las políticas monetarias y presupuestarias de los Estados miembros. Al mismo tiempo se creó el **ECU** (antecedente del EURO), unidad de cuenta que se utilizaba para fijar los tipos de cambio intracomunitarios y que contribuyó a una mayor estabilidad de las economías nacionales.

Este impulso comunitario tuvo también que ver con el cambio de ciclo que se produjo en Europa a partir de 1979. Este mismo año fue elegida Primera Ministra del Reino Unido **Margaret Thatcher**, cargo que desempeñó hasta finales de 1990. Este nombramiento, además de suponer el abandono de las políticas de bienestar y el desarrollo del ultraliberalismo conservador en su país, trajo consigo un freno a la construcción europea, un mayor acercamiento a EEUU y en contrapartida un mayor aislamiento en las instituciones comunitarias.

Por el contrario el socialista **François Mitterrand**, elegido Presidente de Francia en 1981, y el democristiano **Helmut Kohl**, que dirigió el gobierno alemán desde 1982, tuvieron un papel muy diferente, pues ambos líderes impulsaron decididamente el proceso de reactivación comunitaria hacia la Unión Europea. Fue precisamente un francés, **Jacques Delors**, europeísta y federalista convencido, que había sido ministro de Economía del gobierno socialista en Francia de 1981 a 1984, quien jugó un papel central en la formación de la Unión Europa, desde su puesto de Presidente de la Comisión de las Comunidades Europeas, cargo que desempeñó desde 1985 a 1995.

## El Acta Única Europea

El Parlamento europeo, considerado ya representante legítimo de los ciudadanos, elaboró y aprobó en febrero de 1984 el proyecto de Tratado de la Unión Europea. En febrero de 1986 se firmó en Luxemburgo y La Haya el **Acta Única Europea**, que por una parte impulsó la puesta en marcha del mercado interior y por otra introdujo elementos de naturaleza política que anticiparon el modelo de la futura Unión Europea y supusieron un avance en el proceso de integración. Además, se trató de reequilibrar la Comunidad hacia los países del sur de Europa, en los que iban desapareciendo los regímenes autoritarios y se abrían distintos caminos de democratización. Grecia se incorporó a la Comunidad en 1981 y Portugal y España lo hicieron en 1986, quedando conformada desde esa fecha la «**Europa de los doce**».

Desde el punto de vista político, el Acta Única reforzaba la influencia del Parlamento Europeo, otorgándole mayores competencias de carácter legislativo y dándole mayores posibilidades de decisión en los acuerdos de asociación y ampliación de la Unión. Por primera vez se institucionalizó el Consejo Europeo, compuesto por los Jefes de Estado o de Gobierno de los Estados miembros, asistidos por los ministros de Asuntos Exteriores y un miembro de la Comisión. Se introdujeron además algunas reformas en el Tribunal de Justicia, tendentes a mejorar y agilizar el sistema de recursos presentados por las personas físicas y jurídicas. Por último se puso en vigor el sistema de Cooperación Política Europea (CPE), que afectó a las relaciones exteriores.

También se produjeron avances importantes de carácter económico, tendentes en su mayoría a desarrollar medidas concretas para facilitar el establecimiento del mercado interior. En primer lugar, se cambió el sistema de votación en el Consejo, introduciéndose la mayoría cualificada en vez del criterio de unanimidad, y esto supuso por lo tanto una mayor flexibilización del proceso de toma de decisiones. En segundo lugar, se crearon políticas específicas de medio ambiente, de carácter social, protección a los consumidores, investigación y tecnología, etc., que favorecieron el desarrollo del mercado interno. En tercer lugar, se pusieron en marcha políticas estructurales y de cohesión económica y social destinadas a favorecer la integración de las regiones menos desarrolladas. Fruto de estas políticas fue el fuerte impulso que se dio a instituciones como el **FEDER** (Fondo Europeo de Desarrollo Regional), que tanta importancia tuvieron en el crecimiento de las infraestructuras en España durante la década de los noventa.

### 1986: LA EUROPA DE LOS 12

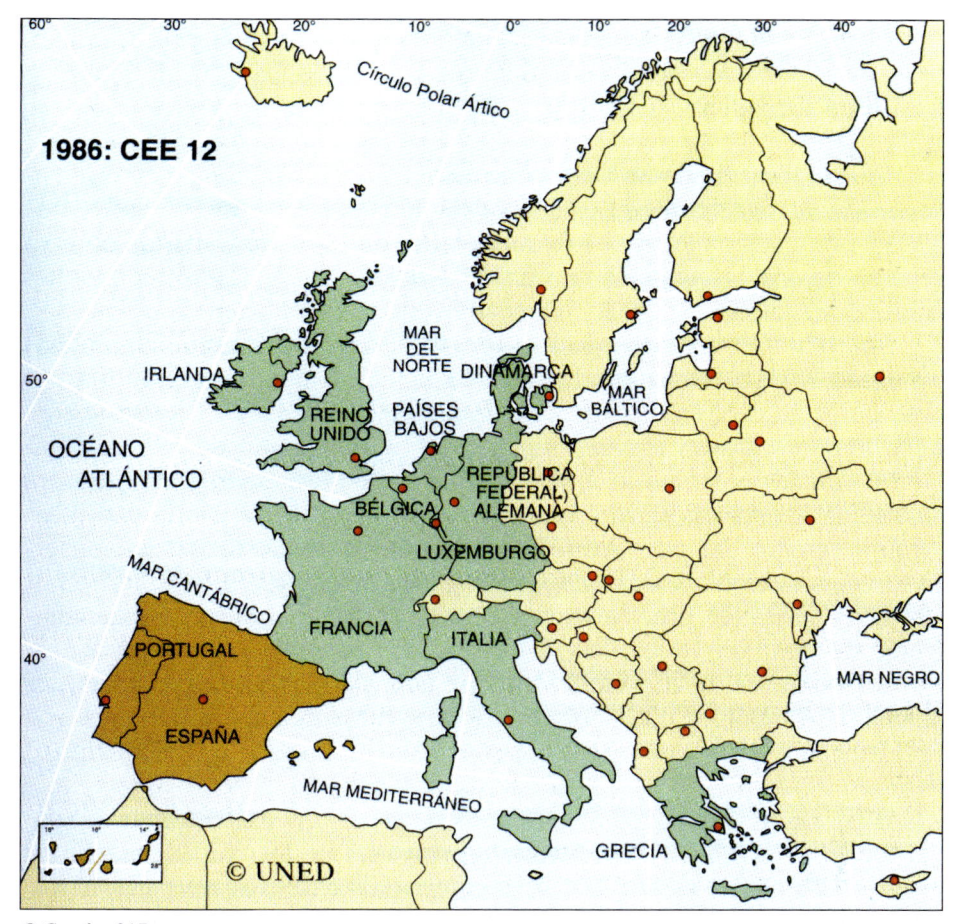

*O.C.*, pág. 317.

Una de las metas más complejas de la integración europea fue la de lograr una auténtica libre circulación de personas y la eliminación de las fronteras interiores, así como conseguir una mayor cooperación policial que reforzara los sistemas de seguridad comunitarios. El primer paso en este sentido se produjo en el año 1985 con la firma del **Acuerdo de Schengen,** por parte de Francia, Alemania y el Benelux. En Junio de 1990 los Estados pertenecientes al grupo Schengen firmaron un Convenio de Aplicación, en el que se establecían las medidas necesarias de cooperación policial, judicial y aduanera para suprimir gradualmente los controles en las fronteras comunes y para coordinar la lucha contra las redes de inmigración ilegal y el tráfico de estupefacientes. A partir de 1990, distintos países se unieron a los cinco Estados fundadores y firmaron progresivamente los distintos convenios de Schengen.

## La Unión Europea

Con el **Tratado de la Unión Europea**, conocido también como Tratado de **Maastricht**, firmado en esta población holandesa el 7 de febrero de 1992 y ratificado en París el **1 de noviembre de 1993**, se consolidó el largo proceso de construcción de una Europa política, basada en principios federales, que había comenzado años atrás.

Se trataba de un acuerdo histórico que limitaba sustancialmente el poder de los gobiernos nacionales y que iba a encontrar importantes obstáculos en algunos países. En Dinamarca, el 50,7% de los electores votaron en contra en el *referendum* celebrado en junio de 1992. El gobierno francés lo sometió a *referendum* y tuvo graves problemas para conseguir el voto favorable. La ratificación en el Reino Unido fue larga y muy complicada, pues John Major, entonces primer ministro conservador, tuvo que enfrentarse con el otro sector del partido, liderado por Margaret Thatcher, abiertamente «euroescéptico» y contrario a la aceptación del tratado.

La Unión Europea heredó, aunque con algunas modificaciones, las mismas instituciones que había creado la CEE. Las más importantes son las siguientes:

**El Parlamento**, con sede en Estrasburgo, es una asamblea de diputados, elegidos desde 1979 por sufragio universal de los ciudadanos de los Estados miembros. El número de parlamentarios de cada país es proporcional al número de habitantes, aunque en el Parlamento se unen por grupos políticos.

**El Consejo Europeo**, antes llamado Consejo de Ministros, es el principal órgano legislativo y de toma de decisiones y representa a los gobiernos de los Estados miembros de la Unión. Lo conforman los jefes de gobierno de cada uno de los países comunitarios.

**La Comisión Europea**, con sede en Bruselas, es una institución políticamente independiente que representa y defiende los intereses de la Unión en su conjunto. Es el verdadero órgano de poder ejecutivo que propone la legislación, las políticas y los programas de acción, y es responsable de aplicar las decisiones del Parlamento y del Consejo. Está formada por un presidente y los comisarios de cada área.

**El Tribunal de Justicia**, que garantiza el cumplimiento de las leyes de la Unión y a él están supeditados los tribunales judiciales de los Estados miembros. Finalmente **el Tribunal de Cuentas** efectúa el control de la legalidad en la gestión del presupuesto de la Unión.

Además, la Unión cuenta con seis importantes organismos: el Banco Central Europeo, el Comité Económico y Social, el Comité de las Regiones, el Banco Europeo de Inversiones, el Defensor del Pueblo y la Europol.

Para avanzar en el proceso de implantación de la moneda única se acordó que los distintos Estados de la Unión pusieran en marcha programas de convergencia económica, con el objeto de unificar la política monetaria. Los criterios aprobados en Maastricht para poder formar parte de los países participantes de la moneda única (la Europa de la primera velocidad) hacían referencia a: la inflación, el déficit público, los tipos de interés, la Deuda Pública y los tipos de cambio.

Pero no iba a resultar nada fácil cumplir con los requisitos propuestos, pues la situación económica cambió radicalmente a finales de 1992. En septiembre de ese año aparecieron los primeros síntomas de desequilibrio en el SME (Sistema Monetario Europeo), que muy pronto se vieron agravados por el estallido de una aguda crisis internacional que afectó sustancialmente a los países europeos, haciendo saltar por los aires las previsiones de Maastricht. De los primeros momentos de euforia se pasó rápidamente al **«euroescepticismo»** y a que una parte de la opinión pública europea rechazara los proyectos de Unión Económica y Monetaria.

La firma del Tratado de Maastricht coincidió además con profundos cambios políticos surgidos en Europa: el fin de la guerra fría, la remodelación del mapa europeo, la reunificación alemana, las guerras en Yugoslavia y la disolución de la URSS, que obligaron a la Comunidad Europea a asumir nuevas responsabilidades en la escena internacional. En octubre de **1990** tuvo lugar la **reunificación alemana**, y las regiones de la antigua RDA pasaron a formar parte de las Comunidades Europeas. En enero de 1995 se produjo una nueva ampliación de la Unión Europea con el ingreso de Austria, Finlandia y Suecia. Noruega, que había solicitado también la adhesión a la UE, no la hace efectiva porque la mayoría del electorado, convocado en *referendum*, se pronuncia en contra. Además, algunos países de Europa del Este en vías de conversión a una economía de mercado, como Hungría, Polonia y los países de la antigua Checoslovaquia, habían solicitado acuerdos de adhesión a finales de 1991. También Turquía (asociada desde 1963) presentó su candidatura en 1987, junto a Marruecos, que fue rechazada por no cumplir el requisito de ser país europeo.

### Consolidación de la Unión Europea

El **Tratado de Ámsterdam en 1997** introdujo un cierto giro social, promoviendo políticas activas de lucha contra el desempleo, la marginación y la exclusión social, y además reforzó los aspectos políticos de la Unión, proponiendo nuevos instrumentos para el desarrollo de políticas comunes en el ámbito de las relaciones exteriores, la seguridad y la defensa. En junio de 1999 se nombró al socialista español Javier Solana «Alto Representante» para la PESC (Política Exterior y Seguridad Común), una especie de ministro de Asuntos Exteriores de la Unión.

El 1 de enero de 1999 comenzó formalmente la última fase de la **UEM** (Unión Económica y Monetaria) dando lugar dos acontecimientos históricos: El **euro** se convirtió en la moneda única europea de pleno derecho, con la excepción de Gran Bretaña, Dinamarca y Suecia que mantuvieron sus propias monedas, y comenzó a operar el **Banco Central Europeo**, verdadero rector de la política monetaria. La puesta en circulación del euro supuso un enorme paso en la construcción europea, ofreciendo además grandes ventajas en el terreno económico, como la garantía de estabilidad monetaria, la homogeneización de la inflación y de los tipos de interés, y el extraordinario desarrollo del comercio extracomunitario. Con la utilización del euro como medio de pago internacional, la moneda europea se convertía en una de las más fuertes del mundo, en plena competencia con el dólar.

Con la aprobación del **Tratado de Niza** en **2001** se produjo la consolidación del modelo de la Unión así como su reforma, que permitiría la ampliación a los países del centro y el este europeo. En 1 de mayo de 2004 pasaron a formar parte de la UE: Chequia, Eslovaquia, Eslovenia, Estonia, la parte griega de Chipre, Hungría, Letonia, Lituania, Malta y Polonia. También en 2001 se redactó la **Carta de Derechos Humanos** de la Unión, que sería el germen de una futura Constitución Europea.

El largo proceso que había desembocado en la Unión Europea resultaba una experiencia extraordinariamente interesante. Por primera vez en la historia, un grupo de Estados, voluntariamente, de forma pacífica y sin coacción alguna, se habían puesto de acuerdo para formar una organización política y económica nueva, superadora de los Estados nacionales, generando un espacio de libertad, prosperidad y bienestar social que nunca se habían conocido en el Continente.

Sin embargo, esta Europa dotada de unas instituciones que garantizan un espacio económico común y con un gran peso en la economía mundial, tiene aún graves deficiencias en el terreno político, pues algunos Estados no están dispuestos a ceder soberanía en favor de una futura federación.

## 2004: LA EUROPA DE LOS 25

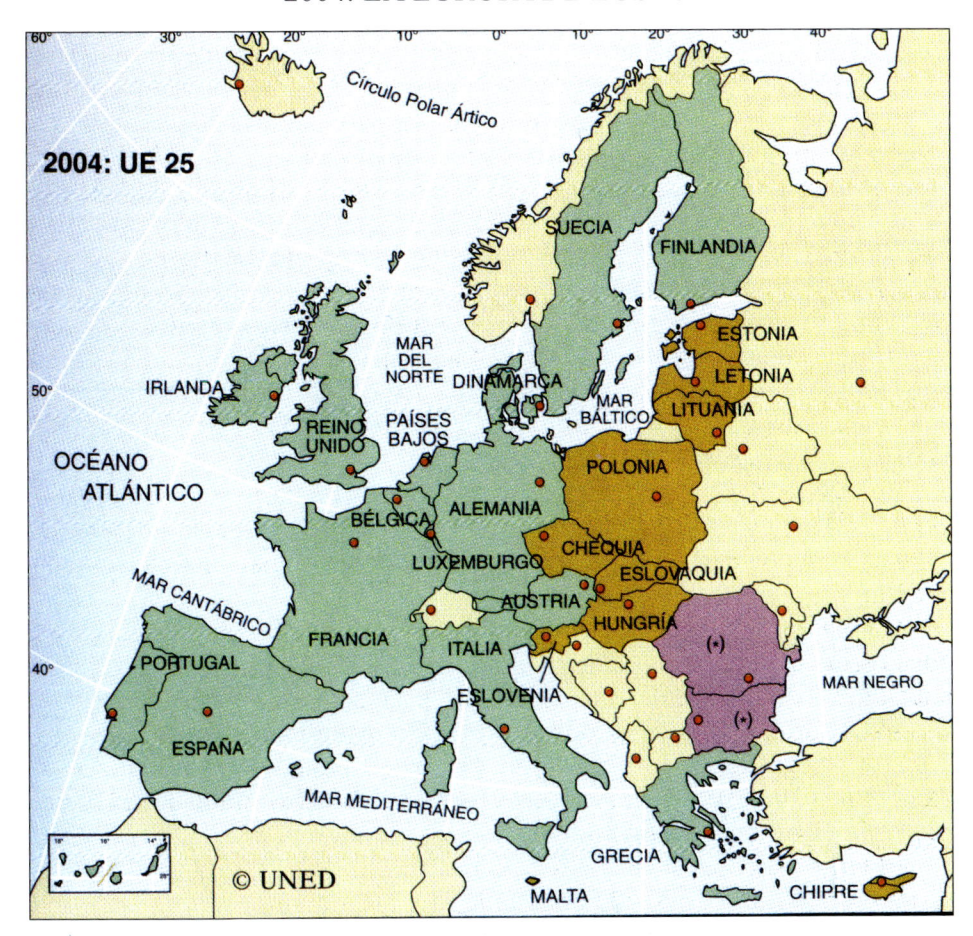

*O.C.*, pág. 317.